XINGSHI DAAN YAOAN
ZHONGDE
FAZHI LIXING

刑事大案要案中的法治理性

本书撰写人名单
主　编　赵秉志
副主编　袁　彬
撰写人（以姓氏拼音为序）
李光宇　商浩文　孙　倩　袁　彬
张　拓　赵秉志　赵　远　卓一丹

江苏人民出版社

图书在版编目(CIP)数据

刑事大案要案中的法治理性/赵秉志主编;袁彬等著. —南京:江苏人民出版社,2019.4
ISBN 978-7-214-23352-3

Ⅰ.①刑… Ⅱ.①赵… ②袁… Ⅲ.①刑事诉讼—案例—中国 Ⅳ.①D925.205

中国版本图书馆 CIP 数据核字(2019)第 064034 号

书　　名	刑事大案要案中的法治理性
主　　编	赵秉志
责任编辑	朱　超
装帧设计	许文菲
出版发行	江苏人民出版社
出版社地址	南京市湖南路 1 号 A 楼,邮编:210009
出版社网址	http://www.jspph.com
照　　排	江苏凤凰制版有限公司
印　　刷	江苏凤凰通达印刷有限公司
开　　本	718 毫米×1000 毫米　1/16
印　　张	24.75　插页 1
字　　数	353 千字
版　　次	2019 年 6 月第 1 版　2019 年 6 月第 1 次印刷
标准书号	ISBN 978-7-214-23352-3
定　　价	62.00 元

(江苏人民出版社图书凡印装错误可向承印厂调换)

前言

随着我国社会主义法治建设的不断推进和互联网技术的飞速发展,刑事大案要案已成为推动我国刑事法治建设进步的重要力量和备受社会关注的一道法治风景。自1997年全面修订刑法典以来,我国刑法的诸多重大立法修改与司法改进都或多或少地与一些刑事大案要案有关。可以说,刑事大案要案凝聚了我国刑法的立法智慧和司法理性,同时也反映了广大民众朴素的法律情感和诉求。对具有重大影响的刑事大案要案进行法理分析,既可以深入挖掘我国刑事司法的内在规律,也可以充分发现我国刑事立法的不足,并科学地展望我国刑事法治前进的方向。正是基于此种考虑,我们在2011年组织编写了《刑事大案要案中的法理智慧》(中国法制出版社出版)一书。当时我们以2011年为界,选择了30个自改革开放至2010年间社会发展各个阶段发生的具有重大影响的代表性刑事案件,重点围绕案件涉及的刑法法理问题进行分析,同时兼顾分析了案件涉及的程序、社会治理等方面的问题,意在挖掘案件中的诸多闪光点。而在写作语言的选择上,我们适当兼顾了一般读者的需要,对一些问题的阐释有意使用了一些相对通俗的表述。该书一经出版即引起了读者的极大兴趣和广泛关注。如今,八年过去了,我国刑事法治建设又得到了突飞猛进的发展。其中,在刑法立法方面,我国通过了多个具有重大社会影响的刑法修正案;在刑事司法方面,我国先后处理了众多具有重要社会影响的刑事案件,出台了许多具有重要价值的司法解释和规范。在此过程中,随着网络自媒体的进一步发展,人们对刑事法治建设的关注也达到了前所未有的热烈程度。

本书是《刑事大案要案中的法理智慧》一书的姊妹篇和续集,主要精选了 2011 年至 2016 年间我国发生的 30 余起具有重大社会影响的刑事大案要案,并对其进行法理评析。在案件的选择上,我们秉承《刑事大案要案中的法理智慧》一书的选案原则,对刑事大案要案的选择主要把握了以下特点:一是案件的影响较大。这些案件都是这期间发生的具有重大社会影响、受到社会各界广泛关注的案件。其中一些案件不仅在国内备受关注,甚至还具有相当的国际影响。二是案件的意义重要。其司法意义主要体现在这些刑事大案要案的解决有助于为我国司法机关解决类似案件提供重要的经验参考,因而具有重要的司法价值;其立法意义则体现为这些刑事大案要案的解决有利于为我国刑事立法的完善提供方向指引,因而具有重要的立法价值。除此之外,对这些刑事大案要案的处理还具有深远的社会意义,有利于促进我国社会和谐、社会管理水平的提高和相关社会制度的发展。

为了更好地阐述这些刑事大案、要案中的法理问题,本书在写作过程中特别注意了以下两点:一是在内容上,本书的写作特别注重案件裁判的法理解析,重点阐述与案件相关的刑法法理问题,所使用的方法主要是法解释学的方法。在此基础上,我们还重点挖掘了这些案件背后所展现的法治理性。例如,对部分冤错案件的平反所体现的有错必纠之司法公正理念,对部分证据不足案件的处理所展现的程序法治理念,对部分死刑案件的处理所反映的刑罚正当性理念。二是在写作方法上,本书继续延续了《刑事大案要案中的法理智慧》一书的写作风格,在保持充分阐述相关法理问题的前提下,兼顾了普通读者的阅读需求,在问题阐述的切入点和语言使用上尽量做到了深入浅出、通俗易懂,力求兼顾学术著作与大众读物之优点。

本书由北京师范大学刑事法律科学研究院赵秉志教授担任主编领衔撰写,相关教师和博士生参与撰写,袁彬教授协助主编对全书进行了统稿。本书的作者及具体分工如下:

赵秉志(北京师范大学刑事法律科学研究院教授、法学博士、博士生导师,中国刑法学研究会会长,国际刑法学协会副主席暨中国分会主席):药家鑫肇事后杀死伤者案,李昌奎故意杀人、强奸案,河南“瘦肉精”案,薄熙来受贿、贪污、滥用职权案,周永康受贿、滥用职权、泄露国家秘密案,白恩培受贿、巨额财产来源不明案。

袁彬(北京师范大学刑事法律科学研究院院长助理暨中国刑法研究所副所长、教授、法学博士、博士生导师,中国刑法学研究会理事暨副秘书长):河南“天价过路费案”,王立军徇私枉法、叛逃案,薄谷开来、张晓军故意杀人案,雷洋案涉案警务人员玩忽职守案。

赵远(澳门科技大学法学院助理教授、法学博士):湄公河中国船员遇害案,昆明“3·01”严重暴恐案,“秦火火”诽谤、寻衅滋事案。

商浩文(北京师范大学刑事法律科学研究院讲师、博士后,法学博士):最高法院改判马乐“最大老鼠仓”案,令计划受贿、非法获取国家秘密、滥用职权案,刘志军受贿、滥用职权案。

李光宇(安徽师范大学法学院副院长、副教授,法学博士):吴英集资诈骗案,“李某某”强奸案,内蒙古呼格吉勒图故意杀人案,快播公司传播淫秽物品牟利案。

孙倩(北京师范大学刑事法律科学研究院博士后研究人员):浙江省张氏叔侄强奸案,高晓松醉驾案,李启铭交通肇事案,李怀亮死刑“保证书”案。

张拓(中国人民公安大学法学院讲师,法学博士):沈阳小贩夏俊峰刺死城管案,刘汉、刘维黑社会性质组织案,浙江温岭杀医案,聂树斌故意杀人、强奸妇女再审案,贾敬龙故意杀人案。

卓一丹(北京师范大学刑事法律科学研究院博士研究生):“10·28”金水桥暴力恐怖袭击案,招远涉邪教故意杀人案,南京虐童案,复旦林森浩投毒案,郭美美开设赌场案,常熟农民工聚众斗殴案。

当然,受时间、精力等因素所限,本书写作过程中肯定还不可避免地存在一些纰漏,在此敬请读者朋友们批评指正。

最后,衷心感谢江苏人民出版社对本书出版的鼎力支持,也衷心感谢责任编辑为本书所付出的辛勤劳动，正是他们的支持和帮助保证了本书的及时和精美的出版。

赵秉志

2019 年春

目 录

药家鑫故意杀人案

【基本案情】

药家鑫，男，1989年11月7日出生于陕西省西安市，汉族，案发时系西安音乐学院本科三年级在读学生。

2010年10月20日22时30分许，药家鑫驾驶陕A419NO号红色雪佛兰小轿车从外国语大学长安校区由南向北行驶返回西安市区，当行至西北大学西围墙外翰林南路时，将前方在非机动车道上骑电动车同方向行驶的张妙(女，殁年26岁)撞倒。而后他继续前行100多米后，他突然觉得有些不对，于是掉转车头回来查看。他发现受害人张妙倒地呻吟，因担心张妙看到其车牌号后找麻烦，遂从其随身携带的背包中拿出一把尖刀，向张妙胸、腹、背等处猛力捅刺数刀，致张妙主动脉、上腔静脉破裂大出血当场死亡。杀人后，药家鑫驾车逃离，当行至翰林路郭南村口时，又将行人马海娜、石学鹏撞伤，逃逸时被附近群众堵截抓获，后被公安机关释放。西安市公安局长安分局交警大队郭杜中队接报警后，将肇事车辆扣留待处理。10月22日，长安分局交警大队郭杜中队和郭杜派出所分别对药家鑫进行了询问，药家鑫承认10月20日晚驾车在郭杜南村附近路上将一男一女两行人撞了，但是否认杀害张妙的事。10月23日，药家鑫在其父母陪同下到公安机关投案，如实供述了其撞伤张妙后又将其杀害事实。

西安市人民检察院指控被告人药家鑫构成故意杀人罪。西安市中级人民法院经一审认为：被告人药家鑫在发生交通事故后，因担心被害人张妙看见其车牌号以后找其麻烦，遂产生杀人灭口之恶念，用随身携带的尖刀在被害人胸、腹、背等部位连刺数刀，将张妙杀死，其行为已构成故意杀人罪；关于药家鑫的行为是否构成自首的问题，经查，被告人药家鑫在公安机关未对其采取任何强制措施的情况下，于作案后第四日在父母的陪同下到公安机关投案，并如实供述了犯罪事实，其行为具备了自首的构成要件，依法属于自首；对药家鑫的辩护律师所提药家鑫的行为属于激情杀人的辩护理由，经审查认为，激情杀人一般是指由于被害人的不当言行引起被告人的激愤而实施杀害被害人的行为，被害人张妙从被撞倒直至被杀害，没有任何不当言行，被告人药家鑫发生交通事故后杀人灭口，明显不属于激情杀人，故辩护律师的此项辩护理由不能成立；对药家鑫辩护律师所提药家鑫系初犯、偶犯，并建议对其从轻处罚的辩护理由，经审查认为，初犯、偶犯作为从轻处罚的情节，只适用于未成年人犯罪和情节较轻的犯罪，对故意杀人这样严重的刑事犯罪，尤其是本案如此恶劣、残忍的故意杀人犯罪，显然不能因此而从轻处罚，故辩护律师的此项辩护理由亦不能成立；药家鑫及其父母虽愿意赔偿附带民事诉讼原告人的经济损失，但附带民事诉讼原告人不接受药家鑫父母以期获得对药家鑫从轻处罚的赔偿，故不能以此为由对药家鑫从轻处罚；药家鑫作案后虽有自首情节并当庭认罪，但综观本案，药家鑫在开车将被害人张妙撞伤后，不但不施救，反而因怕被害人看见其车牌号而杀人灭口，犯罪动机极其卑劣，主观恶性极深；被告人药家鑫持尖刀在被害人前胸、后背等部位连捅数刀，致被害人当场死亡，犯罪手段特别残忍，情节特别恶劣，罪行极其严重；被告人药家鑫仅因一般的交通事故就杀人灭口，丧失人性，人身危险性极大，依法仍应严惩，故药家鑫的辩护律师所提对药家鑫从轻处罚的辩护意见不予采纳。2011 年 4 月 22 日，西安市中级人民法院一审以故意杀人罪对药家鑫判处死刑，剥夺政治权利终身。

一审宣判后，药家鑫不服提出上诉。2011 年 5 月 20 日，陕西省高级人民法院对药家鑫故意杀人一案进行了二审公开开庭审理，当庭宣判依法裁定驳回药家鑫上诉，维持原判，并依法呈报最高人民法院核准。

经最高人民法院核准，2011 年 6 月 7 日上午，药家鑫在陕西省西安市被依法执行死刑。

【法理分析】

2010 年 10 月 20 日深夜，驾驶电动车的女子张妙，被一辆雪佛兰轿车撞倒后，惨遭肇事者数刀捅刺，当场死亡。警方当晚即确定，这是一起极其罕见的性质恶劣的故意杀人案件。而这起案件的凶手就是西安音乐学院的一名大三学生——药家鑫。案件披露后，药家鑫案立刻成为社会各界关注的焦点。虽然药家鑫案件迄今早已尘埃落定，但是作为 2011 年度人民法院十大典型案件之一与 2011 年十大典型刑事案例之一，药家鑫案涉及多方面的法理问题，值得回味。而本案最为突出的特点是其具有多种能够影响量刑轻重的情节和因素，这是一般的死刑案件所不常具备的。因此，如何综合评判药家鑫案中的一些罪中、罪前和罪后的情节以及相关案外因素，对药家鑫的死刑判决具有重要影响，也是本案的争议所在，并且具有类型化研究的意义和价值。

一、罪中情节：手段、对象、后果与激情犯罪

能够影响量刑轻重的罪中情节多种多样，既包括作为犯罪构成事实的犯罪行为及其危害结果，也包括犯罪构成事实以外的犯罪手段、犯罪动机、犯罪的时间和地点等相关事实。针对本案而言，能够影响到本案刑罚裁量的主要情节还包括犯罪手段、犯罪对象、危害后果以及本案是否属于激情犯罪。

其一，关于犯罪手段。手段是否特别残忍，是严重暴力犯罪案件中决定适用死刑与否需要考虑的因素。将手段是否特别残忍作为决定适用死刑与否的标准，是有法律依据的。例如，我国刑法典第 234 条对于故意伤害罪适

用死刑的条件即是“致人死亡或者以特别残忍手段致人重伤，造成严重残疾的”。同时，经《刑法修正案（八）》增设的刑法典第49条第2款也将审判的时候已满75周岁的人不适用死刑的除外条件限定为“以特别残忍手段致人死亡”。事实上，“手段残忍”作为一种酌定量刑情节，其对死刑判决具有影响已成为司法实践中的裁判惯例。在药家鑫案中，药家鑫交通肇事致人伤害，其有过错在先，他随后不但不予以及时救治，竟然杀人灭口，连续数刀杀害其肇事罪行的被害人，其冷血残忍之举同样令人无法容忍，因此也应视为酌定从重情节。

其二，关于犯罪对象。犯罪对象是指犯罪行为直接作用的具体物或具体人。有些犯罪因侵害的对象不同，其行为的社会危害性也有一定差异。如杀害老、弱、病、残、孕、幼等特殊弱势群体，或者杀害直系血亲、尊亲属以及外国政要、港澳台同胞、知名社会活动家或者科学家等，行为人犯罪行为的社会危害性自然显著增加。所以，对于侵害这些特定群体和特定人的犯罪行为应当酌情从重处罚。药家鑫凶残地杀害已被其先行交通肇事致重伤倒地的被害人张妙，这一特定的犯罪对象无疑使其犯罪危害大大加重而影响到对其量刑。

其三，关于危害后果。危害后果的性质及其程度的不同是决定适用死刑与否必须考虑的因素。基于死刑是剥夺犯罪人生命的极刑，因此，对犯罪人适用死刑应以其犯罪行为所导致的危害结果具有相当性为必要，即只有出现致命性结果或者其他极其严重的结果时，才能考虑适用死刑。特别是在选择死刑立即执行时，尤其要慎之又慎。从司法实践中来看，一般而言，对于仅导致一人死亡，且并无其他从重情节的案件，一般不应适用死刑立即执行。而对于药家鑫案而言，虽然该案只导致一名被害人死亡，但是该案实际上还存在行为人是在交通肇事后杀人灭口、不顾被害人连连哀求、连续捅刺数刀等酌定从重情节，所以法院最终判处了药家鑫死刑立即执行。

其四，关于激情犯罪。因为激情犯罪也是一种酌定从宽情节，所以药家鑫案件中控辩双方争议的一大焦点，即为行为人是否属于激情犯罪。事实上，药家鑫的行为不能构成激情杀人，法院的定案结论是正确的，但其裁判理由似可再斟酌。对于药家鑫辩护律师所谓激情杀人的辩护理由，法院基于“激情杀人一般是指由于被害人的不当言行引起被告人的激愤而实施杀害被害人的行为”之认识，认为被害人张妙并无不当言行，故认定药家鑫的行为不构成激情杀人。法院对于激情杀人的这一界定不够准确。激情犯罪是因受到外在刺激而在强烈的情绪冲动支配下迅速爆发的一种犯罪。激情杀人因与行为人人格中的性格和气质因素紧密联系，其发生具有情境刺激强烈与行为瞬间爆发的特点，因而较少涉及行为人道德层面的缺陷；在社会评价上，行为人的反社会倾向也往往相对较轻。而药家鑫的行为与激情犯罪的上述特点并不符合。[①] 相关报道所揭示的如下案件事实的存在意味着药家鑫的杀人行为与激情杀人毫不相干：(1) 在其肇事致人伤害后又开出一百多米，药家鑫突然觉得有些不对，于是掉转车头回来查看；(2) 在下车查看时，药家鑫并无普通人发生交通事故后的慌张，还能记得随身携带放在副驾驶位置上内装尖刀的包；(3) 发现张妙躺着有呻吟声，他既没有询问伤情，也没有与伤者说话，而是在仅仅过了短短两三秒后，就抽刀开始连续刺杀被害人。其杀人行为表现为在一个时间序列中若干行为的有机串联。考虑到其杀人时的目的指向性十分明确，即“为了不让受害人记住自己的车牌号，免得以后找麻烦”，这不能不让人质疑其下车的动机。遗憾的是，法院没有就此做进一步查证。但这已充分说明，药家鑫的杀人行为与激情反应是有本质区别的。[②]

二、罪前情节：一贯表现、犯罪动机与被害人过错

作为犯罪实施前的事实状况，罪前情节主要包括犯罪人的一贯表现、犯罪动机、犯罪的原因(被害人过错、民间矛盾激化等)、犯罪人的基本情况等。本案所涉及的罪前情节主要包括如下方面：

---

① 参见张远煌：《疯狂杀人背后的深层动因——以药家鑫案为分析视角》，载《中国检察官(经典案例)》2011 年第 4 期(下)。

② 同上。

其一，关于一贯表现。就犯罪人的一贯表现来说，相关刑法理论和罪犯改造实践反复证明，犯罪人是初犯、偶犯还是累犯、惯犯，其平时是遵纪守法还是违法乱纪，是立功受奖还是屡屡违纪、违法等等，会在相当程度上反映犯罪人人身危险性和改恶从善可能性的大小，故而应在裁量刑罚时加以考虑。对于初犯、偶犯、一贯遵纪守法、曾经立功受奖的犯罪人，由于其人身危险性相对较小，改造可能性较大，在量刑上可以适度从宽，且应谨慎适用死刑；对于累犯、惯犯、一贯违法乱纪、屡教不改的犯罪人，由于其人身危险性相对较大，改造可能性较小，就可能成为强化死刑适用的理由。犯罪人的一贯表现会对死刑裁量产生影响，这在一些司法解释和司法文件中已有所体现。例如，最高人民法院 2008 年 12 月 8 日发布的《全国部分法院审理毒品犯罪案件工作座谈会纪要》即明确规定："对有证据证明被告人确属受人指使、雇佣参与运输毒品犯罪，又系初犯、偶犯的，可以从轻处罚，即使毒品数量超过实际掌握的死刑数量标准，也可以不判处死刑立即执行"；同时，该座谈会纪要还规定："必须依法严惩毒枭、职业毒犯、再犯、累犯、惯犯、主犯等主观恶性深、人身危险性大、危害严重的犯罪分子。……对其中罪行极其严重依法应当判处死刑的，必须坚决依法判处死刑。"不过，在药家鑫案中，一审法院存在着忽视被告人一贯表现的做法，似有欠妥当。在该案庭审过程中，辩护律师向法庭提交了 3 份材料，包括报纸对药家鑫主动递交悔过书的报道，药家鑫上学期间的 13 份奖励，药家鑫校友、同学、邻居的 4 份请愿书，并说明药家鑫是初犯、偶犯，平时一贯表现良好，请求法庭给被告人一个改过自新的机会。虽然被害人张妙丈夫当庭的言辞甚为激烈（"我不看那个，那都是垃圾"），但不能否认辩护律师所提交的这 3 份材料可以从某种程度上说明药家鑫的一贯表现。对此，一审法院曾认为，初犯、偶犯作为从轻处罚的情节，只适用于未成年人犯罪和情节较轻的犯罪，对故意杀人这样严重的刑事犯罪，尤其是本案这样如此恶劣、残忍的故意杀人犯罪，显然不能因此而从轻处罚，并据此否定辩护律师的辩护理由。这一对初犯、偶犯的认定及其见解显然有违刑法理论与司法实务之通识。而二审法院虽就此作了纠正，即认定被告人药家鑫为初犯、偶犯，但也未能正视被告人的一贯表现。

令人遗憾的是，最高人民法院复核裁定中再次回避了对其系初犯、偶犯以及平时表现的认定。当然，即便法院最终对药家鑫的一贯表现作出认定，但是其作为罪前情节，对于基准刑的调节作用也是非常有限的，综合全案的情节，对药家鑫判处死刑立即执行依然是适当的。但法院似乎应当罪作出详细说明，以免引起误解。

其二，关于犯罪动机。就犯罪动机而言，是出于卑劣的反社会动机，还是出于有益于社会的动机，同样反映出行为人主观恶性与人身危险性的大小，会对刑罚裁量产生影响。事实上，既然死刑的适用以“罪行极其严重”为标准，而主观恶性是否特别恶劣、人身危险性是否极大又是判断是否属于“罪行极其严重”的重要考量因素，那么，集中反映行为人主观恶性与人身危险性的犯罪动机当然也就成为具体决定是否适用死刑时需要考量的因素。例如，出于为民除害动机的杀人与为了灭口的杀人，两者显然不可同日而语。对前者一般不应适用死刑，而对后者则往往会强化适用死刑。在本案中，药家鑫在交通肇事致人伤害后，不仅不施救，也不是逃逸了事，反而是为逃避责任而凶残地杀人灭口。如此卑劣的犯罪动机恐怕是其受到千夫所指的重要原因，而且也是审判机关最终决定对其适用死刑立即执行的主要考量因素之一。

其三，关于被害人过错。被害人过错是诱发犯罪人犯罪意识、激发犯罪程度的原因，故会直接对犯罪人的刑事责任产生影响，是裁量刑罚不可忽视的重要因素。司法实践中，被害人的过错包括被害人实施的刺激、挑衅、迫害、威逼、侮辱、谩骂等行为。从刑事实体法角度讲，被害人过错的实质意义在于承认其与行为人的行为一起构成了对具体犯罪的强化作用；并据此承认它对行为人刑事责任的有无或者大小产生了影响；行为人的刑罚轻重直接取决于被害人过错的程度。被害人有过错的，对被告人一般不应适用死刑；被害人有重大过错的，对被告人一般也不应适用死刑，确有必要时可以适用死刑缓期二年执行；有轻微过错的，虽不足以影响死刑的适用，但可以与其他从轻情节一起对量刑发挥趋宽作用，从而抑制死刑立即执行的适用。在药家鑫案中，有辩护律师曾认为被害人张妙试图记车牌照，对案件的引发有一定的激化作用。这实际上是想以被害人的过错为理由来分担被告人药家鑫的罪责。不过,这样的辩解很难让人接受,因为即使被害人张妙试图记其车牌照也是基于被告人药家鑫肇事后不积极施救的自然、正当反应,不能以此作为激化矛盾的原因,更不能因此而归咎于被害人。

三、罪后情节:自首、赔偿与被害方谅解

作为犯罪完成后的事实状况,罪后情节既包括行为人自首、坦白、立功等法定情节,也包括行为人赔偿、积极退赃、挽回损失、畏罪潜逃以及被害方谅解等酌定情节。药家鑫案中的罪后情节主要涉及如下三个方面:

其一,关于自首。自首是我国法定的从宽量刑情节,根据我国刑法典第67条的规定,犯罪以后自动投案,如实供述自己的罪行的,是自首。本案中,药家鑫在其父母带领下到公安机关投案并如实供述自己罪行的行为应当成立自首,这也符合最高人民法院1998年5月9日起施行的《关于处理自首和立功具体应用法律若干问题的解释》第1条的规定。因此,法院对药家鑫自首的认定是适当的。然而,这并不意味着一定要对药家鑫从宽处理,也并非不能对其适用死刑立即执行。诚然,根据刑法典的规定,对于自首的犯罪分子,可以从轻或者减轻处罚,犯罪较轻的,甚至还可以免除处罚。但是,在裁量刑罚时,应当综合全案的各种情节进行整体考量,不能仅根据某一个情节就简单地作出最终论断。如果犯罪分子的犯罪手段、犯罪对象等罪中情节,犯罪动机等罪前情节,以及其他的罪后情节特别严重,那么,即使构成自首,也不足以减轻犯罪人的罪责。本案中,药家鑫出于杀人灭口、掩盖其先行的交通肇事罪责的卑劣动机,捅刺其先行交通肇事行为的对象张妙数刀致使其死亡,其犯罪手段极其残忍,其犯罪对象张妙没有任何过错且当时没有抵抗能力,但是药家鑫依然极其凶残地将其杀死,可见药家鑫犯罪之主观恶性与人身危险性之严重。而且药家鑫虽为自首,但是其在第二次交通肇事后被询问时并没有交代杀害张妙的犯罪事实,而是之后在家属的陪同下到公安机关进行的自首,因此与直接、主动的自首相比,所反映出的

内心悔过程度是有差距的。可见,本案不能基于自首而对药家鑫从宽处理。当然,法院应当对其中的原因做出进一步说明,这样会使得判决更具有说服力。

其二,关于赔偿。就被告人赔偿而言,被告人通过本人或其亲属、朋友向被害方积极给予物质赔偿的,这不仅能在一定程度上反映了被告人的悔罪态度,而且也在客观上为被害方解决了实际困难,有助于减缓被害方的痛苦,减轻犯罪的危害程度。在此情形下,被告人犯罪后的积极赔偿之举实乃其主观真诚悔罪态度之外化,是其人身危险性降低的具体表征,故应该成为衡量其所判的死刑是否“不是必须立即执行”的酌定量刑情节。由此,对被告人慎用死刑立即执行当然有其合理性,而绝非“以钱买命”、“花钱买刑”。正因为如此,最高人民法院 2007 年 1 月 15 日发布的《关于为构建社会主义和谐社会提供司法保障的若干意见》明确规定:“案发后真诚悔罪并积极赔偿被害人损失的案件,应慎用死刑立即执行”。最高人民法院 2010 年发布的《关于贯彻宽严相济刑事政策的若干意见》第 23 条也规定:“被告人案发后对被害人积极进行赔偿,并认罪、悔罪的,依法可以作为酌定量刑情节予以考虑”。但是,如果被告人积极赔偿并非出于真诚悔罪,而只不过是为了逃避死刑适用,其人身危险性并没有因此而降低,那么,也不能排除对其适用死刑立即执行。尤其是对于那些黑恶势力犯罪和严重危害社会治安的重大故意杀人犯罪,更应考查被告人是否真诚悔罪,而不能仅仅因为其给予了民事赔偿,便对其不适用死刑立即执行。对于药家鑫案而言,药家鑫最终未能基于民事赔偿而从宽处罚。尽管药家鑫的辩护律师主张药家鑫及其亲属有积极赔偿的意愿,应予考虑酌定从轻,但法院最终却以被害方拒绝接受为由否定了该辩护理由。其实,本案中法院的判决只着眼于被害方是否接受赔偿,赔偿态度是否积极,未能从更深层次关注被告人是否基于认罪、悔罪的心态而愿意给予被害方赔偿。如果被告人是出于认罪悔罪表示愿意赔偿,又有何理由不认定为酌定从轻情节,岂能仅基于被害方拒绝接受就断然予以否定?因为在被害方拒绝接受的情况下,虽然被告人给被害方造成的侵害在客观上并无任何舒缓,但被告人毕竟是出于主观真诚悔罪之心态而表达赔偿意愿，其人身危险性趋降也是不争的事实，所以，法院应当认定赔偿对于药家鑫刑罚裁量的作用。当然，即使法院作出认定，相对于药家鑫罪中情节的严重程度而言，也无法对其罪责产生实质性的影响，依然应当对其判处死刑立即执行。

其三，关于被害方谅解。从我国目前司法实务情况来看，被害方的因素往往会在一定程度上影响死刑的适用和死刑执行方式的选择。在司法实践中，很多死刑案件中的被害方与被告方达成了赔偿协议，并表示谅解被告人，而被告人也真诚悔罪，法院通常便会根据被告人的情节及悔罪表现对其判处死缓。因为被害方系出于自愿而谅解被告人，被告人也真诚悔罪并通过本人或者亲属、朋友积极赔偿被害方，法院对被告人适用死缓之合理性自无疑问。申言之，被告人对被害方的积极赔偿行为反映了其悔罪态度，表明其人身危险性的减小；而被害方对被告人的谅解缓和了激烈的社会矛盾，使犯罪的社会危害性在某种程度上得到减轻。既然人身危险性和社会危害性都有所降低，法院在对被告人量刑时有所体现也就无可厚非。何况，保护被害法益并维护正常秩序是现行刑法的主旨，既然被害方已谅解被告人，尽管刑法仍可基于被告人对正常秩序的侵犯而处罚之，但基于被害方的态度而酌定从宽亦是合乎情理之举。同时，也有些死刑案件中，被告方虽真诚悔罪并积极赔偿，但被害方拒绝接受，坚决要求判处被告人死刑立即执行，甚至以上访、闹事等方式向法院施压，有时法院也会迫于被害方的压力而对被告人适用死刑立即执行。在这种情况下，法院罔顾被告人的真诚悔罪、积极赔偿之表现，迫于被害方的压力而对被告人适用死刑立即执行，在法律上是没有任何根据的，是有悖于慎用死刑的政策精神的。就此而论，药家鑫案的主审法院以被害方拒绝接受被告人及其亲属的赔偿为由，简单地否定其构成酌定从轻情节，而忽视了药家鑫真诚认罪、悔罪的主观心态，似有不妥。因此，虽然基于残忍的犯罪手段与其他极其严重的罪中情节，积极争取被害人谅解的行为并不能对药家鑫的量刑起到决定性的作用，但是，法院还是有必要对其中的法理作出进一步说明。

四、案外因素:舆情民意

社会舆论、媒体、网络和民众就死刑案件所反映出来的舆情民意,不仅在一定程度上影响着死刑立法,也显然影响着死刑司法甚至具体的死刑个案的裁决。这一无法否认的法治现实,在药家鑫案中表现得尤为明显。如何看待死刑民意与死刑制度改革之间的关系,也是当前我国死刑制度改革的关键问题之一。其实,正如有学者所言,在中国的传统司法中,民意自身就是一种正当性资源,法官允许它招摇过市地进入司法过程。传统法官采用平民化、大众式的思维方式,力求判决能够体现民众的意愿。① 在这种状况下,舆情民意对死刑制度的影响不可避免。况且,在民主国家,本来就应当是“多数人的意愿构成民主的基本结构”。② 死刑民意在一定程度上也决定着我国死刑制度改革的民主化程度。当然,也必须看到,死刑的舆情民意毕竟有其局限性与情绪性,舆情民意对死刑个案的过度参与,甚至直接对案件进行“最终”的裁决,会使舆情民意的道德判断凌驾于法官的法律判断之上,影响司法的正义,极大地损害司法的权威,故而是十分有害的。因此,死刑裁量不能完全不考虑相关的舆情民意,但也不能被舆情民意所左右。在药家鑫案中,舆情民意对死刑裁量产生的影响是巨大的。正如有些媒体所报道的那样,被告人被判处死刑立即执行,舆情民意的“围观”及其强烈反应无疑起到了非常重要的作用。在药家鑫案中,舆论、网民的“围观”既有案件本身颇能吸引眼球之故,也有因为司法操作存在瑕疵所致,同时在某种程度上也是被害方代理人通过炒作药家鑫所谓“军二代”、“富二代”身份推波助澜的结果。虽然法院最终的判决与民意的倾向相符,但是法院并不是受民意捆绑作出裁量的,而是秉持严肃司法、公正司法、合理司法之理念,在确保法律效果的基础上,深刻体察社情民意,依法合理行使地自由裁量权。

---

① 参见孙笑侠、熊静波:《判决与民意——兼比较考察中美法官如何对待民意》,载《政法论坛》2005年第5期。

② 莫纪宏:《宪政普遍主义与民主》,载《外国法译评》2001年第1期。

总而言之，虽然药家鑫具有自首、赔偿等一些从宽情节，但是在本案中并不会对死刑立即执行的判决产生实质影响，因为综合全案的情节来看，这些情节并不能减轻药家鑫的罪责。究其根本，犯罪情节对于刑罚裁量的影响是有所不同的。发生在犯罪实施过程中、表现行为社会危害性及其程度的犯罪事实，亦即罪中情节，是裁量刑罚的基本的和首要的依据，包括犯罪构成事实和犯罪构成事实以外的其他犯罪事实；而不具有犯罪构成的事实意义，却能反映犯罪行为的社会危害程度或者行为人主观恶性的各种罪前、罪后情节，则是衡量刑罚轻重的重要补充。① 因此，罪中情节尤其是犯罪行为及其危害后果应是整体考量的决定性因素；而罪前、罪后情节只能起辅助作用，相关的案外因素尤其是舆情民意只是参酌因素，不能本末倒置地颠覆罪中情节的应有影响。基于此，从犯罪手段的残忍性、犯罪对象的无力抵抗性、危害后果的严重性以及激情犯罪之否定性等情况来看，药家鑫的罪中情节无疑是极其严重的。因此，综观全案来看，虽然药家鑫具有一贯表现良好以及自首等罪前、罪后的辅助量刑情节，但是与居于核心地位的罪中情节相比，尚不足以减轻其罪行的严重程度，药家鑫所表现出来的主观恶性以及人身危险性依然极其严重。换言之，因此，对于药家鑫判处死刑立即执行是适当的。

① 参见赵秉志：《关于中国现阶段慎用死刑的思考》，载《中国法学》2011 年第 6 期。

李昌奎故意杀人、强奸案

【基本案情】

李昌奎，男，1982 年 6 月 17 日生，汉族，云南省巧家县人，小学文化程度，农民，住巧家县茂租乡鹦哥村放牛坪社 13 号。

李昌奎和被害人王家飞（女，殁年 19 岁）都是巧家县茂租乡鹦哥村人。李昌奎一直很喜欢王家飞，2009 年春节，李昌奎家曾到王家提亲，但由于两人年龄悬殊太大，加之王家飞不喜欢李昌奎，提亲失败。因此，李昌奎因提亲未成一直想报复王家飞。2009 年 5 月 14 日，李昌奎之兄李昌国与王家飞之母陈礼金因琐事发生打架，远在四川省西昌市打工的李昌奎得知后便赶回云南省巧家县家中。两天后即 5 月 16 日的 13 时许，李昌奎在途经王家飞伯父王庭金家门口时遇见王家飞和王家红（殁年 3 岁）姐弟二人。李昌奎以两家的纠纷为由与王家飞发生争吵并抓打。在抓打过程中，李昌奎将王家飞掐晕，并将王家飞抱到王庭金家厨房门口实施了强奸。在王家飞苏醒后跑向堂屋时，李昌奎又提起锄头猛击王家飞的头部致王家飞倒地，并将王家飞拖入到王庭金家堂屋左面第一间房内。随后，李昌奎又提起王家红的手脚将其头部猛撞房门，然后将王家红置于地上王家飞右侧。李昌奎又在王庭金家屋里找来一根绳子勒住已经昏迷的王家飞与王家红的脖子后逃离现场。经法医鉴定，王家飞、王家红均系颅脑损伤伴机械性窒息死亡。李昌奎外逃后被通缉，他于 2009 年 5 月 20 日 14 时 30 分到四川省普格县城关派出所投案。

云南省邵通市人民检察院指控李昌奎构成故意杀人罪和强奸罪，昭通市中级人民法院经审理，于 2010 年 7 月 15 日作出(2010)昭中刑一初字第 52 号刑事附带民事判决。一审判决认为：被告人李昌奎报复杀害王家飞、王家红，其间强奸王家飞的行为，已分别构成了故意杀人罪、强奸罪，对被告人李昌奎应实行数罪并罚。被告人李昌奎所犯故意杀人罪，犯罪手段特别残忍，情节特别恶劣，后果特别严重，其罪行特别严重，社会危害极大，应依法严惩，虽然李昌奎有自首情节，但依法不足以对其从轻处罚。李昌奎及其辩护人提出李昌奎并非报复杀人的辩解与本案查明的事实不符，被告人李昌奎及其辩护人请求从轻处罚的辩护意见不能成立，本院不予采纳。被告人李昌奎的犯罪行为确给附带民事诉讼原告人造成了经济损失，应根据法律规定和被告人的实际赔偿能力予以赔偿。据此，一审法院根据我国刑法典的相关规定，以故意杀人罪判处李昌奎死刑，剥夺政治权利终身；以强奸罪，判处有期徒刑 5 年，决定执行死刑，剥夺政治权利终身。并且，判决被告人李昌奎赔偿附带民事诉讼原告人王庭礼、陈礼金经济损失共计人民币 30000 元(其家属已赔偿的除外)。

一审判决宣告后，李昌奎不服，提出上诉。2011 年 3 月 4 日，云南省高级人民法院作出(2010)云高刑终字第 1314 号二审刑事判决。二审法院认为：上诉人李昌奎目无国法，将王家飞掐致昏迷后对其实施奸淫，而后又将王家飞、王家红姐弟杀害的行为，分别构成强奸罪、故意杀人罪，应依法严惩。被告人李昌奎在犯罪后到公安机关投案，并如实供述其犯罪事实，属自首；在归案后认罪、悔罪态度好；并赔偿了被害人家属部分经济损失，故上诉人李昌奎及其辩护人所提被告人具有自首情节、认罪、悔罪态度好，积极赔偿被害人家属的上诉理由和辩护意见属实，本院予以采纳。鉴于此，对李昌奎应当判处死刑，但可以不立即执行。据此，二审法院认为对李昌奎判刑过重，遂改判为死刑，缓期二年执行，剥夺政治权利终身。

二审判决发生法律效力后，原审附带民事诉讼原告人王廷礼、陈礼金不服，提出申诉。云南省人民检察院也向云南省高级人民法院发出检察建议，认为二审判决对原审被告人李昌奎的量刑偏轻，应当予以再审。2011 年 7 月 13 日，云南省高级人民法院作出(2011)云高刑监字第 68 号再审决定，决定对该案另行组成合议庭进行再审。2011 年 8 月 22 日，云南省高级人民法院在云南省昭通市开庭审理后当庭作出再审判决，撤销原二审死缓判决，改判李昌奎死刑，剥夺政治权利终身。最高人民法院经复核认为，云南省高级人民法院再审判决认定的事实清楚，证据确凿、充分，定罪准确，量刑适当，审判程序合法，故依法裁定核准了对李昌奎的死刑判决。2011 年 9 月 29 日，李昌奎在云南省昭通市被依法执行了死刑。

【法理分析】

该案发生之时，震动全国的西安药家鑫案刚刚尘埃落定，该案随之又引发公众高度关注和社会热议，被媒体称之为“赛家鑫案”(赛过药家鑫)。因涉嫌强奸和故意杀害两人，李昌奎被云南省高级人民法院二审由死刑改判为死缓甫一披露，先是舆论哗然，社会上质疑之声鹊起，后是云南省高级人民法院相关负责人为回应质疑先后发表“冤冤相报论”、“公众狂欢论”、“标杆论”等“激情”言论。始料未及的是，云南省高级人民法院的回应非但没能平息外界的质疑和非议，反而激起了更大的舆论反弹，云南省高级人民法院也被推到了舆论的风口浪尖。媒体和网络上的持续发酵，使得围绕李昌奎案死刑适用的各种纷争最终形成舆论焦点，李昌奎案也由一个普通死刑个案上升成为引发社会广泛关注和网络空间热议的公共事件，其意义显然已超越了个案本身，成为我国当代刑事法治深度演绎的一个鲜活范本。这一典型个案深深烙上了我国刑事法治的印记，其所展示出的复杂场域及对于刑事法治的意义，是引人深思、发人深省的。毋庸置疑，在我国当代刑事法治进程中，该案注定会被反复提及。

虽然本案法院对李昌奎犯罪事实的认定基本没有异议，争议的焦点乃在量刑上，但由该案引发的问题却早已超越了量刑的层面，涉及刑事实体与程序的多个方面。由李昌奎案引发的对死刑适用标准、死刑存废、死刑观念、死刑民意、审判独立和司法公信力等问题的关注与纷争，在法学界、法律界渐次掀开。从刑事法治建设的视角来看，李昌奎案的确具有很强的代表性和标本意义，其带给我们的启示也是多方面的。

一、死刑标准的准确把握

从李昌奎案引发的诸多争议看，如应否判处李昌奎死刑立即执行？自首是否足以免死？什么是罪行极其严重？如何理解死刑制度中的“不是必须立即执行”？判处了药家鑫死刑为什么改判李昌奎死缓？诸如此类问题，实质上都涉及对死刑适用标准的准确把握。

我国刑法典第 48 条第 1 款规定：“死刑只适用于罪行极其严重的犯罪分子。对于应当判处死刑的犯罪分子，如果不是必须立即执行的，可以判处死刑同时宣告缓期二年执行。”可见，“罪行极其严重”是我国死刑适用的总体标准。这一标准不仅从一般意义上划定了死刑的适用范围和确立了死刑裁判的一般根据，而且对于认定刑法典分则中规定的具体死刑罪名适用的条件，具有重要的导向功能。关于“罪行极其严重”的含义，从主客观相统一的立场上去理解，应当是指犯罪的性质极其严重、犯罪的情节极其严重、犯罪分子的主观恶性和人身危险性极其严重。李昌奎案中，无论是二审改判李昌奎死缓还是一审、再审判处其死刑立即执行，在认定李昌奎属于“罪行极其严重”的犯罪分子这一点上是一致的，这是适用死刑的总标准。如果不属于罪行极其严重，是不可能判处其死刑（包含死缓）的。问题的核心是李昌奎是否属于“不是必须立即执行”的犯罪分子，这才是争议的焦点。“不是必须立即执行”是适用死缓的实质条件。对于罪行极其严重的犯罪分子，在哪些情形下才属于“不是必须立即执行”的呢？刑法并没有明确规定。至于如何把握“不是必须立即执行”的标准，刑法学界可谓见仁见智。从司法实践的情况看，属于“不是必须立即执行”的犯罪分子，大致可分为四种情形：一是基于犯罪分子具有法定从宽情节而不杀。如犯罪分子犯罪后投案自首、立功等，一般不判处死刑立即执行。二是基于犯罪分子具有酌定从宽情节而不杀。事实上，司法实践中大部分“不是必须立即执行”的情形都是因为犯罪分子具有一贯表现好、认罪态度好、退赃、被害人过错等酌定从宽情节。三是基于证据方面存在瑕疵而不杀。如对于符合“两个基本”，但仍有个别影响犯罪危害程度的事实未查清或不可能查清的，或者同案犯间的罪责未查清或者难以查清的，依照“疑案从轻”的原则，在量刑时留有余地，不判处死刑立即执行。四是基于刑事政策的需要而不杀。具体来说，就是基于宽严相济刑事政策与“严格控制和慎重适用死刑”的死刑政策，而对罪当判处死刑的犯罪分子在量刑时留有余地。总的说来，上述这四类属于“不是必须立即执行的”情形，还存在诸多“弹性”和“模糊”之处，缺乏规范性。到底选择“杀”还是“不杀”，最终仍取决于法官的综合判断和权衡。

关于李昌奎案是否属于“不是必须立即执行”的情形，显而易见，李昌奎罪行极其严重，不属于“不是必须立即执行”的犯罪分子，理当判处其死刑立即执行。从李昌奎案二审判决来看，云南省高级人民法院改判李昌奎死缓的理由是：“上诉人李昌奎及其辩护人所提被告人具有自首情节、认罪、悔罪态度好、积极赔偿被害人经济损失的上诉理由和辩护意见属实，本院予以采纳。鉴于此，对李昌奎应当判处死刑，但可以不立即执行。”①概括起来，就是因为李昌奎具有自首、认罪和悔罪态度好、积极赔偿被害人经济损失三个从宽情节，故不判处其死刑立即执行。乍一看，上述判决似乎很有依据，合乎法理，体现了近年来国家提倡的“少杀、慎杀”政策，但若综观李昌奎案全案分析，上述判决则是经不起推敲的，至少有以下两个方面的问题值得质疑：

第一，没有综合考虑整个犯罪行为的社会危害程度。须知，案件中量刑情节（无论是从宽还是从严）对刑罚轻重的影响力是受到整个犯罪行为的社会危害程度制约的。同样的情节会因犯罪案件总体社会危害性程度的不同而在对刑法轻重的影响上有所区别。不能片面强调乃至夸大某一个或某些从宽情节因素的作用，使其成为量刑的决定性因素。一般来说，案件总体社

① 参见(2010)云高刑终字第1314号刑事判决。

会危害性较轻的，应多体现从轻或减轻要素的作用，适当考虑从重的量刑因素；案件总体社会危害性较大的，应多体现从重量刑要素的作用，适当考虑从轻或减轻的量刑要素。因此，死刑案件中多个量刑情节竞合时，如何发挥它们对刑罚轻重的调节作用，首要的原则是必须衡量案件总体的社会危害程度。而主张只要有从宽情节，即不论被告人所犯罪行多么严重，社会危害性多大，就排除适用死刑立即执行的观点，实际上陷入了孤立的情节决定论，是失之片面的。李昌奎案的二审判决实际上也折射出了司法实践中的这种错误的惯性思维。

第二，没有注意分析各个量刑情节之分量和性质。不同的从宽或从严情节，所反映出的被告人的社会危害性和人身危险性程度是存在差异的，相应地其对刑罚的影响程度也是不同的。以累犯为例，有的是刑满释放后半年内再犯同种应判处无期徒刑或者死刑的故意之罪，有的是刑满释放后近五年时再犯异种应判处有期徒刑的故意之罪。这两种情况下的累犯情节，其影响量刑的程度当然是存在差别的。此外，不同的酌定或法定情节，所反映的实质内容也不一定相同。有的主要反映行为的社会危害性程度，而有的则侧重体现行为人人身危险性变化情况。例如，自首、认罪、悔罪态度好等情节，主要反映的是被告人的人身危险性程度，而犯罪手段残忍、索贿等更侧重反映的是犯罪行为的社会危害性程度。不难发现，从情节反映的内容来看，上述这两类情节的性质也是存在差异的。相对而言，对于体现社会危害程度的量刑情节，应给予更多的关注和重视。① 具体到李昌奎案，二审判决据以改判李昌奎为死缓最主要的一个从宽情节——自首，实质上其分量是很轻的，是一种典型的消极自首。② 相比于积极自首，其对刑罚轻重的

① 从刑法典第 61 条对量刑根据的规定可知，量刑根据主要是社会危害性和人身危险性的统一，只不过在量刑的根据系统中，已然之罪的社会危害性（客观危害和主观恶性的统一）才是量刑的基础。毕竟，严重的社会危害性才是犯罪的本质特征。

② 据有关媒体报道，李昌奎是在被通缉后公安机关沿途层层设卡、无路可逃的情况下才选择投案自首的。李昌奎案一审主审法官张雪峰也认为，李昌奎确实有自首情节，但其自首有被迫的因素。（参见武威、何涛：《赛家鑫案一审法官称被告被迫自首　赔偿不积极》，载《广州日报》2011 年 7 月 11 日。）

影响力和调节作用要小很多。并且，被害方的代理律师对此也存有异议，认为李昌奎在犯罪后，迫于通缉的强大压力才投案，但在 2009 年 5 月 20 日投案时的第一次供述中避重就轻，只供述其杀死了被害人王家飞并打伤了王家红，隐瞒了其杀死被害人王家红和强奸王家飞的重要犯罪事实，而是在之后的讯问过程中才逐渐交待的，这说明，被告人李昌奎投案时，并没有如实供述其杀害王家红和强奸王家飞的主要犯罪事实，故不能认定为自首。被害方代理律师的上述反映恐怕绝非主观臆想，而应当是来自案件材料和庭审过程。如果被害方代理律师所反映的上述情况属实，的确可以将李昌奎的自首效力仅限于杀害王家飞的犯罪行为，而否定其构成全案自首。关于积极赔偿被害人家属经济损失的情节，也不完全符合事实，①实际上李昌奎赔偿态度并不积极，而且赔偿数额有限，也未获得被害方的谅解。这一酌定从宽情节对死刑裁量的影响更是微乎其微。而且自首、认罪态度好等罪后从宽量刑情节更多的是反映人身危险性程度的情节，而与行为的社会危害性程度并无直接的关联。相反，李昌奎所具有的从重量刑情节，如犯罪手段特别残忍、犯罪动机恶劣（报复②）、危害结果极其严重（强奸 1 人并杀死 2 人）等，不仅情节分量重，而且直接反映出行为极其严重的社会危害性，其对刑罚轻重的影响力明显要大得多，死刑裁量时应更为关注和重视这一方面的情节和因素。总而言之，综观全案分析，李昌奎虽有自首等从轻情节，但其从轻情节对刑罚轻重调节的整体作用力要明显弱于所具有的从重情节，从整体上无法降低其犯罪行为的极其严重的社会危害程度，因而不足以对

---

① 据有关媒体披露，李昌奎作案后，王家曾多次要求李家就善后事宜进行赔偿，但李家拒不理会；直到 2009 年 5 月 18 日，经乡村干部多次做工作，李家仍然以各种借口拒绝承担死者的安葬费用。最后以鹦哥村人民调解委员会的名义，责令李家处理部分财产作为死者的安葬费，李家因此公开变卖钢筋、水泥、砖、羊等财产，合计人民币 21838.5 元，并由调解委员会转交到王家手中。李昌奎案一审主审法官张雪峰接受记者采访时，也明确否认李昌奎家属积极赔偿被害方经济损失（参见《李昌奎案法官：民意干预再审伤害法治》，载 http://news.163.com/11/0803/18/7AI6PQ270001124J.html；武威、何涛：《赛家鑫案一审法官称被告被迫自首　赔偿不积极》，载《广州日报》2011 年 7 月 11 日）。

② 云南省高级人民法院再审查明：被告人李昌奎因求婚不成及家人的其他琐事纠纷产生报复他人之念。

其从轻处罚。

二、死刑政策的全面理解

在李昌奎案中，一个必须关注的重要话题就是我国的死刑政策问题。死刑政策是由党和国家制定的对死刑的设置与适用具有普通指导意义的行动准则，是我国刑事政策的重要内容。我国当前的死刑政策可概括为“保留死刑，严格控制和慎重适用死刑”，它是宽严相济刑事政策在死刑设置与适用方面的重要体现。宽严相济刑事政策作为党中央在构建社会主义和谐社会新形势下提出的一项基本刑事政策，对刑事立法、刑事司法均具有重要的指导意义，刑事立法和刑事司法应对这一政策予以回应、体现和贯彻。人民法院在刑事审判工作中贯彻落实宽严相济的刑事政策，应当切实做到该宽则宽，当严则严，宽严相济，罚当其罪，确保裁判法律效果和社会效果的高度统一。

就李昌奎案而言，李昌奎案由二审改判为死缓、再审又改判为死刑立即执行，并不能说明我国死州政策存在什么问题，因为该案二审判决实质上并不符合我国当前的死刑政策，恰是对我国死刑政策的违背，是在对宽严相济的基本刑事政策的理解上发生了严重偏差。宽严相济的基本刑事政策强调“轻”与“重”、“宽”与“严”的有机结合与合理协调，其实质乃是对刑事犯罪要求区别对待，既要有力地打击和震慑犯罪，维护法治的严肃性，又要尽可能减少社会对抗，化消极因素为积极因素，实现法律效果和社会效果的统一。“保留死刑，严格控制和慎重适用死刑”政策中的“严格控制和慎重适用死刑”，不是说要任意减少死刑的适用，对应当判处死刑的而不判处死刑。“少杀、慎杀”也主要指的是不可多杀、滥杀和误杀，但不等于说不杀，更不意味着对那些罪行极其严重、主观恶性和人身危险性极大的犯罪分子予以宽纵。在保留死刑的前提下，对于罪行极其严重的犯罪分子，如果非杀不可的，当然要坚决依法判处死刑立即执行。最高人民法院《关于贯彻宽严相济刑事政策的若干意见》第 29 条也明确指出，要准确理解和严格执行“保留死刑，严格控制和慎重适用死刑”的政策，对于罪行极其严重的犯罪分子，论罪应当判处死刑的，要坚决依法判处死刑。

李昌奎案中，虽然被告人李昌奎具有自首等从宽情节，但是其罪行极其严重特别是犯罪后果极其严重，社会危害性和人身危险性均极大，因而依法并不足以减轻对其应处的严厉刑罚。二审改判李昌奎为死缓，是理解和执行死刑政策时发生了偏差，过于重视自首等单个从宽情节对刑罚裁量的影响，而忽视分析犯罪案件的整体社会危害程度，忽视了对量刑情节逆向竞合时死刑适用的正确权衡。事实上，在裁量刑罚时，人民法院应当综合考虑量刑情节以及案件的其他情况，决不能片面强调乃至夸大某一情节的作用，使其成为量刑的决定性因素，以致影响准确量刑和公正司法。云南省高级人民法院再审纠正了原二审错误改判，重新判处李昌奎死刑立即执行，体现了宽严相济刑事政策的要求，符合我国的死刑政策，实现了裁判法律效果与社会效果的统一。诚如著名法学家高铭暄教授所评论：“李昌奎案二审不当改判死缓，并不能说明我国现行死刑政策本身有什么问题，只是执行死刑政策过程中在处理个案时出现的偏差，属于个别现象。司法机关以实事求是的态度及时再审纠正偏差，恰恰是正确贯彻我国死刑政策的体现。”①

三、死刑民意的理性对待

据媒体报道，李昌奎案二审改判后，巧家县鹦哥村就有200余名村民联名上书，向云南省高级人民法院提请启动再审程序，要求判处李昌奎死刑立即执行。② 另外，媒体网络上要求判处李昌奎死刑立即执行的声音也是此起彼伏。腾讯网针对李昌奎案的民意投票更是显示，97.61%的网民要求判处李昌奎死刑，1.39%的网民支持云南省高级人民法院判处死缓，1%的网

① 张先明：《实事求是　有错必纠——高铭暄、陈光中就李昌奎案谈我国死刑政策和刑事再审制度》，载《人民法院报》2011年8月24日。

② 参见董柳：《男子奸杀少女摔死幼童　200人按手印要求枪毙》，载《羊城晚报》2011年7月7日。

友认为不好说。[1] 对于要求判处李昌奎死刑立即执行的汹涌民意，时任云南省高级人民法院副院长田成有接受《新快报》专访时表示，"这个国家需要冷静，这个民族需要冷静，这是一个宣泄情绪的社会，但这样的情绪对于国家法律而言，应冷静。我们不会因为大家都喊杀，而轻易草率地剥夺一个人的生命。"媒体网络上要求判处李昌奎死刑立即执行的声音是否如前述田副院长所言的完全就是宣泄情绪或者公众狂欢暂且不论，但也确实反映出民意对死刑适用的影响问题。即使在李昌奎案再审改判为死刑立即执行后，仍有不少人认为其是因民意压力而改判，是"舆论审判"的结果。[2] 勿庸讳言，云南省高级人民法院的二审和再审改判无疑都摁着了死刑民意的痛点，民意对死刑适用的影响成了无法回避的问题。

不管我们是否承认，从死刑的实际适用状况中，都可以明显看出民意对死刑适用影响之重。在个案的死刑判决中我们也会不时看到"不杀不足以平民愤"、"社会危害极其严重，民愤极大"等判语。一些本具有从宽情节的死刑案件，如被告人有自首情节、被害人严重过错或由邻里纠纷引发的激情性杀人案件等，可依法不判处死刑或不判处死刑立即执行，但由于民愤强烈，法院最终还是判处了被告人死刑，将不该杀的人也杀了。民意对死刑适用的影响，除了因罪行恶劣激起民愤而导致判处死刑的情况外，还包括因民怜等因素的影响致使法院"刀下留人"的情况。社会影响较大的刘涌案、崔英杰杀死城管案、药家鑫案等案件中，也均不乏民意（特别是民愤）影响死刑适用的痕迹，这些均值得我们反思。

死刑适用确实不宜迁就民意，绝不能因为有民众要求加大刑罚力度和呼吁多判一些死刑，就贸然扩大死刑的适用范围，重判多杀。试图在死刑裁量中为息事宁人而一味迎合某些"民意"的做法是片面的，对整个刑事法治必然会带来消极影响。除了民意具有多元性、异质性和并非正义的化身等原因之外，还因为民意特别是被害方态度如何与犯罪的社会危害性之间不

---

① 参见王文昌：《司法，请站稳脚跟！》，载《民主与法制》2011 年第 1 期。

② 参见《法学专家谈李昌奎案：因民意压力改判伤害公信力》，载《华商报》2011 年 8 月 20 日。

存在必然的联系，民愤大不一定犯罪的社会危害性大，反之民愤小甚至存在民怜，也不必然代表犯罪的社会危害性就一定小。此外，民愤影响司法的独立性和量刑的公正性，对常态法治有消极的破坏作用。感情不能代替证据，民愤不能代替法律。法官应忠诚于法律和事实，以追求和维护司法公正为天职，不应一味地去迎合、满足民众出自本能、情绪性的报应要求而增加死刑的适用，从而牺牲法律的公正性和独立性。

死刑适用不应当迁就民意，但不代表不能引导民意在死刑适用中理性地发挥作用。可以说，允许社会舆论、媒体和民众关注并适度参与死刑案件的审理，许可民意的适度表达，不仅是因为"一切有权力的人都喜欢滥用权力"①，舆情民意表达有利于提高死刑案件审理的透明度，加强审判监督；而且还因为"法律的生命不在于逻辑，而在于经验"②，舆情民意的适度表达有利于在法律与经验之间架设一座沟通的桥梁，并在这种互动中宣扬民主、公平、正义的理念。③ 在当下社会转型、各种社会矛盾频发的时期，司法机关在处理死刑案件时，必须在确保良好法律效果的基础上，充分考虑案件的裁判能否获得社会舆论、媒体和民众的支持与认可，是否有利于社会的稳定。如果社会舆论、媒体和民众普遍不支持甚至强烈反对，这样的死刑裁判就一定要特别慎重，否则就可能损害法律的尊严和权威，影响社会的稳定。为此，在依法裁判的前提下，司法人员需要全面了解和深刻体察舆情民意，不断增强妥善处理案件以实现良好社会效果的能力，要把能否获得社会的广泛认同和普遍尊重作为衡量案件裁判社会效果的标尺，并通过公正高效、有理有据的裁判以及客观适度、合情合理的宣传，使社会和公众了解司法机关付出的努力，认同司法机关所做的工作，尊重法院依法所作出的裁判，④以树立、维护法律在民众心目中的权威地位。

在李昌奎案中，云南省高级人民法院的二审和再审改判无疑都摁着了

① [法]孟德斯鸠：《论法德精神》(上)，张雁深译，商务印书馆 1994 年版，第 154 页。

② O. W. Holmes, Jr., The Common Law, ed. M. Howe (Boston: Little Brown, [1881] 1963),5.

③ 参见赵秉志：《关于中国现阶段慎用死刑的思考》，载《中国法学》2011 年第 6 期。

④ 参见阴建峰：《论法律效果与社会效果的统一》，载《河南社会科学》2011 年第 2 期。

死刑民意的痛点，民意对死刑适用的影响成了无法回避的问题。案件本身的恶劣性及其与药家鑫案件的可比性，以及二审法院在未能正确把握案件危害性亦未做被害方安抚工作的情况下，贸然改判死缓又不说明理由，未能充分考虑舆情民意的关注度，回应宣传不到位且多有严重失误，诸多原因促使本案成为舆情民意高度关注的公众事件。其实，舆情民意的关注并不可怕，法官和法院只要秉持严肃司法、公正司法、合理司法之理念，在确保法律效果的基础上，深刻体察社情民意，依法合理行使自由裁量权，就能最大限度地实现法律效果与社会效果的统一。在死刑案件审判过程中，法官切不可为舆情民意所左右，使之对死刑的裁量起到决定性作用。

四、死刑观念的渐进变革

如何正确对待民众的死刑观念，是政治决策层、学者以及立法、司法机关需要解决的重要问题。因为制度要变革，观念是先导。在有着悠久死刑文化传统的当代中国来说，崇尚死刑的观念在民众中还普遍存在，“杀人偿命”的死刑报应观念也广有市场，并在许多死刑案件中鲜明地表现出来。李昌奎案正是如此。李昌奎案一波三折，从一审死刑到二审死缓又到再审死刑，到底是“该杀”还是“不该杀”？该案引发的舆论热议和争议超出了人们的预期，涉及了死刑观念的问题。据有关媒体报道，李昌奎案二审改判为死缓后，时任云南省高级人民法院副院长田成有就该案接受记者采访时表示，“我们不能再冷漠了，不能像曾经那样，草率判处死刑，杀人偿命的陈旧观点要改改了”；“理解网民对判决提出的异议，但这都是观念的问题，是杀人偿命的传统意识与现代司法理念、国家刑事政策的差异，这些都是可以公开来探讨”；“我们现在顶了这么大的压力，但这个案子10年后肯定是一个标杆、一个典型”。[1] 该院另一位副院长赵建生也说，“‘你杀了他，他的家人又来杀你，冤冤相报何时了?!’目前整个社会还是有根深蒂固的‘杀人偿命’、‘同

---

① 参见曹红蕾：《云南高院回应“赛家鑫”案：判决未徇私舞弊》，载《生活新报》2011年7月8日。

态复仇’意识，而我们的司法理念要求少杀、慎杀”、“我们要引领、改造‘冤冤相报’、‘杀人偿命’的传统观念。不‘杀头’不是放纵，死缓也是一种严厉的刑罚。”[①]云南省高级人民法院一位不愿署名的法官在《南方周末》上也发专文指出，李昌奎案“杀”与“不杀”两种对立的意见，没有谁对谁错之分，有的只是观念上的差异、理解的不同，它显现出传统“杀人偿命”的观念与现代司法“少杀、慎杀”的理念发生了断裂或碰撞。死刑改死缓的争议，实质是触动了国人传统观念中“杀人必须偿命”的死刑观念。[②] 可见，在云南省高级人民法院有关负责人看来，对于李昌奎案，“杀”与“不杀”似乎是传统“杀人偿命”的死刑观念与“少杀、慎杀”的现代司法理念之间的冲突。虽然这一看法值得进一步商榷，但是由此可以看出，死刑观念尤其是民众的死刑观念确实现实地影响到我国死刑立法和司法，在一定程度上制约着我国死刑改革乃至死刑废止的进程。正因为如此，我国死刑改革不能仅限于制度层面，还需要在社会观念的层面上深入地展开。应立足于保障人权、以人为本的立场，倡导严格限制死刑适用、切实减少死刑适用，并逐步废止死刑的基本理念。同时，有必要采取措施，引导民众死刑观念向着理性的方向发展，使之逐步走出崇尚死刑乃至迷信死刑的认识误区，减少死刑观念变革的负面影响。具体来说，应着力培育少杀、慎杀观念，宽容观念以及人道观念。

推动崇尚死刑、“杀人偿命”等传统死刑观念的变革，培育少杀、慎杀、宽容和人道等现代司法理念，需要全社会共同给力。司法机关以严格限制死刑适用的方式推动民众死刑观念的变革，是其中十分重要的一环。在我国当前及今后相当一段时期内，全面废止死刑可能还不太现实的情况下，通过司法严格限制死刑适用从而推动民众死刑观念的变革，应当说是一种合于理性的现实选择。不过，需要强调的是，由于死刑观念的内在性和主观性以及其形成机制和影响因素的复杂性，死刑观念的变革注定要经历一个缓慢而又艰难的过程，决不可能一蹴而就。因为社会经验表明，“对于一切事物，

① 参见雷成：《云南省高院：不能以公众狂欢方式判一个人死刑》，载《中国青年报》2011年7月8日。

② 参见云南省高级人民法院一位不愿署名的法官：《死刑不是灵丹妙药，民意不能替代法官审判》，载《南方周末》2011年7月14日。

尤其是最艰难的事物,人们不应期望播种与收获同时进行,为了使它们逐渐成熟,必须有一个培育的过程。"[①]正是如此,死刑观念尤其是民众死刑观念的变革只能是一种渐进式的变革,而不可能是一种急速的突变。这种不考虑中国国情与司法现实而意欲强行推动民众死刑观念急速变革的做法是不切实际的,也是有害的,反而有可能引发更大的民意反弹,阻滞死刑改革乃至死刑废止的进程。此案由云南省高级人民法院二审改判李昌奎为死缓,试图以李昌奎案"引领"、"改造"民众死刑观念,虽然勇气可嘉,但却并不值得赞赏。被告人李昌奎强奸并杀害一名女青年,还残杀一名3岁幼童,其动机特别卑劣、后果特别严重、手段特别残忍、情节极其恶劣,实属罪行极其严重的犯罪分子,理当依法而合理地判处死刑立即执行。而云南省高级人民法院却选择这样一个几乎无可争议的恶性严重暴力犯罪死刑案件"试水",二审将被告人李昌奎改判为死缓,强行"引领"和"改造"民众死刑观念,推动民众死刑观念急速变革,意图树立所谓"十年后的标杆",这不仅严重挑战了公众的道德直观,突破了社会大众的心理底线,而且也经不起法律和历史的检验,付出的社会成本也必定会是昂贵的。不难理解,一个与民众普遍的道德观念、集体良知背道而驰,与民众对法律的理解和正义的认知太脱节的裁判,注定不会取得良好的法律效果和社会效果。事实也证明,云南省高级人民法院二审改判李昌奎死缓后,又启动了再审程序,而再审又戏剧性地改判李昌奎为死刑立即执行,结局最终还是回归所谓的"传统死刑观念"。这其中遭受伤害最深的,其实远不止是我们的司法权威和司法公信力,更是饱经沧桑的死刑制度改革乃至中国法治改革的进程!

---

① 弗朗西斯科·培根语,转引自[意]贝卡里亚著:《论犯罪与刑罚》,黄风译,中国大百科全书出版社1993年版,卷首页。

河南“天价过路费”案

【基本案情】

时建锋，男，河南省禹州市无梁镇祁王村农民；时军锋，男，河南省禹州市无梁镇祁王村农民。

2010年10月17日，河南省平顶山市人民检察院指控河南农民时建锋：2008年5月4日至2009年1月1日，时建锋为牟取非法利益，非法购买伪造的武警部队士兵证、驾驶证、行驶证等证件，并购买两副假军用车牌照，悬挂到自己购买的两辆自卸货车上，雇佣他人驾驶车辆，通行郑石高速公路运送沙石，累计骗免通行费368万多元。

2010年12月21日，河南省平顶山市中级人民法院以诈骗罪判处时建锋无期徒刑，剥夺政治权利终身，并处罚金200万元。

2011年1月11日，媒体报道后，此事引发社会各界关注，不少网友对是否应以无期徒刑来惩罚逃费者以及高速公路的收费标准提出疑问。随后，时建锋在判决后翻供，称其弟弟时军锋与自称武警官兵的张新田、李金良签订一份合同，时军锋向对方支付120万元，对方保证其悬挂军车牌照被查扣时，派车派人及时排除。

2011年1月14日时建锋的弟弟时军锋投案自首，16日平顶山中院对天价逃费案启动再审，17日平顶山市人民检察院检察委员会决定对此案撤回起诉，交由公安机关补充侦查。

2011年7月初该案由平顶山市鲁山县公安局侦结，移交至鲁山县检察院审查起诉。2011年9月，案件被鲁山县人民检察院起诉至鲁山县人民法院。

2011年12月15日，鲁山县人民法院作出再审判决。再审认定：2008年5月4日至2009年1月1日，被告人时军锋在经营河沙生意中，为骗免高速公路通行费，用两辆货车在运输河沙时使用伪造的车辆号牌、车辆行驶证、驾驶证等，在郑尧高速公路通行共计2363次，骗免高速公路通行费（按核准装载量计算）计人民币492374.95元。2008年5月份，被告人时建锋到其弟时军锋经营的沙场帮忙，时军锋明确告知时建锋拉沙车辆所用的车辆号牌、证件均系伪造。经会计事务所审计：2008年11月1日至2009年1月1日，两辆货车在郑尧高速公路通行，骗免高速公路通行费（按核准装载量计算）计人民币117660.63元。鲁山县人民法院以犯诈骗罪，分别被判处时军锋、时建锋有期徒刑7年和2年6个月。

【法理评析】

该案也被称为“河南天价过路费”案。该案之所以能引起社会各界的广泛关注，一方面是因为该案涉及的是骗免过路费行为，和一般诈骗罪骗取他人财物不同，行为人并未实际取得一定的财物，对该行为认定为诈骗罪是否合适，令人关注；另一方面是因为该案原一审判处被告人时建锋无期徒刑，与该案骗免过路费这一非典型行为以及该案存在的诸多情节，在观念上难以接受。与原一审判决相比，河南鲁山县法院再审判决的量刑似更能被人们所接受。总体而言，该案的正确处理需要从法理上合理解决该案的定罪和量刑问题。

一、关于该案的定性问题

本案定性的关键，在于使用虚假的武警部队军用牌照骗免高速公路通行费的行为是否构成犯罪以及构成何种犯罪。河南省平顶山市中级人民法院原审判决曾认定该行为构成诈骗罪，但也有观点认为该行为不构成犯罪，或者认为该行为构成非法使用武装部队专用标志罪。从刑法的法理出发，本案使用虚假的武警部队军用牌照骗免高速公路通行费的行为无疑构成了诈骗罪，因而再审判决以诈骗罪对时军锋、时建锋定罪是正确的，符合本案的事实和法理。

第一，时军锋、时建锋的行为符合诈骗罪的基本构成要件。根据我国刑法典第 266 条的规定，诈骗罪是以非法占有为目的，采取虚构事实、隐瞒真相的方法，骗取公私财物的行为。对于财物的范围，我国刑法理论上一般都认同刑法典第 266 条中的“财物”也包括财产性利益。毕竟，财产性利益和一般的金钱、物品在价值上具有同一性，而且将财物解释为包含财产性利益并不违反罪刑法定原则。也正因为如此，最高人民法院 2002 年 4 月 10 日《关于审理非法生产、买卖武装部队车辆号牌等刑事案件具体应用法律若干问题的解释》第 3 条第 2 款规定：“使用伪造、变造、盗窃的武装部队车辆号牌，骗免养路费、通行费等各种规费，数额较大的，依照诈骗罪的规定定罪处罚。”本案中，时军锋、时建锋明知其军用牌照系伪造，并且知道其地方牌照的车辆不是被部队土建工程征用，但仍使用，其目的就是为了骗免高速公路的通行费。因此，无论该伪造的牌照系采取何种方式获得，时军锋、时建锋使用该牌照骗免通行费的行为都符合上述最高人民法院解释第 3 条第 2 款和刑法典第 266 条的规定，因而构成诈骗罪。

第二，对时军锋、时建锋的行为以诈骗罪定罪处罚符合罪数的基本原理。为了合理惩治有关武装部队专用标志的犯罪行为，全国人大常委会 2009 年 2 月 28 日通过的《刑法修正案（七）》第 12 条第 2 款增设了“非法使用武装部队专用标志罪”。据此，有观点认为，《刑法修正案（七）》这一规定属于特别规定，时军锋、时建锋的行为即便构成诈骗罪但因其同时也构成非法使用武装部队专用标志罪，因而对他们应当以非法使用武装部队专用标志罪定罪。对此，刑法典第 266 条诈骗罪的规定与《刑法修正案（七）》第 12 条第 2 款非法使用武装部队专用标志罪的规定之间并不属于一般规定与特别规定(或称一般法与特别法)的关系。非法使用武装部队专用标志的行为不一定构成诈骗罪,诈骗也不一定采取非法使用武装部队专用标志的行为。两者只存在部分交叉,而一般规定与特别规定是前者完全包容后者的关系。因此,如果行为人的行为同时触犯了这两个罪名,按照想象竞合犯的基本原理,应当采取从一重罪处断的原则,依照处罚较重的规定对其定罪处罚。也正因为如此,2011 年 8 月 1 日起施行的最高人民法院、最高人民检察院《关于办理妨害武装部队制式服装、车辆号牌管理秩序等刑事案件具体应用法律若干问题的解释》第 6 条规定:“实施刑法第三百七十五条规定的犯罪行为,同时又构成逃税、诈骗、冒充军人招摇撞骗等犯罪的,依照处罚较重的规定定罪处罚。”本案中,时军锋、时建锋的行为同时触犯了我国刑法典第 375 条第 3 款非法使用武装部队专用标志罪和刑法典第 266 条诈骗罪的规定,因其构成的诈骗罪处罚更重,故应对其以诈骗罪定罪处罚。

可见,本案中时军锋、时建锋的行为符合诈骗罪的基本构成,对其以诈骗罪定罪处罚符合罪数的基本原理。因此再审判决对时军锋、时建锋行为以诈骗罪定性是正确的。

二、关于该案的量刑问题

罪责刑相适应既是刑法的基本原则,也是刑法实质正义的重要体现。与备受争议的、判处时建锋无期徒刑的原审判决相比,再审判决充分考虑了各被告人行为的社会危害性和人身危险性,分别判处时军锋有期徒刑 7 年、时建锋有期徒刑 2 年 6 个月。再审判决对本案各被告人的量刑是适当的,贯彻了罪责刑相适应、刑罚个别化的刑法原则和宽严相济的刑事政策。

第一,再审判决对通行费的计算合理。本案骗免的高速公路通行费数额到底应为多少?这是本案引发社会关注的另一个焦点问题。河南省平顶山市中级人民法院原审判决认定的 368 万余元通行费,因数额惊人而被称为“天价过路费”,受到了很多质疑。与原审判决相比,再审判决认定的通行费数额大幅降低,其中认定时军锋骗免的高速公路通行费计人民币 49.2 万余元，认定时建锋参与骗免的高速公路通行费计人民币11.7万余元。应该说，再审判决对时军锋、时建锋骗免高速公路通行费的计算更为合理。这具体体现在：(1) 再审判决按核准装载量计算货车通行费，是适当的。我国《道路交通安全法》第48条第1、2款规定：“机动车载物应当符合核定的载质量，严禁超载；载物的长、宽、高不得违反装载要求，不得遗洒、飘散载运物。”“机动车运载超限的不可解体的物品，影响交通安全的，应当按照公安机关交通管理部门指定的时间、路线、速度行驶，悬挂明显标志。在公路上运载超限的不可解体的物品，并应当依照公路法的规定执行。”我国《道路交通安全法实施条例》第106条也规定：“公路客运载客汽车超过核定乘员、载货汽车超过核定载质量的，公安机关交通管理部门依法扣留机动车后，驾驶人应当将超载的乘车人转运、将超载的货物卸载，费用由超载机动车的驾驶人或者所有人承担。”按照这些规定，超载的货车根本不应在公路上行驶，而应当将超载的货物卸载，超载不可解体的物品则应当按照公安机关交通管理部门指定的时间、路线、速度行驶，并悬挂明显标志。因此，对货车超载的部分计量核算通行费显然不合理，而按核准装载量计算货车通行费的则更为合理可行。再审判决按核准装载量计算货车通行费，体现了对被告人权利的合理保障，是适当的。(2) 再审判决没有将惩罚性收费计入骗免的通行费数额，也是合理的。本案中，河南省平顶山市明审会计师事务所审计报告核定的通行费包含两部分，即基本通行费和加收通行费。其中加收通行费的标准包括含超载30%—100%按基本费率3—5倍收费、超载100%按基本费率5倍收费。这种加收通行费的收费标准明显具有惩罚性。在认定诈骗等财产犯罪的犯罪数额时，不能将这些惩罚性费用计入其中。因为加收费用本身就是对被告人行为的一种否定性评价，如再将其纳入行为人诈骗的犯罪数额中进行评价，就成了双重评价，有违现代刑事法治的基本原则。因此，再审判决没有将通行费中的惩罚性收费计入被告人骗免的通行费，是合理的。可见，本案再审判决对通行费的计算考虑了相关法律法规的规定，避免了对行为危害程度的双重评价，体现了对被告人权益的正当保障，因而是合理的。

第二，再审判决合理考量了本案被告人的犯罪行为状况。这主要体现在两方面：一方面，再审判决在合理认定时军锋、时建锋骗免高速公路通行费数额的基础上，正确区分了主从犯，认定被告人时建锋在案件中起次要作用，系从犯，并对其减轻处罚；另一方面，再审判决认定时留申、王明伟伪证犯罪的情节较轻，并以此作为对其从轻判处并适用缓刑的依据之一。再审判决的这种考量是正确的，符合本案的基本事实，是法官在其自由裁量权范围内对案件事实的合理、审慎的评判。

第三，再审判决充分考虑了本案被告人的人身危险性程度。人身危险性是量刑的重要影响因素。我国刑法典中与之相关的制度有自首、立功、累犯、缓刑等。从人身危险性的角度看，本案中被告人时军峰自动投案、如实供述自己的犯罪事实，成立自首，表明其具有较轻的人身危险性；而被告人时留申、王明伟在审理的过程中均当庭自愿认罪，有悔罪表现，表明其没有再犯罪的危险。据此，再审判决对被告人时军锋依法予以从轻处罚，对被告人时留申、王明伟依法适用缓刑。再审判决的这种处断充分考虑了各被告人的刑事责任程度，量刑恰当，值得肯定。

总之，作为一起有着重大社会影响的刑事案件，时军锋、时建锋骗免高速公路通行费一案的审慎处理牵涉对案件事实的判断、法律的评价和情理的考量，是对相关司法机关暨司法人员办案智慧的考验。总体上看，再审判决对本案事实和法律的判断合理而中肯，是刑事裁决之事理、法理与情理的有机统一，实现了刑法社会保护与人权保障机能的合理结合，因而值得充分肯定。

王立军徇私枉法、叛逃、滥用职权、受贿案

【基本案情】

王立军，男，蒙古族，1959 年 12 月生，内蒙古阿尔山人，重庆市原副市长、公安局原局长。

2011 年 11 月 15 日，英国公民尼尔·伍德被发现在其入住的重庆市一酒店房间内死亡。王立军身为重庆市公安局局长，在明知薄谷开来有杀害尼尔·伍德的重大嫌疑，且已掌握重要证据的情况下，为徇私情，指派与其本人及薄谷开来关系密切的副局长郭维国负责该案，向办案人员隐瞒薄谷开来向其讲述投毒杀害尼尔·伍德的情况及掌握的录音证据，对郭维国等人违背事实作出尼尔·伍德系酒后猝死的结论予以认可，将记录薄谷开来作案当晚到过现场的监控录像硬盘交给薄谷开来处置，以使薄谷开来不受刑事追诉。

后王立军与薄谷开来产生矛盾并不断激化，王立军遂要求重庆市公安局有关人员重新调取、整理及妥善保管尼尔·伍德死亡案的证据，并提供了薄谷开来向其讲述投毒杀害尼尔·伍德的录音资料。2012 年 2 月 7 日，王立军向国家有关部门反映了薄谷开来涉嫌故意杀害尼尔·伍德的情况并提供了相关证据材料。经公安机关依法复查侦破了薄谷开来故意杀人案。

2012年2月初，王立军职务被宣布调整，身边多名工作人员被非法审查，王立军感到自身处境危险，遂于2月6日14时31分私自进入美国驻成都总领事馆，请求美方提供庇护，并提出政治避难申请。后经我有关方面劝导，王立军于2月7日23时35分自动离开美国驻成都总领事馆。

2010年1月至2012年2月，王立军在担任重庆市公安局局长期间，违反国家有关法律规定，授意该局有关工作人员，不履行合法审批手续，先后对多人使用技术侦察措施，严重侵犯了公民的合法权益，破坏了社会主义法制。

2008年9月至2009年11月间，王立军先后接受大连实德集团有限公司董事长徐明和大连世源贸易有限公司法定代表人于俊世的请托，利用担任重庆市公安局常务副局长、局长的职务便利，指令重庆市公安局办案人员释放四名涉案羁押人员。其间，王立军收受徐明出资人民币285万余元购买的住房两套，接受于俊世为其租住的别墅支付租金人民币20万元。案发后，受贿财物绝大部分被追缴。

王立军到案后揭发了他人重大违法犯罪线索，为有关案件的查办发挥了重要作用。

成都市中级人民法院认为，王立军身为重庆市公安局局长，明知他人有故意杀人重大嫌疑，徇私枉法，故意包庇使其不受追诉，其行为已构成徇私枉法罪，且情节特别严重；王立军作为国家机关工作人员，在履行公务期间，擅离岗位，叛逃外国驻华使领馆，其行为已构成叛逃罪，且情节严重；王立军滥用职权，非法对多人使用技术侦察措施，严重侵犯了公民的合法权益，破坏了社会主义法制，其行为已构成滥用职权罪；王立军作为国家工作人员，利用职务上的便利，为他人谋取利益，非法收受他人财物，其行为已构成受贿罪，其收受贿赂后为请托人谋取不正当利益，情节恶劣。王立军后来要求重庆市公安局有关人员对薄谷开来涉嫌故意杀人案重建档案、调查补证、保留物证，向国家有关部门反映薄谷开来涉嫌故意杀人的问题，并提供有关证据材料，积极协助复查，对公安机关侦破该案起了重要作用，对其所犯徇私枉法罪可酌情从轻处罚。王立军作为掌握国家秘密的国家工作人员叛逃境外，依法应从重处罚；王立军犯叛逃罪后自动投案，并如实供述其叛逃的主要犯罪事实，属自首，可依法减轻处罚。王立军揭发他人重大违法犯罪线索，为有关案件的查办发挥了重要作用，有重大立功表现，可依法减轻处罚。

2012 年 9 月 24 日，四川省成都市中级人民法院对王立军徇私枉法、叛逃、滥用职权、受贿案作出一审宣判，对王立军以徇私枉法罪判处有期徒刑七年；以叛逃罪判处有期徒刑二年，剥夺政治权利一年；以滥用职权罪判处有期徒刑二年；以受贿罪判处有期徒刑九年，数罪并罚，决定执行有期徒刑十五年，剥夺政治权利一年。一审宣判后，王立军没有上诉，检察机关也没有抗诉。

【法理分析】

这是一起引发全国甚至国际关注的案件。从法院的判决来看，本案在法理上有三个问题值得关注：一是以王立军在薄谷开来、张晓军故意杀人案中的地位和作用，他为什么不成立薄谷开来、张晓军故意杀人案的共犯，而是成立徇私枉法罪？二是王立军擅自进入美国驻成都总领事馆的行为为何成立叛逃罪？这涉及叛逃罪的认定问题。三是王立军指令重庆市公安局办案人员释放四名涉案羁押人员为何没有被定罪？这涉及渎职犯罪的罪数处理问题。

一、关于王立军是否成立共犯问题？

本案中，法院认定王立军在薄谷开来、张晓军故意杀人案中的行为属于徇私枉法，且情节特别严重，成立徇私枉法罪。但在一些网络上，王立军在薄谷开来、张晓军故意杀人案中的作用被描述成一个事前知晓、事中参与的角色。例如，有媒体对王立军在薄谷开来、张晓军故意杀人前的行为称：“谷称，当晚 8 时许，王立军再次来到 3 号楼，‘当晚我身体不舒服，他问我怎么还没去，我表示不想去，王立军说那不行’。材料显示，谷当场还写了一封信，称尼尔·伍德精神不正常，请求公安对她远距离保护。信的原件给了王立军，谷自己复印了一份。”对王立军在薄谷开来、张晓军故意杀人后的行为称：“谷供述，当晚回到3号楼后，她用‘红机’（保密电话）和王立军通话，简略告知了投毒过程。次日中午，王来到3号楼，谷详细告知。王对此进行了秘密录音。”①按照该报道的这一描述，王立军在薄谷开来、张晓军故意杀人案中的地位很接近共同犯罪。那么，应该如何看待王立军在薄谷开来、张晓军故意杀人案中的地位，并给其行为准确定性？这涉及故意杀人的共同犯罪与故意杀人案件中徇私枉法行为的界分。

关于共同犯罪，我国刑法典第25条第1款规定：“共同犯罪是指二人以上共同故意犯罪。”据此，构成共同犯罪，必须具备如下条件：(1) 主体要件。共同犯罪的主体必须是二人以上，包括两个以上的自然人构成的共同犯罪、两个以上的单位构成的共同犯罪和有责任能力的自然人与单位构成的共同犯罪。(2) 客观要件。共同犯罪的客观要件，是指各犯罪人必须具有共同的犯罪行为。所谓共同犯罪行为，是指各犯罪人为追求同一危害社会结果，完成同一犯罪而实施的相互联系、彼此配合的犯罪行为，形成一个统一的犯罪整体。在发生危害结果时，其行为均与结果之间存在因果关系。按照共同犯罪的分工，共同犯罪行为表现为四种方式，即实行行为、组织行为、教唆行为和帮助行为。据此，共同犯罪的共同行为，具有两种基本结构形式：一是行为人共同实施实行行为。在这种场合，共同犯罪人没有分工，均直接实施犯罪的实行行为。二是行为人分别实施不同的行为。即存在分工的共同犯罪行为。具体表现为有人实施实行行为，有人实施组织行为、教唆行为或者帮助行为。在这种场合，各共同犯罪人的行为形成有机的整体。(3) 主观要件。共同犯罪的主观要件，是指各共同犯罪人必须有共同的犯罪故意。所谓共同的犯罪故意，是指各共同犯罪人通过意思联络，认识到他们的共同犯罪行为会发生危害社会的结果，并决意参加共同犯罪，希望或放任这种结果发生的心理状态。② 而关于徇私枉法罪，我国刑法典第399条第1款规

① 季天琴：《东窗事发》，载《南都周刊》2015年12月15日。

② 赵秉志主编：《刑法总论（第三版）》，中国人民大学出版社2016年版，第134—136页。

定:“司法工作人员徇私枉法、徇情枉法,或者在刑事审判活动中故意违背事实和法律作枉法裁判的,处五年以下有期徒刑或者拘役;情节严重的,处五年以上十年以下有期徒刑;情节特别严重的,处十年以上有期徒刑。”对于何为徇私枉法,最高人民检察院《关于渎职侵权犯罪案件立案标准的规定》规定,徇私枉法罪是指司法工作人员徇私枉法、徇情枉法,对明知是无罪的人而使他受追诉、对明知是有罪的人而故意包庇不使他受追诉,或者在刑事审判活动中故意违背事实和法律作枉法裁判的行为。可见,对有罪的人而言,徇私枉法表现为司法工作人员在事后故意包庇不使他受到追诉。

具体到本案中,王立军是否构成薄谷开来、张晓军故意杀人案的共同犯罪,关键在于其是否具有与薄谷开来、张晓军共同的杀人故意和杀人行为。这显然是一个事实的认定问题。从一审法院认定的事实来看,一审判决只认定了王立军在薄谷开来、张晓军杀害尼尔·伍德后实施了包庇行为,包括“向办案人员隐瞒薄谷开来向其讲述投毒杀害尼尔·伍德的情况及掌握的录音证据”、“对郭维国等人违背事实作出尼尔·伍德系酒后猝死的结论予以认可”和“将记录薄谷开来作案当晚到过现场的监控录像硬盘交给薄谷开来处置”。一审判决没有认定如前述媒体报道所说的王立军在薄谷开来、张晓军杀害尼尔·伍德之前或者过程中参与了薄谷开来、张晓军杀害尼尔·伍德的准备行为和实施行为,因而不能认定王立军成立薄谷开来、张晓军杀害尼尔·伍德的共同犯罪(包括不成立教唆犯、实行犯和帮助犯)。从一审判决认定的这一事实看,王立军的行为不符合故意杀人罪共同犯罪的成立条件,但其事后的隐瞒、掩盖行为符合徇私枉法罪的构成条件,应成立徇私枉法罪。

二、关于叛逃罪的认定问题

关于叛逃罪,我国刑法典第 109 条规定:“国家机关工作人员在履行公务期间,擅离岗位,叛逃境外或者在境外叛逃的,处五年以下有期徒刑、拘役、管制或者剥夺政治权利;情节严重的,处五年以上十年以下有期徒刑。”

“掌握国家秘密的国家工作人员叛逃境外或者在境外叛逃的，依照前款的规定从重处罚。”叛逃罪在客观上要求国家机关工作人员在履行公务期间，擅离岗位，叛逃境外或者在境外叛逃：(1) 必须在履行公务期间叛逃。(2) 必须是擅离岗位叛逃，没有离开自己工作岗位的，不可能成为叛逃行为。(3) 必须有叛逃行为，包括两种方式：一是在境内履行公务期间叛逃至境外；二是在境外履行公务期间叛逃。而对于掌握国家秘密的国家工作人员构成本罪的，只需要有叛逃境外或者在境外叛逃行为。① 本案中，王立军的行为是否构成叛逃罪，关键在于其主观上是否具有叛逃的故意和客观上实施的行为是否属于叛逃行为。综合而言，我们认为，王立军的行为具备了叛逃罪的主客观要件，一审判决认定王立军构成叛逃罪是正确的。这具体体现在以下两个方面：

第一，王立军主观上具有叛逃的故意。犯罪故意是犯罪成立的主观内容。叛逃罪属于故意犯罪，要求行为人主观上必须有叛逃的故意。本案中，根据一审判决的认定，王立军主观上显然具有叛逃的故意。这主要体现在以下两点：一是王立军在未经主管部门或者领导批准的情况下，擅自离开自己的工作岗位，进入美国驻成都总领事馆；二是王立军向美国提出了庇护的请求，并提出政治避难申请。王立军要求美国方面予以保护的意图十分明显，符合叛逃罪的主观要求。

第二，王立军客观上实施了叛逃行为。一审判决认定，王立军作为国家机关工作人员，在履行公务期间，擅离岗位，叛逃外国驻华使领馆，其行为已构成叛逃罪，且情节严重。实际上，对于王立军在客观上是否具备了叛逃罪的要求，需要明确以下两点：一是王立军是否属于掌握国家秘密的国家工作人员；二是王立军进入美国驻成都总领事馆的行为是否属于叛逃境外。

关于王立军是否属于掌握国家秘密的国家工作人员问题，从一些网络媒体的报道上看，不少报道提到王立军进入美国驻成都总领事馆时携带了大量秘密文件，并且将其持有国家秘密文件的情况告诉了美国方面。由于

① 张明楷：《刑法学》(下)，法律出版社 2016 年版，第 683 页。

王立军作为当时重庆市的副市长,属于国家工作人员,结合相关报道,从叛逃罪构成条件上看,这就面临着王立军是否属于掌握国家秘密的国家工作人员问题。这是因为,如果王立军属于掌握国家秘密的国家工作人员,那么他的行为要成立叛逃罪,只需要具备"叛逃境外或者在境外叛逃"这一个行为要件即可,而无需探讨其是否具备"在履行公务期间,擅离岗位"之行为条件。不过,从一审判决的认定逻辑上,一审判决认定的事实中没有提到王立军属于掌握国家秘密的国家工作人员,也没有提到王立军进入美国驻成都总领事馆时携带了大量秘密文件。相反,一审判决论证王立军构成叛逃罪采取的思路是王立军作为国家机关工作人员,在履行公务期间,擅离岗位,叛逃外国驻华使领馆,其行为已构成叛逃罪,且情节严重。但一审判决在量刑情节上提到"王立军作为掌握国家秘密的国家工作人员叛逃境外,依法应从重处罚"。这意味着,一审判决在定罪上是按照普通国家机关工作人员来认定王立军在其叛逃行为中的身份的,并以王立军的行为具备"在履行公务期间,擅离岗位"的行为要件,但在量刑上又指出王立军属于掌握国家秘密的国家工作人员。也就是说,一审判决强调了王立军的行为既符合叛逃罪的一般成立要件,也符合掌握国家秘密的国家工作人员叛逃的成立条件。王立军的行为完全具备叛逃罪的条件。

关于王立军进入美国驻成都总领事馆的行为是否属于叛逃境外,一审判决使用的是"叛逃外国驻华使领馆"。这就面临一个问题,外国驻华使领馆是否属于叛逃罪中的"境外"。这涉及使领馆在国际法上的地位问题。在国际法上,使馆是一国在建交国首都派驻的常设外交代表机关,代表整个国家的利益。使馆的职责是代表派遣国,全面促进两国的政治、经济、文化、教育、科技等方面的关系。领事馆是一国政府派驻对方国家某个城市并在一定区域执行领事职务的政府代表机关,其职责是领事工作,如维护本国公民和法人的合法权益,向本国公民颁发或延期护照、向外国公民颁发签证。使领馆不是派遣国领土,但在国际习惯法上享有"视同"派遣国领土的权利,有关国家(主要是指驻在国)的官员未经许可不得进入使馆馆舍,且必须承担特殊责任,采取一切适当的步骤保护使馆馆舍免受侵入或损害。1961 年,在联合国主持下制定的《维也纳外交关系公约》为明确使馆及外交人员的特权与豁免，该公约第22条规定“使馆馆舍不可侵犯”，第29条规定“外交代表人身不可侵犯”。《维也纳领事关系公约》也规定了“领事馆舍不可侵犯”，其第22条第2—4款规定：“接受国官吏非经领馆馆长或其指定人员或派遣国使馆馆长同意，不得进入领馆馆舍中专供领馆工作之用之部分。惟遇火灾或其他灾害须迅速采取保护行动时，得推定领馆馆长已表示同意。”“除本条第二项另有规定外，接受国负有特殊责任，采取一切适当步骤保护领馆馆舍免受侵入或损害，并防止任何扰乱领馆安宁或有损领馆尊严之情事。”“领馆馆舍、馆舍设备以及领馆之财产与交通工具应免受为国防或公用目的而实施之任何方式之征用。如为此等目的确有征用之必要时，应采取一切可能步骤以免领馆职务之执行受有妨碍，并应向派遣国为迅速、充分及有效之赔偿。”可见，在国际法上，使领馆具备“视同”派遣国领土的法律地位。基于此，一审判决认定王立军叛逃外国使领馆，并认定其构成叛逃罪，符合使领馆的国际法地位，是正确的。

三、关于渎职犯罪的罪数问题

本案中，一审判决认定，王立军接受大连实德集团有限公司董事长徐明和大连世源贸易有限公司法定代表人于俊世的请托，利用担任重庆市公安局常务副局长、局长的职务便利，指令重庆市公安局办案人员释放四名涉案羁押人员。从行为性质上看，王立军的这一行为也属于徇私枉法，并且构成了徇私枉法罪。但一审判决在徇私枉法罪的认定上，只提到了王立军徇私情包庇薄谷开来、张晓军，使其逃避法律追究，而没有提到王立军利用担任重庆市公安局常务副局长、局长的职务便利指令重庆市公安局办案人员释放四名涉案羁押人员。那么王立军指令重庆市公安局办案人员释放四名涉案羁押人员为何没有被定罪呢？这主要涉及我国刑法典第399条的特别规定。

我国刑法典第399条第1款规定了徇私枉法罪。在此基础上，刑法典第 399 条第 4 款规定:“司法工作人员收受贿赂,有前三款行为的,同时又构成本法第三百八十五条规定之罪的,依照处罚较重的规定定罪处罚。”其中,刑法典第 385 条规定的是受贿罪。这意味着,司法工作人员收受贿赂后徇私枉法,或者徇私枉法后收受贿赂,既构成刑法典第 399 条第 1 款规定的徇私枉法罪,又构成刑法典第 385 条规定的受贿罪,则采取从一重罪处断原则,依照处罚较重的规定定罪处罚。本案中,一审判决认定王立军在 2008 年 9 月至 2009 年 11 月接受徐明、于俊世请托指令重庆市公安局办案人员释放四名涉案羁押人员,其间,王立军收受徐明出资人民币 285 万余元购买的住房两套,接受于俊世为其租住的别墅支付租金人民币 20 万元。这表明,一审法院认为王立军的这些行为既构成了刑法典第 399 条第 1 款规定的徇私枉法罪又构成了刑法典第 385 条规定的受贿罪。根据刑法典第 399 条第 4 款的规定,最后定罪的关键在于这两个罪在处罚上哪个更重?

我国刑法对犯罪轻重的衡量采取的是法定刑标准,即以其行为相对应犯罪的法定量刑幅度中的法定刑为标准,且首先比较法定最高刑,在法定最高刑的情况下再比较法定最低刑。如果法定最高刑和最低刑都一样,则比较附加刑。如果所有的法定刑都一样,则比较案件情节,即哪个犯罪能够包含、评价更多的案件情节,则定哪个罪。在法定刑上,我国刑法典第 399 条第 1 款对徇私枉法罪规定了三个法定量刑幅度,其中“情节严重”一档的法定量刑幅度是“三年以上十年以下有期徒刑”,“情节特别严重”一档的法定量刑幅度是“十年以上有期徒刑”。而我国刑法典对受贿罪规定的法定刑,在《刑法修正案(九)》修法之前,其档次较为复杂。其中,对于受贿金额在 10 万元以上规定的法定量刑幅度是“处十年以上有期徒刑或者无期徒刑,可以并处没收财产;情节特别严重的,处死刑,并处没收财产。”本案中,一审判决认定王立军受贿的数额为 305 万元,远远超出了 10 万元。根据当时刑法规定,王立军受贿行为适用的法定量刑幅度为“十年以上有期徒刑或者无期徒刑”,即其法定最高刑为无期徒刑。因此,即便王立军的徇私枉法行为达到了“情节特别严重”的程度,其法定最高刑也是15年有期徒刑，要低于其受贿罪的法定最高刑(无期徒刑)。因此，一审判决只认定王立军指令重庆市公安局办案人员释放涉案羁押人员并收受徐明、于俊世贿赂的行为，成立受贿罪，而未认定其行为构成徇私枉法罪，是正确的。

吴英集资诈骗案

【案情简介】

吴英,1981 年出生,浙江省东阳市歌山镇人。2006 年下半年,吴英以一亿注册资金先后创办了“本色集团”的八家公司,行业涉及酒店、商贸、建材、婚庆、广告、物流、网络等。外界一度传闻其资产高达三十八亿元,并由此位列 2006 年“胡润百富榜”第 68 位、“女富豪榜”第 6 位。

2007 年 2 月 7 日吴英在首都机场被东阳警方抓获,并因为涉嫌非法吸收公众存款罪被刑事拘留。2 月 11 日东阳市政府发出一纸通告,表示吴英及其本色控股集团有限公司有非法吸收公众存款的重大犯罪嫌疑,并已由东阳市公安局立案侦查,短短数月“吴英神话”从辉煌走向破灭。

2009 年 4 月 16 日,金华市人民检察院以集资诈骗罪对吴英提起公诉,该案由金华市中级人民法院开庭审理。法院经审理查明:自 2003 年起,吴英在浙江东阳市陆续开办了美体沙龙、洗车店等企业。2006 年吴英注资 5000 万设立了本色控股集团有限公司。吴英从 2005 年起,以合伙和投资为名高息集资,至本色集团成立时,已经负债 1400 万元。吴英继续集资,用集资款注册了多家本色系公司,成立后大多数未实际经营或亏损经营。吴英使用虚假宣传等方法,使公众产生其公司有雄厚经济实力的假象,以高额利息为饵，以借款、投资、资金周转等名义，截至2007年，先后从林卫平等11人处集资7亿多元，用于偿还本金、支付利息、购买房产、汽车、珠宝、公司运营及个人挥霍，至案发时尚有3.89亿多元无法归还，还有大量的欠债。

2009年12月18日，金华市中院以集资诈骗罪一审判处吴英死刑，剥夺政治权利终身，并处没收财产。2010年1月，吴英以主观上无非法占有目的、客观上未实施欺诈行为、债权人不属于社会公众、借款系单位行为等理由，提起上诉，要求宣告无罪。2012年1月18日，浙江高院二审作出判决，认为一审法院定罪准确、量刑适当，裁定驳回吴英的上诉，维持死刑判决。

浙江高院将吴英死刑层报最高人民法院复核，最高人民法院经复核后认定，第一审判决、第二审裁定认定被告人吴英集资诈骗罪的事实清楚，证据确实、充分，定性准确，审判程序合法，综合全案考虑，对吴英判处死刑，可不立即执行，裁定发回浙江省高级人民法院重新审判。2012年5月21日，浙江省高级人民法院经重新审理后，对吴英案作出终审判决，以集资诈骗罪判处吴英死刑，缓期二年执行，剥夺政治权利终身，并处没收个人全部财产。

2014年7月11日，浙江省高级人民法院依法公开开庭审理罪犯吴英减刑一案，当庭作出裁定:将吴英的死刑，缓期二年执行，剥夺政治权利终身减为无期徒刑，剥夺政治权利终身。

【法理分析】

此案发生后，随即引起极高的社会关注。作为一个商业上的传奇人物，本案被告人吴英在短短几年的时间里，从一个默默无闻的底层，登上胡润榜，成为一个万人之上的女富豪。但命运的转盘却又让她在短短的数月间，从亿万富翁沦为阶下囚，甚至一度面临着极刑。在这起案件中，社会上议论更多的可能还是吴英个人的行为究竟是非法吸收公众存款还是集资诈骗，以及作为没有太多的暴力性的经济类犯罪是否应该适用死刑，这也是本案给予学者们反思的地方。

一、集资诈骗罪的认定问题

本案的焦点，也是被告人吴英一直对自己行为进行辩护的理由，是吴英对自身行为的认识一直就是非法吸收公众存款，但检方提起公诉时，对其行为的认定是集资诈骗。刑法中的集资诈骗罪是指以非法占有为目的，违反有关金融法律、法规的规定，使用诈骗方法进行非法集资，扰乱国家正常金融秩序，侵犯公私财产所有权，且数额较大的行为。本罪在主观上由故意构成，且以非法占有为目的，即犯罪行为人在主观上具有将非法聚集的资金据为己有的目的。所谓据为己有，既包括将非法募集的资金置于非法集资的个人控制之下，也包括将非法募集的资金置于本单位的控制之下。在通常情况下，这种目的具体表现为将非法募集的资金的所有权转归自己所有、任意挥霍或者占有资金后携款潜逃等。

（一）非法占有为目的

刑法通说认为非法占有目的，是明知属于公共的或他人的财物，而意图把它非法转归自己或第三者占有。在我国司法实践中，对非法占有目的的认定，一般是参照司法解释来进行。最高院先后出台三份文件：分别是1996年下发的《关于审理诈骗案件具体应用法律若干问题的解释》、2001年下发的《全国法院审理金融犯罪案件工作座谈会纪要》和2010年下发的《关于审理非法集资刑事案件具体应用法律若干问题解释》。三份文件的更迭，显示了非法占有目的推定模式的变化。

集资诈骗罪是正统的目的犯，在1996年《解释》中，尚存在对目的的间接认定，但是2010年《解释》删除了2001年《纪要》中“明知没有归还能力而大量骗取资金”的条款。这意味着在非法占有目的的司法认定上，2010年《解释》倾向于结果论，摒弃了目的研究。本案中，法院认定吴英具有“非法占有目的”就是基于最高院2001年《纪要》中“明知没有归还能力而大量骗取资金”和“肆意挥霍骗取资金”。笔者认为法院的认定有可商榷之处：

首先,吴英是否属于"明知没有归还能力而大量骗取资金"还需要进一步确证。法院认定吴英具有"非法占有目的",最重要的依据是吴英许诺高额利率作为投资回报,这些高额利率依吴英当时的能力根本无法偿还,所以,法院认定吴英具有非法占有目的。正常情况下,法律所保护的民间借贷利率是银行基准利率的 4 倍。然而,在江浙等民间融资盛行的地方普遍利率都高于此,这属于江浙民间借贷的潜在行规,吴英借贷的年利率就是依据江浙民间借贷的利率,承诺为 30%至 100%不等。高于银行的基准利率是不受到法律的保护,法律不保护甚至也不允许这样的民间融资,但据此认定吴英对融资具有非法占有目的,笔者认为这样的认定具有一定程度不合情理之处。

其次,吴英的行为是否符合"肆意挥霍骗取资金"亦值得商榷。"肆意挥霍"是指一种非理性、随意的消费行为,只管消费不求收益。判决书根据"购买珠宝、汽车,给付他人钱财和高档娱乐消费"认定吴英存在"肆意挥霍",这里面还是有可供探讨的空间。通过对吴英案的分析,可以看到吴英所得集资款主要有三种流向:一部分用于公司经营管理,这一部分的支出占了集资款项的绝大部分;一部分是用于偿还集资款的本金和支付利息;另有一小部分用于日常购买珠宝、进行高档娱乐消费。法院依这一小部分认定吴英存在"肆意挥霍",进而认定其具有非法占有目的,这就有不合情理的地方。从数额上看,判决书中认定的吴英集资诈骗金额有将近 4 亿,而吴英用于自己日常消费的金额只占认定金额的十分之一。由这十分之一的金额推定剩余十分之九的金额构成集资诈骗所得资金缺乏理据。而且,吴英购买宝石的行为本身是一种投资,能够带来增值,所以不能算是"肆意挥霍"。至于吴英的其他行为,进行高档娱乐消费和购买大牌衣服、包包等花费近一百万元,结合吴英所处的行业和当时的社会地位,这些消费没有超出一般人的正常预期。

(二) 社会公众

非法集资是指法人、其他组织或者个人,未经有权机关批准,向社会公众募集资金的行为。对“社会公众”的研究，其核心问题就是如何界定社会公众的范围。我国学界通说认为，“社会公众”指不特定的多数人。集资诈骗罪侵害的法益是金融秩序和他人的财产权，对社会公众的判定影响对破坏金融秩序的判定。吴英案中 11 名直接被告人是否构成社会公众有不同的意见。有学者认为这 11 人身份特殊，又是吴英亲故，不能认定为社会公众。有学者从集资诈骗罪保护的客体看，认为向这 11 人集资的行为已经侵犯了金融秩序，构成不特定多数人，成立集资诈骗罪。学界争论的焦点在于“社会公众”的界定标准——“是否向大众进行了传播”，如果仅在亲友中传播是否会影响本罪的认定。

亲友标准界定具有天然的模糊性，从吴英案中我们可知，吴英集资的直接对象是资金掮客，其选择投资有相对固定的标准。纵观吴英案，吴英案中的被害人与社会公众有着本质的区别。因为但凡借钱给吴英的人，都是通过与吴英一一谈判而确定融资合同。他们或是想同吴英做生意，或是想同她做朋友，或是有其他诉求，将这些人界定为社会公众具有一定的牵强性。吴英的融资模式实质属于一种熟人融资模式，其依靠的宣传方式是熟人介绍的方式。通过熟人介绍进行融资是民间融资活动的常态，我们认为向熟人介绍与向社会大众的公开宣传还是具有差别性。在现实生活中，大部分熟人介绍都是自发的，其自发基于种种原因向自己的亲友进行宣传，这与集资者没有直接的关系，不能由此简单认定熟人介绍是一种公开宣传方式。所以，吴英案中的被害人不能简单地认定成“社会公众”。

二、吴英死刑的适用问题

本案被告人吴英最后被认定的罪名是集资诈骗罪，这一罪名属于我国刑法分则第三章中的破坏社会主义市场经济秩序罪，该章的罪名多为涉及财产、金融秩序的犯罪，和故意杀人、抢劫等暴力性犯罪不同。1997 年刑法设立了 68 个死刑罪名，其中很多经济类型的犯罪都可以被处以死刑，随着 10 个刑法修正案的出台，死刑适用的罪名越来越少，到刑法修正案(八)时取消了13个死刑适用罪名，刑法修正案（九）时又取消了9个死刑适用罪名，目前为止只保留了46个死刑罪名。经济类犯罪中大部分死刑已经取消，包括吴英所犯的集资诈骗罪也在2015年的刑法修正案（九）中被废除了死刑适用。

随着社会的进步和时代的发展，刑罚的观念也在不断进步。纵观各国刑罚发展大势，文明、人道、轻缓是一个不可更改的历史潮流。刑罚的演变轨迹充分表明刑罚制度是在不断地由野蛮、残酷、严厉走向文明、人道和轻缓。从世界范围看，这一趋势更加明显，财产刑的大量适用、监禁刑期的缩短、执行方法的改革、非监禁措施的引入，无一不体现着这一趋势。1998年我国加入了《联合国公民权利和政治权利国际公约》，表明我国政府对于该公约所倡导的立法原则的尊重和认同。根据我国刑法明文规定，"罪行极其严重的犯罪分子"才能够判处死刑，换言之只有犯罪性质极其严重、犯罪的情节极其严重、犯罪分子人身危险性极其严重这样的情况下，才能够适用死刑。而吴英的行为则远远没有达到这一要求，一审二审判处死刑的做法显得不妥。理由如下：

首先，吴英的行为究竟是否为集资诈骗还存在质疑，二审中认定的吴英将大部分资金用于创立公司、装修酒店、购置房产等行为，可以认为是将资金用于生产经营活动，至于购买汽车、珠宝的行为也不足以认定吴英的行为是将借贷的资金用于个人挥霍和试图侵占的犯罪目的，其行为比一般的集资诈骗的性质明显要轻。

其次，吴英的行为也没有达到犯罪情节极其严重这一要求，吴英所获得的资金大部分还是其身边的生意伙伴，部分来源于普通的民众。没有针对任何国家机关和国有企业，也就没有给国家造成任何损失，而集资诈骗所侵犯的是国家的经济秩序、给国家造成损失的行为。因此判决中认为给"国家和人民造成严重损失"的说法没有准确的表述实际情形。

最后，作为经济类犯罪，其特点就是非暴力性，涉及的还是财产和经济类损失，因此不符合"犯罪分子人身危险性极其严重"这一条件。

综上所述，吴英罪行的危害明显没有达到判处死刑立即执行的危害程度，一审和二审中法院判处吴英死刑立即执行颇有不近情理之嫌。在发回重审之后改判为死刑缓期二年执行，还是体现了司法的人文关怀情节。

三、民间借贷的法律规制

吴英案引起了法学界、金融界、政界等社会各界的广泛关注，上至国务院总理，下至普通老百姓，无一不关注着事件的动态。案件审理过程中，各方呼吁轻判之声不断，认为吴英罪不至死的占大多数。综合起来，主要是因为吴英经营企业遇到的难处代表了大多数民营企业的困境现状。民营企业要想做大做强，一定会面临资金的问题。然而，由于民营企业在发展初期规模都不大，信用等级较低，致使很难从银行贷到资金，只能寻求其他渠道融资。在资金的迫切需求下，有一些人愿意冒险选择利息远高于银行的民间资本。而民间融资活动对于很多由于信贷不足而急需资金的企业来说，的确是起到了相当大的积极作用。然而，我们更应看到未受到合理规制的民间金融活动，存在着巨大的风险和问题。

首先，民间金融监管无法可依。我国对民间金融的规制经历了由禁止、打击、默认而不提倡到提出鼓励、引导的过程，但目前我国缺乏相应的法律法规以确认民间金融的合法地位并明确民间融资主体的权利和义务、业务开展及监督管理等相关内容，民间金融的产权保护只能通过私人来提供，从而给社会带来不安定因素。

其次，民间金融的发展具有投机性。经济学上所假定的经济人都是逐利的，这一点在参与民间金融活动的放贷人身上更为突显，其较之于大众具有更高的追利目的性，因而难以避免投机现象的发生。在追求高利下所产生的高风险性亦使得经济纠纷、金融诈骗层出不穷，对流动的资金市场和社会的稳定都存有一定程度上的消极影响。

再次，民间金融在一定程度上扰乱正常的金融和社会秩序。民间金融具有隐蔽性，民间金融的隐蔽性主要体现在其投融资渠道，由于其本来的运转所需地相关专业性知识使得常人难以理解、相关监督部门难以监督外，其运转者本身也希望在信息不透明化的掩护下追求利益最大化,因而难以避免非法行为的频频发生。同时,民间借贷规避了由于收取借款利息产生的所得税,造成国家税收的流失。地下金融流量中的跨境流动资金,无论是对汇率,还是对国际收支的实际均衡都有一定的影响。

最后,民间金融给国家规制带来困难。民间金融具有一定的自发性,其参与者往往本着自愿原则和利益最大化原则而自由交易,而过度的自由会使得金融市场难免发生"失灵"现象,此时国家这只"有形之手"就要进行适度的干预以规范其金融市场的有序运转,但其自身的隐蔽性又使得国家规制难以操作。同时,由于大量的闲置资金从银行流出,使得资金信息数据难以准确把握,而不可避免地对相关部门的监测、预测提出挑战。

从吴英被捕到一审二审被宣判死刑,再到后来的死缓,都无可厚非地说明了这是一起值得深思的事件。"吴英案体现出了非银行金融机构与企业之间的一种不适应,体现出了民间集资对企业的高风险性"。因此,我们必须理性地看到,民间融资给小微企业带来发展、为其提供资金支持的同时,还应考虑到民间集资的非规范性和分散性,会对金融支柱产业带来冲击和破坏,扰乱正常的金融运行秩序,更应明确的是我国金融风险的防范和监管的空白,是类似吴英案件频发的重要原因。大量民间资金游离于监管之外,必然存在经营混乱的现象。因此,要发挥民间金融对我国经济的积极推动作用,必须对其进行合理的监管,从而规制其隐蔽性、投机性等不足,规避其存在的风险。

四、涉案财产的处置

吴英被追究刑事责任的一个原因是吴英的财产"资不抵债",据东阳市政府官方此前通报,吴英案涉及的债务约为 5.6 亿元。东阳市政府相关负责人表示,案发时,东阳市公安机关查封的吴英案资产包括用集资诈骗款购买的东阳等地的 109 处房产、70 多件珠宝以及汽车、库存的建材等,2008 年的评估价约 1.7 亿元(珠宝除外)。

吴英及其辩护律师认为，从吴英个人投资的情况来看，这一结果缩水了吴英的资产，吴英的财产足以偿还所欠债务。其名下投资了多套房产和酒店、商场等不动产以及珠宝等，案发之时虽然吴英在期货市场亏损了5000万之多，但随着近年来珠宝以及房产的大幅度上涨，吴英的资产也升值了不少，其购置的房产、车辆、珠宝等在案发前就已经超过官方认定的数字。2006年吴英以14418万元的价格购买了大量珠宝玉石，除少部分确实已送人以外，大部分被用于抵押或被公安机关扣押。珠宝在案件审理期间大幅升值，按3倍计算，该项资产便超过4亿元。而早前东阳官方宣称，经过两家不同机构评估，被查扣的涉案珠宝估值最高不过几百万元。

涉案财产的处理涉及方面很多，可能直接影响被告人是否犯罪、触犯何种罪名和应该受到什么样的刑事处罚，涉案财产处置合理也能够降低社会危害，挽回被害人的损失，对于维护经济秩序、社会稳定都有着重要作用。吴英案的资产基本上都是由东阳市政府和公安机关处置，根据我国法律的规定，涉案资产的处理只能由人民法院处理，《刑事诉讼法》第234条规定："人民法院作出的判决，应当对查封、扣押、冻结的财物及其孳息作出处理。人民法院作出的判决生效以后，有关机关应当根据判决对查封、扣押、冻结的财物及其孳息进行处理。对查封、扣押、冻结的赃款赃物及其孳息，除依法返还被害人的以外，一律上缴国库。随案移送的或者人民法院查封、扣押的财物及其孳息，由第一审人民法院在判决生效后负责处理。涉案财物未随案移送的，人民法院应当在判决生效后十日内，将判决书、裁定书送达查封、扣押机关，并告知其在一个月内将执行回单送回。对冻结的存款、汇款、债券、股票、基金份额等财产判决没收的，第一审人民法院应当在判决生效后，将判决书、裁定书送达相关金融机构和财政部门，通知相关金融机构依法上缴国库并在接到执行通知书后十五日内，将上缴国库的凭证、执行回单送回。"由此可见，东阳政府和公安机关对吴英涉案财物的处置存在诸多不规范甚至违法违规之处。

因此，结合该案的实际情况，我们应该完善对涉案资产的管理体制：

其一，涉案资产的处理必须由专门机关处理，这一点我国法律已经有了明确的规定,那就是必须由人民法院统一处理。地方政府在处理案件时本身就是当事人,再进行资产处置时,势必会造成暗箱操作的结果。因此,规范涉案资产处理机关是保证公正的第一步。

其二,涉案资产的处理过程必须要透明化,将各项处理结果应当进行公示。本案中吴英的代理律师在事后表示,当地政府处理吴英案涉案资产时,以“保密”等理由回绝了公开的要求,造成吴英的资产被贱卖、缩水的结果。现实中此类情况也层出不穷,某些地方政府以各种“保密”、“国家机密”等理由拒绝行政公开,造成了公众知情权被剥夺。失去监督的权力必然造成腐败。因此,保证权力不被滥用,最好的办法就是去公开它。

其三,作为案件的当事人,资产所有人一般都身陷囹圄,但涉案资产的处置又会涉及其个人的权益,但往往处置时却又不能保障被告人的申诉权利,也没有当庭的质证程序,这就造成了被告人和其资产被任意处置,相当于是财产的处理没有经过审判。因此,保障当事人的知情权、申诉权也是保证案件公正处理的一个重要环节。

湄公河中国船员遇害案

【基本案情】

糯康（也有译为诺坎、瑙坎），缅甸腊戌人，人称“教父”，系特大武装贩毒集团——“糯康集团”（当地称为“诺坎集团”）的首脑。糯康早年曾追随金三角地区的“罂粟总统”坤沙，并在坤沙手下负责部分线路的运毒以及其他犯罪活动。1996年初，坤沙迫于缅甸军方的巨大压力，向缅甸政府投诚，和平退休，坤沙集团遂不复存在。而糯康虽然表面上也随坤沙“投诚”政府，但背后却通过贿赂缅甸军队高层，勾结地方民兵团，收编坤沙旧部以及招募新人等一系列手段、措施，经过数月时间，成立了被称为糯康集团的犯罪组织。

糯康集团主要在泰国、缅甸以及老挝三国边境交界处的“金三角”地带长期从事运毒、贩毒、抢劫、杀人及爆炸等犯罪活动。在后来的发展中，糯康集团的影响越来越大，糯康本人也逐渐成为“金三角”地区最大的毒枭之一。2007年起，糯康集团在利用湄公河运输毒品的同时，也开始向河上的过往船只收取保护费，并杀害“不合作”的船员。糯康集团的严重罪行使得该集团的几名首要犯罪分子遭到了中国、泰国、缅甸、老挝的通缉。但由于糯康花费重金收买缅甸政府与军方部分官员，相互勾结甚深，使其直至2009年仍拥有一个被缅甸政府承认的“合法身份”——大其力北部小镇红列镇民兵团领导人。因此，即便被多国通缉，糯康集团仍然肆无忌惮地实施犯罪行为。至糯康被抓获，该集团近年来在湄公河上实施的抢劫、枪击犯罪近百起，造成数十人伤亡。

早先，糯康案件有着很多版本，各国媒体上的版本各不相同、纷说不一。直至2012年4月，包括糯康在内的该案主要犯罪嫌疑人都相继落网，该案件的真相才浮出水面：

早在2011年9月27日，糯康就得到消息，有两艘中国籍船只称自己没有运输毒品，拒绝支付保护费，并曾同意与缅甸军方合作，协助清剿糯康集团的部分据点。糯康得知后甚为气愤，决心教训这两艘中国船只上的船员。随后，他召集了其集团的二号人物桑康与三号人物依莱到缅甸散布岛的糯康集团基地内，商议把一些毒品放在这两只中国船上进行栽赃，并杀害全部船员，之后再买通一些泰国军人来查处毒品。

计划确定后，依莱便主要负责作案的准备工作。他首先安排了一些眼线，密切留意该两艘船只的动向，并及时汇报。之后，他又亲自与手下选定了准备实施杀人行为的水域地点。最后，以安排此栽赃事件并为泰国军人提供抓捕毒贩的晋升机会为利益，诱使9名泰国军人同意参与其犯罪计划。同时，依莱还依糯康指示，要求事成之后，泰国军方给糯康集团提供清盛码头的出入方便，并还索要了一些武器。这些要求也得到了涉案泰国军人的答允。

2011年10月5日，根据之前的情报，糯康得知两艘船只将会于当日驶经湄公河上糯康集团所掌握的区域，遂指示手下实施之前的栽赃杀人栽赃计划并安排桑康监督。糯康手下的犯罪分子于是就截停了“华平号”与“玉兴8号”两艘船只，将两船船员全部捆绑后集中于一船，并将两船驶往泰国清莱府清盛县的湄公河水域。随后，犯罪分子就残忍地杀害了13名中国船员。

杀害中国船员后，这些犯罪分子又依照糯康的犯罪计划将从附近运来的大量毒品藏于中国船只，并通知埋伏在附近的已被收买的泰国军人上船查毒。泰国军人再次用枪械对船只进行了扫射，并将大部分中国船员的尸体抛入水中，将现场伪造成两艘船只运毒并抗拒抓捕，遂与泰国军方发生交火冲突的情况。据事后报道，当警方赶到时，船舱的地板与附近的小片水域都被血水染红，打捞上来的尸体显示每名中国船员都身中数枪，现场惨不忍睹。

2012年9月20日，我国云南省昆明市中级人民法院对湄公河中国船员遇害一案公开开庭审理。由于该案影响重大、案情复杂、涉及多国证人，昆明市中级人民法院对该案的审理过程长达一个半月之久。2012年11月6日下午，昆明市中级人民法院对该案做出一审宣判，法院判决认定被告人糯康、桑康·乍萨、依莱三人成立故意杀人罪、运输毒品罪、绑架罪、劫持船只罪，依照数罪并罚的原则判处三名被告人死刑立即执行；被告人扎西卡成立故意杀人罪、绑架罪、劫持船只罪，依照数罪并罚的原则判处死刑立即执行；被告人扎波成立故意杀人罪、绑架罪、劫持船只罪，依照数罪并罚的原则判处死刑缓期两年执行；被告人扎拖波成立劫持船只罪，判处有期徒刑八年。判决做出后，6名被告人皆不服，当庭提出上诉。① 2012年12月20日，云南省高级人民法院对糯康案件进行了二审公开开庭审理，并于当月26日作出终审裁定，认为该案事实清楚、证据确实充分，适用法律正确，遂依法驳回各被告人上诉、维持原判。② 经我国最高人民法院核准，四名罪犯糯康、桑康·乍萨、依莱、扎西卡于2013年3月1日在云南昆明被依法执行死刑。至此，震惊中外的“10·5湄公河惨案”尘埃落定，糯康集团多名犯罪分子受到了应有的惩罚。

【法理分析】

本案是一起严重的跨国犯罪，涉及国内法与国际法、实体法与程序法等多方面的问题。由于篇幅所限，本文仅就本案中重要而复杂的管辖权、引渡

---

① 参见《中华人民共和国云南省昆明市中级人民法院刑事附带民事判决书》，(2012)昆刑一初字第162号。

② 参见《中华人民共和国云南省高级人民法院刑事附带民事裁定书》，(2012)云高刑终字第1765号。

及定罪量刑问题进行分析。

一、对本案中国有无刑事管辖权问题

糯康案件自发生至犯罪嫌疑人悉数落网,其管辖权问题一直倍受各方争议,这主要是由于本案所涉及的管辖问题十分复杂。具体而言,这方面的问题主要有:本案犯罪嫌疑人众多,他们的国籍也不相同;本案的被害人皆为中国国籍;本案的第一现场在中国籍的船只上,但当时该船行驶于外国的水域内;本案的后续犯罪在外国境内,且与之前的犯罪有着紧密的联系;多个犯罪嫌疑人分别在不同国家被抓获,等等。正是因为糯康案件中上述与管辖权有关的种种因素的复杂性,将该案的管辖分别指向不同国家,才使得多国都主张本国应对该案件行使管辖权,理论界更是众说纷纭莫衷一是。

(一)刑事管辖权原则概述

对于跨国犯罪而言,由于该类犯罪构成中的一个或多个要素牵扯到两个或两个以上的国家,因此就涉及刑事管辖权的竞合与纠纷。每个国家都意图尽可能地维护本国的主权与利益,但其刑事管辖权又不可能无限延伸,需要顾及其他国家的主权与国际关系问题,并遵循一定的原则。目前,国际上普遍适用的刑事管辖权原则一般被分为四类,并且这四类管辖权原则在我国刑法中都有所体现。下面简述这四类刑事管辖权原则。

第一,属地原则。简单来说,属地原则即是以地域为管辖的划分标准,凡发生在一国领域内的犯罪,无论行为人与被害人是否属于该国公民,都适用该国刑法。我国刑法典第 6 条对属地管辖原则有较为明确的规定,即:“凡在中华人民共和国领域内犯罪的,除法律有特别规定的以外,都适用本法。”通常情况下,这里的“领域”不仅包括领土、领海、领空、大陆架等,还包括该国的航空器及船舶内的空间,因而我国刑法典第 6 条第 2 款规定:“凡在中华人民共和国船舶或者航空器内犯罪的,也适用本法。”;但长途汽车、火车则一般不包含在内。此外,根据我国承认的 1961 年 4 月 18 日《维也纳外交关系公约》的规定，各国驻外大使馆、领事馆及其外交人员不受驻在国的司法管辖而受本国的司法管辖。因此，凡在我国驻外大使馆、领事馆内犯罪的，也应适用我国刑法。而且犯罪行为与结果其中之一发生在一国之领域，则该国就可以适用属地原则实施刑事管辖。此即我国刑法典第 6 条第 3 款的规定："犯罪的行为或者结果有一项发生在中华人民共和国领域内的，就认为是在中华人民共和国领域内犯罪。"由于属地原则很好地体现了国家对于其主权的行使，一般被认为是最基本的行使刑事管辖权原则。因此，根据国际法的一般原则，主权国家都应享有领土最高权，即在国际刑事案件中，优先适用属地管辖权原则。然而，优先适用，并不意味着其他管辖权原则都形同虚设，如果基于公平性、社会危害性、公共安全性、事态的急迫性等方面考虑，一起案件更适合适用其他刑事管辖权原则的，那么也不排除该案件最终适用其他管辖权原则的情况。

第二，属人原则。此原则是犯罪行为人的国籍作为刑事管辖权依据，是指具有某国国籍的公民犯罪，无论该犯罪的发生、过程与结果是否在该国领域内，都适用该国法律，即各国有权制定法律用以规范本国国民在国内外的行为。因该原则以被告人的国籍为管辖权依据，又被称为被告人国籍原则。我国刑法典第 7 条规定了属人管辖原则："中华人民共和国公民在中华人民共和国领域外犯本法规定之罪的，适用本法，但是按本法规定的最高刑为三年以下有期徒刑的，可以不予追究。中华人民共和国国家工作人员和军人在中华人民共和国领域外犯本法规定之罪的，适用本法。"

第三，保护原则，也被称为安全原则。该原则以最大限度地保护本国利益为其基本出发点，凡侵害本国国家或公民利益的，皆适用该国法律，对于犯罪人的国籍以及犯罪地点则在所不问。实际上，保护原则的实质就是平等地授予每个国家采取任何符合国内法律的措施以保护本国的利益。① 如果说属地原则是对于国家主权的基本体现，那么保护原则就是最大限度地扩张国家主权。保护原则经常与其他刑事管辖原则产生冲突，故在该原则

① 参见王世洲主编：《现代国际刑法学原理》，中国人民公安大学出版社 2009 年版，第 99 页。

产生初期也曾遭到国际社会的质疑。然而，随着时间的推移，保护原则对于本国利益的保护被越来越多的国家所认可与重视，越来越多的判例也都开始援引保护原则作为一国行使管辖权的依据。我国刑法典第 8 条确立了保护管辖的原则："外国人在中华人民共和国领域外对中华人民共和国国家或者公民犯罪，而按本法规定的最低刑为三年以上有期徒刑的，可以适用本法，但是按照犯罪地的法律不受处罚的除外。"

第四，普遍管辖原则，亦称为世界性原则。该原则以保护各国的共同利益为标准，无论犯罪人是何国籍，犯罪地是何处，只要犯罪人出现在一国境内，并且其所犯罪行是该国所认可的国际犯罪，该国都对该犯罪有刑事管辖权。至于何谓一国所认可的国际犯罪，包括我国在内的许多国家，都给出了类似的定义：即本国所参加或者批准的国际公约中规定的侵害各国共同利益的犯罪。在当今国际背景下，普遍管辖原则对于惩治国际犯罪起到了举足轻重的作用。我国刑法典第 9 条确立了普遍管辖的原则："对于中华人民共和国缔结或者参加的国际条约所规定的罪行，中华人民共和国在所承担条约义务的范围内行使刑事管辖权的，适用本法。"

此外，还有一些新兴的刑事管辖权原则，如代理原则与永久居所或营业地原则等。虽然这些原则在国际上也得到了一些国家的认可，但其被接受的程度远不及上文所述的四种刑事管辖原则，因此在这里就不再赘述。

现代世界上多数国家的刑法，都是以采用属地管辖为基础，兼采属人原则、保护原则和普遍管辖原则。我国刑法也是如此。这种结合型的刑事管辖权体制，既有利于维护国家主权，又有利于同犯罪行为作斗争，比较符合各国的实际情况和利益，所以能为各国所接受。①

（二）各国对本案管辖权的纷争

糯康案件的案情十分复杂，涉及的犯罪行为人众多，犯罪地、抓捕地也

① 高铭暄、马克昌主编：《刑法学》（第七版），北京大学出版社、高等教育出版社 2016 年 1 月版，第 34 页。

都属于不同国家。因此，对于该案件的管辖权，相关的泰国、缅甸、老挝、中国曾相持不下，相关各国的公众、媒体、学者也各执一词。上文简要概述了国际上所普遍认可的国家行使刑事管辖权的几类原则，接下来就要以这些理论来分析本案的管辖权纷争：

泰国政府主张管辖权的依据有两点：其一，是依据属地原则。糯康集团与不法泰国军人杀人并沉尸的地点是泰国清莱府清盛县的湄公河水域，该地点在泰国领域内，根据刑事管辖权中属地原则与泰国刑法典第 4 条的规定①，泰国有权对该案行使刑事管辖权。其二，是依据属人原则。糯康集团的二号人物桑康拥有泰国国籍，他在案发前参与了案件的谋划与组织，之后，在糯康的授权下作为湄公河惨案的指挥与监督参与了全案的实行，对该案的发生起到了十分重要的作用。另外，该案件有不法泰国军人参与，虽然可能没有实际杀害中国船员，但他们都知晓糯康集团的整个犯罪计划，并也依计划行事，对两艘船只进行了扫射，并将中国船员的尸体抛入水中，帮助伪造犯罪现场。按照共同犯罪的理论，他们既在主观上与糯康集团有共同实施杀人、栽赃等犯罪行为的故意，又在客观上有共同实施具体犯罪的行为，因而这 9 名不法泰国军人与糯康集团的犯罪分子构成共同犯罪。依照属人管辖原则中的主动国籍管辖原则，泰国对该犯罪也应有权管辖。

至于缅甸方面，其主张刑事管辖权的理由也有两点：其一，同样是基于属地管辖。船舶“玉兴 8 号”被查证系缅甸籍，即登记国为缅甸。而一国的船舶或者航空器在国际上一般被认为是该国领土的延伸领域，该国可基于国家主权对其船舶及航空器内的犯罪行使刑事管辖权。因此，缅甸也可以依照属地原则对糯康案件实行管辖。再者，糯康与其同伙起初谋划犯罪的地点是位于缅甸散布岛的糯康集团基地内，因此，缅甸应被认定为该犯罪行为的预备地。其二，也是基于属人原则。湄公河惨案的主犯糯康拥有缅甸国籍，他是该案件的始作俑者。糯康不但是糯康武装犯罪集团的首脑，而且他参与了湄公河惨案的组织、策划并居于核心地位。他虽然没有参与实行

① 参见吴光侠译：《泰国刑法典》，中国人民公安大学出版社 2004 年版，第 4 页。

具体犯罪，甚至没有直接与泰国不法军人联络，但其在整个案件中所起到的作用远远大于其他同案犯。因此，缅甸方面认为基于属人原则，他们也应该获得该案的管辖权。

老挝方面也曾提出过刑事管辖权要求。老挝管辖的依据是普遍管辖原则。尽管犯罪行为人、被害人以及犯罪地都不在老挝，但糯康最终是被中、老警方合作于老挝博乔省码头抓获的。这也就符合了犯罪分子在本国境内被发现的要求。再者，老挝于 2003 年 12 月签署并于 2009 年 9 月正式加入《联合国打击跨国有组织犯罪公约》，因此老挝负有惩治该公约所规定的跨国有组织犯罪的义务。而如上文所述，糯康案件属于典型的跨国有组织犯罪，因此，老挝应拥有对该案件的管辖权。而且该案犯罪嫌疑人糯康在老挝领土内被抓获，由老挝管辖最为方便。若其他国家要行使刑事管辖权，则需要将犯罪嫌疑人引渡给该国，这就涉及两国间存在的引渡条约，相关的国际规则，犯罪嫌疑人可能被认定罪名、可能被判处的刑罚等一系列问题。

中国自案件发生起就主张对该案件拥有管辖权。一方面，案发时两艘船只都挂有中国国旗，且“华平号”于 2006 年 5 月 22 日在中国思茅海事局登记并取得中国籍。而根据本案公诉机关所搜集的材料显示，“玉兴 8 号”虽然已经注销了中国籍，但截至案发时该船未在他国登记注册，并没有证据证明该船具有缅甸籍。此外，该船于 2011 年 1 月 31 日被我国公民购买，案发时悬挂中国国旗，包括船长在内的所有船员均为中国籍，因而按照国际惯例“玉兴 8 号”也应被认定为中国船只。依照我国刑法典第 6 条第 2 款的相关规定以及国际惯例，一国的航空器与船舶理应属于该国领土的延伸领域，在其内部的犯罪应该接受该国的刑事管辖。故依照属地管辖权原则，我国有权对糯康案件行使管辖权。另一方面，被害的 13 名船员皆被证实为中国国籍，该案件所侵害的是中华人民共和国公民的权利，具体为中国公民的生命权。该案件对我国公民公然杀害，对我国危害最为严重，是对我国主权的公然挑衅。因此，无论是从被动国籍管辖原则，还是保护管辖原则，我国都应当取得对该案件的刑事管辖权。

（三）中国对本案行使刑事管辖权的依据

虽然我国没有取得对糯康案件全案的刑事管辖权，但该案件的主要犯罪嫌疑人糯康、桑康、依莱等糯康集团的骨干犯罪分子仍然被引渡到我国接受刑事审判。我国对该案件行使刑事管辖权是于法有据，符合国际惯例以及国际上被普遍认可的行使管辖权原则的，对维护我国以及其他涉案国家的利益有着积极的意义；当然，也是对该案件中 13 名惨死的中国船员有所告慰。具体而言，我国管辖此案有如下几条依据：

首先，从属地原则来看，该案件应属于在我国领域内发生的刑事案件。尽管糯康集团谋划犯罪行为的地点为缅甸散布岛，实施杀人、抛尸犯罪行为的地点是泰国清莱府清盛县的湄公河水域，但该案件发生的第一现场被证实为在两艘悬挂中国国旗的船只内。根据国际条约、惯例与我国刑法典的规定，我国的船舶、飞机及其他航空器内部，我国驻外使领馆内部都被视为我国领土的延伸领域，我国可以对该空间发生的犯罪行为行使管辖权。虽然遇害的两艘船只中，“玉兴 8 号”后被证实已注销中国籍，但事发时该船并未取得他国国籍，且悬挂的国旗为中国国旗，因而还应属于我国的主权管辖范围。因此，糯康集团公然犯下如此严重的罪行显然是在蔑视我国的国家主权。如上文所述，国际上一般认为属地性是管辖权的首要根据，属地原则是一切管辖原则中最古老与最基本的原则。根据国际法的一般原则，任何国家都应享有属地优越性，即一般情况下，在国际刑事管辖权原则纠纷中，属地原则应优先于其他管辖原则而被使用。

其次，就保护原则而言，该案件严重侵犯了我国公民的利益。虽然该案件的首犯糯康为缅甸国籍，主要执行者桑康为泰国国际，其他犯罪行为人也均不是中国国籍，但遇害的 13 名船员均为中国公民。从国际一般管辖权规则来看，该案件由中国行使管辖权既符合受害人国籍原则（被动国籍原则），又符合保护原则。如上文所述，近年来，被动国籍管辖原则多被使用于国家管辖恐怖主义犯罪与跨国有组织犯罪的情况，对于这两类犯罪，此管辖原则有着良好的国内国际效果。尽管我国的法条没有规定受害人国籍原则，但这一原则大致被蕴含在我国刑法典第 8 条关于保护原则的规定中，凡侵害我国国家或公民利益的犯罪，我国都享有刑事管辖权。糯康集团的犯罪分子严重侵害了我国公民的生命权，故该案理应依保护原则受我国刑事管辖。

再次，从普遍管辖角度出发，我国也应具有刑事管辖权。此处所提的刑事管辖就不再是针对湄公河惨案一案了，而是针对糯康集团长期在湄公河流域所实施的刑事犯罪。糯康集团长期在湄公河流域实施制毒、运毒、贩毒等毒品犯罪行为，而毒品犯罪又是国际社会所公认的具有严重危害、各国应共同打击的犯罪之一。根据 1988 年《联合国禁止非法贩运麻醉药品和精神药物公约》第 3 条的规定，各缔约国应当采取必要措施将该条所列举的故意行为确定为其国内法中的刑事犯罪。所以，即使仅针对糯康集团所长期实行的制毒、贩毒行为，根据国际条约、惯例及我国刑法中关于普遍管辖原则的规定，我国也应对糯康集团的犯罪行为拥有刑事管辖权。①

最后，从国际道义上来看，糯康案件对我国国家及人民的利益侵害最大。“金三角”地区及湄公河流域案件多发的情况已经存在多年，相关国家并没有行之有效的方法来解决这一地区的问题。上文在介绍关于糯康案件情况中也提到，糯康直至 2009 年底还仍拥有一个被缅甸政府承认的“民兵团领导人”的“合法身份”；而泰国方面更是有多名不法军人作为帮凶的直接参与。很难想象，这起案件若由这些国家来管辖，我们可以得到一个公平的审判结果。我国 13 名同胞最基本的生命权都被这伙犯罪分子残忍剥夺，他们需要一个公正的结果，而我国也需要一个为他们伸张正义的机会。因此，由中国来行使对糯康案件的刑事管辖权，最符合国际道义。

当然，中国近几十年综合国力的增长也是不可或缺的因素，一个在国际关系中无足轻重的国家，很难想象其他国家会尊重它的主权完整，并关心该国人民的利益。另外，我国也并没有蛮横地索要该案件的全部刑事管辖权，对于涉案的 9 名泰国不法军人，中国方面已经将相关证据移交给泰国，并承认泰国方面拥有此案这一部分的管辖权。相信在不久的将来，随着我国国

① 王秀梅：《中国司法有权审判湄公河惨案主凶》，载《法治周末》2012 年 5 月 12 日。

力的持续增长，我国将可以在国际刑事管辖权纠纷中更好地捍卫国家主权。

二、关于本案犯罪嫌疑人的引渡问题

尽管本案的主要犯罪嫌疑人已悉数落网，但由于本案牵扯到多国的管辖权争议问题，因此，各国的司法合作并没有结束。正如上文所提到的，糯康最终在老挝境内被中国与老挝警方合力抓获，且被暂时关押在当地。随后，中国、缅甸以及泰国都依照相应法律程序向老挝方面提出了引渡糯康的申请。老挝司法机构与政府部门经过详细研究，综合考虑了案情、抓捕过程、各国参与程度等各方面的因素，最终决定将糯康移交给中国管辖。

在糯康移交现场，老挝警方声明了将该犯罪嫌疑人移交给中国当局的多项原因，大致可被总结为以下三条：第一，对于本案件的侦查以及对犯罪嫌疑人的抓捕行动，中国警方与老挝警方的合作最为紧密，时间也为期半年之久，并且两国警方在最终抓捕行动中起到了主要作用。第二，确定糯康系湄公河惨案主要犯罪嫌疑人的线索，是由中国方面所掌握的两名核心嫌疑人所提供的。第三，根据案情分析，中国是湄公河惨案的主要受害国，该案件的主要受害人均为中国国籍，被劫持的船只为中国籍船只，第一案发现场也位于中国船只内。因此，由中国来管辖此案最为合适。稍后，中国公安部禁毒局局长刘跃进也肯定了这些理由，并表示根据属人原则与保护原则，本案应由中国行使刑事管辖权。①

从中国向老挝提出引渡，到糯康正式被引渡至接受审判，再到糯康终审被驳回上诉，维持一审中的死刑判决这整个过程中，国内外社会各界就本案引渡问题持续存在着激烈的讨论。在这其中有几个问题特别需要探讨：

---

① 参见胡玲、钟明亮、赵玮：《老挝解释为何将糯康移交给中国而非缅甸泰国》，载《凤凰网》(http://news.ifeng.com/mainland/special/zgchuanyuanbeisha/content-4/detail_2012_05/11/14448748_0.shtml)，访问日期2013年4月10日。

（一）本案的引渡依据

尽管在糯康移交现场，老挝警方已经公开声明了将该犯罪嫌疑人移交给中国进行管辖的理由，但上述的三个理由并不是国际惯例中所一般遵循的引渡依据。在国家间的引渡问题中，国际上一般采用的是"条约前置主义"[①]即一些国家要求以与请求国存在双边引渡条约关系作为开展引渡合作的前提条件，在不存在这种双边条约关系的情况下就无法向外国实行引渡。[②] 虽然近年来"条约前置主义"被越来越多的国家所放弃或变通，如英国在其现行的引渡法中，就不再将双边引渡条约的存在作为引渡的前提，但就目前而言，"条约前置主义"仍然是国际引渡问题中的重要原则之一。再者，亚洲地区并没有与欧盟的"欧洲逮捕令"相似的便捷引渡依据，故而两国间的双边条约至少对亚洲国家间的引渡还是十分重要的。另外，值得一提的是，虽然中国与老挝都参加了《联合国打击跨国有组织犯罪公约》，且中国承认该公约可作为本国与他国间展开引渡合作的依据，但老挝并不接受该公约作为引渡合作的法律依据。

有幸的是，我国与老挝于 2002 年 8 月签订了《中华人民共和国和老挝人民民主共和国引渡条约》（以下简称《中老引渡条约》），该条约第 1 条明确规定，中国与老挝中的任何一国都有义务依据对方的请求，按照本条约之规定，向对方引渡遭到对方国家通缉并在本国境内被发现的行为人。而该条约第 2 条对于两国间"可引渡的犯罪"则提出了四个基本要求：(1) 该犯罪应在两国都构成犯罪，且依照两国法律都可判处一年以上有期徒刑或更重刑罚；(2) 若请求方法院已就根据本条约可引渡的犯罪判处了该行为人相应的刑罚，则要求该行为人被判决的尚未服完的刑期为六个月或以上；(3) 确定某犯罪行为是否属于双方法律均认定为犯罪时，不需考虑两国法律间的犯罪中种类以及罪名差异；(4) 若引渡请求中同一行为人所涉及的

---

① 参见[韩]李万熙著：《引渡与国际法》，马相哲译，法律出版社 2002 年版，第 11 页。

② 参见黄风：《引渡问题研究》，中国政法大学出版社 2006 年版，第 2 页。

犯罪触犯了一个以上的罪名，只要其中一个罪名符合本条前两款规定即可。针对本案糯康所涉及的罪名包括了故意杀人罪、运输毒品罪、绑架罪、劫持船只罪，这些犯罪行为显然在中国与缅甸都应被认定为犯罪，而其法定刑的起点也都高于一年有期徒刑。因此，根据我国与老挝所签订的《中老引渡条约》，糯康应当被引渡至中国接受审判。

（二）本案中的引渡材料问题

在老挝公开决定将糯康引渡给中国接受审判而非交给泰国、缅甸两国审判时，大量的外国媒体、学者以及公众都对中国是否向老挝提供了充足的引渡材料产生质疑，要求老挝当局公开中、缅、泰三国所提交的申请引渡材料进行比较。国际社会之所以会有这样的声音，可能和本案的案情长期扑朔迷离，各国民众都以本国媒体所报道的案情为准的情况有所关联。实际上，根据老挝警方在移交现场的声明不难看出，糯康与本案的联系是由中国警方所控制的本案其他两名主要犯罪嫌疑人所提供的。因此，应该说中国司法机关有着十分充分的关于糯康所实施犯罪的证据。然而，退一步讲，即便中国方面向老挝提交的申请引渡之材料中没有充足的关于糯康犯罪行的证据，也不影响老挝将该犯罪嫌疑人引渡给中国。

在引渡请求中，关于请求方应当向被请求方所提供的材料，在国际上存在着三类标准：第一类证据标准被称作“表面证据”标准，即请求方的所提供用于申请引渡的证据，应当在未遭到反驳的情况下，依被请求国的法律足够将相关行为人交由法院审判。第二类证据标准被称作“合理依据”或“重大嫌疑”标准，略宽松于第一类标准，即请求国需要提供存在充足证据的证明，而不需要提供证据本身。这些证明通常是证据清单及依被请求国的法律，足够将相关行为人交由法院审判的指控说明等。第三类证据标准被称为“零证据”标准，此标准最为宽松，它只要求请求国提供关于被请求引渡人的逮捕令以及案件的简要说明即可。依照这一标准，被请求国只对请求国的引渡申请进行形式审查，而不要求请求国提供任何实质证据或相关的证据说明。实践中，由于“零证据”引渡标准简便、快捷，又最适于两国互利互惠，因此,在近年间,国际上所出现的双边引渡条约越来越多地采用此项引渡证据标准。我国与老挝所签订的《中老引渡条约》也使用"零证据"标准,故而所谓"中国向老挝提交的引渡申请没有足够的支持引渡之证据,不应被老挝所同意"的说法,是没有认清中、老两国间的引渡规则而妄下的结论。

(三) 本案中的死刑不引渡问题

本案中还有一个遭人诟病的引渡问题,就是在我国的审判中糯康等 4 人被判处死刑立即执行,而在当今国际趋势下,死刑不引渡是大多数国家通行的做法。这也是此次案件中,许多外国媒体及学者抨击我国的原因。

死刑不引渡原则也同样是国际引渡规则中的重要一环。与政治犯不引渡原则逐渐边缘化的趋势相反,死刑不引渡原则在近 20 年来被越来越多的国家所认可,并逐渐成为处理引渡实践中的刚性原则。1990 年通过的联合国《引渡示范条约》第 4 条第 4 款明确规定了死刑不引渡原则。近年来国家间所签订的双边引渡条约中,对死刑不引渡原则可保留的余地越来越小,一般都要求将此原则明确写入引渡条约。甚至连一些已经废除了死刑的国家也将该原则明确写入双边引渡条约。例如,荷兰与澳大利亚均属于已废除死刑的国家,但在两国 1988 年所缔结的双边引渡条约(第 3 条第 2 款第 3 项)中,依然明确将被判处死刑的人员排除在可引渡的范围之外,除非引渡申请国承诺不判处该人死刑或不执行死刑。①

我国作为仍然保留死刑的国家之一,近年来对死刑的适用也是特别谨慎的。对死刑严格限制适用的态度体现在几个方面:首先,近年来我国所判处的死刑案件越来越少;其次,我国所判处死刑的案件都属于社会危害性特别严重、性质特别恶劣且多数都是造成了被害人死亡的极端案件;再次,依照我国刑事诉讼法规定,可能判处死刑的案件应由中级以上人民法院进行审理,并应当向被告人提供相应的司法援助。最后,除中级人民法院所判处的死刑缓期两年执行的案件由高级法院核准外,其他死刑案件都需要经过

① 参见黄风:《引渡问题研究》,中国政法大学出版社 2006 年版,第 26—27 页。

最高人民法院的死刑复核才可以生效并被执行。

在以往的引渡案件中，我国通常承诺对被引渡人不判处死刑。然而，糯康案件有其特殊性，具体表现在两个方面：一方面，本案中糯康等人的犯罪行为极其严重，手段特别残忍，社会危害性极大，影响特别恶劣。除了此次杀害中国13名船员外，中国警方曾表示，仅2008年，糯康犯罪集团针对中国船只的犯罪就多达28起，造成16人死亡，3人重伤。除此之外，中国司法机关还掌握了大量糯康集团涉嫌向中国境内走私毒品的证据，而毒品犯罪也是国际所公认的几种最严重的犯罪之一。根据《联合国公民权利和政治权利国际公约》第6条第2款的规定，在未废除死刑的国家和地区，只有最为严重的犯罪才可以被判处死刑。而糯康集团的4名主要犯罪分子显然达到了这一关于死刑的国际标准。而对糯康等4人判处死刑的这种做法在我国亦不是没有先例，前几年我国也曾有对日本籍及英国籍公民判处死刑的案例。此外，在其他未废除死刑的国家，如新加坡和印度尼西亚，也都曾因外国公民实施严重的毒品犯罪而对其判处死。[①] 另一方面，在《中老引渡条约》中，并没有明确涵盖死刑不引渡原则。该条约的第3条与第4条规定了一些应该和可以拒绝引渡的情形，其中主要包括了政治犯罪、军事犯罪、本国公民等9种情况，但并未含有可能判处死刑的犯罪行为人。再者，我国也从未声明过在一切涉及到引渡的犯罪中，均不适用死刑。因此，即便严格依照《中老引渡条约》来讲，我国法院对糯康判处死刑，也并未违背任何先前的承诺与我国所加入的国际条约。

当然，对于死刑的限制乃至废除是当今的国际发展趋势，越来越多的国家废除了死刑，或在实践中长期不适用死刑。我国在未来很长的一段时期内，也可能逐步废止死刑。因此，在引渡问题上，普遍适用死刑不引渡原则，也将会是我国未来处理引渡问题的发展趋势。

---

① 参见王秀梅：《中国司法有权审判湄公河惨案主凶》，载《法治周末》2012年5月12日。

三、本案的定罪量刑问题

如上所述，人民法院认为，本案的6名被告人构成了故意杀人罪、绑架罪、运输毒品罪、劫持船只罪等罪名，分别判处他们有期徒刑、死刑缓期二年执行和死刑立即执行。本案虽早已随着判决的生效和执行而尘埃落定，但关于本案的定罪和量刑问题都曾存在着一些争议，这些问题至今也还有研究的价值。具体如下：

（一）本案的定罪问题

根据云南省昆明市人民检察院的起诉书，公诉机关对糯康等人的指控主要围绕两个案件：其一是上文详细介绍过的"10·5"湄公河惨案；其二是2011年4月由本案被告人所共同实施的一起劫船绑架案。2011年4月2日、3日，被告人桑康、扎西卡、扎波等人分别于湄公河"挡石滩"滩头和"孟巴里奥"附近水域劫持三艘中国货船"渝西3号"、"正鑫1号"、"中油1号"与一艘老挝客船"金木棉3号"，并将此四艘船只的十余名船员扣押为人质，以向船只的出资人及出资公司索要赎金。直至4月6日，被告人依莱收到船只出资人及出资公司送来的2500万泰铢赎金后，才将人质释放。另有相关证据显示，糯康明确地知晓这起劫船绑架案的全部过程，桑康、依莱等人在犯案过程中还多次向糯康请示并得到了糯康的答复。

昆明市中级人民法院根据具体案情和相关证据对本案作出一审判决。根据昆明市中级人民法院的判决书，糯康、桑康和依莱三人为糯康武装犯罪集团的首要分子(下文详细论述)，需要对上述两起刑事案件承担全部刑事责任；其他三名被告人扎西卡、扎波、扎拖波则根据其具体实施的犯罪行为以及在共同犯罪中所处的地位及所起的作用，确定其刑事责任。

根据法院所掌握的证据显示，在4.2劫船绑架案中，糯康、桑康、依莱在事前组织和策划了整起犯罪，桑康、扎波、扎西卡等人实施了具体的劫船、扣押人质的行为，而依莱则负责接收船只出资人及出资公司的赎金。而在

“10·5”湄公河惨案中，糯康为了报复中国船只不交保护费，与桑康、依莱策划和组织了派出部分手下，伙同糯康犯罪集团所收买的泰国不法军人共同实施劫船、杀人及栽赃行为。在具体犯罪行为的实施过程中，糯康是总指挥，桑康则负责现场地监督与指挥，依莱负责收集情报、收买泰国不法军人及踩点，扎西卡、扎波等人具体实施劫船、杀害中国船员的行为，扎拖波等人负责外围警戒、放哨，不法泰国军人负责处理尸体，翁蔑(已向缅甸政府投诚，另案处理)等人负责运送毒品并放入中国船只进行栽赃。根据以上案情，昆明市中级人民法院判决糯康、桑康与依莱三人均构成故意杀人罪、运输毒品罪、劫持船只罪及绑架罪；扎西卡、扎波二人均成立故意杀人罪、绑架罪及劫持船只罪；扎拖波构成劫持船只罪。①

关于本案的定罪问题，被告人扎西卡的辩护人认为在“4·2”劫船绑架案中，行为人所构成的应该为非法拘禁罪，而非绑架罪。这一观点是没有实际根据的，也没有被法院所采纳。绑架罪与非法拘禁罪的主要区别表现在两个方面：主观上，绑架罪表现为以勒索财物或其他非法利益为目的，扣押他人只是为达到索财目的之手段，而非法拘禁罪的目的则是单纯地为了非法限制他人的人身自由(索要债务的情况除外)；客观上，绑架罪除了有限制他人人身自由的行为外，还需要有利用被害人向他人索取财物或其他非法利益的行为，而非法拘禁罪仅有非法限制他人人身自由的行为，而且实践中非法拘禁罪的暴力程度一般明显低于绑架罪。在“4·2”劫船绑架案中，糯康集团的犯罪分子既有主观上勒索财物的目的，又有客观上扣押人质换取赎金的行为，依莱更是亲自收取赎金。因此，显而易见，本案被告人在“4·2”劫船绑架案中所共同构成的是绑架罪，而并不是非法拘禁罪。

另外，还有部分本案被告人当庭提出，他们将毒品放在中国船只是为了报复栽赃，并非谋取利益，不应构成运输毒品罪。而根据我国刑法典的相关规定，运输毒品罪在客观上表现为行为人实施了从一地运输毒品到另一地

① 参见《中华人民共和国云南省昆明市中级人民法院刑事附带民事判决书》，(2012)昆刑一初字第162号。

的行为，主观上行为人需要明知所运输的物品是毒品，一般以营利为目的，但不排除其他目的。因此，以营利为目的并非我国刑法关于运输毒品罪在主观上的必然要求，只要明知运输的是毒品，并客观上实施了运输毒品的行为，即可成立运输毒品罪。

（二）本案的共同犯罪问题

糯康案件的复杂性在于该案不但牵扯到故意杀人、运输毒品、抢劫船只等单独罪名，还涉及了共同犯罪，以及共犯中更为特殊的集团犯罪问题。根据我国刑法典第 26 条第 2 款的规定，所谓犯罪集团，需具备三个条件：第一，组成该犯罪组织的人数为三人以上；第二，组成犯罪组织的目的为共同实施犯罪；第三，该组织较为固定。而糯康集团成员众多远远超过三人；该集团长期在湄公河流域实施杀人、绑架、贩毒等严重犯罪；该集团组织严密，存续时间已有十余年。从以上情形看来，糯康集团显然已符合了上述三个条件，应当被认定为犯罪集团。糯康集团的犯罪分子涉及多项罪行，即便是其中一项罪行，也是多次重复实施的。该案的所有被告都涉嫌抢劫船只罪，并且其中有 5 名被告人还共同涉嫌故意杀人罪与绑架罪，在他们所涉及的罪行中构成了典型的共同犯罪。他们在实施犯罪的过程中，同时具备共同的主观心理（在本案所涉及的罪名中都表现为故意）与共同的客观行为。尽管他们所具体实施的犯罪行为内容各不相同，但这只是在共同犯罪中分工的不同，不影响其共同犯罪的成立。在分析共同犯罪问题时，需要考虑到行为人的行为在整个犯罪中所起的作用以及行为人在共同犯罪中所居地位，以确定各行为人刑事责任的分担情况及刑事责任的大小。

在本案中，糯康、桑康和伊莱系糯康犯罪集团的首要分子，组织、策划了包括湄公河惨案在内的多起杀人案、劫持船只案以及绑架案、运输毒品案，属于这些犯罪中的主犯与组织犯，并在一些案件中还充当了实行犯，因此，他们应该对这些全部罪行负刑事责任。这里还涉及一个问题，糯康曾辩称其只是要求手下杀害 1 名中国船员，其余的船员交给不法泰国军人解决，但该名手下却杀害了全部中国船员，没有遵照他的命令，因此对于其他 12 名中国船员的被害，糯康说他本人不应负责。其辩护人也提出共同犯罪中的杀害其他12名船员的行为属于其他被告人的实行过限行为，糯康不应负责。这条抗辩理由是不能成立的。根据我国刑法典第26条第3款的规定，犯罪集团的首要分子需要对集团所犯的全部罪行负刑事责任。经其他多名犯罪嫌疑人交代，糯康原先的计划中确实是让其手下只杀害一名船员，而其他船员由其收买的泰国不法军人杀害。但这也只是分工上的不同，故意杀害13名中国船员的犯罪行为不管具体是哪方实施，也都仍属于糯康集团所犯罪行，且都在糯康事先的犯罪计划之内，因此，糯康需要对糯康集团的全部罪行负相应的刑事责任，并不存在实行过限问题。另外，糯康犯罪集团人员众多，集团二号人物桑康以及三号人物伊莱都在多起刑事案件中起到了组织、策划、领导犯罪的作用。而在湄公河惨案中，该二人事先与糯康策划犯罪，并具体帮助糯康联络泰国军人、选定犯罪地点，甚至参与、监督了具体犯罪行为的实施。因此，桑康和伊莱也应被认定为犯罪集团的首要分子，对该犯罪集团的全部犯罪行为负责。

被告人扎西卡系糯康集团的骨干分子，在包括湄公河惨案在内的多起案件中是主要实行犯，对犯罪的实施起到了至关重要的作用，应被认定为共同犯罪中的主犯。根据我国刑法典第26条第4款的规定，被告人扎西卡属于犯罪集团首要分子以外的主犯，应对其所组织、参与的全部犯罪负相应刑事责任。

被告人扎波同样也参与了“4·2”劫船绑架案与“10·5”湄公河惨案，并作为犯罪的实行者，实施了劫船、绑架、故意杀人等犯罪行为。虽然扎波并不是犯罪集团的首要分子或骨干分子，但也同被告人扎西卡一样属于非集团首要分子的主犯，应对其所组织、参与全部犯罪负相应刑事责任。当然，由于他们二人在犯罪集团内部所处的地位以及对于整个犯罪案件所起的作用存在着一定区别，他们所需承担的刑事责任大小是不同的。另外，对于其辩护人所提出的“扎波属于胁从犯”的辩护意见，法庭并没有采纳。根据我国刑法典第28条规定，胁从犯应该是被胁迫而参加犯罪的人。而根据被告人扎波之前的供述以及法庭所掌握的其他证据，都无法得出扎波是被胁迫参加犯罪的这一结论。

而被告人扎拖波只参与了“10·5”湄公河惨案劫持船只的犯罪，且在犯罪中仅负责外围警戒，在整个案件中起到辅助和次要的作用。因此，其辩护律师所提出的“扎拖波属于本案的从犯，可以从轻处罚”，被法庭予以采纳。

（三）本案的量刑问题

昆明市中级人民法院关于本案的判决，充分体现了罪刑法定的刑法基本原则与我国宽严相济的刑事政策在量刑中的作用。云南省高级人民法院也在本案的二审中维持了一审判决。[①] 具体而言，被告人糯康、桑康、依莱三人系糯康武装犯罪集团的首要分子，需要对该集团所犯的全部罪行负刑事责任。因此，在“4·2”绑架劫船案及“10·5”湄公河惨案中，此三人根据糯康犯罪集团所实施的罪行，都成立故意杀人罪、运输毒品罪、绑架罪以及劫持船只罪。被告人扎西卡系糯康武装犯罪集团的骨干分子，属于非首要分子的主犯，应对其所组织、参与全部犯罪负相应刑事责任，即构成故意杀人罪、绑架罪、劫持船只罪。以上 4 名被告人所实施的犯罪行为后果特别严重，手段特别残忍，情节特别恶劣，依照数罪并罚的处罚原则，应被判处死刑立即执行。尽管 4 名被告人都有不同程度的悔罪表现，糯康还积极赔付了被害人家属，但由于他们的罪行过于严重，这些表现都不足以减轻其刑罚，这也正是我国宽严相济刑事政策在指导量刑中“严”的体现。被告人扎波作为“4·2”绑架劫船案及“10·5”湄公河惨案两起案件的实际犯罪之实行者，属于主犯，尽管其犯罪行为所造成的危害也十分严重，但其在整个犯罪中所起的作用以及所处的地位都不及上述 4 名被判处死刑立即执行的被告人。因此，根据具体案情，法院最终认定其刑事责任略轻于上述 4 名被告，故判处其死刑缓期二年执行。而被告人扎拖波只参与了“10·5”湄公河惨案中的劫持船只犯罪，且在犯罪中负责外围警戒，只起到辅助和次要作用，属于从犯。尽管该劫持船只犯罪造成了十分严重的后果，依照我国刑法典第 27 条第 2 款规定，对扎拖波的刑事处罚应当从轻或减轻，故法院依法从宽判处

---

①《中华人民共和国云南省高级人民法院刑事附带民事裁定书》，(2012)云高刑终字第 1765 号。

其有期徒刑 8 年。对被告人扎波、扎拖波的处罚，正是我国宽严相济的刑事政策在指导刑罚方面“宽”的体现。

事实上，糯康案件之所以造成了全球性的轰动，一方面是由于该案涉及多国、性质恶劣、后果严重、影响巨大，另一方面是由于我国一次性就判处了 4 名具有外国国籍的被告人死刑立即执行。我国人民法院对该案的死刑判决，一度遭到国际社会的强烈质疑，媒体、学者、公众予以口诛笔伐。然而，我国政府与司法机关顶住了这一压力，依照我国法律并兼顾我国所加入的国际条约，秉公审判了这一案件。作为保留死刑的国家之一，我国近年来确实对死刑的适用慎之又慎，但这并不代表我国不在实践中依法适用死刑。而糯康案件的主要犯罪分子作为外国人也不可能享有法律规定以外的影响定罪量刑的特权。国际社会的舆论压力亦不能干扰我国的司法主权，这正是我国国家主权的体现。若对于像糯康这样横行多年，藐视法律、轻视正义，危害多国国民的安全以及多国国家利益的极其凶残的犯罪分子都不能判处死刑，那才是我国主权的丧失，司法正义的遗憾。

糯康案件从案发直至终审判决确定，前后历时 15 个月。在这一年多的时间里，中国司法创下许多个“第一”，这个案件的追诉与审判对中国的国际司法实践具有里程碑式的意义。近年来，中国与东盟成员国建立了多项经济合作机制，带给了双方无可比拟的经济利益。然而，中国与东盟的国际司法合作则稍显滞后。在湄公河惨案发生以前，关于双方实行刑事司法合作的法律文件寥寥无几；而在糯康案件发生后，中、老、缅、泰四国联合发表了《关于湄公河流域执法安全合作的联合声明》，为四国合作执法确立了新的国际法律文件依据。更重要的是，在糯康案件的侦办过程中，中、老、缅、泰四国首次启动了四国警务与联合执法合作机制，开创了中国与东盟间实行司法合作的崭新实践。此外，糯康案件还开创了另一个“第一”，即外国人在外国实行的犯罪，由中国实行管辖。这种情况不但在中国属于首例，在世界范围内也十分罕见。糯康等犯罪分子的落网以及被遣送至中国受审，是中国维护本国公民的利益与国家主权的表现。同时，我们也向世界表明，中国的国家主权与合法利益神圣不可侵犯。

薄谷开来、张晓军故意杀人案

【基本案情】

2011 年下半年，被告人薄谷开来及其子薄某某与被害人尼尔·伍德因经济利益发生矛盾，尼尔·伍德在电子邮件中言辞威胁薄某某，薄谷开来认为尼尔·伍德已威胁到其子薄某某的人身安全，决意将其杀害。为此，薄谷开来安排重庆市委办公厅原工作人员（其家中勤务人员）、同案被告人张晓军邀约并陪同尼尔·伍德到重庆，于 2011 年 11 月 13 日安排尼尔·伍德入住重庆市南山丽景度假酒店 16 栋 1605 室。薄谷开来准备了含有氰化物的毒药，当晚薄谷开来安排张晓军携带毒药陪同其前往尼尔·伍德住处，薄谷开来在房间内与尼尔·伍德饮酒、喝茶，张晓军在门外等候。后尼尔·伍德因醉酒倒在卫生间，薄谷开来叫张晓军进入房间并要去其随身携带的毒药，张晓军将尼尔·伍德扶到床上，薄谷开来趁尼尔·伍德呕吐后要喝水之机，将毒药倒入其口中，致尼尔·伍德死亡。后经公安部物证鉴定中心毒化检验，尼尔·伍德的死亡原因符合氰化物中毒所致。

合肥市中级人民法院认为，被告人薄谷开来伙同被告人张晓军采用投毒的方法杀害他人，其行为均已构成故意杀人罪。薄谷开来犯罪情节恶劣，后果严重，且在共同犯罪中起主要作用，系主犯，论罪应当判处死刑。鉴于本案被害人尼尔·伍德对薄谷开来之子薄某某使用威胁言辞，使双方矛盾激化；司法鉴定意见表明，薄谷开来有完全刑事责任能力，但患有精神障碍，对本次作案行为性质和后果的辨认能力完整，控制能力削弱；薄谷开来在归案后向有关部门提供他人违纪违法线索，为有关案件的查处起到了积极作用；薄谷开来当庭认罪、悔罪，故对薄谷开来判处死刑，可不立即执行。张晓军在共同犯罪中受薄谷开来指使，起帮助作用，系从犯，且归案后如实供述了主要犯罪事实，并当庭认罪、悔罪，对其可减轻处罚。

2012 年 8 月 20 日，安徽省合肥市中级人民法院对被告人薄谷开来、张晓军故意杀人案作出一审判决，认定薄谷开来犯故意杀人罪，判处死刑，缓期二年执行，剥夺政治权利终身；张晓军犯故意杀人罪，判处有期徒刑九年。一审宣判后，薄谷开来和张晓军均未上诉，检察机关也未抗诉。

【法理分析】

该案是一起影响极大、受社会关注极高的刑事案件。客观地说，该案的事实并不复杂，定性也很清楚。但该案的处理因薄谷开来的特殊身份而经历了一个相对曲折的过程。总体上看，该案的处理较好地体现了适用刑法人人平等原则和罪责刑相适应原则。

一、关于适用刑法人人平等原则

适用刑法人人平等原则，是我国宪法规定的法律面前人人平等原则在刑法上的具体体现，它是指对任何人犯罪，在适用法律上一律平等，不允许任何人有超越法律的特权。法律面前人人平等是我国宪法确立的社会主义法治的一般原则。我国的基本法律，如刑事诉讼法、民事诉讼法等均规定公民在适用法律上一律平等。刑法作为惩治犯罪、保护人民的基本法律，更应当贯彻这一原则。1997 年《中华人民共和国刑法》第 4 条明确规定了适用刑法人人平等原则，即“对任何人犯罪，在适用法律上一律平等。不允许任何人有超越法律的特权”。它是我国宪法所确认的法律面前人人平等这一社会主义法制的一般原则在刑法中的贯彻。这一原则主要是指司法上的平等。因为刑法立法上的平等与合理问题，属于立法创制中要解决的问题。而法律一旦制定出来，要求的就是依法办事，即在适用法律定罪量刑上的平等与公正。明确规定适用刑法人人平等原则对促进司法公正、增强司法效果，加快实现依法治国、建设社会主义法治国家的目标，具有十分重大的意义。① 本案中，法院对薄谷开来、张晓军故意杀人事实的认定和判刑，体现了适用刑法人人平等原则。这主要体现在以下两个方面：

第一，本案的侦查虽历经曲折但基本体现了适用刑法人人平等原则。侦查是起诉、审判的基础，也是定罪量刑的前提。本案中，因为薄谷开来作为时任中共重庆市委书记薄熙来妻子的这一特殊身份，其侦查曾经历了一个曲折的过程。时任重庆市公安局局长王立军，在明知薄谷开来有杀害尼尔·伍德的重大嫌疑，且已掌握重要证据的情况下，为徇私情，指派与其本人及薄谷开来关系密切的副局长郭维国负责该案，向办案人员隐瞒薄谷开来向其讲述投毒杀害尼尔·伍德的情况及掌握的录音证据，对郭维国等人违背事实作出尼尔·伍德系酒后猝死的结论予以认可，将记录薄谷开来作案当晚到过现场的监控录像硬盘交给薄谷开来处置，以使薄谷开来不受刑事追诉。但后来因为王立军与薄谷开来产生矛盾并不断激化，王立军遂要求重庆市公安局有关人员重新调取、整理及妥善保管尼尔·伍德死亡案的证据，并提供了薄谷开来向其讲述投毒杀害尼尔·伍德的录音资料。2012年2月7日，王立军向国家有关部门反映了薄谷开来涉嫌故意杀害尼尔·伍德的情况并提供了相关证据材料。经公安机关依法复查侦破了薄谷开来故意杀人案。可见，在整个案件的侦查过程中，薄谷开来的特殊身份对本案的侦查产生了较大的干扰。但本案最终得以侦破并追究了薄谷开来、张晓军的刑事责任，实现了法律适用的平等。

第二，本案的定罪量刑体现了适用刑法人人平等原则。本案中，法院

① 赵秉志主编：《刑法总论（第三版）》，中国人民大学出版社2016年版，第42页。

以故意杀人罪判处薄谷开来死刑缓期二年执行，剥夺政治权利终身；判处张晓军有期徒刑九年。应该说，法院对薄谷开来、张晓军的定罪量刑体现了适用刑法人人平等原则。这是因为：一方面，法院对薄谷开来、张晓军的行为定性准确。薄谷开来认为尼尔・伍德已威胁到其子薄某某的人身安全，决意将其杀害，其主观上具有杀害尼尔・伍德的故意，客观上实施了杀害尼尔・伍德的行为（薄谷开来趁尼尔・伍德呕吐后要喝水之机，将毒药倒入其口中），并导致尼尔・伍德死亡。张晓军明知薄谷开来欲杀害尼尔・伍德，在薄谷开来的安排下，携带毒药陪同薄谷开来前往尼尔・伍德住处，并按照薄谷开来的要求将携带的毒药交给了薄谷开来，其主观上具有杀人的故意，客观上实施了故意杀人罪的帮助行为，成立故意杀人的帮助犯。因此，法院认定薄谷开来、张晓军均成立故意杀人罪，定罪准确。另一方面，法院在对薄谷开来、张晓军量刑时依照我国刑法和相关司法解释、司法文件的规定，充分考虑了影响量刑的各种法定和酌定量刑情节，而没有因为薄谷开来的特殊身份而在量刑上有所照顾，符合适用刑法人人平等原则的要求。

二、关于罪责刑相适应原则

罪责刑相适应，亦可称为罪刑相适应、罪刑相当、罪刑相称、罪刑均衡。罪责刑相适应原则的基本含义是：犯多大的罪，就应承担多大的刑事责任，法院亦应判处其相应轻重的刑罚，做到重罪重罚，轻罪轻罚，罚当其罪，罪刑相称；罪轻罪重，应当考虑行为人的犯罪行为本身和其他各种影响刑事责任大小的因素。我国《刑法》第 5 条规定：“刑罚的轻重，应当与犯罪分子所犯罪行和承担的刑事责任相适应。”根据这一规定，首先，刑事立法对各种犯罪的处罚原则规定，对刑罚裁量、刑罚执行制度以及对各种犯罪法定刑的设置，不仅要考虑犯罪的社会客观危害性，而且要考虑行为人的主观恶性和人身危险性。其次，在刑事司法中，法官对犯罪分子裁量刑罚，不仅要看犯罪行为及其所造成的危害结果，而且也要看整个犯罪事实包括罪行和罪犯各方面因素综合体现的社会危害性程度，讲求刑罚个别化。[①] 本案中，法院对薄谷开来从轻判处死刑缓期二年执行，对张晓军减轻判处 9 年有期徒刑。其中，社会最为关注的是，为什么法院没有判处薄谷开来死刑立即执行？

对于薄谷开来的死缓判决，法院的理由是被害人尼尔·伍德对薄谷开来之子薄某某使用威胁言辞，使双方矛盾激化；司法鉴定意见表明，薄谷开来有完全刑事责任能力，但患有精神障碍，对本次作案行为性质和后果的辨认能力完整，控制能力削弱；薄谷开来在归案后向有关部门提供他人违纪违法线索，为有关案件的查处起到了积极作用；薄谷开来当庭认罪、悔罪。总体而言，法院对薄谷开来的判决是适当的。这主要体现在以下两个方面：

第一，法院对薄谷开来的判决体现了我国慎用死刑的政策。我国历来重视对死刑的政策控制。早在新我国成立之初，我国就在积极的死刑实践中逐渐形成了“保留死刑，严格控制死刑”或称“保留死刑，坚持少杀，防止错杀”的死刑政策，并在 1979 年第一部刑法典制定时得到切实体现和强调。21 世纪初，中央提出了构建和谐社会和实行宽严相济的基本刑事政策，我国的死刑政策被进一步表述为“保留死刑，严格控制和慎重适用死刑”。我国刑法典第 48 条规定：“死刑只适用于罪行极其严重的犯罪分子。”但对于何谓“罪行极其严重”，我国刑法典并没有予以明确，过去我国地方法院对其掌握的宽严程度也各不相同。为了严格死刑适用的条件，我国最高司法机关先后出台了一系列司法文件，对死刑的适用条件进行了严格限制。1999 年 10 月 27 日最高人民法院发布的《全国法院维护农村稳定刑事审判工作座谈会纪要》，对故意伤害罪适用死刑的具体标准作出要求，即主张故意伤害致人死亡，手段特别残忍，情节特别恶劣的，才可以判处死刑。2010 年 2 月 8 日，最高人民法院发布的《关于贯彻宽严相济刑事政策的若干意见》第 29 条更是明确规定：“要依法严格控制死刑的适用，统一死刑案件的裁判标准，确保死刑只适用于极少数罪行极其严重的犯罪分子。”“对于罪行极其严

① 赵秉志主编：《刑法总论（第三版）》，中国人民大学出版社 2016 年版，第 43—44 页。

重，但只要是依法可不立即执行的，就不应当判处死刑立即执行。”[①]正是基于这一严格控制和慎重适用死刑的政策要求，我国司法机关对被告人适用死刑都极为慎重。本案中，根据法院的认定，薄谷开来存在多个酌定从宽情节，法院对其判处死缓，体现了我国慎用死刑的政策要求。

第二，薄谷开来具有多种酌定从宽情节可以依法予以从轻处罚。根据法院的认定，薄谷开来所具备的酌定从宽情节主要包括：

一是被害人过错，即被害人尼尔·伍德对薄谷开来的故意杀人行为发生存在一定的过错。在刑法理论上，被害人过错对行为人的刑事责任会产生一定的影响。其中，最主要的是被害人过错对犯罪行为的激发会降低行为人的主观恶性和人身危险性。试想，如果没有被害人的过错行为，行为人的犯罪行为可能根本就不会启动，在行为实施完毕后，因为被害人的过错行为不复存在，行为人再次犯罪的可能性也会明显降低或者消失。也正因为如此，2010 年 2 月 8 日，最高人民法院发布的《关于贯彻宽严相济刑事政策的若干意见》第 22 条明确规定：“对于因恋爱、婚姻、家庭、邻里纠纷等民间矛盾激化引发的犯罪，因劳动纠纷、管理失当等原因引发、犯罪动机不属恶劣的犯罪，因被害方过错或者基于义愤引发的或者具有防卫因素的突发性犯罪，应酌情从宽处罚。”[②]被害方过错是对犯罪人酌情从宽处罚的情节。本案中，尼尔·伍德的威胁行为对薄谷开来的故意杀人行为的发生负有一定的责任，可在一定程度上降低对薄谷开来故意杀人行为的责任评价。

二是精神障碍。精神障碍不同于精神病。在精神病的情况下，行为人的刑事辨认能力或者刑事控制能力削弱或者丧失，并因此形成完全不具备刑事责任能力的精神病人和尚未完全丧失辨认或者控制能力的精神病人。精神障碍人是指行为人具备完全的刑事责任能力，但因为精神障碍的存在，行为人的辨认能力或者控制能力较之正常人有所削弱或者降低。在国际上，精神障碍人是属于弱势群体，需要在刑法上予以特别的考虑。例如，联

① 参见《最高人民法院印发〈关于贯彻宽严相济刑事政策的若干意见〉的通知》，载《司法业务文选》2010 年第 16 期。

② 同上。

合国经济与社会理事会 1984 年 5 月 25 日第 1984/50 号决议通过的《保障措施》在《联合国保护公民权利和政治权利国际公约》规定的不得对未成年人和怀孕的妇女适用死刑的基础上，增加了不得对“新生儿母亲”和“精神病人”执行死刑的规定。其第 3 条规定：“对精神病患者不得执行死刑。”本案中，司法鉴定意见表明，薄谷开来有完全刑事责任能力，但患有精神障碍，对本次作案行为性质和后果的辨认能力完整，控制能力削弱。因此，对薄谷开来不适用死刑立即执行，既体现了薄谷开来作为精神障碍人的人道关怀，也符合国际社会严格限制死刑适用的潮流和趋势。

三是提供案件线索表现。本案中，法院认定薄谷开来存在提供案件线索行为，即薄谷开来在归案后向有关部门提供他人违纪违法线索，为有关案件的查处起到了积极作用。但法院并没有认定薄谷开来成立立功。我国刑法典第 68 条规定：“犯罪分子有揭发他人犯罪行为，查证属实的，或者提供重要线索，从而得以侦破其他案件等立功表现的，可以从轻或者减轻处罚；有重大立功表现的，可以减轻或者免除处罚。”据此，在刑法上，提供案件线索与立功之间的界限主要体现在线索的重要性和效果两个方面，即提供的案件线索是否属于“重要线索”和提供案件线索是否产生了“得以侦破其他案件”的效果。本案中，法院认定薄谷开来有提供他人违纪违法线索，但没有认定她所提供的线索属于“重要线索”，也没有认定她所提供的线索导致“侦破其他案件”，因而没有认定她成立立功。或许薄谷开来提供的线索仅是违纪违法线索，而不涉及他人的犯罪问题。

四是认罪悔罪。认罪悔罪表现是衡量犯罪人人身危险性大小的重要依据。犯罪人如果在主观上真诚认罪、深刻悔罪，通常意味着他下一次实施此类犯罪或者实施犯罪的可能性降低。在我国刑法上，认罪悔罪不属于法定从宽情节，但在司法实践中，认罪悔罪对量刑会产生一定的影响。2010 年 2 月 8 日，最高人民法院发布的《关于贯彻宽严相济刑事政策的若干意见》第 23 条明确规定：“被告人案发后对被害人积极进行赔偿，并认罪、悔罪的，依法可以作为酌定量刑情节予以考虑。因婚姻家庭等民间纠纷激化引发的犯罪，被害人及其家属对被告人表示谅解的，应当作为酌定量刑情节予以考虑。犯罪情节轻微，取得被害人谅解的，可以依法从宽处理，不需判处刑罚的，可以免予刑事处罚。”本案中，薄谷开来在法庭上明确表示认罪悔罪，这成为影响法院对其量刑的因素之一。事实上，在本案审结之后的几年间，我国对认罪悔罪对量刑的影响有了更进一步的制度化设计。认罪认罚从宽制度试点工作在许多地区展开。其中，作为试点依据的最高人民法院、最高人民检察院、公安部、国家安全部、司法部 2016 年 11 月 16 日发布的《关于在部分地区开展刑事案件认罪认罚从宽制度试点工作的办法》第 1 条就明确规定：“犯罪嫌疑人、被告人自愿如实供述自己的罪行，对指控的犯罪事实没有异议，同意量刑建议，签署具结书的，可以依法从宽处理。”相信今后我国司法机关对于认罪悔罪表现对量刑的影响会得以进一步深化。

基于以上考虑，法院以故意杀人罪判处薄谷开来死缓，符合我国刑法典规定的罪责刑相适应原则，是适当的。

薄熙来受贿、贪污、滥用职权案

【基本案情】

一、受贿事实

1999年至2012年，被告人薄熙来在担任大连市人民政府市长、中共大连市委书记、辽宁省人民政府省长、商务部部长期间，利用职务上的便利，为大连国际发展有限公司（以下简称大连国际公司）及该公司总经理唐肖林（另案处理）、大连实德集团有限公司（以下简称实德集团）谋取利益，收受唐肖林给予的钱款，明知并认可其妻薄谷开来（另案处理）、其子薄瓜瓜收受实德集团董事长徐明（另案处理）给予的财物，共计折合人民币20447376.11元。具体事实如下：

（一）被告人薄熙来利用职务便利为大连国际公司及唐肖林谋取利益，收受唐肖林给予的钱款共计折合人民币1109446元的事实

被告人薄熙来与唐肖林曾系同事。1999年底，唐肖林为利用大连市人民政府驻深圳办事处（以下简称大连驻深办）在深圳市的土地进行开发建设，请求时任中共大连市委书记兼市长的薄熙来对将大连驻深办划归大连

国际公司一事予以支持。同年12月4日,薄熙来在大连国际公司关于此事的请示报告上签批了同意办理的意见。2000年3月2日,大连市人民政府召开会议,决定将大连驻深办的人、财、物成建制划归大连国际公司,后薄熙来同意。大连国际公司利用大连驻深办的土地与深圳市华明辉置业有限公司合作建设"大连大厦",大厦建成后,大连国际公司及唐肖林个人均从中获利。

2002年上半年,唐肖林请求时任辽宁省人民政府省长的被告人薄熙来帮助申请汽车进口配额,薄熙来答应并让唐肖林直接找时任辽宁省人民政府副省长的夏某某。之后,夏某某将唐肖林以辽宁对外经贸发展有限公司名义提出的申请批转时任辽宁省对外经济贸易合作厅副厅长的吴某办理。因辽宁对外经贸发展有限公司不具备相应资质,吴某便安排人员以大连市汽车工业贸易集团公司的名义为唐肖林报批了24个汽车进口配额。后唐肖林与大连国际公司原职工姬某将上述配额倒卖并从中获利。

为感谢被告人薄熙来的支持与帮助,唐肖林先后三次给予薄熙来现金共计美元13万元、人民币5万元。其中,2002年下半年,薄熙来在沈阳市家中收受唐肖林给予的美元5万元(折合人民币413830元);2004年6月,薄熙来在商务部办公室收受唐肖林给予的人民币5万元;2005年下半年,薄熙来在商务部办公室收受唐肖林给予的美元8万元(折合人民币645616元)。

(二)被告人薄熙来利用职务便利为实德集团谋取利益,明知并认可薄谷开来、薄瓜瓜收受徐某财物折合人民币19337930.11元的事实

1999年底,大连万达集团股份有限公司与实德集团就转让大连万达实德足球俱乐部有限公司达成协议后,为推动此事,徐明向薄谷开来提出,希望时任中共大连市委书记兼市长的被告人薄熙来予以支持。薄谷开来向薄熙来转达了徐明的上述请托事项。后经薄熙来同意,实德集团收购了大连万达实德足球俱乐部有限公司。2000年1月9日,大连万达实德足球俱乐部有限公司变更登记为大连实德足球俱乐部有限公司,法定代表人为徐明。同日,薄熙来出席了大连实德足球俱乐部有限公司成立的新闻发布会。

2000年上半年，为引进定点直升飞球项目，徐明向薄谷开来提出，希望时任中共大连市委书记兼市长的被告人薄熙来予以支持。薄谷开来向薄熙来转达了徐明的上述请托事项，薄熙来表示同意。同年6月3日，薄熙来在实德集团提交的报告上批示，由副市长刘长德为该项目选择地点。后经薄熙来现场考察，决定将该项目建在大连市星海湾广场。同月16日，经薄熙来批示同意，该项目以租赁方式办理用地手续。

2002年10月，实德集团筹划与台湾台塑集团合作建设大型石化项目（以下简称实德石化项目），徐明请求时任辽宁省人民政府省长的被告人薄熙来予以支持。同月25日，薄熙来在大连市考察时，要求大连市委、市政府对实德石化项目高度重视。同月30日晚，薄熙来主持召开专题会议，要求相关部门大力支持实德石化项目，并指定副省长夏某某、辽宁省人民政府副秘书长王某戌负责协调、统筹。12月7日，薄熙来批示同意成立实德石化项目协调领导小组，由夏某某担任组长。后台湾台塑集团退出，2003年2月，实德集团转而与沙特基础工业公司洽谈合作。同年5月，因项目选址与大连市蛇岛老铁山国家级自然保护区范围冲突，薄熙来批示要求王某戌与时任辽宁省环保局局长的杜秋根做好调整保护区范围的协调工作。后大连市人民政府提出调整大连市蛇岛老铁山国家级自然保护区的申请并逐级上报，获得批准。同年9月27日，薄熙来在大连考察时，再次要求相关部门对实德石化项目予以高度重视。此后，薄熙来还以辽宁省省长、商务部部长的身份多次会见沙特基础工业公司高级管理人员，并将实德石化项目列入中沙第三届经贸混合委员会正式议题。

2004年3月，实德集团向商务部申报原油成品油非国营贸易进口经营资格，徐明为此找到时任商务部部长的被告人薄熙来，请其予以支持。薄熙来表示同意。同年8月13日，商务部将实德集团列入成品油（燃料油）非国营贸易进口经营备案企业名单。

2000年，薄谷开来提出欲购买位于法国戛纳松树大道7号的枫丹·圣乔治别墅，徐明表示由他支付全部房款。为隐瞒薄家在国外购买房产事实并避税，薄谷开来委托其法国朋友帕特里克·亨利·德维尔

(MonsieurPatrickHenriDevillers,以下简称德维尔)设计了一套复杂的以公司名义购买该别墅的方案,并成立了由其实际拥有并控制的罗素地产公司(RussellPropertiesS. A.)。同年 11 月 7 日,徐明指示实德集团下属企业赛德隆国际电器(中国)有限公司利用虚假的进口合同向交通银行大连分行申请开立了金额为美元 323 万元的不可撤销跟单信用证,受益人为美国东方有限公司(EasternAmericanCo,Ltd.)。同月 29 日,信用证项下的美元 323 万元经里昂信贷银行上海分行议付扣除费用后,汇至薄谷开来指定的罗素地产公司账户。2001 年 7 月 9 日,薄谷开来委托德维尔以罗素地产公司实际拥有并控制的枫丹・圣乔治房产公司(ResidencesFontaineSaintGeorges)的名义,使用上述款项中的欧元 2318604.70 元(折合人民币 16249709.18 元)购买了枫丹・圣乔治别墅。2002 年的一天中午,被告人薄熙来回家时,遇到薄谷开来、徐明正在观看该别墅幻灯片,便共同观看。薄谷开来告知薄熙来该别墅系由徐明提供的资金所购买。

2004 年至 2012 年,被告人薄熙来之子薄瓜瓜在国外读书期间,徐明为薄谷开来、薄瓜瓜及其亲友支付往返国内外的机票费用人民币 1864630.80 元、住宿费用人民币 148424 元、旅行费用美元 102241 元(折合人民币 654056.13 元)。2008 年 7 月 28 日,应薄瓜瓜要求,徐明安排其公司员工以人民币 85710 元的价格购买了一辆“赛格威”牌电动平衡车送给薄瓜瓜。2011 年 11 月,薄谷开来以薄瓜瓜信用卡透支为由,安排薄熙来家勤务人员张某某(已判刑)要求徐明为其还清信用卡所欠外币,并明确提出具体数额;同月 25 日,徐明委托其朋友王季倬花费人民币 335400 元兑换美元、英镑后,由薄熙来家勤务人员杨某某将美元 2 万元、17900 英镑存入薄谷开来中国银行存折,剩余英镑交由张某某保存。薄谷开来将徐明为薄瓜瓜在国外学习、生活等方面提供了资助的情况告知了薄熙来。

二、贪污事实

2000 年,大连市人民政府承担了一项上级单位涉密场所改造工程。该工程由时任中共大连市委书记的被告人薄熙来负责，时任大连市城乡规划土地局局长王正刚(另案处理)具体承办。2002年3月工程完工后，该上级单位通知王正刚，决定向大连市人民政府拨款人民币500万元。王正刚遂就如何处理该款项向已调任辽宁省人民政府省长的薄熙来请示，薄熙来未明确表态。不久之后，王正刚再次就此事向薄熙来请示，并提出大连市有关领导及相关部门均不知晓该款，可将该款留给薄熙来补贴家用。薄熙来即将此事通过电话告知薄谷开来，让王正刚与薄谷开来商议处理。薄谷开来与王正刚商定，将该款转至与薄谷开来关系密切的北京市昂道律师事务所主任赵东平处。后薄谷开来安排赵东平与王正刚办理转款事宜，并让赵东平为其代管。为掩人耳目，王正刚要求上级单位将500万元汇至承揽该改造工程的大连经济技术开发区艺声视听系统有限公司。2002年5月至2005年3月，上述款项陆续汇至赵东平指定的其朋友李某甲名下公司账户和北京市昂道律师事务所账户。

三、滥用职权事实

2011年11月13日，薄谷开来及张某某在重庆市丽景度假酒店投毒杀害英国公民尼尔·伍德。同月15日，尼尔·伍德被发现死亡(以下称"11·15"案件)。负责侦办该案的郭维国、李某乙、王某丁、王某丙(分别系重庆市公安局原副局长、重庆市公安局刑警总队原总队长、重庆市渝北区原副区长兼公安分局局长、重庆市公安局沙坪坝区分局原副局长，均已判刑)为包庇薄谷开来，徇私枉法，使该案未被依法侦破。2012年1月至2月，被告人薄熙来作为中共中央政治局委员兼中共重庆市委书记，在时任重庆市人民政府副市长的王立军(已判刑)叛逃前后，违反规定，实施了一系列滥用职权行为。具体如下：

2012年1月28日晚，王立军将薄谷开来涉嫌投毒杀害尼尔·伍德一事告知被告人薄熙来。次日上午，薄熙来召集王立军、郭维国、吴文康(时任中共重庆市委副秘书长兼市委办公厅主任)谈话，斥责王立军诬陷薄谷开来，打了王立军一记耳光，并将杯子摔碎在地上。当晚，薄熙来得知“11·15”案件原侦查人员王立军、王鹏飞根据王立军授意，以提交辞职信方式揭发薄谷开来涉嫌杀人后，根据薄谷开来的要求，安排吴文康对该二人进行调查。

1月29日起，被告人薄熙来先后向重庆市委多名领导提议，免去王立军中共重庆市公安局党委书记、局长职务。时任中共重庆市委组织部部长陈某某、中共重庆市委政法委书记刘某某均提出，按照组织程序，任免公安局党委书记、局长须报经上级公安机关批准，故此事需报经公安部同意。在未报经公安部批准的情况下，薄熙来于2月1日下午主持召开中共重庆市委常委会议，决定免去王立军的中共重庆市公安局党委书记、局长职务。次日上午，按照薄熙来的要求，中共重庆市委组织部宣布了该决定。

2月6日，王立军叛逃至美国驻成都总领事馆。次日凌晨，时任重庆市委常委、秘书长的翁某某及吴某某等人到被告人薄熙来住处向其报告此事。在研究应对措施过程中，薄熙来纵容薄谷开来参与。薄谷开来提出可由医院出具诊断证明以表明王立军系因患精神疾病而叛逃，薄熙来对此表示同意。当日，薄谷开来和吴某某协调重庆市大坪医院出具了“王立军存在严重抑郁状态和抑郁重度发作”的虚假诊断证明。2月8日上午，经薄熙来批准，重庆市有关部门对外发布了“据悉，王立军副市长因长期超负荷工作，精神高度紧张，身体严重不适，经同意，现正在接受休假式的治疗”的虚假信息。

2月15日，在薄谷开来向重庆市公安局举报王鹏飞诬告陷害其杀人后，重庆市公安局按照被告人薄熙来的要求对王鹏飞进行审查并移送重庆市渝中区公安分局侦查。次日，渝中区公安分局以涉嫌诬告陷害为由对王鹏飞立案侦查，后决定对王鹏飞采取禁闭措施。2月17日，经薄熙来提议和批准，重庆市渝北区第十七届人民代表大会主席团会议取消了时任渝北区副区长王鹏飞继续作为该职务候选人的提名。

被告人薄熙来的上述行为，是导致“11·15”案件不能依法及时查处和王立军叛逃事件发生的重要原因，并造成特别恶劣的社会影响，致使国家和人民利益遭受重大损失。

济南市中级人民法院认为，被告人薄熙来身为国家工作人员，接受唐肖林、徐明请托，利用职务便利，为相关单位和个人谋取利益，直接收受唐肖林给予的财物，明知并认可其家庭成员收受徐明给予的财物，其行为已构成受贿罪；薄熙来身为国家工作人员，利用职务便利，伙同他人侵吞公款，其行为已构成贪污罪；薄熙来身为国家机关工作人员，滥用职权，致使国家和人民利益遭受重大损失，其行为已构成滥用职权罪，情节特别严重。对薄熙来所犯受贿罪、贪污罪、滥用职权罪，均应依法惩处，并数罪并罚。薄熙来受贿、贪污所得赃款赃物已分别追缴或抵缴。鉴于其用于购买枫丹·圣乔治别墅的受贿所得赃款系以其依法应予没收的财产抵缴，故该别墅作为犯罪所得应当继续追缴。2013 年 9 月 21 日，济南市中级人民法院以受贿罪判处被告人薄熙来无期徒刑，剥夺政治权利终身，并处没收个人全部财产；以贪污罪判处有期徒刑十五年，并处没收个人财产人民币一百万元；以滥用职权罪判处有期徒刑七年，决定执行无期徒刑，剥夺政治权利终身，并处没收个人全部财产。扣押、冻结在案的受贿所得赃款赃物及用于抵缴受贿所得赃款的被告人薄熙来财产共计折合人民币二千零四十四万七千三百七十六元一角一分依法上缴国库；贪污所得赃款人民币五百万元依法返还辽宁省大连市人民政府；其余部分作为薄熙来个人财产依法予以没收；被告人薄熙来受贿所得赃款购买的位于法国戛纳松树大道 7 号的枫丹·圣乔治别墅继续追缴，予以没收。薄熙来不服，提起了上诉。2013 年 12 月 24 日，山东省高级人民法院二审裁定，驳回上诉，维持原判。

【法理分析】

这是一起全国关注、举世瞩目的职务犯罪案。对这起具有重大社会影响、受到广泛关注的案件，有关办案机关严格依法查处，尤其是一审法院的公开开庭审理严格遵循刑事诉讼法和刑法的规定，在审判公开、切实保障被告人诉讼权利、关键证人出庭作证等方面成为引人瞩目的亮点，使本案一审成为重大、敏感案件审理中遵循刑事诉讼程序、公开、公正审理的一个典范，其弘扬法治精神、彰显反腐决心、贯彻平等司法暨促进法制教育的多重法治意义亦获得充分肯定。本案认定的核心是一、二审法院对薄熙来的定罪是否准确、量刑是否适当。

一、关于受贿罪的认定问题

受贿罪是典型的权钱交易性质的腐败犯罪，是指国家工作人员利用职务上的便利，索取他人财物的，或者非法收受他人财物并为他人谋取利益的行为。本案法院认定薄熙来构成受贿罪的事实是：1999 年至 2012 年，被告人薄熙来在担任大连市人民政府市长、中共大连市委书记、辽宁省人民政府省长、商务部部长期间，利用职务上的便利，为大连国际公司及该公司总经理唐肖林和实德集团谋取利益，收受唐肖林给予的钱款，明知并认可其妻薄谷开来、其子薄瓜瓜收受实德集团董事长徐明给予的财物，共计折合人民币 2044.7 万余元。对照受贿罪的构成要件和案件事实，作为国家工作人员且身居要职的被告人薄熙来，在权钱交易的明确认知和意图之下，具备了非索贿型的普通受贿罪的两个要件：他一方面利用职务便利为唐肖林负责的大连国际公司接收大连驻深圳办事处和唐肖林申请汽车进口配额提供帮助，为实德集团收购大连万达足球队和建设定点直升飞球项目、申报实德石化项目提供帮助，从而具备了受贿罪利用职务便利为他人谋取利益的要件；另一方面，他直接接受唐肖林给予的钱款折合人民币 110.9 万余元，明知并认可其妻、其子收受徐明给予的财物折合人民币 1933.79 万余元，从而具备了受贿罪收受他人财物的要件。关于受贿罪的认定，结合庭审情况及一、二审判决的认定，有以下两个问题需要予以探讨和明确：

其一，怎样看待薄熙来对其妻、其子收受徐明财物知情和认可就构成受贿罪？其中又有几点：(1) 薄熙来是否知情和认可？被告人薄熙来的辩解及其辩护人的辩护意见提出，不能认定薄熙来对薄谷开来收受徐明钱款用于购买法国别墅一事知情，薄熙来对于徐明为薄谷开来、薄瓜瓜等人支付机票、旅费及购买电动平衡车、归还信用卡欠款等均不知情。法院根据庭审查实的多种在案证据，已判定薄熙来对其妻、其子收受徐明财物知情且认可。

(2) 薄熙来是否具备受贿罪的主观要件？被告人薄熙来和其妻、其子与徐明之间，自1999年至2012年间长达十几年的时间里，双方已形成权钱交易的概括的、长期的意思联络即故意心态，即薄熙来利用职务便利为徐明的实德公司谋取利益，徐明给予薄熙来之妻、子和家庭以财物回报。对双方这种权钱交易的实质关系，双方均是心知肚明，对此不仅有薄谷开来、徐明的证言证实，被告人薄熙来在其自书材料和亲笔供词中也有合乎情理的描述与认可。在这种权钱交易的概括故意、长期故意的心态之下，被告人薄熙来对其妻、其子收受徐明财物不知具体细节当然不影响其主观之明知；其对具体财物的事后知情和认可也是包含在其事前、事中的概括性权钱交易主观意图之中的，并不影响对其受贿罪主观要件的认定。(3) 薄熙来没有直接收受徐明财物是否就不构成受贿？回答是否定的。受贿罪的客观要件中包含了复合行为，一是承诺实施或具体实施利用职务便利为行贿人谋取利益的行为，此种行为须由国家工作人员实施；二是基于承诺实施或具体实施上述行为而收受行贿人钱财的行为，此种接受财物的行为既可由国家工作人员本人实施，也可由与该国家工作人员具有意思联络者实施。实践中，国家工作人员利用职务便利为他人谋取利益，其亲属为此接受他人之钱财的案件比比皆是，对此类案件毫无疑问应认定为受贿罪。所以，薄熙来利用职务便利为徐明的公司谋取利益，薄熙来之妻、子因此而收受徐明的钱财，薄熙来对此知情和认可，薄熙来当然构成受贿罪。如此定性，既符合相关法律和法理，也是我国司法实践中的通行做法。

其二，“公事公办”是否构成受贿罪中的利用职务便利为他人谋取利益？在薄熙来案件一审庭审实录中，我们看到被告人薄熙来多次辩解说，他对唐肖林公司和徐明公司的支持都是“公事公办”，辩护人也辩护说这都是薄熙来依法履行职务的行为，因而对指控薄熙来构成受贿罪为他人谋取利益行为之要件予以质疑。公诉人反驳说即使“公事公办”也不影响受贿罪的成立，一审判决支持公诉意见而认定被告人构成了受贿罪。应当怎样看待这个问题？根据我国刑法规定、刑法理论与司法实践，受贿罪的本质是权钱交易，至于行为人为请托人谋取利益的手段既可以是合法的也可以是非法的，行为人为请托人谋取的利益既可以是正当的也可以是不正当的，只要行为人实施了权钱交易的行为，无论其是“贪赃枉法”还是“贪赃不枉法”，均不影响其受贿罪的成立。当然，“贪赃枉法”与“贪赃不枉法”两种不同的情形在受贿罪成立的基础上对危害程度是有不同影响的。所以，薄熙来为唐肖林和徐明谋取利益是否违反了其职责，并不影响其受贿罪的成立与否。

二、关于贪污罪的认定问题

贪污罪也是主要的腐败犯罪罪种。我国刑法中典型的贪污罪，是指国家工作人员利用职务便利，侵吞、窃取、骗取或者以其他手段非法占有公共财物的行为。本案法院认定被告人薄熙来构成贪污罪的事实是：薄熙来在2000年担任中共大连市委书记期间，负责了大连市政府承担的上级单位涉密场所的改造工作；2002年工程完工后，经具体承办该工程的大连市城乡规划土地局局长王正刚提议，时任辽宁省人民政府省长的薄熙来同意并授意王正刚与其妻薄谷开来，再由薄谷开来与王正刚商议和安排，将上级单位拨给大连市人民政府的500万元工程款截留转至薄谷开来指定的北京昂道律师事务所主任赵东平处，薄谷开来让赵为其代管这笔款项。一、二审法院据此认定薄熙来身为国家工作人员，利用职务便利，伙同他人侵吞公款500万元，其行为已构成贪污罪。被告人薄熙来及其辩护人针对贪污罪指控所提出的主要辩解和辩护意见是：其一，在所指控的贪污事实发生时，薄熙来系担任辽宁省人民政府省长一职，不能直接决定、支配大连市的财政事务，故薄熙来不具备构成贪污罪所需的职务便利；其二，薄熙来主观上没有贪污公款的主观故意，客观上他也未实施侵吞公款的行为，故他不构成贪污罪。那么，应当怎样看待这两个问题？

首先，关于薄熙来在此项贪污事实中是否具有职务便利？一、二审判决认定薄熙来具有职务便利，并提出了两点理由：一是薄熙来作为辽宁省人民政府省长，其职权覆盖辽宁省辖下的大连市；二是薄熙来作为该涉案工程的原负责人，他当时对该工程仍负有特定的延续、管理职责，具有管理、支配涉案款项的职务便利。一、二审法院的这两点理由是合乎案件事实并有充分确凿证据支持的，是合乎法理、情理的，因而其结论也是成立的。而且更为重要的还在于，被告人薄熙来实际上也是行使了支配此笔款项的职权。同时，还要看到，作为工程具体负责人的王正刚当然是具有无可辩驳的管理工程款项的职权的，退一步讲，即便薄熙来根本不具有管理、支配此项钱款的职务便利，但他伙同王正刚并在王正刚的帮助下，由其妻非法占有此笔钱款，他也当然构成贪污罪，只不过此种情况下他已不是利用自己的职务便利而是利用王正刚的职务便利而已。

其次，关于薄熙来是否具备贪污罪的主客观要件？贪污罪的主观要件是行为人具有利用自己的职务便利非法占有公共财物的故意心态和犯罪目的，其客观要件是行为人实施了利用职务便利非法占有公共财物的行为。案件审理查明，被告人薄熙来身为国家工作人员并负责管理该项工程事宜，他在具体负责人王正刚提议将500万元工程款截留给其家庭的情况下，同意并授意王正刚与其妻薄谷开来商量处理，实际上就是同意把这笔款项转给薄谷开来，事实上王正刚和薄谷开来也正是按照薄熙来的意思处理的，最终导致这笔款项由薄谷开来控制和占有。这里，薄熙来的同意和对王正刚、薄谷开来的授意就是其利用职务便利伙同王正刚、薄谷开来非法占有这笔款项的行为，此行为完全符合贪污罪的客观行为特征；同时，通过这一同意和授意行为，被告人薄熙来非法占有这笔款项的主观意图和目的也明确无疑，而且被告人实际上也实现了贪污罪这一主观意图和犯罪目的。被告人薄熙来辩称他之所以同意王正刚去找薄谷开来商议，只是因为该款不好处理，想让薄谷开来帮忙妥善解决，而不是想要其家庭非法占有。正如一审判决所评判：这一辩解得不到相关证据的印证，且完全不符合常理。试以常理衡量：此笔款项再不好处理，若薄熙来不想非法占为己有，他尽可指示王正刚上交给大连市人民政府并简要说明即可，何用让王正刚去找并非大连市政府工作人员也与此款毫无关系且身为其妻的薄谷开来去商量怎么处理？薄熙来让王正刚与薄谷开来商量的，就是怎么样安全地由薄谷开来也即薄熙来家庭非法占有这笔款项。事实也正是按此逻辑和情理演进的，经过王正刚与薄谷开来的商议和安排，这笔款项经过几个环节的掩盖进入了薄谷开来指定的账户并为其所控制和占有，薄谷开来证言中说她把此笔款项的事已办好告诉了薄熙来，薄熙来并无反对意见和追回要求，此笔款项就这样瞒天过海地成为了薄熙来家庭的财产，直到此次案发才被查处。上述事实和情理也充分说明了薄熙来关于自己无非法占有此笔公款目的之辩解的苍白无力和完全不成立。

三、关于滥用职权罪的认定问题

滥用职权罪是一种故意越权而构成的渎职犯罪，是指国家机关工作人员超越职权，违法决定、处理其无权决定的、处理的事项，或者违反规定处理公务，致使公共财产、国家和人民利益遭受重大损失的行为。根据本案法院所认定，2012 年 1 月 28 日至 2 月期间，被告人薄熙来作为中共中央政治局委员兼中共重庆市委书记，在有关人员告知其薄谷开来涉嫌故意杀人后，以及王立军叛逃到美国驻成都总领事馆前后，违反规定实施了一系列滥用职权的行为：(1) 1 月 28 日晚，时任市公安局局长王立军将薄谷开来涉嫌杀人事告诉薄熙来；1 月 29 日上午，薄熙来召集王立军、郭维国（时任市公安局副局长）、吴文康（时任市委副秘书长兼市委办公厅主任）谈话，斥责王立军诬陷薄谷开来并对王立军打骂；1 月 29 日晚，根据薄谷开来的要求，薄熙来安排吴文康对揭发薄谷开来涉嫌杀人的公安侦查人员王智、王鹏飞进行调查。通过上述行为，阻止公安机关对其妻薄谷开来涉嫌杀人案件的调查。(2) 1 月 29 日至 2 月 2 日期间，在未按规定报公安部同意的情况下，通过其提议和主持召开中共重庆市委常委会议，决定免去王立军的中共重庆市公安局党委书记、局长职务。(3) 2 月 7 日凌晨，薄熙来在其住处纵容薄谷开来参与了对王立军叛逃应对措施的研究，并同意薄谷开来的提议，批准对外发布了王立军因精神和身体问题正接受“休假式治疗”的虚假消息。(4) 2 月 15 日，薄熙来要求重庆市公安局对举报薄谷开来涉嫌杀人的警官王鹏飞进行立案侦查；2 月 17 日，经薄熙来提议和批准，取消了时任重庆市渝北区副区长王鹏飞继续作为该职务的候选人的提名。一、二审法院认定，被告人薄熙来的上述滥用职权行为，是导致“11·15”案件（即薄谷开来涉嫌杀人案）不能依法及时进行查处和王立军叛逃事件发生的重要原因，并造成特别恶劣的社会影响，致使国家和人民利益遭受重大损失，因而其行为依法构成滥用职权罪且属情节特别严重。

被告人薄熙来及其辩护人针对滥用职权罪的指控提出辩解和辩护意见，认为薄熙来的行为不构成滥用职权罪；一、二审法院结合在案证据证实的上述案件事实给予了充分有力的回应，认为薄熙来构成滥用职权罪是无疑的。笔者充分认可一、二审法院对此罪的认定和对辩解、辩护意见的回应，认为以事实为依据、以法律为准绳来衡量，薄熙来的行为完全构成了滥用职权罪且属情节特别严重。我国刑法中滥用职权罪的主观要件为故意，其内容为行为人明知自己的行为系滥用职权，会导致公共财产、国家和人民利益遭受重大损失的结果，并希望或放任这种结果的发生的心态。被告人薄熙来的所作所为充分证明他完全具备了滥用职权罪的故意心态。滥用职权罪的客观要件有两项内容：一是行为人实施了滥用职权的行为，被告人薄熙来的上述行为完全超越了其正当职权而是不折不扣的滥用职权的行为。二是行为人滥用职权的行为“致使公共财产、国家和人民利益遭受重大损失”。对此要件，最高人民检察院 2005 年通过并于 2006 年 7 月 26 日公布施行的《关于渎职侵权犯罪案件立案标准的规定》第 1 条中有“严重损害国家声誉，或者造成恶劣的社会影响的”应作为滥用职权罪案立案追诉的明确规定；最高人民法院、最高人民检察院 2012 年通过、公布并于 2013 年 1 月 9 日起施行的《关于办理渎职刑事案件适用法律若干问题的解释（一）》第 1 条第 1 款也有把“造成恶劣社会影响的”认定为滥用职权罪法条的“致使公共财产、国家和人民利益遭受重大损失”的规定，其第 1 条第 2 款更进一步把滥用职权行为“造成特别恶劣社会影响的”规定为构成滥用职权罪“情节特别严重的”之加重构成。对照被告人薄熙来的滥用职权行为之后果，致使一起性质和后果极为严重的高官亲属故意杀害外国人的案件不能及时依法查处，办案人员受到非法调查乃至立案侦查；地方大员无视中央规定任意任免要职；身居要职的王立军叛逃到外国领事馆而使全世界惊愕；身为杀人嫌犯且无国家工作人员身份的薄谷开来竟然被薄熙来允许参与对王立军叛逃事件的应对处理及利用公权力对自己的罪行予以掩盖。如此闹剧，竟然在作为党和国家领导人暨重庆市一把手的薄熙来的支持和导演下进行，这哪里还有一点点党纪国法的影子？这难道还称不上是造成特别恶劣的社会影响吗？因此，被告人薄熙来的行为完全构成滥用职权罪，而且因“造成特别恶劣社会影响”而属于“情节特别严重”之犯罪情形。

四、关于刑罚裁量

本案在依据罪刑法定原则和犯罪构成规范认定被告人薄熙来的行为构成三种犯罪的基础上，对被告人的刑罚裁量应贯彻我国刑法的两项基本原则：一是刑法典第 4 条规定的适用刑法人人平等的原则，即对任何人犯罪在适用法律上一律平等，不允许任何人有超越法律的特权。根据此原则，对身为党和国家领导人的薄熙来构成的三种犯罪依法惩处，正是对平等适用刑法、摒弃法外特权的原则与理念的贯彻。二是刑法典第 5 条规定的罪责刑相适应的原则，即所判刑罚的轻重，应当与犯罪分子所犯罪行和其承担的刑事责任相适应。被告人薄熙来所犯的三种罪行各有其犯罪情况，刑罚裁量应在衡量其犯罪危害之基础上，再考量其主观恶性和人身危险性，并根据这些情况所决定的刑事责任程度，进而裁量适用恰当的刑种刑度。此外，由于薄熙来构成三种犯罪，决定执行的刑罚还要遵循刑法规定的数罪并罚的规则。一、二审法院对被告人薄熙来所犯罪行的刑罚裁量，充分贯彻和体现了上述刑法原则和规则。

首先，关于受贿罪的量刑。一、二审法院认定，被告人薄熙来身为国家工作人员，接受唐肖林、徐明请托，利用职务便利为相关单位和个人谋取利益，直接收受唐肖林给予的钱财，明知并认可其家庭成员收受徐明给予的财物，其行为已构成受贿罪，受贿金额为人民币 2044 万余元。对薄熙来构成的受贿罪应当怎样量刑？根据刑法典第 386 条规定，对犯受贿罪的，根据受贿所得数额及情节，依照第 383 条关于贪污罪处刑的规定处罚。结合当时刑法典第 386 条和第 383 条的规定可知，犯受贿罪，受贿数额在 10 万元以上的，处 10 年以上有期徒刑或无期徒刑，可以并处没收财产；情节特别严重的，处死刑，并处没收财产。薄熙来受贿数额为 2044 万余元，一、二审法院以受贿罪判处其无期徒刑，剥夺政治权利终身，并处没收个人全部财产。判处薄熙来无期徒刑这一刑罚裁量是否妥当，是重是轻？下面予以简析：

一方面，对薄熙来受贿罪判处无期徒刑是否判轻了？一、二审判决没有认定其所犯受贿罪为“情节特别严重”，若作此认定依法就必须判处死刑（包括死缓）。对于贪污罪、受贿罪的“情节特别严重”，尚未有司法解释予以明确界定，一般认为可以包括：数额特别巨大，远远超出 10 万元；犯罪集团的首要分子；因犯罪行为造成其他严重后果或者极其恶劣的社会影响，如贪污数额巨大的救灾、救济、优抚、扶贫等特定款物，因受贿为行贿人谋利益而造成国家、社会重大损失等。被告人薄熙来受贿达 2044 万余元，当属数额特别巨大，由此而认定为“情节特别严重”也似无不可；但受贿罪的处罚规定特别强调要结合受贿数额及情节考虑，不能单纯以受贿所得数额多少决定刑罚的轻重，而本案的受贿除数额特别巨大以外其他情节尚属一般，若认定为“情节特别严重”似为过分强调了数额而未注意其他情节；更为重要的是我国近年来正进行死刑改革，尤其强调对非暴力犯罪要严格限制、努力减少死刑的适用。综合考虑上述情况，一、二审法院没有认定薄熙来所犯受贿罪属于“情节特别严重”，这样也就避免了适用死刑（包括死缓），这一掌握应该说是妥当的、理性的。

其次，关于贪污罪的量刑。一、二审法院认定薄熙来身为国家工作人员，利用职务便利，伙同他人侵吞公款，其行为已构成贪污罪，贪污数额为人民币 500 万元。依据当时刑法典第 383 条第 1 款关于贪污罪处罚的规定，个人贪污数额在 10 万元以上的，处 10 年以上有期徒刑或者无期徒刑，可以并处没收财产；情节特别严重的，处死刑，并处没收财产。一、二审法院按贪污罪判处薄熙来有期徒刑 15 年，并处没收个人财产人民币 100 万元。这一量刑是否妥当？一、二审法院没有认定其贪污罪属于“情节特别严重”，因而排除了死刑(包括死缓)的适用;一、二审法院在其犯罪数额所对应的10年以上有期徒刑或者无期徒刑的量刑幅度中,没有选择无期徒刑,而是选择了15年有期徒刑。应该说,一、二审法院对薄熙来所犯贪污500万元罪行的量刑,也是合法合理、显然不重的。

再次,关于滥用职权罪的量刑。一、二审法院认定,薄熙来作为国家机关工作人员,滥用职权,致使国家和人民利益遭受重大损失,其行为已构成滥用职权罪,且属情节特别严重。依据刑法典第397条第1款的规定,构成滥用职权罪,情节特别严重的,处3年以上7年以下有期徒刑。根据薄熙来所犯滥用职权罪的危害程度及其对应的法定刑之规定,一、二审法院依法从严判处其有期徒刑7年,这也是合法合理的。

最后,关于数罪并罚。由于被告人薄熙来所犯之罪均被依法判处刑罚,因而应当依法适用数罪并罚的规则。被告人薄熙来所犯三罪判处的主刑分别为无期徒刑、15年有期徒刑和7年有期徒刑,按照刑法典第69条的规定和相关理论与实践,判决宣告的数罪之主刑中无期徒刑和有期徒刑并存的,采用吸收原则决定执行的刑罚,即应决定执行一个无期徒刑,低于无期徒刑的其他主刑亦不再执行。因此,一、二审法院决定对薄熙来执行无期徒刑,剥夺政治权利终身,并处没收其个人全部财产。

综上所述,薄熙来案件的一、二审审理在严格遵循刑事诉讼程序和彰显程序正当的基础上,又作出了定罪正确、量刑适当、于法有据、于情有理的裁判,从而实现了案件审判的实体正义,使本案审判成为贯彻现代刑事法治精神、兼具程序正当与实体正义的典范。认真总结和深入研究本案的审判经验并予以弘扬,对于促进我国刑事法治当颇有助益。

李某某强奸案

【基本案情】

2013 年 2 月 19 日，北京市公安局海淀分局接到一女事主报警称，2 月 17 日晚，其在海淀区一酒吧内与李某某等人喝酒后，被带至一宾馆内轮奸。2013 年 3 月 7 日，李某某等人因涉嫌轮奸被依法批捕。

北京市海淀区人民检察院于 2013 年 5 月 6 日受理北京市公安局海淀分局移送审查起诉的李某某等五人涉嫌强奸一案。7 月 8 日，北京市海淀区人民检察院依法对李某某等人涉嫌强奸一案向海淀区人民法院提起公诉。2013 年 9 月 11 日，李家法律顾问兰和透露，李某某辩护律师向海淀区法院提交《再次开庭申请书》，以及 2013 年 9 月 7 日 12 名国内刑事实务界、理论界和法医学界专家的论证意见书，要求第二次开庭，并提出被害人、专家证人出庭、现场勘验、非法证据排除等六项申请，并且 4 处监控视频曝光，其内容涉及本案一些关键争议细节。2013 年 9 月 26 日上午在北京市海淀区法院一审宣判：法院以强奸罪分别判处被告人李某某有期徒刑 10 年；王某（成年人）有期徒刑 12 年，剥夺政治权利 2 年；魏某某（兄）有期徒刑 4 年；张某某有期徒刑 3 年，缓刑 5 年；魏某某（弟）有期徒刑 3 年，缓刑 3 年。这件案子看似普通，但由于李某某的特殊身份、媒体的介入以及案件曲折的发展过程使这个案件甚嚣尘上。

2013年10月11日下午，北京市一中院发布消息称已经收到李某某强奸的上诉材料和相关卷宗，五名被告人中被告人李某某及其法定代理人、被告人王某提出上诉，一中院经过审查后发现移送的上诉材料齐全，符合法律规定的二审案件受理条件，现已决定予以立案受理。

2013年11月19日，李某某等五人涉嫌强奸一案在北京市一中院二审，上诉方提交新的视频证据，但未获法院采信。2013年11月27日10时许，北京市一中院对李某某及其法定代理人和同案人王某不服提出上诉一案进行二审宣判，法院宣布终审裁定驳回上诉，维持原判。

【法理分析】

李某某强奸案一经媒体报道，即引起社会各界的高度关注。社会各界通过网络、报纸、电视等平台发表了对于本案的观点，网友们在微博、论坛等各种平台上发表自己的观点。民众对李某某案的关注，以下几点启发值得我们思考。

一、律师应该严守执业规范

李某某一案不仅涉及未成年犯罪，还涉及强奸，均属于不公开审理案件范畴。但据媒体报道，该案在审判过程中，不仅被告人辩护律师的辩护词在网上泄露，还将被害人的姓名公布了出来。审理期间的各种传言甚是热闹，无论是媒体还是街头巷尾都对本案给予了更多的关注。然而，我们注意到律师竟然也成为本案的“主角”，陈枢的“嫖娼说”，李肖霖的“无性关系证据”，陈有西的“政治迫害论”等等。这些不负责任的言论对本案的审理、当事人还有社会公众带来了较坏的影响。

（一）律师的保密义务

所谓律师执业中的保密义务，是指除法律、法规或者行业规范有明确规定以外，律师事务所、律师及其辅助人员不得泄露在处理委托事务中所知悉的国家秘密和有关委托人以及其他利害关系人的商业秘密、个人隐私或其他信息。设定律师保密义务的意义从一方面是基于委托人利益的考虑，即委托人不应当因寻求律师的法律帮助而致使自身权益受到额外的侵害；另一个方面是基于律师自身及行业利益的考虑，即律师对自己在执业活动中所知悉的委托人和其他利害关系人的信息不负作证义务。

对于律师保密义务，我国法律和律师行业规范中有以下规定，《律师法》第33条规定："律师应当保守在执业活动中知悉的国家秘密和当事人的商业秘密，不得泄露当事人的隐私"。2004年3月20日起试行的由中华全国律师协会颁布的《律师执业行为规范（试行）》第9条规定："律师必须保守国家机密、委托人的商业秘密及个人隐私"；第56条规定："律师事务所、律师及其辅助人员不得泄露委托人的商业秘密、隐私，以及通过办理委托人的法律事务所了解的委托人的其他信息。但是律师认为保密可能会导致无法及时阻止发生人身伤亡等严重犯罪及可能导致国家利益受到严重损害的除外"；第57条规定："律师可以公开委托人授权同意披露的信息"；第58条规定："律师在代理过程中可能无辜地被牵涉到委托人的犯罪行为时，律师可以为保护自己的合法权益而公开委托人的相关信息"；第59条规定："律师代理工作结束后，仍有保密义务"。以上规定，明确了律师保密义务的内容、主体、除外情形、保密期间等要素，尤其是2004年3月20日起试行的《律师执业行为规范（试行）》，相较2001年11月26日修订的《律师职业道德和执业纪律规范》中有关律师保密义务的规定，有了明显的进步。本案中的辩护律师违反了多项保密义务，甚至俨然成了案件进展的代言人，不仅仅谈论案件的审理，而且对于案件的审理进行评判。对于案件当事人的个人信息和隐私，不仅仅没有注意保护，反而利用这些掌握的信息，公开谈论、曝光，给案件的审理带来了很大的困扰。我们认为，律师应该注意保护当事人的信息和隐私，要切实履行好律师职业的保密义务。

（二）律师应该严格遵守执业规范

这些年来，在党中央、国务院领导下，在有关部门和社会各界的关心和支持下，律师工作改革发展不断推进，律师队伍规模不断壮大，队伍结构不断优化，服务领域不断拓展，律师事业取得长足发展。截至 2014 年底，我国律师已达 27 万多人，律师事务所已达 2 万多家。新《律师执业规范》第 78 条规定了禁止不正当竞争，不许故意在委托人与其代理律师之间制造纠纷，不许故意诋毁、诽谤其他律师或律师事务所信誉、声誉，律师之间不应该相互攻讦。然而，本案中同案的辩护律师之间，甚至不同阶段的辩护律师之间，极尽诋毁之事，让民众为之大跌眼镜。律师要严格注意自己的言行，辩护律师无论代理案件期间还是辞去代理案件期间，不能随意接受媒体的采访，毫不顾忌地发表言论和对案情的判断，这样的行为既干涉的案情的审理，又不尊重当事人的委托，同时也不符合律师的职业规范。律师没有严格遵守律师的行为规范，这使得李某某案基本没有任何秘密可言。事实上，李某某案无论最后的判决如何，此案件在司法上都没有赢家。不管是案件的被害人还是当事人，根本不存在个人隐私的保护，甚至案件当事人的亲属、朋友等等都成为摆在世人面前供消费的谈资。这样的行为既降低了法律的权威，也降低了司法机关的权威性，对于律师行业发展也是一种破坏。

2013 年 9 月 29 日上午，北京市律协在召开不公开审理案件代理工作会上，讨论了部分律师在代理不公开审理案件过程中，发生的一些违反律师职业道德、执业纪律规范的行为。其间对李某某等人强奸案相关代理及辩护律师涉嫌泄露当事人隐私、不当披露案件信息、不当发表贬损同行的言论等行为，做出讨论。与会律师们认为，此行为严重损害了行业形象及声誉。北京市律协会长张学兵也表示，针对目前个别律师在代理不公开审理案件过程中存在的不当行为，律协将在《北京律师执业行为规范》修订过程中设置专门条款进行严格规范，并组织起草《北京律师办理不公开审理案件业务操作指南》。这对于规范律师的职业行为起到了很好的带头作用。

二、李某某的10年刑期问题

李某某获刑10年，这个结果符合大多数人的期望，但也有少部分人对这个判决存有疑问，认为李某某属于未成年人，而且案情扑所迷离，十年是不是判处比较重呢？答案是否定的，正如李某某案件的主审法官所言，法律并不会因为被告人的身份、地位、执业会有差别对待，法律面前人人平等。

（一）随着案情被充分曝光，流传的说法均不成立

1. 被害人系卖淫的说法不成立

本案是强奸案，且关系到未成年人犯案，所以案情一直不被披露，外人都是雾里看花。李家在案件审理期间释放出大量信息，让人感觉被害人杨某有卖淫的目的，在宾馆中发生的不是强奸，行为的性质属于卖淫嫖娼。然而，根据事实发生的情况，杨某一开始跟随李某某等人离开酒吧，不排除有卖淫的打算，至少带领杨某出去的酒吧领班张某肯定有促成卖淫的意愿。但是在宾馆里发生的性关系不是卖淫。理由如下：

第一，在去往宾馆的路上（车里），杨某发现带领她的张某不在，就要求下车离开，并不惜脚踹开车的大魏。而李某某对杨某实施了摁压和殴打——另两名被告人大魏和坐在后排可以看得很清楚的张某某从始至终都供述了这一点。两个人独立的证言互相印证，效力很强。而且在湖北大厦宾馆里，小魏和张某某供述看到了杨某脸上有伤，后医学验伤证明杨某当晚受到了殴打。所以李某某殴打、控制杨某的事实无可否认。

第二，在宾馆房间里，杨某受到了李某某等人的性侵犯，并且，杨某还得到了2000元"嫖资"——人均400元，事实上，这与出台卖淫的"市价"差距相当大。这也说明，李某某等也没有把宾馆房间的性行为作为正常的卖淫活动对待。所以实际的性关系，与受到胁迫后的被动接受吻合，与主动卖淫不吻合。被告人大魏的律师李在珂的陈述意见大致总结了这个过程："综观全案，这是一起由普通的卖淫嫖娼的治安案件，转化而成的强奸犯罪案件，

以张某离开人济山庄地下车库为节点，随着李某某扇向杨某的第一个耳光，案件性质随之发生了变化。”

2. 被害人设局敲诈的说法不成立

杨某在事发后，想从李某某等人那里要求一大笔钱（50 万元）是无疑的，但说事发前就想着设局敲诈，则不能成立。这是因为：

第一，如果杨某想做局，那她在路上为何提出下车离开，还不惜用脚踹司机的行为大闹着要离开，如果李某某们就此放她走了她还怎么完成计划？

第二，如果杨某是奔着敲诈 50 万元去的，那么她首要的任务是形成被强奸的假象，而不是去收起那 2000 元“嫖资”，给自己留下卖淫的口实。

第三，杨某索求 50 万元的事实与李某某等强行与杨某发生性行为的事实并没有直接的因果联系，两个事件是区分开的，无法联络在一起。

（二）李某某的行为成立强奸罪

1. 李某某强迫杨某

周翠丽律师公布了湖北大厦的全部视频，让李案真相呈现，杨某被粗暴对待，李某某强迫杨某进入宾馆的房间。

首先，几个人进入湖北大厦旋转门时，杨某弓着腰被左右两人拉扯，摇摇晃晃被架擎着出来。出现这种现象只有两种可能：杨某醉了需要搀扶或者杨某被胁迫进入酒店。

其次，李和王二人一左一右“夹拉”着杨某走进酒店大堂显得急匆匆，杨某甚至步履踉跄。从视频中可以看到，他们的举止甚至让一名酒店大堂员工疑惑地走到门口朝外望了望他们。带着杨某时如此急慌慌地穿越酒店大堂，行为明显不正常。

再次，进酒店房间的电梯视频，李抬手击拍杨某面部，虽然因打了码我们看不到李的手打上杨某脸的情形，但是可以看到杨某脑后的发梢随着李的手臂击拍而颤动。这个颤动的现象表明李的手应该是真切地打在了杨某的脸上。

最后，离开酒店房间的电梯间外视频，杨某从电梯间内退出，被一只手臂粗暴地拽了进去。

李某某案没有所谓的“扑朔迷离”，监控视频、证人的证言和被害人的控诉，已经完全证实李某某违背杨某的意愿，李某某对杨某实施了摁压和殴打，殴打行为有相应的证据能够证明。

2. 李某某与杨某发生了性行为

五名被告中张某某的证词，证实五个被告当时轮流与被害人发生了性关系，李某某是第一个，他是第四个。而脱掉被害人衣服的是李某某和另外一名被告王某。被害人杨某提供了她的三份证词，证词大体一致，其中她证实五个人都和自己发生了性关系，李某某是第一个，且她的衣服主要是李某某脱的。过程中她没有呼救和反抗，因为此前已遭到殴打：“李某某还说打死我我就不敢反抗了。他之前还告诉我说酒店都是他的人，我感觉呼救也没有用。”通过被害人以及被告人之一的张某的证实，李某某与杨某确实发了性行为。

李某某违背了杨某的个人意志，强制杨某与其发生性行为，符合刑法关于强奸罪的规定，强奸罪成立。

（三）李某某被判处十年有期徒刑罪刑相当

1. 李某某主观没有悔罪表现

李某某自案发以来，既没有对自己的行为深刻认识其危害性，也没有对被害人有任何道歉和安慰的行为，反而极力否认自己对被害人有过侵害，甚至对被害人还有辱骂之嫌。这虽然与李某某辩护律师的辩护策略有一定的关系，但也表明了李某某主观上没有任何的悔罪表现。这也体现在李某某庭审的表现，据参与庭审人士介绍，李某某并不像母亲说的那么忠义纯净，他撒起谎来眼都不眨一下，从证词中就能看到李某某有意识地趋利避害。庭审中有个细节是关于进湖北大厦电梯的场景。李某某、王某、小魏和被害人一起进入电梯。他在口供中的陈述是小魏搀着被害人，但录像显示是他。当小魏的律师问他为什么撒谎，他很干脆地说自己没说过。但后来有人再就这个细节询问他为什么要搀着被害人，他说：“她喝醉了，我怕她摔倒。”当证人张伟出庭时，他当庭扭头冲证人骂了一句脏话。当大魏一方做出对李某某不利的供述时，他握紧双拳对大魏的辩护律师怒目而视。这样的李某某，主观恶性和其他认罪的被告人自然不同，接受的惩罚当然也不应该一样。

2. 李某某没有减轻处罚理由

有轮奸情节的强奸罪，起刑点是 10 年。但具有未成年和悔罪情节，可以作为减轻和从轻处罚的依据。悔罪情节包括如实供述自己的罪行、认罪态度好、积极赔偿、取得被害人谅解等。如果李某某能悔罪，则可能会获得从宽处罚。但李某某配合律师的辩护策略，当庭翻供、不认罪、不赔偿，失去了轻判机会。李某某虽然是未成年人，但是已经到了要肩负一定责任的年龄。对于律师的辩护策略，他有责任进行选择。选择无罪辩护策略，说明他就是不认罪。辩护策略会影响量刑，但法律终究不会惩罚辩护策略，而是惩罚辩护策略背后的罪恶。

三、自媒体时代刑案报道的媒体失范

2013 年 11 月 27 日上午，伴随着北京市第一中级人民法院未成年人审判庭内的法槌声，历经 9 个多月一直处于舆论风口浪尖的“李某某等 5 名被告人涉嫌强奸案”二审终于宣判。当天，这一案件的当事人李某某及其母梦某在新浪博客“时事热搜榜”上的排名再次高居前五，而媒体尤其是网络媒体围绕着这一案件的汹涌舆论也又一次达到顶峰。“星二代”、“富二代”、“轮奸”、“陪酒女”、“卖淫嫖娼”、“教子无方”……，在“人人都有麦克风”的自媒体时代，李某某特殊的“明星之子”身份和其案情的重大性，引发了全社会的广泛讨论与关注。然而重新审视这起具有重大影响的刑事案件报道，会发现其背后表现出“全媒娱乐狂欢”、“法律意识淡薄”、“失实报道泛滥”等众多媒介失范现象。在自媒体大行其道的时代，对于刑案报道，如何坚守真实客观的报道初衷？如何依照法定程序展示案件的真相？如何更多地关注案件本身而不是其附属的“娱乐花絮”？这些都是非常值得重新审视和深思的。

(一) 全媒娱乐狂欢

早在当年7月22日法院对李某某进行庭前会议之时，李家的法律顾问兰和律师就公开表示：“此案是具有重大影响的刑事案件，相关报道应十分严肃，不希望媒体将此案报道娱乐化。”无比遗憾的是，对这样一起严肃的刑事案件报道，媒体对案件本身的报道却着力甚少，差强人意，大量篇幅和笔墨被放到了挖掘李某某父母、李某某本人、辩护人和被害人的种种隐私、生活细节和花边新闻上了，引发了一场全媒娱乐的狂欢。

不可否认，“轮奸”、“明星之子”、“敲诈勒索”、“酒吧女”、“未成年人犯罪”、“特权阶级”、“富二代”这些词汇确实十分吸引人眼球，具有娱乐大众的因素，但将这样一起产生了恶劣社会影响的刑事案件如此轻松地、肤浅地解读，未免有失偏颇。尤其是在自媒体平台上，在案件公开审理前，关于李某某的亲生父亲是谁、李某某父亲的感情经历、李某某父母的恋爱经历、受害者的真实身份、李某某的奢靡生活等花絮轶闻就层出不穷；案件进入司法程序后，媒体也依旧没有收敛，每隔几天，此案相关的报道就会成为一些门户网站娱乐新闻的头条。对这起严肃刑事案件的报道，媒体报道娱乐色彩之浓郁、“刷新”之频繁、对案外细节曝光之殷勤令人叹为观止。

而李某某案中被害人和被告人的委托代理人也纷纷利用微博、博客等自媒体持续性地发布新的“案情事实”和观点，一同加入这场“娱乐盛宴”中。7月，李某某的法律顾问兰和通过微博爆出了“法院已落实卖淫调查”的“猛料”，认为李某某强奸案存在“案中案”，在北京法院官方辟谣后，又澄清说这些说法是对他发言的误读和曲解；李某某案另一位同案犯辩护人李在珂律师同样通过微博曝光了“李某某家教不严，喜欢动粗”、“李某某练过跆拳道，自以为天下功夫第一”、“案发前李某某与酒吧经理谈好了出台价格”、“李某某案酒吧经理涉嫌强迫卖淫罪”等涉嫌侵犯当事人隐私的涉案细节，引发了新一轮的网络舆情冲击波。然而，这些细节的曝光，除了进一步增加案件的娱乐性，增加人们茶余饭后的谈资，引发对案件更多不确定的揣测和臆想外,对案件自身的辩护又能起到什么样的实际作用呢?

对这么一起影响巨大的刑事案件,多数人的注意力似乎都没集中在案件本身,而是津津乐道于其背后的娱乐秘闻,一个刑事案件变成了全民狂欢的娱乐事件。

(二) 媒体对李某某案的评论背离了事实和法律

媒体自由表达权和法院独立审判权,这两项权利对于法治社会都不可或缺,是相互制约而又相互独立的。对法院来说,关键是应重事实、重证据、重程序,依法独立行使审判权? 此外,值得反思的是,在对李某某进行舆论审判的过程中,李某某作为未成年人的权利的确被许多人忽略了。①

新闻媒体对李某某案件的报道,已经突破了案件行为本身,对案件无关的问题也都进行了较为深入的报道,不仅挖掘和还原了事件的前前后后,而且把李某某的成长过程进行了大搜索和曝光。这包括小学时的打架斗殴,去国外读书时与外国学生冲突,在家里对装修工人凶神恶煞等。此时"李某某"事件已经脱离了其事件本身,而被贴上了"社会公平"的标签。② 如果李某某只是普通人,他涉嫌某起犯罪就不可能引起如此巨大反响。让案件"升级"成为各大媒体头条新闻的,无非是因为李某某父亲的"名人效应"。媒体对案件的穷追猛打,虽然有助于人们了解更多与案件相天的东西,但更有过度娱乐化的倾向。

(三) 法律人的反思

社会舆论对于李某某强奸案近乎一边倒的评论态势,很大程度上是国人心目中的仇富和仇官心理在作祟,尤其是在人们见识了诸如"我爸是李刚"之类的官二代或富二代的坑爹式的嚣张与极度不检点之后。实际上,假如李某某不是富二代和官二代,自己也没有之前无证驾车并打人的负面报

---

① 南方周末编辑部:《2013 年中国十大影响性诉讼》,载《南方周末》2014 年 1 月 10 日。

② 张晓嵘:《从"李某某事件"看市场驱动下媒体的舆论效应》,载《新闻世界》2013 年第 6 期。

道，而是代之以孝顺父母、奉献社会的媒体宣传，则在此次事件中一定会呈现另一番社会舆论评论。作为普通社会民众，由于没有受过法律方面的专业训练，没有养成运用法律思维进行推理和判断的职业素养，无法分清楚哪些事实是案件事实，不明白案件事实与媒体报道之间的出入以及这些出入又会对案件带来何种影响，因而，会基于自身立场和专业缺陷而在媒体报道的影响下做出一些不理性的评论，这从情理上是可以理解的。然而，作为专门研习法律而应当具有专业法律思维、应当比普通社会公众更为理性和客观的法律人，在这类事件中显然应当保持足够的冷静，体现法律人应有的理性，不能将媒体对事件的报道等同于案件本身的客观事实而作出不恰当的评价，对公众形成不应有的误导。

媒体往往会出于社会影响等主观方面的考量而有意忽略、回避或添加一些东西，可能会影响人们对案件事实和性质的判断。但作为法律人，面对此类社会热点事件时，应当尽可能地做到以法律人特有的思维与专业素养，从纷扰复杂的事件报道中理清基本的案件事实，然后做出合乎理性的、相对客观的评价。而司法者则应理性冷静地遵循“以证据说话，以事实服人”的原则，依法、客观地调查取证，依据事实适用法律；切忌以情感代替理智，令司法审判受制于社会审判。正如中国专栏作家陶短房所言：“公检法的公示、澄清总是在‘花絮’热过头后才笃悠悠放出；媒体总是在追逐新料的同时，忘记为自己昔日报道的疏漏补上一两笔；评论家、围观者总是随潮流俯仰，和新流行词共进退，至于过气流行词是否可笑，则似乎根本不必细想；被告及其亲属、代理人也在‘走神’，不厌其烦地折腾、扩散不构成证据链的‘案外’东西，却不肯把时间花在为自己的无罪辩护搜寻真正证据上。”

民意不可违，而一个真正法治社会的建立需要的是以法为准绳，更需要以法为念的民众尊重司法，信赖法律的力量和公正。舆论已经为李某某案“定了性”，要求“重判”的呼声此起彼伏，这个未成年人曾经享受普通孩子难以企及的家庭成长环境，现在很多人愿意他为这一家庭出身付出比普通犯案人更重的代价。这样的情绪既然存在，自然有其深刻原因，因此对它应当理解，报以严肃的反思。但这应当是社会层面的事，政府层面的事。唯有法院应当把李某某看成一个普通的孩子：他未成年，涉嫌犯了强奸罪，法庭要搞清他的犯罪事实是否成立，并根据法定量刑标准对他进行宣判。法庭应当忘记李某某究竟是谁的儿子。

李某某案让我们看到，影响或试图影响司法判决的因素在中国是如此之多。行政权力曾经影响了它，至今这种影响大概也没完全消除。现在舆论在崛起，并表现出从另一方向影响司法判决的巨大热情。无论面对行政权力，还是面对舆论，司法的地位似乎都还有些弱，可见依法独立行使审判权仍是当前中国著名案件普遍面临的考验。我们希望审理李某某案的法庭能够在复杂的舆论环境下真正做到专心致志，严格依法查明案情，严格依法公正裁判。舆论的问题让媒体去讨论，让社会和政府去解决。评判判决的只能是法律本身，是历史，而不是人云亦云的舆论。

浙江张氏叔侄强奸致死案

【基本案情】

2003年，安徽歙县38岁的张高平和27岁的张辉叔侄二人合伙做运输生意。张高平之前结过一次婚，育有两女，后因感情不和离婚，1年前刚刚再婚。以卡车运输为生，在当地小有名气。张辉年少时曾因跟同村一村民打架，致对方受伤，被法院判刑1年6个月。刑满释放以后，张辉发誓好好过日子，因叔叔张高平的长途运输货车需要帮手，张辉就和张高平一起跑运输，并且跟一个女孩订了婚，准备马上就结婚。

由于当地交通不算发达，有很多农民搭老乡的车去大城市。当时歙县跑个体运输的人并不多，张高平叔侄所在村子周围6个村，只有他们一辆崭新的解放牌卡车。张氏叔侄因此在当地颇有名气，搭车的人自然就越来越多。2003年5月28日晚，张氏叔侄驾驶一辆皖J－11260解放牌货车(价值20万)从老家安徽歙县出发去上海送货。经熟人介绍，同县一名17岁女孩王某搭乘他们的车去杭州。由于都是老乡，又是一个没有收入的小姑娘，张氏叔侄没好意思收她钱，无偿地把她带到杭州。王某本来是到杭州西站，让她姐夫来接她，而张氏叔侄一般到上海都走绕城高速，是不会到西站的，因为担心女孩的安全，就好心把她送到杭州西站，结果到了杭州西站，王某用张高平的手机给她姐夫打电话，她姐夫说有事没来接她，叫她自己再打车到钱江三桥一个叫某某的地方，再跟他联系。这时的时间是19日凌晨1点30分。后来据张氏叔侄讲，当时着急送货，只好带着她吃了一个饭，然后好心把她送到离钱江三桥更近的艮秋立交桥让她下车了，这时的时间是19日凌晨1点50分，随后张氏叔侄就到上海送货去了。

5月19日上午10时王某的尸体被人发现，丢弃在杭州市西湖区留泗路边一个水沟里，发现时尸体全身赤裸且仰卧在水沟里。杭州西湖区刑警大队立即赶到现场，展开调查。经法医鉴定，死者系被强奸致死。经警方查证，死者最后一次进食的时间为5月18日23时35分许，杭州市刑事科学技术研究所分析认为，死者的死亡时间应在"两小时之内"，即5月19日1时35分之前，但不排除因各人身体情况不同，在消化时间的推断上存在较大误差的情况。

5月23日张氏叔侄两人运完货回到老家，即被杭州西湖区刑警大队刑事拘留，随后带到杭州市公安局西湖分局刑侦大队。张辉、张高平首次被警方询问时，曾表示直至19日凌晨1时50分死者下车前，三人一直在一起。警方因此认定"二张反映情况不实，有重大嫌疑"。随后便是张辉、张高平叔侄二人噩梦的开始。

据张高平后来讲述，警方连续审讯了他七天七夜，他也一直站了七天七夜，不许吃，不许睡，还被要求蹲马步，手从背后铐起来。七天一共吃了有半盒盒饭。还往他鼻孔和嘴里插满香烟，命令他不许用手，要让烟自己灭掉，如果烟灰不一样齐就要挨打，他受不了不抽了，警方就干脆把他按在地上，脚朝天，把嘴巴封住，把矿泉水灌倒鼻子里去，用烟头烫其身体。

相比叔叔坚持了七天七夜才"认罪"，侄子张辉只坚持了五天，他说，警方五天五夜都从背后把他手铐起来，站着，还让他跪皮鞋底。在不让吃和睡的情况下，警方让他们猜"作案"细节，猜不对，就打巴掌，直到打的张辉大小便失禁，也不给换衣服，就这样穿了五天。

就这样，张氏叔侄被刑事拘留七天后，先后作出杀人强奸的认罪口供。张高平说是侄子张辉强奸，自己按着腿帮忙，最后是侄子掐死了那个女孩，他帮忙抛尸。张辉承认是自己强奸杀人,叔叔在旁边协助强奸杀人,并且参与抛尸,然后两人一起开车逃走。但当时警方认定张高平叔侄强奸杀人抛尸,并没有任何直接证据。受害人留下的衣物、行李、尸体上,没有张氏叔侄的指纹,受害人阴道中甚至没有检查到精斑存在(可能是因为尸体被扔在水沟里面)。案发以后,张家叔侄的卡车被仔细的检查了数遍,没有精液,没有体液,没有毛发,甚至连任何搏斗痕迹也没有。更令人疑惑的是,死者八个指甲末端鉴定出了一名男性的DNA,警方经比对发现,这份DNA与张氏叔侄无关。

被刑事拘留7天后,叔侄二人被送往看守所。张辉被送往拱墅区看守所,"牢头"袁连芳早在同一号房等他,同监舍犯人"收拾"张辉后,袁威逼诱引张辉写了下认罪书。在浙江省看守所,张高平也遇到了牢头狱霸袁连芳的逼供和诱供,并按牢头的指示抄写了杀人过程。

2003年6月28日张氏叔侄被逮捕。2004年2月,杭州市中级法院一审判处张辉死刑,张高平无期徒刑。两位被告人都曾当庭翻供,指称刑讯逼供事实,法庭未予理睬。上诉后,2004年10月,浙江省高级法院改判张辉死缓,张高平有期徒刑15年。判决书一笔带过:"鉴于本案的具体情况,张辉尚不属必须立即执行死刑的罪犯"。最终的定案证据仅有两被告人的供述和"狱友"袁连芳的证词。

宣判后叔侄二人均不认罪,并要求家人申诉、申冤。2005年,叔侄二人分别被从浙江押送至新疆石河子和库尔勒监狱服刑。在石河子监狱的张高平不服管教,拒不减刑,整天喊冤,不断地写申诉材料,成了最令监狱管理者头疼的对象。张高平在监狱的反常表现,引起了一位驻监检察官张飚的注意。这位即将退休的老检察官在研究了案件材料之后,深感案情重大,开始帮张高平邮寄申诉材料、打电话,希望浙江、杭州的司法机关复查此案。

直至2011年11月在张氏家人、律师以及驻监检察官等人的努力下,张氏叔侄案得以曝光,震动浙江政法系统。浙江省政法委成立评查组开展复查工作。2011年11月22日,杭州市公安局将被害人8个指甲末端擦拭滤纸上分离出来一名男性的DNA分型与数据库进行比对,发现与勾海峰

DNA 分型七个位点存在吻合的情况，该局将此结果送公安部物证鉴定中心再次进行鉴定，也得到了证实。但勾海峰因犯故意杀人罪、盗窃罪被终审判处死刑，已于 2005 年 4 月 27 日被执行死刑。

2012 年 2 月 27 日，浙江省高级法院决定对张辉案立案复查，另组合议庭调阅案卷、查看审讯录像。2013 年 3 月 20 日，浙江高院在浙江省乔司监狱进行了再审，庭审中，出庭检察员指出，该案没有证明张辉、张高平强奸杀人的客观性直接证据，间接证据也极不完整，缺乏对主要案件事实的同一证明力，没有形成有效的证据链；该案不能排除公安机关在侦查过程中，有以非法方法获取证据的一些情形。非法获取的证据，包括张辉、张高平的有罪供述及指认现场笔录等证据，被再审法院依法予以排除。最为关键的是，在案件侦查期间，从王某指甲里提取的 DNA 混合谱带，系受害人与一名男性混合形成，排除了张辉、张高平的 DNA 谱带混合形成。3 月 26 日，浙江省高级人民法院再审撤销原审判决，宣告张高平、张辉无罪。浙江省高级人民法院于 5 月 17 日对张辉、张高平作出国家赔偿决定，分别支付张辉、张高平国家赔偿金 1105730.6 元，共计 2211461.2 元。200 多万的赔偿已经是历来国家赔偿的最高限。

【法理分析】

本案是一起具有重大社会影响的冤错平反案件。该案的处理与我国司法体制的运行具有密切关系。对此，可从以下三个方面进行分析：

一、迷信鉴定结论的恶果

本案错误的起点杭州市公安局西湖刑警队的刑讯逼供，造成本案嫌疑犯张辉、张高平二人被屈打成招，作了认罪口供。但引发公安机关对张氏叔侄刑讯逼供的导火索却是有关死者死亡时间的鉴定结论。前文已述，杭州市刑事科学技术研究所有关死者死亡时间的鉴定结论是，死者生前最后一次进食的时间为 5 月 18 日 23 时 35 分许，死者死亡的时间应在“两小时之内”,即5月19日1时35分之前。

而张辉、张高平首次被警方询问时,表示直至5月19日凌晨1时50分王某下车前,三人一直在一起。警方因此认定二张反应情况不实,有重大嫌疑。而更令警方深信二张是杀人凶手的是,王某死前最后一次拨出的电话,即已查明的事实,5月19日凌晨1时30分,张氏叔侄和王某到达杭州市天目山路汽车西站附近,王某借用张高平的手机打给其姐夫周荣箭让其来接人的电话。如果鉴定结论上的死亡时间准确无误的话,结合王某生前最后一次通话的时间,张氏叔侄无疑是最后接触王某的人。更令警方深信不疑的是,张辉是有案底的人,张辉2000年11月曾因寻衅滋事罪被判处有期徒刑1年6个月,所以,警方认定张氏叔侄是杀人凶手也是有理有据。在科学的鉴定结论和嫌疑犯的辩解相互矛盾时,作出相信鉴定结论的判断也是情理之中。

但问题在于,警方忽视了鉴定结论上关于死亡时间误差的解释,更忽视了对张氏叔侄人格背景的调研,盲目相信鉴定结论,对嫌疑人的辩解不做辩证分析。如果警方当初辩证地看待鉴定结论和嫌疑人的辩解,一方面根据鉴定结论证明张氏叔侄二人杀人;另一方面根据张氏叔侄的辩解,查找5月19日凌晨1点50分之后可能接触死者的人,即排查当时根据张氏叔侄供述王某等出租车的地点附近正在出勤的出租车司机。破案的可能性还是很大的。但警方完全否定张氏叔侄的辩解,即使在死者八个指甲末端检测出与张氏叔侄完全无关的DNA证据,仍然坚定不移地相信鉴定结论,在5月19日凌晨1时35分之前的时间段寻找凶手。甚至得出当时卡车上可能存在除张氏叔侄和王某之外的第3个男性的荒谬结论,为此还多次专门奔赴安徽寻找DNA证据的主人。

这一案件告诉我们,当根据鉴定结论和实物证据得出荒谬不合情理的结论时,应该勇于否定鉴定结论的意见。本案中,张氏叔侄在当时的安徽歙县,也算家境殷实,并且刚买了辆价值20万的卡车跑运输,张高平家庭也算美满,张辉也刚订婚,并且张氏叔侄是受熟人之托带王某来杭州,并且到杭州后张高平还让王某用自己的手机跟其姐夫联系让姐夫来接人。并且张氏叔侄还驾驶着一辆超载的卡车。按情理推断，熟人搭车、超载的卡车、凌晨5点之前货要送到上海，张氏叔侄二人家里都有妻室，叔侄共同强奸杀人，死者八个指甲末端检测出的DNA与张氏叔侄无关，死者衣物、身体上，卡车上均未检测到任何与强奸有关的物证，将这一切联系起来的铁证竟然是那份关于死者死亡时间的鉴定结论。这完全不符合常理，就是这份关于死亡时间的鉴定结论才使得案情扑朔迷离，如果否定这份鉴定结论，案情就会变得明了许多。

正是出于对这份鉴定结论的迷信，才直接导致了公安机关的刑讯逼供，以及后来一系列的司法错误行为。

二、非法证据排除规则的运用

如果说公安机关盲目迷信鉴定结论将案件导向错误的嫌疑人，并运用了暴力手段逼取口供，制造了一起错案，而法院在审判阶段能够排除非法手段获取的证据的话，也能够阻止一起冤错案件的发生。而遗憾的是，2004年的杭州市中院和浙江省高院都未能做到。

关于非法证据排除规则，我国的最高人民法院和最高人民检察院早在1998年和1999年就出台过关于被告人供述、被害人陈述、证人证言等言词证据方面的非法证据排除规则。2010年最高人民法院、最高人民检察院还联合公安部、司法部和国家安全部共同发布了《关于办理刑事案件排除非法证据若干问题的规定》(简称《非法证据排除规定》)，对刑事诉讼中非法证据排除规则的适用范围、启动条件、证明责任分配等问题作了系统规定。2012年新修订的《刑事诉讼法》将这些规定吸收进来并进一步系统化。

幸运的是，2013年张氏叔侄案的再审中，被告人及其辩护人提出了非法证据排除的申请，并获得了允许。最终成功排除了公安机关认定两人有罪的主要证据认罪口供及指认现场的笔录。

(一) 刑讯逼供获取认罪口供

本案中，无法排除公安机关刑讯逼供的嫌疑。这具体表现在：一是对两被告人身上的伤痕无法提供合理的解释。二是,侦查人员在审讯过程中存在对犯罪嫌疑人不在规定的羁押场所关押、审讯的情形。张辉、张高平在2003年5月23日被刑事拘留后,直至5月29日才被送进看守所。这一做法明显违反《公安机关办理刑事案件程序规定》第145条"对被拘留、逮捕的犯罪嫌疑人、被告人应当立即送看守所羁押"的规定。这说明张辉、张高平在5月23日至5月29日期间一直处于非法关押状态,其间所形成的讯问笔录、审讯录像,应当视作非法证据予以排除。三是公安机关提供的张辉首次有罪供述的审讯录像不完整。张辉于5月28日所做的供述形成的笔录存在很大的问题。同期的录像显示,对张辉的审讯是从5月28日上午开始,一直到晚上12点多。但由此形成的一份长达12页的讯问笔录,记录的审讯时间是从当天下午6时10分到6时58分,仅用了48分钟。四是张辉、张高平指认现场的录像镜头切换频繁,指认现场的见证人未起到见证作用。由于在供述作案细节时,张氏叔侄的口供相互矛盾:张辉讲,他实施强奸的时候,是在汽车前排,而叔叔张高平在后排。而张高平讲,实施强奸的时候,他们三个人都在前排;张辉讲实施强奸的时候,把被害人的上衣全脱了,而张高平讲只脱了裤子,上衣没脱。因此,公安机关组织了一场在当地人大代表见证下的"指认现场"。而根据张辉、张高平的陈述,由于他们根本不知道自己的"犯罪"地点和过程,因此,"指认现场"不得不进行了三次,最后才和口供、公安机关勘察报告吻合,"指认"期间,人大代表根本没有下车。对于指认现场的录像镜头切换频繁,公安机关也不能提供合理的解释。

公安机关对上述问题,未能提供完整的录像资料予以证明。

(二)狱侦耳目的违法使用

除了刑讯逼供,侦查机关还违法使用同监犯袁连芳采用暴力、威胁等方法参与案件侦查,协助公安机关获取张辉有罪供述,同时又以该同监犯的证言作为证据,明显存在不规范、不合法的问题。

由于被移送看守所后,张氏叔侄关于犯罪细节的供述相互矛盾,公安机关不得不出动狱侦耳目。袁连芳在看守所的正式身份便是"狱侦耳目","狱侦耳目”这一制度在看守所被广泛使用，是公安机关揭露和打击犯罪、深挖余罪、获取证据的重要手段，为法律所允许，立功者可获得减刑。

杭州市中级法院的减刑裁定书，曾明文写出袁连芳多次调派“外地”协助公安机关“工作”，完成任务成绩显著。第一次减刑 1 年半，第二次减刑 10 个月，早在 2004 年 9 月就已出狱。

袁连芳至少完成了两次任务，一次是在河南鹤壁“诱导”和折磨灭门血案嫌疑人马廷新，让其同意“自首”，马廷新最后被法院判决无罪；另一次就是这次奸杀冤案，张辉一进监室，袁就多次问他“有没有做过”，张否认后便遭到了袁的毒打，最后，袁连芳作证张辉在看守所里自称曾奸杀过一名女子，成功使得张辉叔侄被定罪。

在上述两件案件中，“狱侦耳目”明显被非法使用。“狱侦耳目”应该是靠自己的眼睛和耳朵获取情报的特殊人员，是侦查主体和侦查对象之间的一个中介，其本身并没有侦查权，其作用仅限于提供、收集情报，而不是亲自实施侦查行为。但上述案件中，公安机关却把犯罪分子以耳目的名义利用起来，充当牢头狱霸，对被侦查对象实施刑讯逼供、暴力取证，比如殴打、威胁，还有一些指供，比如把犯罪现场图纸画好，让嫌疑人去指认。实际上是纵容“狱侦耳目”实施逼供、诱供、指供等一系列的非法侦查手段，是把侦查权违法下放给耳目，还让耳目在审判中以证人身份出具证词，这种做法严重违法。

因此，对于“狱侦耳目”的使用管理必须严格依法进行，虽然名义上称为“狱侦耳目”，但仅是一种侦查方式，而非享有侦查权的人员，侦查权只能由公安机关、人民检察院、国家安全机关有权行使，绝对不能违法下放给“狱侦耳目”代替行使。同时对“狱侦耳目”的设置、管理、教育应有一套严密的措施，具体工作安排要有严格的审批手续和监管制度。有律师建议，在目前法律没有具体规定这种侦查方式的背景下，可以比照侦查监督职责，对其批准、使用应该向同级检察院备案，并由检察院侦查监督部门负责监督。否则，“狱侦耳目”一旦滥用，想认定一个人犯罪轻而易举。

可以说冤假错案的真正元凶是刑讯逼供和滥用侦查权，而非法证据排除规则无疑杜绝刑讯逼供和违法取证的一剂良药。因此新刑诉法在非法证据排除方面做了很大的突破，有了很大的进步。自 2012 年《刑事诉讼法》具体规定了非法证据排除规则以后，司法实践中，被告人及辩护人提出非法证据排除申请，及辩方未提非法证据申请而法院主动提及的案例逐渐增多，但是排除非法证据的具体措施和保障性的条款还有欠缺，在发生同类案件的时候，能不能真正做到有效排除非法证据防止冤假错案，还有待于进一步努力。

三、错案追究制的落实问题

这起错案曾是一桩“用证据说话”的“零口供经典案例”。2006 年中央电视台第 12 频道《第一线》栏目“浙江神探”系列曾以《无懈可击聂海芬》为题对此案做过专门报道。这起案件因为没有完整口供，最终完全依靠证据认定做出终审判决，当时的杭州中院一审判决中列出了 26 条证据。为了验证作案时间，承办该案的侦查人员驾驶卡车往返安徽、杭州、上海，反复作了几次侦查实验。对案件中死者指甲残留物的 DNA 也很重视，专门到安徽张辉、张高平老家寻找有没有可能参与共同作案的其他人员。也曾到杭州高速路收费站调取张氏叔侄离开杭州的监控录像。这些行为不能说不认真、细致、谨慎，但最终却被客观事实证明是一起彻头彻尾的错案。

究其原因，一是错在侦查人员在综合把握收集到的证据效力以及审查判断证据证明力等方面能力不足，未能辩证看待专家意见。二是错在“命案必破”口号的压力下，侦查人员只关注实体正义，只关心破案，而在“依照法定程序办案”、“合法取证”等方面意识淡薄，更遑论“无罪推定”、“疑罪从无”等现代法律思想。三是错在检察机关的监督不力，根本没有发挥任何监督的作用。四是错在法院“疑罪从轻”的判案标准，非法证据排除规则的不完善，以及审判委员会集体决定的案件，针对审判委员会问责机制的缺失。五是错在公检法机关“命运共同体”的兄弟关系，公检法三机关之间不是理想状态的等腰三角形的稳定、制衡结构，而是流线型的加速度推进结构。因破案心切、权力难受规制，往往“打击”有余、“保护”乏力。于是，从侦查、起诉、审判，就像流水线作业，无法实现独立审判。六是错在律师的地位没有得到应有的重视，意见难被采纳。

因此，对这样一起冤错案件，启动复查程序，追究错案责任人是难上加难。原因在于，一是像张氏叔侄这样影响较大的案件，往往是由法院审判委员会决定的，最后很可能都是由法院领导层拍板的。所以，这样的错案翻案会牵连到很多官员，而不分青红皂白一概而论、一味追究到底，可能会导致反效果，使得将来的错案翻案更加困难。二是在当前的司法体制中，预防错案发生的机制十分羸弱，事后的自我纠错又基本局限在体系内部，比如由所在单位及其上级主管部门和纪检部门来查处，缺乏独立调查力量的制衡。凭借个人力量实现错案翻案基本是不可能的。

出现这样的问题，症结有以下几个方面：

第一是既有制度不能很好的落实。比如司法机关独立行使职权原则，如果办案机关能够很好地贯彻司法机关独立行使职权原则，在公安机关申请批捕、移送审查起诉阶段，检察机关就能够把握住证据问题，而不至于出现后面的问题。即使检察院起诉，法院认真审核证据也能够发现问题，作出疑罪从无的判决，也不会出现如今的错案。并且保持司法机关独立行使职权，就意味着各自承担责任，哪个环节出错，就由哪个环节承担后果。但问题是，我国的公检法一般都是协调办案，一旦出现错误，很难追究。只有公检法的关系，由侦查中心制转向审判中心制，才能真正实现司法机关独立行使职权。

第二是司法体制内部责任不清。一旦出现影响力较大的命案，在当地往往会由某领导“挂牌”督办，一些重大、疑难案件还会成立专案组，党委、政府也会给司法部门施加压力，而这些专案组的权力往往超出了原有的侦查权，使得检察院、法院很难跟专案组抗衡，无法对专案组进行制约，最终只能惟专案组马首是瞻，这些专案组甚至还会限制律师的权利。而到法院阶段，又是集体讨论、集体决定。最后出错了，大家都不愿意查清楚，基本都是上级查下级，本级查本级，都是同一个系统的，牵扯的人又多，又没有独立的调查机构参与，也找不到责任人，追究不了责任。最终由纳税人的钱安抚当事人，不了了之。实际上，办错案的“成本”很低。所以，司法体制有必要进行改革，司法人员内部贯彻责任制，避免责任不明，保证职责职权一致。

第三是没有建立正确的考评激励机制。公安机关应摆脱以破案率、破案时间等机械指标为主的考评体系，建立激励办案人员办好案、办对案，注重办案过程的科学合理的绩效考评体系。而错案追究机制应区分不同性质，对于因受贿、行贿、贪赃枉法造成的错案，一定要严惩；而对于一些因技术层面水平问题，而导致的错案，应该适度追责。不能将追责错案负责人跟其他考评指标，甚至和全局、全院的考评挂钩。冤错案件的发生，与司法制度的完善与否关联性不大。据统计，“有着完善司法制度的美国，判案的正确率为 99.5%。美国每年大概有 10000 件冤假错案；欧洲发达国家误判率也高达 0.5%。”[①]实际上，受制于法律自身的缺陷以及人类认知能力的有限性，错判是不可避免的，彻底消灭冤案既不可能也不符合客观规律。许多外界因素会欺骗审理案件的法官，如不确切的资料、可疑的证据、虚假的证言，以及得出错误结论的鉴定等等，都可能导致对无辜者的判刑。所以，正视人类理性的有限性，人的认知能力的有限性，从而原谅和理解办案过程中遇到的各种错误，最终应以制度兜底，彻底告别“神探”和“青天”。

第四是没有独立的刑事冤案发现机制。相对于佘祥林杀妻冤案、杜培武杀人冤案、赵作海杀人冤案、李华伟杀妻冤案等等得益于真凶出现或者“亡者归来”这种极其偶然因素而平反的冤案，张氏叔侄案在刑事冤案发现机制上有了很大的进步。首先是曾任新疆维吾尔自治区石河子市人民检察院驻监检察官的张飚为张氏叔侄冤案不断向浙江省高院和高检书写申诉书和帮助张高平转交申诉材料，并发现了“袁连芳”这个重大疑点。其次是 DNA 检测技术的运用。

我国现行的冤案发现机制主要包括申诉、上访、信访、检察院的抗诉、法院主动发现和人大的监督等。实践证明，在各类冤案发现中，上述机制基本

① 刘仁文：《冤案是如何酿成的》，载《中国政法大学学报》2010 年第 3 期。

没有发挥作用。前文已述，申诉、上访、信访等个人救济途径和检察院抗诉、法院主动发现这种系统内自查自纠机制，对于冤案发现有着先天不足。人大监督或许可以发挥作用，但缺乏法律具体规定和实体性组织，没有具体实施的人员。

对此，可以借鉴国外相关司法实践，一是在各级法院设立申诉案件复查委员会。可以借鉴英国1997年设立的刑事案件复查委员会，该委员会是一个不隶属于任何部门的独立官方机构，主要负责对治安法院以及刑事法庭的定罪、量刑进行审查，委员会自身无权推翻结论或改变量刑，如果认为定罪、量刑有问题，则将案件转到适当的上诉法院。此外，该委员会还可以接受上诉法院请求，对某些案件开展调查，帮助上诉法院解决案件疑难问题。二是借鉴域外无辜者组织和项目。目前很多国家如英国、美国、加拿大、澳大利亚、德国的大学都有无辜者组织和项目，它们属于法学院内设或附属的实践教学机构，为那些自称无辜者的囚犯提供法律援助，致力于发现冤错案件并代理诉讼。如美国西北大学错误定罪研究中心和卡多佐法学院无辜者项目。这些组织对于冤案的发现和解决起了很大的作用。三是继续发挥张氏叔侄案中检察机关的监督作用及DNA检测的重要作用。①

① 韩康、刘亚男：《我国刑事冤案发现机制之反思——以浙江叔侄奸杀冤案为切入》，载《上海政法学院学报（法治论丛）》2014年第2期。

“10·28”金水桥暴力恐怖袭击案

【基本案情】

2013年10月28日12时05分许，一辆悬挂新疆牌照的吉普车由北京市南池子南口突然闯入长安街便道，由东向西快速行驶，沿途故意冲撞游人群众，并撞向天安门金水桥护栏，随后犯罪嫌疑人点燃车内汽油致使车辆起火燃烧。事件发生后，北京市公安、应急、卫生等相关部门立即启动应急预案，开展工作并组织施救，受伤人员被全部送往附近医院救治。13时9分，现场交通恢复正常。据最初统计，该起事件共造成5人死亡，40人受伤。其中，肇事车内3人死亡，另有2名游客死亡。

这一事件被北京警方迅速侦破，并将其认定为“一起经过严密策划、有组织、有预谋的恐怖袭击案件”。据警方调查，犯罪嫌疑人为吾斯曼·艾山、其母库完汗·热依木及其妻古力克孜·艾尼，三人均来自于新疆和田。肇事车辆为奔驰SUV，在多个加油站加了400多升汽油。在肇事车辆内，警方发现汽油及盛装汽油的装置、两把砍刀、铁棍以及印有“圣战”等宗教极端主义内容的旗帜。犯罪嫌疑人在案件发生前曾多次踩点，并备有数把藏刀。在该案件发生10余个小时之后，北京警方在新疆等地公安机关的大力配合下，将玉江山·吾许尔、古丽娜尔·托乎提尼亚孜、玉苏甫·吾买尔尼亚孜、布坚乃提·阿卜杜喀迪尔、玉苏普·艾合麦提等5名同伙被全部抓获，在其暂住地还发现“圣战”旗帜、长刀等物品。犯罪嫌疑人玉山江·吾许尔等人供述了他们与其他犯罪嫌疑人相识、结伙策划并实施暴力恐怖活动的情况。有消息进一步指出，“东伊运”恐怖组织正是该案件的幕后指使者。据外交部华春莹表示，“东伊运”恐怖组织是联合国安理会认定的恐怖组织。该组织人员主义盘踞在南亚、中亚和西亚等地区，与多个国际恐怖极端组织勾联，多年来不断通过各种方式在中国境内传播暴力恐怖思想，煽动、策划和实施恐怖活动，是中国最直接和最现实的安全威胁，也对其他国家和地区的安全构成了危害。

案件发生后，公安机关先后共抓获八名犯罪嫌疑人，侦查终结后将该案移送乌鲁木齐市人民检察院审查起诉。2014年5月30日，新疆维吾尔自治区乌鲁木齐市人民检察院将八名犯罪嫌疑人以“组织、领导、参加恐怖组织罪”和“以危险方法危害公共安全罪”罪名向乌鲁木齐市中级人民法院提起公诉。2014年6月13日，乌鲁木齐市中级人民法院公开开庭审理了此案。

经审理查明，自2011年起，被告人玉山江·吾许尔、玉苏甫·吾买尔尼亚孜、玉苏普·艾合麦提伙同吾斯曼·艾山等人以实施暴力恐怖活动为目的，纠集发展成员，逐渐形成了恐怖组织。2012年12月至2013年9月，被告人玉山江·吾许尔、玉苏甫·吾买尔尼亚孜、玉苏普·艾合麦提与吾斯曼·艾山等人先后多次前往各地寻找枪支和爆炸物，观看暴力恐怖音视频，聚集宣誓，共同预谋到北京实施爆炸、杀人等恐怖活动。2013年10月7日，玉山江·吾许尔、玉苏普·艾合麦提等四名被告人与吾斯曼·艾山、古丽克孜·艾尼、库完汗·热依木三人驾车抵达北京，被告人玉苏甫·吾买尔尼亚孜等人也先后赶到北京与上述人员会合，并筹集资金购买汽车、汽油、刀剑、防毒面具等作案工具，多次在天安门广场踩点。2013年10月23日，玉山江·吾许尔、玉苏普·艾合麦提等返回乌鲁木齐，吾斯曼·艾山、库完汗·热依木以及古力克孜·艾尼一家三口则留在北京。2013年10月28日12时许，吾斯曼·艾山、库完汗·热依木以及古力克孜·艾尼三人驾乘吉普车闯入长安街便道，沿途快速行驶故意冲撞游人群众，造成无辜群众3人死亡,39人受伤。犯罪嫌疑人驾车撞向金水桥护栏,点燃车内汽油致车辆起火燃烧,车内的乌斯曼·艾山等3人当场死亡。

在庭审过程中,法庭使用被告人本民族语言文字进行诉讼,依法充分保障被告人的各项诉讼权利。由被告人委托和人民法院指定的律师出庭为被告人进行了辩护,被告人对公诉机关指控的犯罪事实进行了供述和辩解。包括被告人亲属在内的四百多名各界群众旁听了该案件的开庭审理。

2014年6月16日,新疆乌鲁木齐市中级人民法院作出一审宣判,以组织、领导恐怖组织罪和以危险方法危害公共安全罪数罪并罚,判处被告人玉山江·吾许尔、玉苏甫·吾买尔尼亚孜和玉苏普·艾合麦提死刑,剥夺政治权利终身;以参加恐怖组织罪和以危险方法危害公共安全罪数罪并罚,判处被告人古丽娜尔·托乎提尼亚孜无期徒刑,判处被告人布坚乃提·阿卜杜喀迪尔有期徒刑20年;以参加恐怖组织罪,判处被告人托合提·麦合麦提、吐逊江·阿不力孜有期徒刑10年,判处被告人阿布拉·尼牙孜有期徒刑5年。

【法理分析】

“10·28”金水桥暴力恐怖袭击事件是北京地区发生的首宗“恐怖袭击事件”,不仅引起国际社会的广泛关注,也为中国敲响了警钟。从犯罪地域上看,在较长时间内,我国的恐怖活动多发生于西北边疆地区,其规模和影响范围较为有限,而该起案件则发生于人群密集的且具有重要政治意义的天安门。这意味着恐怖分子袭击的目标开始升级,正向中国内地大中城市蔓延的趋势十分明显,因而迫切需要刑法对此作出及时、有效的回应。在我国当前严峻的反恐形势下,刑法作为国家社会治理手段中的重要组成部分,对于预防和打击恐怖活动犯罪已然具有越来越重要的意义。

一、在主犯死亡情况下如何认定从犯的法律地位

根据案情,玉山江·吾许尔、玉苏甫·吾买尔尼亚孜、玉苏普·艾合麦

提、吾斯曼·艾山等人以实施暴力恐怖活动为目的，组织、领导恐怖组织的行为，构成组织、领导恐怖组织罪的共同犯罪。之后，玉山江·吾许尔、玉苏甫·吾买尔尼亚孜、玉苏普·艾合麦提与吾斯曼·艾山等人共同预谋到北京实施爆炸、杀人等恐怖活动，又同库完汗·热依木、古丽克孜·艾尼等人前往北京天安门广场踩点，并筹集资金购买了汽车、汽油、刀剑、防毒面具等作案工具。随后，吾斯曼·艾山、库完汗·热依木以及古丽克孜·艾尼具体实施了金水桥恐怖爆炸袭击，且当场死亡。可见，上述人员之间存在明确的分工，在主观上具有实施恐怖活动的共同故意，在客观上实施了故意在公共场所驾车撞人、爆炸等危害公共安全的行为，构成以危险方法危害公共安全罪的共同犯罪。那么，如何区分几名被告人的刑事责任，便成为本案所面临的第一个难点问题。

根据我国刑法理论，共同犯罪是指二人以上共同故意犯罪。不同于单个人实施的犯罪，共同犯罪是一种特殊的、复杂的故意犯罪现象。在共同犯罪中，各个犯罪人在犯罪过程中的地位、分工和参与程度存在不同，从而使得各自行为在犯罪中所起的作用以及社会危害性程度也不同。因此，在共同犯罪中，对主犯和从犯的正确认定，既是刑法罪刑相适应基本原则的要求，也是贯彻执行“宽严相济、区别对待”刑事政策的直接体现。这就使得如何区分主犯与从犯这一问题，显得十分必要。根据我国刑法第 26 条的规定，主犯是指组织、领导犯罪集团进行犯罪活动或者在共同犯罪中起主要作用的犯罪分子。对于主犯的认定，除了犯罪集团的首要分子应当着眼于其是否在犯罪集团中起到组织、领导作用外，其他主犯的认定则需要根据“其在共同犯罪中的作用”，结合具体案情来加以分析。通常而言，犯意的发起者、犯罪的组织者以及犯罪的主要实行者，可以认定为共同犯罪中的主犯。在本案中，玉山江·吾许尔、玉苏甫·吾买尔尼亚孜、玉苏普·艾合麦提系犯罪的组织者，应当认定为主犯；吾斯曼·艾山不仅是犯罪的组织者，也是犯罪的主要实行者，应当认定为主犯，而库完汗·热依木以及古丽克孜·艾尼则系犯罪的主要实行者，也应当认定为主犯。其他参与该案件的被告人因在共同犯罪中所起的作用较小，应当认定为从犯。然而，在本案中，具体参与实施的吾斯曼·艾山、库完汗·热依木以及古丽克孜·艾尼三名主犯在恐怖袭击中已经死亡。存在的问题是，在部分主犯已经死亡的情况下，从犯的法律地位应当如何认定？从犯的法律地位是否会因主犯的死亡而发生变化？

在共同犯罪中，主犯与从犯是相互依存的关系，没有主犯就没有从犯。但是，在共同犯罪中如果主犯已经死亡，并不能够当然的认为主犯不存在，从犯也就不存在。首先，根据我国刑法第27条的规定，“在共同犯罪中起次要或者辅助作用的是从犯。对于从犯，应当从轻、减轻或者免除处罚。”根据具体案情以及相关证据，只要能够证明该行为人在共同犯罪中起的是次要的或者辅助作用的，就应当认定为从犯。刑法并没明文规定主犯与从犯必须是在同一案件中被同时认定，而且在司法实践中，由于主犯与从犯归案的先后时间不同，往往也会出现分别认定主犯与从犯的情形。其次，从犯属于法定量刑情节，从犯的量刑相较于同案的主犯更轻一些。在共同犯罪中，如果因为主犯的死亡，而不予认定从犯的犯罪地位，势必会对该从犯的量刑产生较大的影响，甚至出现同案不同判的情形，这显然不符合刑法中罪刑相适应原则的要求。最后，在主犯已经死亡的情况下，认定从犯的犯罪地位，必须对全案证据进行严格审查，并形成完整的证据体系，从而对已认定的事实排除一些可能情况时，才能够认定其从犯地位。因此，虽然主犯已死亡，但其主犯的犯罪地位是不变的，只是因其死亡而免于追究其刑事责任。相应的，从犯的法律地位也是不变的，只要在证据确实充分的前提下，也应当认定为从犯。在本案中，即使是在吾斯曼·艾山、库完汗·热依木以及古丽克孜·艾尼三名主犯已经死亡的情况下，通过庭审过程中案件的陈述以及相关证据的证明，应能够认定玉山江·吾许尔、玉苏甫·吾买尔尼亚孜、玉苏普·艾合麦提等人的主犯地位以及古丽娜尔·托乎提尼亚孜等人的从犯地位的，可以认定这些被告人有罪，并给予相应的刑罚。

二、案件反思：从重从严惩治恐怖活动犯罪

美国“9·11恐怖袭击事件”的发生，标志着国际恐怖主义活动进入一

个新的活跃期。恐怖主义如同一头怪兽，把它的触角伸向世界各地。从近年来的活跃程度以及社会危害程度来看，宗教极端主义类型的恐怖活动尤为严重。受到宗教极端主义思想的蛊惑，所谓的“圣战”运动在全球滋生蔓延，中国也不可避免地成为暴力恐怖活动受害者。尤其是近些年，随着国际形势的变化和国家经济水平的提高，我国境内的恐怖活动犯罪越来越频繁，并呈现出地域扩大的趋势，以政府机构和军警为主要袭击目标，给国家与社会带来了严重危害，例如“3·1”云南昆明火车站暴力恐怖案、“4·30”乌鲁木齐火车站恐怖袭击案、“5·22”乌鲁木齐爆炸案等。这些频繁发生的恐怖案件向我们敲响了警钟：我国的反恐形势十分严峻。目前，世界各国都在运用包括刑法在内的各种手段打击恐怖活动。然而，恐怖活动的产生具有复杂的历史根源与现实背景，刑法作为一种事后制裁手段，并不能够从根本上瓦解恐怖活动产生的根源，但刑法作为恐怖活动犯罪治理手段中的重要组成部分，对于打击现实的恐怖活动犯罪却具有十分积极的意义。

在制定1997年刑法典时，针对恐怖活动犯罪，我国专门规定了组织、领导、参加恐怖组织罪，对于具体的恐怖活动行为，则分别按照刑法分则规定的具体犯罪予以定罪处罚；如果既组织、领导参加恐怖组织又实施了具体恐怖活动行为的，则分别按照刑法的相关规定，实行数罪并罚。此后，为了适应打击恐怖活动犯罪的需要，我国刑法不断进行相关修正和完善。遗憾的是，“在我国现有的法律体系中，尚没有专门的针对恐怖活动实行行为的法律惩治规范，刑法典中也没有规定恐怖活动犯罪的专门章节。而恐怖活动犯罪则是以一般的刑事犯罪为表现形式的，这就决定了我国惩治恐怖活动犯罪的相关立法分散规定在危害公共安全罪、侵犯公民人身权利罪以及妨害社会管理秩序罪的诸多章节中”。①

从目前我国刑事立法来看，我国对恐怖活动犯罪采取的从严从重的刑事政策。所谓“从严”，主要表现为严密犯罪体系和提前介入时间；所谓“从

---

① 参见赵秉志、商浩文：《论我国恐怖活动犯罪刑法制裁体系及其完善》，载《新疆警察学院学报》2015年第1期。

重”，主要表现为法定刑的设置和刑罚的配置。具体而言：

首先，严密恐怖活动犯罪体系。2001 年的《刑法修正案（三）》将“危险物质”纳入到投毒罪，非法买卖、运输核材料罪和盗窃、抢夺、抢劫枪支、弹药、爆炸物罪的犯罪对象中；增设了“投放虚假危险物质罪”、“编造、故意传播虚假恐怖信息罪”等罪名，并且扩大了洗钱罪的上游犯罪范围，将恐怖活动犯罪纳入其中。2015 年的《刑法修正案（九）》增设了“利用极端主义破坏法律实施罪”、“强制穿戴宣扬恐怖主义、极端主义服饰、标志罪”、“非法持有宣扬恐怖主义、极端主义物品罪”。《刑法修正案（九）》还进一步对资助恐怖活动罪以及拒绝提供间谍犯罪证据罪的罪状进行了完善。

其次，强化法益保护前置理念。由于恐怖活动犯罪具有极强的社会危害性，一旦实施就会给公民的生命健康财产造成重大损失，由于事后的惩罚措施不具有补救功能，往往导致反恐怖斗争陷入被动。因此，“刑法不能坐等恐怖活动造成实害才加以处罚，而有必要将对恐怖活动的处罚时机提前，将一些预备犯、帮助犯分离出来单独定罪，规定独立的罪名和法定刑。”① 1997 年刑法典将原本属于恐怖活动犯罪预备行为的“组织、领导、参加恐怖活动行为”规定为独立的犯罪。2001 年的《刑法修正案（三）》将原本属于恐怖活动犯罪帮助行为的“资助恐怖活动行为”规定为独立的犯罪。2015 年的《刑法修正案（九）》将恐怖活动犯罪预备行为的“准备实施恐怖活动”行为以及“宣扬恐怖主义、极端主义、煽动实施恐怖活动”行为规定为独立的犯罪。

再次，法定刑的提高与增设。2011 年的《刑法修正案（三）》将组织、领导、参加恐怖活动罪中组织者和领导者的刑罚由“三年以上十年以下有期徒刑”提高到“十年以上有期徒刑或无期徒刑”。2015 年的《刑法修正案（九）》对组织、领导、参加恐怖组织罪增设了财产性，并且根据行为人在恐怖组织中的地位和作用，分别配置了并处没收财产、并处罚金和选处罚金。《刑法

① 赵秉志、杜邈：《〈刑法修正案（九）〉：法益保护前置织密反恐法网》，载《检察日报》2015 年 9 月 28 日。

修正案(九)》还将“为参加恐怖活动组织、接受恐怖活动培训或者实施恐怖活动”作为偷越国(边)境罪的法定加重处罚情节,并在原来规定的基础上,升格至一年以上三年以下有期徒刑,并处罚金。

最后,调整刑罚的适用规则。2011 年的《刑法修正案(八)》将恐怖活动犯罪纳入特别累犯的范围,对于恐怖活动人员而言,只要在刑罚执行完毕或者赦免以后,在任何时候再犯恐怖活动犯罪的,均要从重处罚。《刑法修正案(八)》还规定:有组织的暴力犯罪被判处十年以上有期徒刑、无期徒刑的犯罪分子,规定不得假释;因有组织的暴力犯罪被判处死缓的犯罪分子,法院可以同时决定对其限制减刑;“犯罪集团的首要分子”不适用缓刑的规定等。

值得注意的是,在反恐怖斗争中,具体的反恐工作包括事前预防、事中处置、事后制裁和恢复等多个环节,涉及不同的法律部门和社会关系,这就迫切需要有一部统一的反恐怖主义法进行协调。我国立法机关显然已经意识到这一点,已制定了专门的反恐怖主义法,主要规定恐怖活动组织的认定程序,并对诸多恐怖违法行为设置一系列行政处罚措施。因此,刑法与反恐怖主义法是相互呼应的关系,二者相互衔接、协调,共同惩治恐怖活动犯罪。总之,遵循“依法反恐”的理念,综合运用金融、行政等手段,各个部门之间共同参与、密切配合,才能够切合保障国家安全和社会公共安全,实现对恐怖活动犯罪的有效治理。

沈阳小贩夏俊峰刺死城管案

【基本案情】

夏俊峰，男，汉族，1976 年 12 月 11 日出生于辽宁省铁岭县，高中文化，家住辽宁省沈阳市沈河区，职业为辽宁省沈阳市个体商贩。

2009 年 5 月 16 日 10 时许，夏俊峰在辽宁省沈阳市沈河区南乐郊路与风雨坛街交叉路口附近违规经营炸串时，与前来履行职务的沈阳市城市管理行政执法局沈河分局执法人员申凯（殁年 33 岁）、张旭东（殁年 34 岁）等人发生冲突，执法人员当场扣下了夏俊峰用于经营炸串的液化气罐。事后，夏俊峰随同张旭东等人一同乘坐行政执法车来到南乐郊路 164 - 1 号滨河行政执法勤务室接受处理。5 月 16 日 11 时许，夏俊峰在该勤务室内与申凯、张旭东再次发生冲突，遂持随身携带的尖刀分别捅刺申凯、张旭东数刀，并捅刺刚进入勤务室的行政执法车司机张伟（时年 26 岁）腹部一刀，随后逃离现场，并于当日 15 时许被抓获。申凯因左胸、背部刺创，特别是左胸部刺创刺破心脏导致失血性休克死亡；张旭东因胸部、腹部、背部多处刺创，特别是左胸部上方刺创刺破左肺和心脏导致失血性休克死亡；张伟因腹部损伤致肠破裂、腹腔内积血，属重伤。

2009 年 11 月 5 日，沈阳市中级人民法院作出了一审判决，认定夏俊峰的行为构成故意杀人罪，判处其死刑，剥夺政治权利终身。随后，夏俊峰上诉。

2011 年 4 月 30 日，辽宁省高级人民法院经依法开庭审理后作出了终审判决，驳回上诉，维持一审原判。

2013 年 4 月 24 日，最高人民法院裁定对夏俊峰核准死刑。

最高人民法院认为，被告人夏俊峰故意非法剥夺他人生命的行为已构成故意杀人罪。夏俊峰违规经营炸串，在城市管理执法人员依法查处时，不服从管理，与执法人员发生冲突，即持刀行凶，致二人死亡、一人重伤，犯罪情节极其恶劣，手段极其残忍，后果特别严重，应依法惩处。对发生的冲突，被害人申凯、张旭东负有一定责任，夏俊峰也负有责任，夏俊峰的罪行特别严重，不足以从轻处罚。第一审判决、第二审裁定认定的事实清楚，证据确实、充分，定罪准确，量刑适当。审判程序合法。

2013 年 9 月 25 日，夏俊峰被执行死刑。

【法理分析】

夏俊峰案一发生即受到了广泛关注，案件中的相关问题引发了公众的热议。控辩双方对夏俊峰构成何罪、是否应当被判处死刑立即执行等问题展开了激烈的争论。针对法院的判决，夏俊峰的辩护律师以及有些民众更是产生了质疑。对此，沈阳市中级人民法院以及最高人民法院的相关法官作出了回应。基于其极高的社会关注度，夏俊峰被媒体评选为“2013 年十大被告”。虽然夏俊峰案件已经尘埃落定，距夏俊峰被执行死刑也已经有近 4 年的时间了，但是其中的一些法理问题仍然值得我们回味。这主要包括三个方面的问题：一是对夏俊峰定故意杀人罪是否准确；二是夏俊峰是否构成正当防卫；三是被害人过错能否影响对夏俊峰的量刑。

一、故意杀人还是故意伤害？

夏俊峰的行为构成故意杀人罪还是故意伤害罪，是控辩双方辩论的重要方面，也是夏俊峰案件的争议焦点之一。

故意杀人罪与故意伤害罪历来是两个典型的侵犯公民人身权利、民主权利的罪名。故意杀人罪，顾名思义，是指非法剥夺他人生命的行为，侵犯的是他人的生命权。而故意伤害罪，是指非法损害他人身体健康的行为，侵犯的是他人的身体健康权。从这两个罪名的含义中可以看出，故意杀人与故意伤害的行为对他人造成的损害有所不同。因此，行为人应当承担的刑事责任也应当在法律上有所区分。整体来看，我国刑法典对于故意杀人罪设定的刑罚要重于故意伤害罪。从最低的刑罚配置来看，故意伤害罪为“三年以下有期徒刑、拘役或者管制”，而故意杀人罪为“三年以上十年以下有期徒刑”。而在最高的刑罚配置中，故意伤害罪为“十年以上有期徒刑、无期徒刑或者死刑”，而故意杀人罪为“死刑、无期徒刑或者十年以上有期徒刑”，虽然刑罚的种类一致，但是排列顺序的不同也能够反映出死刑在两种罪名的最高法定刑中的地位。因此，罪名的不同事关行为人被判处刑罚的轻重，准确认定行为人构成何罪就变得十分重要。一般情况下，很容易对故意杀人与故意伤害的行为作出区分。例如，基于杀死他人的目的持刀将对方刺死的行为构成故意杀人罪，而出于伤害他人的目的持刀将对方刺伤但未死亡的行为则构成故意伤害罪。但是，在司法实践中，有两种情况相对复杂。其一：故意杀人（未遂）与故意伤害。行为人想要杀死他人，但是由于客观上的原因，对方并没有死亡。仅从客观上来看，这种行为导致了他人人身健康的损害，但是并没有造成死亡的结果，因此与故意伤害罪的客观表现基本一致。其二：故意杀人与故意伤害（致人死亡）。行为人的主观目的只是伤害他人，而并非想要置其于死地，却由于过失造成了他人死亡的结果。在这种情形下，不考虑行为人的主观想法，其行为与故意杀人罪的客观表现基本一致，因此仅从客观方面同样很难对该行为进行准确定性。由此可见，不能因为行为人仅对他人的身体健康造成了损害而没有造成死亡的后果，就认定其构成故意伤害罪，同样，也不能仅凭行为人将他人杀死就认定其构成故意杀人罪。正确的做法是将行为人的主观方面相结合来进一步判断其构成何种犯罪。

在本案中，夏俊峰两种情况均有涉及。对于夏俊峰持随身携带的尖刀，将张伟捅刺成重伤的行为即属于上述第一种情形，而将申凯与张旭东刺死的行为即属于上述第二种情形。从客观上来看，夏俊峰的行为既符合故意杀人罪的客观表现，也符合故意伤害罪的客观表现。因此，只能从夏俊峰的主观方面来判断其构成何种犯罪。对于故意杀人罪而言，其主观方面表现为非法剥夺他人生命的故意，即行为人明知自己的行为会造成他人死亡，并且希望或者放任死亡结果发生；对于故意伤害罪而言，其主观方面表现为非法伤害他人身体健康的故意，即明知自己的行为会造成他人身体损害的结果，并且希望或者放任损害结果的发生。简而言之，如果夏俊峰在主观上想要将他人置于死地，则其具有杀人的故意，其行为构成故意杀人罪；而如果夏俊峰在主观上并没有想要杀死他人，则其仅具有伤害的故意，其行为构成故意伤害罪。但是，行为人的心理活动是无法被直接观察到的，只能通过其客观的行为表现出来，所以，应当综合案件的各种情况来对夏俊峰的主观方面做出判断。一般来说，这些情况主要包括：案件的起因、被告人和被害人平时的关系、有无预谋和准备以及怎样进行预谋和准备的、伤害的部位、行为有无节制、犯罪人的一贯表现与犯罪后的态度和表现等等。对于夏俊峰一案，法院认定其具有杀人的故意，理由充分，值得肯定。

从犯罪手段来看，夏俊峰使用单面刃折叠刀刺扎申凯胸背部 2 刀，刺扎张旭东胸、腹、背部 5 刀。经法医鉴定，申凯左胸部刺创刺破心包后刺破左心室前壁，尔后于后壁刺出，创道长达 12 厘米；张旭东左胸部上方刺创刺破左肺上叶后刺破心包，尔后刺破左心室侧壁，创道长达 11 厘米，左胸部下方刺创亦长达 9.5 厘米，刺破心包。申凯因左胸、背部刺创，特别是左胸部刺创刺破心脏导致失血性休克死亡；而张旭东因胸部、腹部、背部多处刺创，特别是左胸部上方刺创刺破左肺和心脏导致失血性休克死亡；张伟因腹部损伤致肠破裂、腹腔内积血，属重伤。可见，夏俊峰持匕首所捅刺的是被害人申凯、张旭东以及张伟的胸、腹、背等部位，均为要害部位，并且不只捅刺了一刀。这些客观情况足以反映出夏俊峰在主观上想要杀死被害人，具杀人的故意。因此，应当认定夏俊峰构成故意杀人罪。

二、夏俊峰是否成立正当防卫？

在实际生活中，有一些行为表面上给他人造成了损害，形式上符合某些犯罪的客观要件，但实质上既不具备社会危害性，也不具备刑事违法性，我们称之为正当行为。这种行为的实施或者避免了更大的损失，或者保护了更为重要的合法权益，或者实现了其他对社会更加有利的目的，因此，对于正当行为，现代世界各国刑法基本上都规定不负刑事责任。正当防卫是最为典型的正当行为之一。根据我国刑法典第20条的规定，正当防卫是指为了使国家、公共利益、本人或者他人的人身、财产和其他权利免受正在进行的不法侵害，而对不法侵害者实施的制止其不法侵害且未明显超过必要限度的行为。根据这一规定，正当防卫构成条件可以概括为如下5个方面：(1) 防卫意图。正当防卫的意图，是指防卫人对正在进行的不法侵害有明确认识，并希望以防卫手段制止不法侵害，保护合法权益的心理状态，包括防卫认识和防卫目的两个方面的内容。(2) 防卫起因。正当防卫的起因条件，是指必须有不法侵害的实际发生和客观存在。(3) 防卫对象。正当防卫的对象是解决防卫人应当对什么人实施反击的问题。由于不法侵害是通过人的身体外部动作进行的，制止不法侵害就是要制止不法侵害人的行为能力，正当防卫的对象只能是不法侵害人。(4) 防卫时间。正当防卫的时间条件，是指可以实施正当防卫的时间，不法侵害正处于已经开始并且尚未结束的进行阶段，是允许实施正当防卫的时间。(5) 防卫限度。正当防卫的限度条件，是指正当防卫不能明显超过必要限度且对不法侵害人造成重大损害。但是，在特殊情况下，鉴于某些严重危及人身安全的暴力犯罪的严重社会危害性及其对被害人的潜在性危害后果，我国刑法典对这种情况下的防卫行为不作限度要求。

对于夏俊峰案而言，判定夏俊峰是否成立正当防卫的关键，首先在于查明本案是否存在防卫的起因，即执法人员(申凯、张旭东)是否对夏俊峰实施了殴打的行为。如果能够证明申凯与张旭东对夏俊峰实施了殴打的行为，并且这种殴打行为符合正当防卫对不法侵害的要求，那么则可以认定具有防卫的前提，否则不能认定夏俊峰成立正当防卫。由于夏俊峰案存在前后两处相关现场，因此对于这一问题，应当分为两个阶段来进行讨论，即夏俊峰在行政执法现场是否遭到殴打以及在行政执法局勤务室内是否遭受殴打。对于前者，控辩双方的意见截然相反：辩方提供了史春梅等人书写的证明材料以及遗留在现场的鞋底，想要证明在暂扣液化气罐的过程中，执法人员具有殴打夏俊峰的行为；控方则提供了曹阳、祖明辉、张晶的证言及夏俊峰的供述，欲证实执法人员没有殴打夏俊峰的行为。对于这一情况，二审法院进行了充分的庭审调查，控辩双方均详细地讯问了上诉人夏俊峰，而夏俊峰始终供述行政执法人员在执法现场并没有对其进行殴打，他本人是自愿随同执法人员到办公室去解决问题的。最高人民法院刑一庭负责人在答记者问时指出："辩方提供的史某某等 7 名证人的证言证实多人围着打夏俊峰，连拉带拽把夏俊峰拽上车。复核期间，经对上述证人证言进行核实，其中 4 人未找到或不愿作证，证人丁某某称自己和老伴没有看到争执的情形，交给律师的书面证言是旁人代写的；证人贾某某称看到双方没有殴打，只是推推搡搡，互相撕扯。"可见，辩方所提供的证人证言的证明力是有所欠缺的。而控方不仅有曹阳、祖明辉等人的证人证言，而且还有夏俊峰本人的供述，并且彼此能够相互印证。因此，相比之下，更应当采信辩方所提供的证据，认定在执法现场夏俊峰并没有遭受到殴打。进一步分析，即使夏俊峰在执法现场遭受了殴打，也不能据此认定其具有防卫的前提。从正当防卫的成立条件来看，只有在不法侵害正处于已经开始并且尚未结束的进行阶段，才可以实施正当防卫，在不法侵害已经结束之后再实施防卫行为不符合正当防卫的时间条件，属于事后防卫。在本案中，夏俊峰刺死执法人员的行为发生在执法局勤务室内，此时已经离开执法现场。即使申凯与张旭东在执法现场对夏俊峰进行了殴打，不法侵害也已经结束，因此，对于执法现场的殴打行为来说，夏俊峰在勤务室内的防卫行为属于事后防卫，并不符合正当防卫的成立条件。所以，固然从现有的案件情况来看可以否定执法人员在执法现场实施了殴打行为，更为重要的是，对于这一阶段的讨论之于夏俊峰是否成立正当防卫并无实际意义。因此，应当重点对勤务室的情况进行分析。

最高人民法院的死刑复核裁定书认定："11 时许，夏俊峰在该勤务室内与申某、张某某再次发生冲突，遂持随身携带的尖刀分别捅刺申某、张某某数刀，并捅刺刚进入勤务室的行政执法车司机张某(甲)(被害人，时年 26 岁)腹部一刀，随后逃离现场。"可见，在勤务室内，夏俊峰与两名执法人员发生了冲突，并且夏俊峰是在冲突的过程中持刀刺向申凯与张旭东的。但是，不能据此即认为存在不法侵害而认定存在防卫的前提，换言之，不能将"冲突"简单地等同于正当防卫中的"不法侵害"。诚然，对于正当防卫中的不法侵害行为，并不要求其已经达到犯罪的程度，对于尚未构成犯罪的违法行为，防卫人也可以进行正当防卫。但是，这并不表明对任何侵害行为都可以进行防卫，只有对那些具有攻击性、破坏性、紧迫性的侵害行为，才存在防卫的必要性。因此，对于一些危害程度较为轻微的侵害行为，不能实施正当防卫。在夏俊峰案件中，虽然法院认定夏俊峰与执法人员之间存在冲突，但是并没有解释该冲突的性质。如果该冲突只是双方之间口头上的争吵，或者简单的推搡，则不宜认定夏俊峰遭受到了不法侵害；如果执法人员对夏俊峰实施了殴打等暴力行为，则可能认定存在防卫的前提。因此，夏俊峰在勤务室中是否受到了殴打，便成为了判断是否存在防卫前提的关键。在案件的整个诉讼过程中，控辩双方围绕这一问题进行了针锋相对的辩论，法院多次在网络上作出了解释，夏俊峰的辩护人也作出了回应。综合双方的争论要点，对于这一问题，可以作出如下分析：

针对这一情况，沈阳市中级人民法院在其官方微博作出了解释："关于被害人在警务室内是否殴打夏俊峰一节，辩护人提供了夏俊峰本人的供述、夏俊峰左前臂内侧有两处皮下出血的照片，欲证实夏俊峰进入勤务室后，遭到被害人申凯、张旭东拳打、脚踢等伤害行为。公诉机关提供了现场附近的证人曹阳、陶冶证言，证实二人没有发现被害人殴打夏俊峰。关于此节，虽然夏俊峰始终供述遭被害人殴打，但除其供述外，并无其他证据予以证实，辩护人出示的照片显示夏俊峰在左前臂内侧有两处明显的皮下出血，但不能证实系何时形成，因为双方在拽、夺液化气罐肢体接触时所形成的可能性是存在的，且从被害人的身体成伤状态看，所受刀伤均为捅刺伤，并无划伤，此节与夏俊峰辩解在遭到二被害人殴打后用刀乱划拉的供述不符。”据此，法院认为不能认定夏俊峰遭到了明显的、危及人身安全的不法侵害行为，故不能认定构成正当防卫。暂且不去讨论夏俊峰致死执法人员的行为是否符合正当防卫的限度标准，有必要先分析夏俊峰是否遭受到了不法侵害。从法院作出的解释中可以看出，现有证据可以证明夏俊峰受到了身体伤害，即夏俊峰左前臂内侧有两处明显的皮下出血。法院作出解释时指出，辩护人出示的照片不能证实夏俊峰的伤是何时形成的，存在在执法现场形成的可能性。但是，事实上也无法排除该伤可能是在执法勤务室内形成的。对此，控辩双方均只有言辞证据，并且相互矛盾。辩方给出的是夏俊峰称其在勤务室内遭受到殴打的供述和辩解，而控方所给出的是曹阳、陶冶称其没有发现执法人员（申凯、张旭东）殴打夏俊峰的证言。在这种控辩双方言词证据一对一的情形下，根据存疑有利于被告的原则，似乎更应当作出有利于被告的认定。因此，不宜否定夏俊峰在执法勤务室内遭受到了殴打。

此外，我们再来看看夏俊峰的行为是否超过了防卫的必要限度。综观全案，夏俊峰的行为无疑超过了必要的限度。对此，问题的关键在于夏俊峰是否具备实施特殊防卫的条件。鉴于严重危及人身安全的暴力犯罪的严重社会危害性及其对被害人的潜在严重后果，我国刑法典第 20 条第 3 款规定：“对正在进行行凶、杀人、抢劫、强奸、绑架以及其他严重危及人身安全的暴力犯罪，采取防卫行为，造成不法侵害人伤亡的，不属于防卫过当，不负刑事责任。”此为特殊防卫。据此规定，对正在进行的严重危及人身安全的暴力犯罪实行正当防卫，不存在过当情形，因此造成侵害人伤亡的，不负刑事责任。但是，正是由于特殊防卫权不受任何限制，因此极易造成权力的滥用，所以对特殊防卫权的行使条件仍然有严格的法律限制。首先，侵害人的行为必须为具有暴力性的犯罪行为。在一般的正当防卫中，对于尚未构成犯罪的违法行为也可以进行防卫，但是在特殊防卫中，只有侵害人所实施的行为是犯罪行为时，防卫人才能对其进行防卫。并且，如果侵害人的行为不具有暴力性，例如仅仅为口头上的辱骂，则防卫人也不能对其进行特殊防卫。其次，侵害人的行为所危害的是人身安全。在一般的正当防卫中，防卫人既可以对实施侵犯财产的行为进行防卫，也可以对侵犯人身权利的行为进行防卫。但是，在特殊防卫中，行为人只能对危害人身安全的行为进行防卫。最后，侵害人的行为应当具有严重性。即使侵害人实施了暴力犯罪行为，并且危害的是防卫人的人身安全，但是如果没有达到严重的程度，防卫人也不能够对其进行特殊防卫。在本案中，夏俊峰所受的伤为左前臂内侧的两处明显的皮下出血。可见，即使两名执法人员在办公室内对夏俊峰进行了殴打，其殴打行为也没有达到能够严重危及夏俊峰人身安全的程度。由此可见，夏俊峰并不具备实施特殊防卫的前提，对其不能适用特殊防卫的规定。而从一般防卫的角度来看，夏俊峰致死两人、重伤一人的行为显然超出了防卫的必要限度。因此，即使认为夏俊峰存在防卫的前提，其行为也不符合正当防卫的限度条件。

三、被害人过错能否影响对夏俊峰的量刑？

在否定夏俊峰成立正当防卫的情况下，另一个值得深思的问题，是申凯与张旭东的过错是否能够影响到对夏俊峰的量刑。首先应当明确的是，从法院认定的情况来看，本案属于被害人有过错的案件。最高人民法院对夏俊峰的死刑复核裁定书指出，对于发生的冲突，被害人申凯和张旭东负有一定责任。因此，被害人对案件的发生是具有一定过错的。而问题的关键在于，能否以被害人具有过错为限制死刑适用的理由呢？事实上，答案是肯定的。我国刑法中并没有特别规定将被害人过错作为从宽量刑的依据，而是在司法实践中将其作为酌定从宽情节予以考虑。我国的司法解释曾对存在被害人较大过错的案件规定从宽量刑。根据 2000 年最高人民法院出台的《关于审理交通肇事刑事案件具体应用法律若干问题的解释》，肇事人负事故的主要责任或者同等责任的才构成犯罪，因此，如果被害人负事故的主要责任，则肇事人的行为将不构成犯罪。可见，在交通肇事的案件中，被害人过错作为从宽量刑的依据，在我国司法实践中已经有所体现。事实上，这不仅仅有司法实践的基础，也具有深厚刑法理论根基。行为人的主观恶性与人身危险性是量刑的重要根据，而被害人过错则能够对这两个方面产生影响。主观恶性指的是行为人在主观上的道义谴责性，即从道德与道义上对行为人判处刑罚的必要性与应当性。而在被害人有过错的案件中，因为被害人的过错是造成行为人产生实施杀人等行为想法的原因之一，所以从道义上看，行为人的可谴责性就会降低。人身危险性指的是行为人再犯的可能性，即再次实施相同性质犯罪的可能性。在这种案件中，由于被害人的过错是导致行为人实施犯罪行为的原因，所以在以后没有被害人过错的情况下，行为人再次实施犯罪的可能性显然会降低。由此可见，被害人的过错应当作为对犯罪人从宽处罚的根据。因此，对于死刑案件，同样也应当将被害人过错作为限制死刑适用的依据。所以，申凯与张旭东的过错应当作为对夏俊峰限制死刑适用的依据。

但是，在死刑案件中，被害人过错只是案件的罪前情节，对量刑只能起到辅助的作用，而量刑的核心依据是犯罪分子的最中情节。在本案中，夏俊峰为持刀行凶，并且多次捅刺，手段残忍，而且造成两死一重伤，后果结果，因此从罪中情节来看，无疑达到了“罪行极其严重”的程度。所以，即使本案中具有被害人过错的酌定量刑情节，但是整体来看，与夏俊峰残忍的犯罪手段以及严重的犯罪后果相比，也不宜对夏俊峰从宽处理。

内蒙古呼格吉勒图故意杀人案

【基本案情】

1996年4月9日晚19时45分左右，一名杨姓女子从呼和浩特市锡林南路千里香饭店去厕所，当晚21时15分后，该女子被扼颈窒息死于内蒙古第一毛纺织厂宿舍57栋平房西侧的公共厕所女厕所内。当晚，呼格吉勒图与同事闫晓峰吃过晚饭经过案发现场时，呼格吉勒图发现了被害人杨某某倒在厕所内，二人马上到附近的治安岗亭报案，侦查人员在询问两名报案人的时候，对于其发现尸体的经过产生了疑问，遂怀疑是呼格吉勒图自己作案自己报案。48小时后，公安机关认定呼格吉勒图在女厕对死者进行流氓猥亵时，用手掐住死者的脖子致其死亡。1996年5月17日，呼和浩特市中级人民法院认定呼格吉勒图犯故意杀人罪，判处死刑，剥夺政治权利终身；犯流氓罪，判处有期徒刑五年，决定执行死刑，剥夺政治权利终身。1996年6月5日，内蒙古自治区高级人民法院二审"维持原判"，核准死刑。1996年6月10日呼格吉勒图被执行死刑，此时距离该案案发仅仅才62天。

2005年初，乌兰察布市连续发生多起强奸杀人案，经公安部专家所作的DNA鉴定，这几起强奸杀人案被确认是同一个人所为，遂并案侦查。10月23日，侦查人员抓获犯罪嫌疑人赵志红。赵志红被捕后主动向警方供述其第一起案件就是1996年呼和浩特市的一个女厕所内的奸杀案。根据赵志红供述的时间和地点，侦查人员很快想到了呼格吉勒图案。在审讯过程赵志红先后4次向警方供述了该强奸杀人案的作案经过，虽然距作案时间已近10年，但赵志红对作案现场、被害人身高等人体、强奸杀人过程、包括尸体位置甚至奸尸时间长短等，都有准确的记忆。2006年11月，呼和浩特市中级人民法院审理赵志红，但公诉方所指控的犯罪事实中并没有该起强奸杀人案。呼格吉勒图的父母在得知此消息后就开始了长达9年的申诉。

2014年11月19日，内蒙古高级人民法院决定对呼格吉勒图案启动再审程序，并做出再审决定。2014年12月15日，内蒙古自治区高级人民法院宣告原审被告人呼格吉勒图无罪，随后启动追责程序和国家赔偿。呼格吉勒图案国家赔偿项目及金额如下：向赔偿请求人李三仁、尚爱云支付死亡赔偿金、丧葬费共计1047580元；向赔偿请求人李三仁、尚爱云支付呼格吉勒图生前被羁押60日的限制人身自由赔偿金12041.40元；向赔偿请求人李三仁、尚爱云支付精神损害抚慰金100万元，以上合计2059621.40元。

【法理分析】

呼格吉勒图案虽然再审将其改为无罪，但对于呼格吉勒图来说只具有象征意义，那条鲜活的生命永远定格在了18岁的如玉年华。从目前发现和纠正的冤假错案来看，冤假错案发生的原因有很多。而其中最明显的是司法人员“有罪推定”的思想理念。

一、“有罪推定”观念尚未彻底清除

有罪推定是纠问式诉讼制度的集中体现，是诸多冤假错案产生的思想根源。呼格吉勒图案就是有罪推定观念引导下发生的错案。司法人员推定呼格吉勒图就是杀人凶手，之后的侦查、起诉乃至审判活动都是为了验证推定出来的认知，这也就是为什么会出现刑讯逼供、伪造或者有意遗漏证据等的重要原因。

在呼格吉勒图案中，侦查人员一开始就将报案人呼格吉勒图锁定为犯罪嫌疑人，随后一系列的侦查活动都围绕呼格吉勒图开展，在本案证据疑点重重之时，侦查人员不但没有深入现场研究重新搜集证据，反而认定呼格吉勒图就是"四·九"女尸案的真凶。此时对于收集到的证据，侦查机关就会只是寻找对自己有利的方面，有选择地忽略与自己判断不一致的证据。例如在这起强奸杀人案的诸多证据中，受害者体内留有的凶手精斑这一核心证据在当年并没有引起重视。警方没有将呼格吉勒图的精斑与受害人体内的精斑进行对比，而在赵志红供述自己是"四·九"女尸案真凶后，原本保留在公安局的凶手精斑样本又莫名丢失。再有血型鉴定结论，刑事科学技术鉴定证实呼格吉勒图左手拇指指甲缝内附着物检出O型人血，与被害人的血型相同，物证检验报告证实呼格吉勒图本人血型为A型。但根据刑事证据的采信规则，血型鉴定为种类物鉴定，不具有排他性、唯一性，并不能直接证明呼格吉勒图指甲缝中的附着物是属于被害人杨某某的。另外，呼格吉勒图的有罪供述很不稳定，从侦查到审判期间，呼格吉勒图多次翻供，其中对被害人的身高、发型、案发时的衣着描述与尸检报告中记录的案发时现场的勘察结果并不一致，存在多处不符。呼格吉勒图的供述称被害人杨某某身高1.60米、1.65米；被害人杨某某未穿外套；被害时的发型是长发、直发，但是通过当时的尸体检验报告证实，被害人杨某某身高1.55米；案发时被害人杨某某穿着外套；被害人杨某某的发型为短发、卷发。但是这些疑问并没有引起侦查机关足够的注意，在先入为主的观念下，选择性地忽略掉这些对呼格吉勒图有利的证据，从而导致本案错案的形成。

在审查起诉阶段，对检察院而言，其作为国家公诉机关，揭露和指控犯罪是其使命和责任。但受有罪推定理念影响，程序瑕疵、侵害被追诉者合法权益的追诉行为变得合法正当，即使检察机关在审查起诉中发现了侦查违法行为，也会对非法证据采取容忍态度，因为主观上检察机关已将被追诉者推定为有罪。而在诉讼程序中，有罪推定的直接体现是疑罪从有，刑事诉讼追求实体正义以惩罚犯罪抑或严守正当程序以保障人权，这一尖锐对立的矛盾是对法院工作的严厉考验，当法官发现认定犯罪的证据达不到犯罪事实清楚、证据确实充分的要求时，他们本着疑罪从轻的思想审判案件，而忽视了可能导致冤假错案的可能性。而且，审判工作中有罪推定的另一突出体现是其对检察机关审查起诉的过度信任，导致本应控诉抗辩、审查裁判的审判工作转变为对检察机关起诉指控的单方确认。作为预防冤假错案产生的最后环节，法院审判工作具有极其重要的意义，而司法实践中，有罪推定突破了法院的最后一道防线，最终导致许多冤假错案的产生。

二、使用科学证据

本案中，刑事技术人员在呼格吉勒图的指甲缝里提取到微量血迹，经检验为O型血，呼格吉勒图为A型血，而被害人杨某某是O型血，遂认定指缝余留血液与被害人咽喉被掐破处的血样完全吻合。这是呼格吉勒图案定案的重要证据之一。证据是司法人员认定案件事实的中介，随着科技的发展，通过生物鉴定得出的科学证据可以弥补被告人口供、被害人陈述、证人证言等言辞证据的不足，从某些方面，案件认定的事实的直接依据的来源就是科学依据，因其比言辞证据能够更加客观、真实的反映案件的事实，因此科学证据的正确审查与采信越来越成为刑事司法工作的重点，同时也是错案追究的重要途径。

科学证据，是指司法人员为了审查证据真实性和相关性，遇到需要运用专门科学手段的场合，司法人员通过聘请专家充当司法鉴定人，对证据的证明力发表鉴别意见，认定案件事实所形成的证据形式。司法实务中常见的科学证据就是我们经常说的指纹、DNA、声纹、病理检验、枪弹、笔迹鉴定等证据形式。案件事实对于法官来说，都是发生在过去的事件，实践中，法官不可能去直接感知发生在过去的事件，而只能通过各种证据去间接地认识案件事实，通过证据去还原案件事实，这就需要对证据进行相应的认定。而司法人员认定证据主要出于解决两个问题的考虑：一是对“证据”的可靠性进行审查，勘验其是否可以进入到诉讼程序中作为证据而存在；二是对于“证据”的证明能力进行考量，审查、认定其对于“定案”的能力大小。前者就被称为证据的采纳，而后者就被称为证据的采信。

科学证据的审查规则是司法人员在审查科学证据时应该遵守的规范和准则，主要是指确定科学证据能否在诉讼中采纳的规则。科学证据的种类很多，而且会随着科学技术的发展继续增多，不同种类的科学证据所依据的科学原理和技术方法都有差异。司法人员在决定证据是否可以采纳时主要审查证据的合法性和关联性，而证据的真实性一般是证据采信的问题。科学证据能否被采纳，应该有一个具体的明确的标准，而一个科学证据的能否、是否采纳应该是由此标准决定，最大限度的削减科学证据采纳过程中的司法人员的个人主观因素。

科学证据的采信标准是司法人员在采信具体的科学证据时应把握的要求和尺度，虽然法官在采信证据时必须享有一定的自由裁量权，但是通过某些规则来限制法官的自由裁量权，还是很有必要的。目前，在我国的司法实践中，科学证据的采信是比较混乱的，处于科学证据的鉴定缺乏统一的标准，很大程度上受到鉴定专家个人的主观经验等的影响，而法庭上的依据法律、法理对于事实、案件的真相的追求与学校中、试验室、试验中对于真相的追求并不完全相同。

三、做好刑事侦查工作问题

刑事案件发生以后，能否及时地破案，以及能够及时、准确地收集证据，抓捕犯罪嫌疑人，侦查工作是重中之重。近年来一些错案的发生，侦查工作的责任也是显著的。因此要重视侦查工作，既要保证侦办案件的质量，又要保证侦查行为的合理、合法。

（一）摒弃落后的侦查模式，采用科学的侦查手段

转变“由人到证，由供到证”的容易导致刑讯逼供等暴力侵权的侦查手段，尊重科学，发挥现代科技在侦查过程中中流砥柱的作用，将科学技术用于刑侦实践中，主要有以下几方面：一是加快刑事侦查基础设施建设，加大

对基层和落后地区公安侦查系统的科技和信息化建设；二是不断完善公安系统平台建设，实现技术化、一体化、自动化；三是推动物证鉴定技术完善，不断完善指纹识别、声纹等人体鉴定技术，完善对犯罪分子 DNA 数据库的建设和加大对 DNA 鉴定技术的运用范围。

（二）完善侦查监督机制

保障侦查阶段律师辩护权行使，明确律师会见犯罪嫌疑人不受时间和次数的影响，听取律师的意见，加强律师对犯罪嫌疑人权利的保护。合理规定检察机关在公安机关侦查阶段介入机制，包括接入的案件范围、时间、途径等细节，避免无效的事后监督。通过检查机关来避免公安机关违法侦查，减少冤假错案的发生。

（三）建立科学的考核奖励机制和追责机制

公安机关应以保护正义和保证案件质量为目的，科学地建立考核奖惩机制。具体如下：一是取消单纯按破案率和效率来奖励的制度，建立具体案件规定具体破案时间，尊重客观办案规律，重大复杂案件和小案件区分对待的考核奖励机制；二是建立冤假错案责任追究终身制。无论官职大小，无论退休还是在职，只要办错案子，到哪都要追究。

四、坚持程序法定原则

程序法定原则是刑事诉讼法的基本原则之一，其基本内容有两点：一是立法方面的要求，即刑事诉讼程序应当由法律事先明确规定，也就是刑事诉讼“有法可依”；二是司法方面的要求，即刑事诉讼活动应当依据国家法律规定的刑事诉讼程序进行，也就是刑事诉讼“有法必依”。就现阶段而言，我国颁布了《宪法》《刑法》《刑事诉讼法》等多项法律、法规，相关的法律、法规、条令也在随着社会的发展不断完善，因此从立法层面而言，程序法定的标准是有依据的。然而，从司法层面而言，我国的司法程序法定还有很长的路要走，司法程序中的实践与理论层面要求的程序法定的标准有着较大的差距，仅仅是在侦查阶段，一切诉讼行为都以方便办案、方便取证而展开，办案机关不能切实做到贯彻程序法定的理念。

明确规定程序法定原则，可以尽量避免个别执法人员在执法过程中出现司法专横的现象，同时也可以充分有效地保障公民的基本人权不受侵犯，这对实现刑事诉讼法的任务具有特别重要的作用，从我国以往的经历及目前的现实情况来看，坚持并强调刑事程序法定原则意义深远。过去在司法实践中，我们一向是只重视实体法的公正而忽略程序法的公正，片面地认为程序违法不算违法，执法人员的程序法治的观念相当淡薄，实践中也普遍存在着一些不依法律规定的程序办案的现象。如果将程序法定原则规定在法条当中并严格贯彻实施，将可以有效地杜绝此类现象的发生。贯彻程序法定原则要做好以下具体工作：

第一，应当将程序法定原则以条文的形式规定在法条当中。具体来说，在条文中明确规定司法机关和诉讼参与人各自享有哪些权利、义务，同时还要规定这些权利义务实现的方式及方法以保证权利义务得以实现，以便司法实践中司法人员有章可循。这样不仅能让司法人员在操作时尽量减少自由裁量的空间，还能避免出现执法盲区，这就要求法条规定必须明确细致。

第二，司法机关必须严格遵守和执行法律的规定。司法机关的职权由法律加以规定，凡是法律没有规定的权力，国家机关不得自行行使；即使行使职权，也必须在法律规定的条件下进行，凡是超越权限或违背法定程序的都一律禁止。

第三，应当立法明确规定违法者必受制裁。法律一旦生效即具有强制性，这意味着违法者无论是否愿意，都必须为自己的行为买单。而要落实刑事程序法定原则，必须明确规定违法者应当对自己的违法行为承担相应的法律责任，绝不允许以罚代刑。

第四，对刑事诉讼予以监督。从以往的社会发展来看，如果没有相应的监督机制，即使制定再好的刑事诉讼程序，也难以贯彻，所以为更有效地落实程序法定原则，就必须建立相应的监督机制。

五、预防刑事错案的发生

呼格吉勒图案件的发生不是个例，近年来发生了多起错案，于英生案、佘祥林案、聂树斌案等等，这些错案的发生必然具有一定的缘由。

（一）刑事错案的原因

1. 司法证明规律导致错案较难避免

司法的认知活动是司法人员通过收集到的证据，利用司法证明的规律，对发生在过去的案件事实的逆向认知。证据推理是一种回溯性思维重构。对将哪些证据纳入诉讼程序，会影响到据以认定事实的证据范围；证据是否完全、齐备，会影响到事实的真伪；总之，证据证明的事实，不是客观事实的重现，有时甚至与客观事实背道而驰。

2. 目前的司法环境、执法方式和考评制度，也会引发错案的发生

我们当前的司法体制和结构随着社会的发展，经济水平的提高，日益完备和完善。但是我们也要看到，目前的司法体制运行状况基本正常，但是随着时间的推移，现有的司法体制一些内在的和先天的弊端就显像出来，例如无论是司法体制内部和外界都对目前的考评制度颇有微词，但在目前的司法体制下，又没有办法做根本性的转变，很多习惯和做法已经形成了惯例，而正是这些"惯例"使得司法活动容易偏离公正的立场，领导干预、运动式办案、考评办案等等做法，这些违反司法规律的做法，往往容易导致错案的发生。

3. 证明标准过于严苛

长久以来，我们对刑事诉讼认知一直都以完全还原事实真相作为我们的理想和追求。应该说能够完全地还原事实真相当然是最佳选择，但是司法认知的规律告之我们，完全还原每一个案件的事实真相，这在实践中是不可能全部实现的。而且，每一个案件都还原事实真相，某种程度上对司法资源也是一种浪费。有一些案件，例如自诉案件，诉讼双方可能更加看重的是

案件的处理结果，而不是去还原事实真相。有些案件经历的诉讼程序不同，对于证据的要求、证明的方向也是不同的，完全追求还原真相，在实践中既不符合实际情形，又会大量地浪费司法资源。

4. 我国的诉讼构造，使得对侦查权的监督制约成为问题

我国当下正在由传统的以侦查为中心向以审判为中心转变的司法改革过程中，这是符合司法认真活动与规律的一项改革。传统的以侦查为中心的体制，检察机关和审判机关的地位和职能完全被侦查机关所牵制，某种程度成了侦查机关的背书部门。庭审成了走过场，很多案件大量地虚置化。其中很重要的原因在于侦查机关已经决定了案件的走向和结果，检察机关和审判机关只能被动地接受侦查机关侦查案件证据收集程度，并且在此基础上进行法律选择和判断。这必然会引起案件处理上的模糊和博弈，从而导致错案的发生。

5. 辩护人的地位不高

辩护人在刑事诉讼过程中的地位和权利未能得到有效保障，使之在刑事司法过程中不能充分行使辩护权以对司法权形成制衡，从而为冤错案件的滋生提供了生存土壤。对于司法机关而言，辩护人的作用并不是司法机关的对立面，反而是检验司法工作是否准确和执法是否标准的外在监督。

（二）预防刑事错案建议

1. 落实以审判为中心的司法体制改革

无论设计多么完美的制度，最终都需要人来执行，执行制度的人的素养、理念和价值观，在一定程度上决定了制度执行的深度、高度和广度。改革诉讼构造，变更侦查中心主义，实现审判中心主义和控辩平衡。法庭科学证据是司法活动的重要依据，法庭证据的检验既是科学办案和司法公正的前提和保障，也体现了一个国家的法制先进水平。让庭审真正成为刑事诉讼的中心环节，审案者判案并担负责任。尊重辩护律师在防错、纠错方面的作用，促进辩护从侦查介入一直到最后，案件越重，辩护介入的程度越大。进一步探索构建控辩平衡的诉讼结构，充分保障被告人依法行使辩护权。

律师、公安人员、检察官、法官等法律职业人士应各司其职，相互协作，层层把关，后续环节对之前环节进行监督改正，最终促进案件的正确合理解决。对符合条件的案件，侦查机关不立案，检察机关不起诉，审判机关不以罪处。

2. 强化刑事案件监督

强化刑事法案件的监督工作，让司法审判活动放在“阳光下”。促进司法体制内的自我监督和检查，探寻舆论监督模式，媒体监督方法，包括公众参与监督的途径和方式。进一步强化对侦查、讯问过程的监督，例如落实侦查机关讯问被告人进行现场监督，全程录音录像，进一步探索构建更加严格的刑讯逼供防范机制。完善证人出庭作证制度，严禁刑讯逼供。作为辩护律师，也需要加入案件的监督中来。要重视辩护律师的诉讼地位，保障辩护律师执业

3. 完善辩护职能和地位

应该正确认识辩护的职能和地位，不要把适用辩护的职能作为司法机关对立面的理念出现。事实上，辩护职能是从当事人的角度用以确保案件能够公正处理，为司法人员提供了另外的角度和认识。充分保障辩护的职能和地位，这对于错案的发生具有很强的预防作用。可探索逐步实现辩护人讯问在场制度，提前介入案件的侦查机关和机构，发挥监督作用，有效防止和杜绝刑讯逼供、诱供等非法取证现象。允许辩护人会见当事人，尊重和听取辩护人的意见。

4. 坚持司法人员独立

司法独立是司法公正的根本保障，我们当前对于司法人员保障独立的一些制度设计还是发挥了一定的作用，例如司法人员的财物和地方财政相分离，这是一种有用和有益的探索，我们还要研究更多能够促进司法人员独立的制度设计，减少影响司法独立的外部掣肘；在司法部门内部，确定责权明确，保障司法人民审理案件时候能够独立办案，使其能够依照法律和证据来判决案件，不受外部或内部的干预。

5. 强化司法人员和公民的法律意识正确对待无罪案件

“宁可错杀一千，不可放过一个”的理念，根本上是源于我国传统的重刑

主义思想和有罪推定的司法观念。必须转变观念，真正树立疑罪从无和刑法谦抑的司法理念，对于定罪证据不足的案件，判决时必须真正做到疑罪从无而不是从轻。纵观世界各国的司法实践，在检验鉴定中都出现不同程度的技术失误，鉴定意见表述不当、夸大证据价值，甚至鉴定错误等现象。一个错误的判决比十个犯罪更危害司法公正。我们司法体制内部也要设计相应的考核内容和方式，要允许有无罪和罪轻的案件出现。我们国家现在退案率、无罪率等案件概率太低了，这是不符合司法实践规律的，同时也对于我国审判级别制度的一种伤害。

刑事错案的发生，绝不可能将这个责任单单追加在司法人员身上，其中包含了很多的复杂的因素，应该认真分析其中的原因，以实现降低和减少错案的发生，尤其是重大的错案坚决要杜绝发生。

昆明“3·01”严重暴恐案

【基本案情】

2013年12月,同属一恐怖组织的依斯坎达尔·艾海提等八人共同密谋在我国多地实施恐怖暴力犯罪,而云南昆明火车站也是该组织准备实施犯罪的地点之一。其后的3个月间,该恐怖组织一边不断完善此次实施恐怖活动犯罪的计划,一边准备工具、发展新成员。2014年2月27日,依斯坎达尔·艾海提等三人因涉嫌偷越国境在云南省红河州沙甸被捕,但他们并没有供述准备袭击昆明火车站的计划。3月1日晚,与依斯坎达尔·艾海提等人失去联系的阿卜杜热伊木·库尔班、艾合买提·阿比提等人决定按原计划前往昆明火车站实施恐怖活动。当晚21时左右,这五人手持大刀,身穿黑袍,自昆明火车站临时候车区开始突然发动袭击,肆意砍杀群众,并高呼恐怖主义口号。顿时导致多人死伤,秩序大乱。至次日凌晨事态得到控制,四名恐怖分子因抗拒抓捕被当场击毙,另一恐怖分子帕提古丽·托合提(女)被击伤并抓获。该事件共造成31人死亡,141人受伤,其中40人为重伤。

2014年9月12日,昆明市中级人民法院公开审理了此案,分别以组织、领导恐怖组织罪和故意杀人罪,数罪并罚判处被告人伊斯坎达尔·艾海提等三人死刑立即执行，并剥夺政治权利终身；以参加恐怖组织罪和故意杀人罪，数罪并罚判处被告人帕提古丽·托合提（羁押时已怀孕）无期徒刑，剥夺政治权利终身。随后，云南省高级人民法院二审维持原判，最高人民法院对本案的死刑立即执行予以核准。

【法理分析】

尽管有许多研究指出恐怖主义自古就存在，但各国学者普遍认为现代意义上的恐怖活动犯罪起源于 20 世纪初期。[①] 就我国而言，公众开始对恐怖活动犯罪有所认识则是 2001 年美国“9·11”恐怖袭击事件之后。然而，2009 年“7·5”乌鲁木齐暴恐事件之后，我国各地恐怖袭击事件频发，我国公众也开始认识到恐怖主义的威胁并不是想象中的那么遥远。昆明火车站“3·01”暴恐事件就是近年来后果较为严重的一起案件，同样也引起了全国的广泛关注，甚至还包括了国际社会。本案的社会关注点和专业争议点主要集中在：本案是否属于恐怖活动犯罪？人民法院对本案被告人的定罪是否正确？本案的量刑是否合理？

一、本案的定性问题

2014 年昆明“3·01”暴恐事件发生之后，立即引起了国内外媒体的高度关注。然而我们发现尽管国内报道普遍明确将此次事件定义为恐怖袭击、恐怖活动，但是国外媒体却各执一词，对本案是否属于恐怖袭击莫衷一是。如英国 BBC 广播公司就将此事件描述为“持刀袭击”（Knife attack），而英国每日电讯报（The Telegraph）用词是“暴力事件”（Violence）。美国 CNN 有线电视新闻网最初的报道中对“恐怖分子”一词加了引号，而遭到当地华人和中国网友的强烈抗议，但事实上，该网站的记者在抵达昆明后第一时间在网上发布的简讯使用的是“恐怖袭击”（Terror attach）。而华盛顿邮

---

① 参见张家栋：《恐怖主义论》，时事出版社 2007 年版，第 50 页。

报(The Washington Post)则在一篇专栏文章中明确将本案定义为“恐怖袭击”(Terror attach)。诚然,这里面有很多意识形态、政治因素以及国际关系问题,各国的新闻媒体也都或多或少地会受到影响,那么抛开这些因素,单纯从本案的案情依据我国法律进行学理分析,本案究竟是否属于恐怖活动犯罪呢?

(一) 关于恐怖活动犯罪基本特征的分析

我国刑法中第一个涉恐罪名设立于1997年刑法典,即组织、领导、参加恐怖组织罪。其后很长一段时期,尽管涉恐罪名不断扩充,相关司法解释也相继出台,但恐怖主义、恐怖活动等相关概念一直没有从立法层面上得到明确。直到2011年10月29日,全国人大常委会通过了《关于加强反恐怖工作有关问题的决定》,才第一次明确了恐怖活动、恐怖活动组织与恐怖活动人员等相关定义。而2015年12月27日全国人大常委会通过的《中华人民共和国反恐怖主义法》,则更新和补充了相关概念。该法第3条第1款规定:恐怖主义,是指通过暴力、破坏、恐吓等手段,制造社会恐慌、危害公共安全、侵犯人身财产,或者胁迫国家机关、国际组织,以实现其政治、意识形态等目的的主张和行为。第2款规定:本法所称恐怖活动,是指恐怖主义性质的下列行为:(1) 组织、策划、准备实施、实施造成或者意图造成人员伤亡、重大财产损失、公共设施损坏、社会秩序混乱等严重社会危害的活动的;(2) 宣扬恐怖主义,煽动实施恐怖活动,或者非法持有宣扬恐怖主义的物品,强制他人在公共场所穿戴宣扬恐怖主义的服饰、标志的;(3) 组织、领导、参加恐怖活动组织的;(4) 为恐怖活动组织、恐怖活动人员、实施恐怖活动或者恐怖活动培训提供信息、资金、物资、劳务、技术、场所等支持、协助、便利的;(5) 其他恐怖活动。

由此我们可以推断出,恐怖活动是恐怖主义的行为方式和外在表现形式,恐怖主义以恐怖活动来实现其目的。而根据我国法律与相关实践,我们可以得出恐怖主义至少应当包括下列要素:

首先,暴力性与非暴力性。暴力性是恐怖主义的行为、手段要素。从以往的研究来看，暴力性要素是恐怖主义众多特征中认同度最高的，有学者甚至认为这是恐怖主义最本质的特征。① 实际上，这一要素也是恐怖主义带给公众最直观的表现。提及恐怖主义，即便没有从事过相关的研究或专业工作，一般人也能很快联想到暗杀、绑架、劫机、爆炸及武装暴动等严重暴力犯罪，暴力行为与恐怖主义严重危害结果的联系最为密切。

然而，需要强调的是以暴力性概括恐怖主义之行为实际上并不周延。即便以最广义解释将破坏行为、威胁行为、其他强制行为等全部纳入暴力行为，也不能完整涵盖恐怖主义之行为内涵。除了暴力行为外，组织、领导、参加恐怖组织，资助恐怖组织，开展、参加恐怖培训，宣扬恐怖主义等行为同样是国际公认的恐怖主义犯罪行为，如 1999 年的《制止向恐怖主义提供资助的国际公约》就将各种向恐怖主义提供资助的行为定义为恐怖主义犯罪；2005 年《欧洲理事会预防恐怖主义公约》将煽动公众实施恐怖主义、为恐怖主义招募人员、为恐怖主义训练人员的行为规定为恐怖主义犯罪。除此之外，还包括为恐怖主义保管资金、物资，为恐怖主义运输资金、物资的行为。这些非暴力行为虽然不会直接侵害他人的生命与财产安全，但是为恐怖组织的发展、暴力恐怖活动的实施提供了巨大的助力，从某种意义上说，其危害性有时甚至不亚于暴恐行为。因此，以定义的全面性标准为考量，恐怖主义的行为、手段要素应该包括暴力行为（包含以暴力相威胁）和组织、领导、参加恐怖组织、资助恐怖主义、宣扬恐怖主义等非暴力行为两个基本类型。

其次，政治性与社会性目的。具有某种政治性与社会性目的，是恐怖主义与一般犯罪行为最重要的区别特征。正如有学者所指出的那样：恐怖主义是达到目的的一种手段，而不是目的本身。② 如果一种犯罪以危害公共安全或者侵害他人的生命、财产权利等为唯一目的，那么这种犯罪就只是一般的放火、决水、爆炸、劫持航空器、投放危险物质、故意伤害、故意杀人、毁

① See Alex P. Schmid and Albert J. Jongman, *Political Terrorism*, Amsterdam: North Holland Publishing Company, 1988, P 5 - 6.

② See David Calton and Carlo Schaerf, *International Terrorism and World Security*, London: Croom Helm Ltd, 1975, P15.

坏公私财物等犯罪，并不属于恐怖主义犯罪之范畴。恐怖组织与个人所实施暴力或破坏活动只是一种强制、说服或宣扬的方式，其真正目的正如许多观点所述，是为了表明一种姿态或者影响政府或公众，迫使他们为或不为一定行为，以实现自己的政治或社会性目的。这实际上就是恐怖主义各要素的数据表格中的“实际受众与直接受害者不同”的具体表现。

尽管恐怖主义的政治目的性具有较高认同度，但也仍然存在着一些争议，而这些争议在近年来更有愈演愈烈之势。有法国学者强烈反对将政治目的加入恐怖主义之概念，认为这样会极大地缩小恐怖主义之犯罪。① 我国学者也有相似之观点，并进一步指出制造社会恐怖才是恐怖活动犯罪特有的犯罪目的。② 更有学者将恐怖主义划分为国内恐怖主义与国际恐怖主义区别对待：认为国内刑法上的恐怖主义犯罪不要求具有政治目的，是以恐吓、要挟社会为标准；而国际恐怖主义则要求具有政治目的。③

笔者不同意上述观点，主要理由如下：

其一，诚然，否认恐怖主义犯罪的政治性目的，确实是避免了恐怖主义犯罪的范围圈过小；但反过来而言，是不是也过于扩大了恐怖主义犯罪的范围呢？国内外普遍认为恐怖主义犯罪是当代几类最为严重的罪行之一，应该受到严厉的惩治。既然是最为严重的犯罪，就不可能有很广泛的外延，否则就会导致过度的犯罪化与重刑滥用。因此，并不是对恐怖主义犯罪的限定过窄，而是我们本就需要一个相对较为严格的恐怖主义犯罪的定义。

其二，“制造社会恐怖”确实是恐怖主义犯罪重要的要素之一（下文将详细论述），但这个要素并不能替代其政治目的性与社会目的性。实际上，多种危害公共安全及人身安全的犯罪都会造成社会恐慌，那么是否它们都是恐怖主义犯罪呢？若以此定义，那么，2008 年 7 月发生的杨佳袭警案，行为人光天化日之下持刀闯入上海市公安局闸北分局袭击警察，造成 6 死 5 伤

---

① 参见[法]安德鲁·博萨著：《跨国犯罪与刑法》，陈正云等译，中国检察出版社 1997 年版，第 15 页。

② 参见陈忠林：《我国刑法中“恐怖活动犯罪”的认定》，载《现代法学》2002 年第 5 期。

③ 参见夏勇、王焰：《我国学界对恐怖主义犯罪定义研究的综述》，载《法商研究》2004 年第 1 期。

的极其严重的危害结果，导致公众对于社会安全颇为担忧，那是否就应当定性为恐怖主义事件？又如，2004 年至 2012 年间，周克华多次在重庆、昆明、长沙、南京等地持枪抢劫杀人，使得社会人心惶惶，人们去银行提现金时都要提心吊胆，那是否就应当定性为恐怖主义犯罪？2015 年 9 月，广西柳城县发生多起快递包裹爆炸事件，造成当地居民闻快递而色变，那是否就应当定性为恐怖主义犯罪案件？若如此，则恐怖主义犯罪与普通的严重暴力犯罪的区别界限又在哪里？我们应当看到，上述这些案件中行为人的犯罪动机或出于个人恩怨，或由于经济原因，与我们所知的真正的恐怖主义犯罪案件有着明显区别。上面所列举的只是极少数几个危险特别严重、影响特大的案件，并没有包含只在一定区域内有较小影响的案件，更不要提还有诸多未报道的案件。若以"制造社会恐怖"的主观目的取代政治性、社会性目的，恐怕全国范围内的恐怖主义犯罪事件就不胜枚举、过于泛滥了。

其三，国际恐怖主义犯罪包含政治目的要素，而国内犯罪不包含政治目的要素之观点，在笔者看来实属不妥。国际恐怖主义犯罪与国内恐怖主义犯罪最主要的区别，应该是前者的各组成要素中含有一个或多个国际性因素，如犯罪地点的跨国性，各被害人分属不同国籍，犯罪行为具有跨国性等。诚然，各国可以根据本国具体国情与反恐形势增减一些恐怖主义的要素，也可以对一些要素有不同的认识。但是对于恐怖主义最主要的要素不应有所缺失，如主体要素、目的要素、手段要素、对象要素等。否则，就是一种实际上的双重标准。

其四，关于恐怖性与恐惧性。无论是主张"恐怖主义"一词来源于拉丁语还是法语，抑或是其他语言的观点，都不会否认其核心在于以制造恐怖或恐惧的目的。恐怖主义的目的有三重性：第一层为直接目的，即为最表面化的目的，如暗杀他人的恐怖主义犯罪中，剥夺特定目标人物的生命即为这一目的的体现；第二层为次级目的，或称其为深层目的，即是指造成社会恐惧气氛。第三层为根本目的，即恐怖主义犯罪背后的政治性、社会性目的。

就"制造恐怖气氛"这一目的而言，有学者认为，"今天的恐怖分子施加的最大威胁在于他们制造的恐怖气氛。”[①]恐怖组织或恐怖分子对一定的目标发动袭击，是为了给社会公众造成严重的不安感，以使社会公众感受到恐怖主义的存在与威胁。有学者也将这点与恐怖主义的突发性和难以预测性相联系，指出恐怖主义在社会中造成的最大恐惧来源于其向社会传达了这样一种信息：任何人、任何时间、任何地方都不是绝对安全的，任何人都可能成为恐怖主义犯罪的受害者。[②] 恐怖主义正是通过直接实施杀伤、爆炸、劫机等暴力活动，以最终达成其政治性和社会性目的，而“制造社会恐怖气氛”则成为连接两者间的纽带。

最后，关于特定性与非特定性目标。特定性与非特定性目标是恐怖主义的对象要素。此要素所引起的争议较大，主要分为以下两种：其一，有的学者强调恐怖主义犯罪对象的确定性，认为恐怖主义之目标是特定的人或物。[③] 其二，更多的观点则强调恐怖主义对象的不确定性，在上文介绍的许多观点都是此类，如国际公约、各国法律与政府机构多将恐怖主义的目标表述为“民众”、“他人”、“人群”，学者们将这一目标表述为“无选择性”[④]、“不特定”[⑤]等。其三，有的观点干脆避开这一问题，如美国学者 Juliet Lodged 的观点：“恐怖主义，是指非政府行动者为了政治目的而违背常规诉诸暴力，将它作为表达不满、分歧或反对合法政府确定的政治目标的方式。”[⑥]其四，也有观点提出恐怖主义的目标既具有确定性的，也具有不确定性的。如 Alex P. Schmid 将恐怖主义的目标表述为“随机的受害者或具有象征性的特定受害者”。[⑦]

---

① See Cindy C. Combs, *Terrorism in Twenty - First Century*, New Jersey: Prentice-Hall Inc, 1997, P234.

② 参见胡联合：《全球反恐论》，中国大百科全书出版社 2011 年版，第 28 页。

③ 参见刘华：《当代恐怖主义犯罪研究》，载陈兴良主编：《刑事法评论》（第 12 卷），中国政法大学出版社 2003 年版；颜声毅主编：《当代国际关系》，复旦大学出版社 1996 年版，第 344 页。

④ See Beau Grosscup, *The Newest Explosion of Terrorism*, Fall Hills: New Horizon Press, 1998, P 8.

⑤ 参见莫洪宪、周娅：《论恐怖主义的界定》，载《贵州警官职业学院学报》2003 年第 6 期。

⑥ See Juliet Lodged, *The Threat of Terrorism*, Boulder: Westview, 1988, P 7.

⑦ See Alex P. Schmid and Albert J. Jongman, *Political Terrorism*, Amsterdam: North Holland Publishing Company, 1988, P 36.

笔者同意上述第四种观点。上述第一种与第二种观点都只注意到了现代恐怖主义犯罪之部分对象的特征而忽视了其他对象的特征；而第三种观点对于这一关键问题的避而不谈显然也是不可取的，因为恐怖主义之行为对象显然是一个颇具争议的问题，并非不言自明。笔者之所以赞同上述的第四种观点，是因为在实践中，恐怖主义的袭击对象大体可以分为两种：一是不特定性目标。大多数恐怖主义行为之目标均为不特定性的，如著名的1988年洛克比空难、1995年东京地铁沙林毒气事件、2001年纽约9·11事件、2009年新疆7·5暴恐事件、2016年曼彻斯特5·22爆炸事件等。恐怖主义之所以袭击不特定的目标，并不是如有的观点所指出的恐怖主义“遇上谁则谁就为牺牲品”①，而是他们不会在乎所杀伤的对象是谁，而只在意通过杀伤、破坏这些目标是否能制造社会恐慌，其根本目的是政治性与社会性的。从这一点上来说，恐怖主义选取不特定的目标也有其特点，他们需要能引起轰动或者向政府与民众传达他们的政治、社会意图。二是特定性目标。少数恐怖主义犯罪也会选取特定目标，这类恐怖袭击事件有针对特定人员的，如2002年6·29吉尔吉斯斯坦枪击事件就是针对我国驻吉尔吉斯斯坦外交官王建平的恐怖袭击；有针对特定建筑的，如1998年8月7日基地组织针对美国驻东非坦桑尼亚首都达累斯萨拉姆和肯尼亚首都内罗毕的大使馆发动的汽车炸弹袭击事件。② 在这些暴恐犯罪袭击中，恐怖分子所针对的目标并不是随意的，这些目标的共同点在于都有一定的政治象征意义，这也是恐怖主义犯罪与一般犯罪相区别之处。为此，在联合国的主持下，各国于1973年共同参与制定了《关于防止和惩处侵害应受到国际保护人员包括外交代表的罪行的公约》。恐怖分子暗杀特定的政府官员、外交人员，破坏政府建筑，并非是为了从肉体上或物质上消灭他们，而是为了报复、影响和改变该国家和政府的制度与政策。

---

① 参见夏勇、王焰：《我国学界对恐怖主义犯罪定义研究的综述》，载《法商研究》2004年第1期。

② 这两起事件共造成224人不幸遇难，超过4500人受伤。参见《美国驻肯、坦大使馆附近相继发生爆炸》，载《人民日报》1998年8月7日。

（二）关于本案属于恐怖活动犯罪的衡量

以恐怖主义的上述特征来衡量2014年昆明“3·01”案，不难得出结论，本案属于典型的恐怖活动犯罪：

首先，本案属于典型的暴力型犯罪，并且从行为人的客观行为以及危害结果来看，本案显然属于严重暴力犯罪，符合暴力型恐怖活动犯罪的表现形式。

其次，本案行为人具有政治性及意识形态相关的目的。本案的行为人事先成立了恐怖组织，策划了周密的计划，在行凶时高呼恐怖主义及圣战口号。此外，这些行为人也与境外恐怖组织罪有着千丝万缕的联系，这一点在一些后续的事件中也可以得到印证：2014年9月，印尼警方在中苏拉威西省波索县发现9名嫌犯，警方在疑犯的车上搜出大量与“伊斯兰国”（IS）有关文件。经过审讯，印尼警方证实这些嫌犯属于“伊斯兰国”的下属分支组织，他们与中国昆明“3·01”恐袭案中的恐怖分子有直接联系，部分成员更在国际恐怖分子的名单中。由此不难看出，这些暴徒袭击人群的目的在于宣扬恐怖主义与圣战，而并非劫财、报仇或报复社会等，这一点和普通暴力犯罪有着本质的区别。

再次，本案行为人意图造成社会恐慌。从案发地点来看，行为人选择昆明火车站这一人员高度密集的场所；从时间来看，行为人行凶的事件是晚上21时左右，火车站当时的人流量依然较大，晚上又便于作案；就选用工具而论，行为人选择使用大砍刀这种视觉威胁性极大的武器，此武器所造成的场面血腥程度极高；就行为方式而言，多名行为人分散随机肆意砍杀民众，并高呼恐怖主义及圣战口号。从以上种种不难看出，行为人意图短时间造成人群大面积恐慌，并且将这种恐慌向社会扩散。这一点从以往恐怖袭击事件中也可以得到印证，如美国“9·11”事件直接造成了近3000人的死亡，但是这种恐怖气氛不仅仅影响了此案的伤者及死伤者的家属，而是影响了整个美国乃至整个世界。同样，昆明“3·01”事件所造成的恐慌也超出了恐怖分子所袭击的范围，至今都有民众仍不敢选择搭乘夜间火车出行。

最后,此次暴恐袭击所针对的对象是非特定的。这里需要澄清一点,并非袭击的地点是固定的,就说明袭击的对象也是特定的。曾经有人提出美国"9·11"事件的袭击对象是特定的,是世贸大楼、五角大楼和白宫。以此观点来看,昆明"3·01"暴恐事件的袭击对象是特定的,即昆明火车站。然而,我们应当注意,并不是在特定的地点发动袭击,就说明恐怖分子袭击的对象也就是特定的。诚然,美国"9·11"事件中,上述特定建筑也是恐怖分子袭击的目标,但是其更主要的袭击对象还是这些建筑中不特定的公众;而昆明"3·01"暴恐案件中,昆明火车站更是没有成为被破坏的对象,被害对象仅是位于这一建筑周围的公众。恐怖分子不关心这些建筑周围的人具体是谁,他们需要的是建筑周围有足够多的被害人和旁观者,以此来制造恐怖气氛,从而达到其政治或意识形态的目的。

因此,昆明"3·01"火车站案件无疑是恐怖活动犯罪案件,而且应当被定义为一次以非特定目标为对象的暴力恐怖活动犯罪案件。

二、本案的定罪问题

(一)我国暴恐案件的定罪模式及其对本案定罪的影响

上文已经论述了本案属于典型的恐怖活动犯罪案件,然而我们也发现,在本案的判决书中,四名被告人所构成的罪名均不是恐怖活动罪,而是组织、领导、参加恐怖组织罪和故意杀人罪,这又是什么原因呢?这一问题要从刑法对恐怖活动犯罪的立法模式来分析。鉴于本案属于暴力型的恐怖犯罪,本文接下来也只探讨暴力恐怖活动犯罪的立法模式。

当前,世界各国及地区对于暴力恐怖活动犯罪的立法模式大致可以分为两类:一类是在该国或地区的刑法中并未设置专门的暴力恐怖活动罪,而是将暴恐犯罪并入普通暴力犯罪的罪名之下加以规制的立法模式。如奥地利刑法典就没有规定专门的暴力恐怖活动罪,但奥地利政府指出,该国的现行刑法典第75条(谋杀罪)、第102条(绑架罪)、第175条(爆炸罪)、第185条(空盗罪)、第186条(危害航空安全罪)、第249条(袭击外交代表罪)等条款,完全可以实现对恐怖活动犯罪的惩治。① 又如德国刑法典中同样没有关于暴力恐怖活动犯罪的专门罪名,若恐怖分子以恐怖主义的目的实施暗杀他人的行为,则仍以德国刑法典第211条谋杀罪予以定罪量刑。②

另一类国家和地区则对暴力恐怖活动犯罪设置了专门罪名。如1996年《俄罗斯刑法典》第205条第1款“恐怖主义活动罪”规定:“实施爆炸、纵火或其他危害居民或致人陷入死亡的危险之行为,造成一定的财产损失或产生其他严重后果,如果其目的是为了影响国家权利机关或国际组织的政策或采取的措施,或以同样目的要挟使用上述行为的,应当判处为期八年以上十二年以下剥夺自由刑。”③英国2000年《反恐怖主义法》第1条规定:“恐怖主义行为罪”,是指任何为了影响政府、或威胁公众以及为了提升其政治、宗教或意识形态之信仰而实施的以下具体行为:(a) 对他人实施的严重暴力行为;(b) 对他人财产造成严重损坏;(c) 危及他人之生命,而非行为人之生命的行为;(d) 对公众的健康或安全构成严重威胁的行为;(e) 为了严重干扰或破坏电力系统的行为。④ 菲律宾2007年《人类安全法》第3条规定:任何人以恐怖主义目的实施海盗、叛乱、武装政变、谋杀、绑架、纵火、投放危险物质、劫持人质等行为,即构成恐怖主义行为罪。⑤ 2000年《哥伦比亚刑法典》第343条第1款“恐怖主义罪”规定:“以危及他人的生命、身体完整、自由或者建筑物、通讯工具、交通、流体或动力的加工或输送的行为,或者使用可能导致严重灾难的工具,引起或者维持公众或部分人群的焦虑或恐惧的,处160个月至270个月的监禁刑及1333.33倍至15000倍现行法定月最低工资罚金,但不影响对该行为所构成的其他犯罪处以刑罚。”⑥

---

① See *Summary of Austria Legislation on Terrorism transmitted to the Secretariat* by that Government on 26 July 1999.

②《德国刑法典》,冯军译,中国政法大学出版社2000年版,第132页;徐久生、庄敬华译:《德国刑法典》,中国法制出版社2000年版,第161页。

③ 而根据该条第2款规定,造成严重实际后果的,则会被判处更为严厉的刑罚。参见《俄罗斯联邦刑事法典》,越璐译,中国人民公安大学出版社2009年版,第142—143页。

④ 参见赵秉志主编:《外国最新反恐法汇编》,中国法制出版社2008年版,第3页。

⑤ 参见赵秉志主编:《外国最新反恐法汇编》,中国法制出版社2008年版,第425页。

⑥《哥伦比亚刑法典》,陈志军译,中国政法大学出版社2015年版,第140页。

我国所采用的是上述第一类立法模式，即未设置独立的暴力恐怖活动罪，实际上，到目前为止，我国刑法典中的涉恐罪名（含有“恐怖组织”、“恐怖主义”、“恐怖活动”等关键词的罪名）都是非暴力型的犯罪，如组织、领导、参加恐怖组织罪，帮助恐怖活动罪，准备实施恐怖活动罪等；而对于暴力恐怖活动犯罪则是以爆炸、放火、劫持航空器等危害公共安全的罪名，以及故意杀人罪、故意伤害罪等侵犯公民人身权利的罪名来规制的。因此，本案虽然是典型的暴力恐怖袭击案件，但被告人被宣判的罪名都是组织、领导、参加恐怖组织罪和故意杀人罪，而并不是恐怖活动罪或者暴力恐怖活动罪。

（二）由本案引发的增设暴力恐怖活动罪的探讨

当然，也并非存在的即为合理的，否则法律也就不需要进行不断的修改了。我们认为，在我国刑法典中恐怖活动核心罪名，或者称其为暴力恐怖活动罪，还是有设立的必要的。

首先，暴力恐怖活动犯罪的危害性远大于普通暴力犯罪，我国刑法典未设立暴力恐怖活动罪名不利于体现两者的区别，不利于凸显前者的恐怖活动性质。如果暴恐活动的行为人属于恐怖组织成员，如“3·01”昆明火车站暴恐事件，还可以按组织、领导、参加恐怖组织罪与故意杀人罪数罪并罚，体现犯罪行为的恐怖特点。但如果暴恐活动的行为人属于个体实施，如2008年新疆喀什发生的“8·4”袭警案件，则只能依据其具体行为适用故意杀人等普通罪名，不能突出犯罪行为的恐怖主义性质。此外，由于我国刑事诉讼法对恐怖活动犯罪案件在级别管辖（刑事诉讼法典第20条）、律师会见（刑事诉讼法典第37条）、技术侦查（刑事诉讼法典第148条）、违法所得没收（刑事诉讼法典第280条）等方面作出了特殊规定，对于上述类型的案件是否应认定为恐怖活动犯罪，进而适用特殊程序，也容易引发争议。

其次，暴力恐怖活动罪名的缺失甚至有可能为恐怖分子制造规避法律或避重就轻的机会。一些暴力恐怖活动犯罪的直接损害可能并不严重，但其间接所造成的社会危害却难以估量，对于这种行为如何定罪成为我国现行刑法适用之难题。如2009年8月至9月间，新疆乌鲁木齐市发生的多起

“针刺事件”。该事件紧随“7·5”事件之后，恐怖分子为了持续营造社会恐怖气氛，而在乌鲁木齐市各处随机以针状物刺伤路人。随之，针刺带有致命病毒的谣言在社会上开始蔓延，社会秩序混乱不堪，甚至导致了不同民族间的聚众斗殴，造成5人死亡、14人受伤的严重后果。在这些案件中，如何对部分造成他人轻微伤的恐怖分子定罪量刑就产生了一定的困难。司法实践中，故意伤害罪的成立需要被害人因行为人的故意伤害行为达到致人轻伤或以上的程度，而轻微伤不能成立本罪。最终，法院只好认定造成他人轻微伤的行为人构成投放虚假危险物质罪。这样的定罪判决很值得推敲。根据我国刑法典第291条的规定，投放虚假危险物质罪要求行为人主观上应该具有投放虚假危险物质、意图扰乱社会秩序的故意，客观上应该实施了投放虚假的爆炸性、毒害性、放射性、传染病病原体等物质的行为。然而，针刺系列案件中，有些情况下很难认定行为人具有以上主客观因素，其可能在实施行为时并没有言明针刺上还有病毒或其他有害物质，其在事前事后也并没有策划或参与恐怖信息的传递，而仅是以此方式威胁民众不要前往公共场所，从而引发社会混乱与民众恐慌。此种情况下，可能仅能认定行为人构成寻衅滋事罪（刑法典第293条），而若其没有纠集他人多次实施寻衅滋事的犯罪行为，则仅可判处5年以下有期徒刑、拘役或者管制。这样的定罪与处罚显然不利于对暴力恐怖犯罪的有力惩治，也容易使恐怖分子利用法律的漏洞逃避因应有的惩罚。

再次，从刑法罪名的协调程度来看，对于涉恐的组织、帮助、预备等非实行行为都规定了专门罪名，而对公共安全形成最直接危害的涉恐实行行为反而没有规定专门罪名，这显然是非常不合理的。因此，应当进一步完善恐怖活动犯罪的罪名体系，将暴力、破坏性的涉恐犯罪类型从刑法典分则各章节中分离出来，结合特殊的犯罪目的，合并设置为专门的核心恐怖犯罪罪名——恐怖活动罪。

最后，从国际刑事立法发展趋势来考量，设置独立的暴力恐怖活动罪名也是大势所趋。尽管如上文所提及的，世界范围内对于暴力恐怖活动犯罪的立法模式分为两种，即以普通暴力犯罪罪名规制与以独专门暴恐活动罪名规制，但在21世纪以来，各国新出台的反恐刑事立法则更多地倾向于设置独立的暴力恐怖活动犯罪核心罪名，一些原本以普通暴力犯罪罪名规定暴力恐怖活动犯罪的国家与地区也开始转为设立独立的暴恐罪名。

如若我国今后的刑法修法考虑设置独立的暴恐犯罪罪名，笔者认为该罪的罪刑规范设置应注意以下几点：一是主观上应将该罪设置为目的犯，行为人应当具备恐怖主义目的，这种主观的违法要素应当是恐怖主义活动犯罪的实行犯和以危险方法危害公共安全罪、故意杀人罪等普通犯罪的关键区别所在。二是在客观上适当拓展刑法典分则现有的涉恐危害行为类型，将暴力、破坏、恐吓等手段一并纳入。例如，国际社会先后在一系列国际公约中增设了相应的反恐怖主义内容，如《关于制止非法劫持航空器的公约》《制止危害航海安全的非法行为公约》《关于防止和惩处侵害应受国际保护人员包括外交代表的罪行的公约》《反对劫持人质国际公约》《制止危及大陆架固定平台安全非法行为议定书》《制止核恐怖主义行为国际公约》等。据此可以考虑增加破坏大陆架平台等涉恐行为类型，与上述反恐公约相互衔接，以符合国际社会惩治恐怖主义犯罪的整体需要。又如，当前社会已经进入移动互联网时代，无论是个人的工作、生活，还是社会的公共管理、金融交易、空中管制、军事指挥均离不开信息网络的支持，相关数据传输具有无形性、动态性、复杂性、国际性等特点，容易导致恐怖分子在任意地方对某国境内的信息网络系统发动攻击，因此可以考虑将针对信息网络的恐怖袭击规定为恐怖活动犯罪方式，以加强对信息安全的刑法保护。三是对该罪在法定刑配置上，可以分为两个量刑档次：尚未造成严重后果的，处5年以上10年以下有期徒刑；致人重伤、死亡或者使公私财产遭受重大损失的，处10年以上有期徒刑、无期徒刑或者死刑。

当然，在专门的“恐怖活动罪”设立之前，我国立法机关与司法机关也可以考虑先以修正案或司法解释的方式将“涉恐”作为暴力犯罪的法定从重情节。如土耳其1991年《打击恐怖主义法》就作了类似的设置。该法第3条、第4条规定了以恐怖主义目的而实施的违反土耳其刑法典部分条款（如第

170 条故意危害公共安全罪、第 172 条使他人遭受辐射罪等[①])之犯罪,因被视为恐怖主义犯罪。该法第 5 条规定,犯恐怖主义罪的,其刑罚(监禁刑及罚金刑)是相应一般犯罪的 1.5 倍。[②]

三、本案的量刑问题

本案在量刑方面的争议问题主要有两个:其一,本案中依斯坎达尔·艾海提等三名被告人并未参与实施暴力袭击就被抓获,最后却对此三人都判处死刑立即执行,这样的处罚是否过重?其二,被告人帕提古丽·托合提实际砍杀多人,手段特别残忍,但却因羁押时已怀孕,而最终仅判处无期徒刑,这样的处罚是否过轻?这两个问题,需要结合刑事法理以及宽严相济的刑事政策加以分析。

(一)关于对依斯坎达尔等三人判处死刑立即执行

客观地看,对于依斯坎达尔·艾海提等三人被判处死刑立即执行,法院的处罚是适当的。死刑是最残酷的刑罚,不同于自由刑与财产刑,它属于生命刑的范畴,是通过剥夺犯罪人的生命以求从根本上消除其再犯罪的可能性。死刑的残酷性与非人道性为国际社会所批判,早在 18 世纪中叶,意大利著名刑法学家贝卡里亚就在其撰写的具有里程碑意义的刑法名著《论犯罪与刑罚》中首次提出了废除死刑的主张。其后经过几百年的争论和法律改革,晚近几十年来越来越多的国家迈入废除死刑的行列,至今仍保留死刑的国家已成为绝对的少数派,其数量还在持续减少。

我国作为仍然保留死刑的国家之一,近年来对死刑的适用也是特别谨慎的。我国对死刑严格限制适用的态度体现在几个方面:首先,近年来我国所判处的死刑案件越来越少;其次,我国所判处死刑的案件都属于社会危害性特别严重、性质特别恶劣且多数都是造成了被害人死亡的极端案件;再

① 《土耳其刑法典》,陈志军译,中国人民大学出版社 2009 年版,第 78—79 页。
② 《外国最新反恐法汇编》,中国法制出版社 2008 年版,第 488 页。

次，依照我国刑事诉讼法规定，可能判处死刑的案件一审应由中级以上人民法院进行审理，二审也要一律开庭审理，并应当向被告人、上诉人提供相应的司法援助；最后，除中级人民法院所判处的死刑缓期两年执行的案件由高级法院核准外，凡判处死刑立即执行的案件都需要经过最高法院的死刑复核才可以生效并被执行。

根据我国刑事法律规定以及司法实践的情况，死刑只适用于最严重的犯罪，要求该犯罪社会危害性极大、行为人主观恶性极大以及人身危险性极高，三个条件要同时具备，缺一不可。而死刑立即执行的适用条件更是在此基础之上附加更严格的限制，只有符合判处死刑的条件且穷凶极恶、再犯可能性极高、今后回归社会仍有极大危险的犯罪人才能适用死刑。本案中的行为人根据依斯坎达尔·艾海提等人制定的计划在短短的数小时内共在公共场所造成了31人死亡、141人受伤的极其严重的危害结果，可谓社会危害性极大；依斯坎达尔·艾海提等三人被抓获后仍坚守秘密，一心追求以残杀无辜群众而达到制造社会恐慌的目的，可谓主观恶性极大；此三人策划时就选定在火车站这一人员高度密集之处使用大砍刀这一暴力性极强的凶器，可谓人身危险性极高；此三人拒绝配合警方，仍鼓吹其恐怖主义思想，相信所谓圣战，可谓再犯可能性极高。因此，尽管我国目前司法实践中奉行“少杀、慎杀”的死刑政策，但对于罪大恶极的暴力恐怖分子判处死刑立即执行仍属得当。

关于依斯坎达尔·艾海提等三人未参与实际暴恐袭击即被抓获，其罪责是否有所减轻的问题，答案是否定的。此三人在恐怖组织中居于重要地位，特别是依斯坎达尔·艾海提还是其中的首脑，从组织的建立，到之后的领导都起到举足轻重的作用。实践中，犯罪集团或犯罪组织的首脑并不见得事事都会亲力亲为，大多数只是起到策划，甚至仅是宏观上的把握。根据我国刑法典关于犯罪集团和共犯的规定，犯罪集团的首要分子应当对集团的全部犯罪行为负责，即便仅是主犯而非首要分子，也应当对其组织、策划、参加的全部犯罪负责。况且依斯坎达尔·艾海提等三人也并非主动放弃犯罪，而是因为被抓获，客观上无法实施犯罪。因此，依斯坎达尔·艾海提等三人没有实际参与“3·01”当天的暴恐袭击活动，并不能减轻他们的罪责。

此外，从刑事政策方面分析，本案的处罚也符合我国当前基本的刑事政策之精神——宽严相济。尽管目前世界范围内，各国的刑罚发展趋势大多都是轻刑化，我国也不例外，但是宽严相济的刑事政策也有其“严”的一面。恐怖活动犯罪、严重暴力犯罪、严重贪腐犯罪等都是我国当前严厉惩治的犯罪类型，由于这些犯罪的严重危害性，宽严相济的刑事政策对于这些犯罪更多地体现的是“严”的一面。当然，同样是实施了恐怖活动犯罪，依据具体情况的不同，对犯罪分子的量刑倾向也可能会存在着“严”与“宽”的差别。对于实施严重暴力犯罪的恐怖分子，对于恐怖组织的首要人物、骨干，对于与境外势力勾结、互相策应的恐怖分子，都应当严惩；而对于仅实施了帮助行为的恐怖分子，恐怖组织中的不活跃成员，受到欺骗、胁迫才实施恐怖活动的行为人，则应当从宽处理。本案中，依斯坎达尔·艾海提等三人不但是恐怖组织的首要任务和骨干成员，还积极策划、参加严重暴力恐怖袭击，应当从严处罚。

（二）关于对帕提古丽判处的刑罚

总体而言，法院对于帕提古丽·托合提的处罚同样是适当合理的。

其一，被告人帕提古丽并非该组织的首脑或骨干。尽管她在 2014 年 3 月 1 日具体实施暴恐活动中起到了重要作用，但不可否认的是她在组织中仅处于从属地位。实践中，我们并不认为实施具体犯罪的行为人其罪责就必然大于幕后的组织与策划者。实际上，按照一般逻辑来判断，策划者与组织者才是暴恐犯罪的始作俑者，甚至可以说没有他们，暴恐案件从一开始就不可能顺利实施。

其二，被告人帕提古丽在羁押时已怀孕，故不能判处死刑。根据我国刑法典第 49 条的规定，审判的时候怀孕的妇女，不适用死刑。这一法律规定未留有任何余地，不管一名妇女犯有多么严重的罪行，只要她在审判时已经怀孕，就不能判处死刑。违反了这一规定，就是对我国刑法最基本的原则——罪刑法定原则的背弃，而罪刑法定原则是我国刑法不可动摇的根基。

这一规定即是遵从了人道主义，也是我国宽严相济的刑事政策中“宽”的一面的体现，更是为了保护母体中正在孕育的无辜生命。

此外，有人质疑既然不能对被告人帕提古丽判处死刑立即执行，为什么不对她判处死刑缓期二年执行？其实这是对我国刑法死刑条文的误读。如上所述，在我国，死刑立即执行与死刑缓期二年执行都属于死刑的范畴，刑法典第 49 条既然明确规定审判时怀孕的妇女不能适用死刑，就应当包括死刑的全部执行方式。更何况，被判处了死刑缓期二年执行的犯罪人若在二年考验期中故意犯罪，且情节严重的，还可以报请最高法院核定是否执行死刑。一旦出现这种情况，也背离了刑法典第 49 条设立的初衷。

招远涉邪教故意杀人案

【基本案情】

2014年5月28日，在山东省招远市的一家麦当劳快餐厅内，一名女子在就餐时被要求提供手机号码，拒绝后遭到六人团伙围殴致死。接到报警后，出警民警当场将六名犯罪嫌疑人全部抓获。事发次日，当地警方通过新浪微博发布了相关案情，案发现场照片以及监控录像被上传后，立即引发社会广泛关注。

2014年7月21日，山东省烟台市人民检察院对其中五名犯罪嫌疑人提起公诉，起诉张帆、张立东、吕迎春、张航、张巧联涉嫌故意杀人罪，吕迎春、张帆、张立东涉嫌利用邪教组织破坏法律实施罪。同年8月21日，山东省烟台市中级人民法院公开开庭审理了此案。

经审理查明，被告人河北籍张立东（男、无业）、其长女张帆（无业）、次女张航（无业）、儿子张某（辍学，12周岁，另案处理）、河北籍张巧联（女、无业）、山东籍吕迎春（女、无业）均系邪教组织“全能神”成员。2014年5月28日下午3时许，五名被告人与张某到“麦当劳”招远府前广场餐厅就餐。其间，张立冬、张巧联去附近商场购买了拖把、手机等物品。晚上9时许，张帆、吕迎春授意张航、张巧联、张某向餐厅内的其他顾客索要联系方式，为发展“全能神”教徒做准备。当张航向被害人吴某某索要手机号码时遭其拒绝，张航将此情况告知了张帆、吕迎春。张帆、吕迎春指使张航再次向吴某某索要号码，又遭拒绝。张帆、吕迎春遂共同指认吴某某为“恶灵”，张帆开始咒骂“恶灵”、“魔鬼”，上前抢夺吴某某手机制止其通话，并驱赶其离开餐厅，遭斥责后张帆遂持餐厅内座椅击打吴某某头部，吴某某反抗，二人厮打并倒地，张立冬即上前掐住吴某某的脖子，迫使其松手，吕迎春、张航也参与殴打。张帆脱身后，手撑餐桌反复跳起、连续踩踏吴某某头面部，叫嚣“杀了她！她是恶魔”，随后将两支拖把递给张立冬和张某，指使张立冬、张航、张巧联、张某诅咒、殴打吴某某。张立冬立即抡起拖把连续猛击吴某某头面部，直至将拖把打断。在吕迎春指使下，张立冬又将吴某某从桌椅间拖出，用穿着皮鞋的右脚反复猛力踢、踩、跺吴某某头面部。张航亦使用椅子等工具殴打吴某某背部和腿部。吕迎春踢、踹吴某某腰臀部，并驱使张巧联、张某殴打吴某某。其间，吕迎春还用拳头击打上前劝阻的“麦当劳”餐厅工作人员并威胁称“谁管谁死！滚”，阻止他人施救，又与张帆冲向餐厅柜台，用柜台上的头盔砸向工作人员，阻止报警。公安人员接警赶到现场制止、抓捕仍在殴打吴某某的张立冬和张某时，遭张帆、吕迎春、张航、张巧联极力阻挠。急救医生到场后确认吴某某已死亡。经法医鉴定，吴某某系生前头面部遭受有较大面积质地坚硬钝物打击并遭受有一定面积质地较硬钝物多次作用致颅脑损伤死亡。

另查明，被告人吕迎春经“全能神”教徒王某甲(已判刑)介绍于 1998 年加入“全能神”邪教组织。2008 年，吕迎春作为“长子”(“全能神”邪教组织头目)，纠合在招远的“全能神”教徒进行聚会，宣扬“全能神”教义。被告人张帆于 2007 年通过阅读“全能神”教义开始接触并信奉“全能神”，2008 年与吕迎春通过互联网结识并频繁联系，认可吕迎春为“长子”，并跟随吕迎春到招远多次参加“全能神”教徒聚会。2008 年年底，张帆在河北省无极县先后将张立冬、陈某某(张帆之母)、张航、张某等家人发展为“全能神”教徒。2009 年，张帆与家人从河北省无极县先后来到招远市定居。同年夏天，张帆被“二见证人”(“全能神”邪教组织头目)范某某、李某乙(均另案处理)确认为“长子”。此后，吕迎春、张帆到招远市城区及玲珑镇、蚕庄镇、齐山镇等多个地点，秘密纠合“全能神”教徒四十余名聚会百余次，张立冬积极参加聚会活动。其间，吕迎春、张帆印制、散发了《话在肉身显现》、《七雷发声》等“全能神”宣传资料数十册。张帆鼓动张立冬积极出资，在招远市大曹家、金凤花园、金水桥等地租赁或者购买多处房屋及店面，作为“全能神”教徒住所和活动场所。张立冬还主动出资购买交通工具，驾车接送吕迎春、张帆等人到青岛、莱芜、东营等地参加“全能神”教徒聚会，宣扬“全能神”教义。自2008年起，被告人吕迎春、张帆利用互联网，先后在“百度知道”、“新浪博客”、“搜狐博客”、“美国中文网”等境内外网络空间内，制作、传播有关“全能神”的文章97篇，空间访问量总计17万余次。其间，张帆还将《话在肉身显现》转换成电子文档，保存在计算机中，进行编辑、复制、传播。2010年11月后，被告人吕迎春到招远市泉山路张帆家中居住。被告人张立冬为共同习练“全能神”教义购买电脑、手机，安装宽带，提供日常生活费用，并听从吕迎春、张帆指使，自愿将家庭财产1000余万元以“奉献”给“教会”的名义，存于吕迎春、张帆名下。2014年5月25日，吕迎春、张帆指使张立冬将张巧联从河北省无极县约至招远，发展为“全能神”邪教组织成员。

2014年10月11日，山东省烟台市中级人民法院作出一审判决，以故意杀人罪、利用邪教组织破坏法律实施罪，判处张帆、张立东死刑，判处吕迎春无期徒刑；以故意杀人罪，判处张航有期徒刑10年，判处张巧联有期徒刑7年。宣判后，五名被告人提出上诉。

2014年11月28日，山东省高级人民法院作出终审判决，裁定驳回张帆、张立冬、吕迎春、张航、张巧联的上诉，维持原判；对维持张帆、张立冬死刑判决的裁定，依法报请最高人民法院核准。

2015年2月2日，经核准，山东省烟台市中级人民法院对张帆、张立冬执行死刑。

【法理分析】

本案之所以引起社会广泛关注，主要在于几位罪犯的邪教背景，是在邪教思想的支配下实施的杀人行为。通过这一血淋淋的事实,邪教组织“反人类、反科学、反社会”的邪恶本质被充分直观地展示在社会公众面前。在新闻媒体发布的庭审现场视频中,张立东、张帆父女二人拒不认罪,没有对杀害他人的犯罪行为表现出丝毫的悔意,特别是二人在案情陈述和辩解时神情淡定,还不时露出微笑的画面,让人不寒而栗。邪教的猖狂与危害已经远远超过人们的想象。因此,我国刑法应当对邪教犯罪始终保持高度警惕,加大对邪教组织及其犯罪行为的打击力度,完善邪教组织犯罪的相关规定,为依法打击邪教犯罪活动提供有力的法律武器。值得关注的是,在本案发生后,网络上出现了“为何旁观群众为何不上前施以援手”的疑问,网民与媒体纷纷指责现场围观群众和餐厅工作人员冷漠,在被害人遭受殴打的时间内,没有人愿意挺身而出制止一个男子、四个女子以及一个孩子发起的袭击。这一事件也侧面反映出处于转型时期的中国正面临着严重的“道德滑坡”现象,如何加强思想道德建设也成为一项现实而紧迫的任务。

一、责任认定:故意杀人罪中主犯与从犯的区分

根据案情,张帆、张立东、吕迎春等五人,在客观上实施了杀害被害人吴某某的犯罪行为,在主观上具有杀死被害人吴某某的直接故意,构成故意杀人罪的共同犯罪。显然,犯罪行为的定性并不存在明显争议。由于邪教因素的影响,被告人之间的关系变得非常复杂。因此,如何区分故意杀人罪中五名被告人的刑事责任,成为本案的难点问题。

根据我国刑法的规定,共同犯罪是指二人以上共同故意犯罪。不同于单人实施的犯罪,共同犯罪是一种特殊的、复杂的故意犯罪现象。在共同犯罪中,各个犯罪人在犯罪中的地位、分工和参与程度可能存在不同,从而使得各自在犯罪中所起的作用不同,各自行为的社会危害性程度也不同,这就产生了刑事责任分担的问题。为了能够准确地解决各个共同犯罪人的刑事责任问题,我国刑法对共同犯罪人进行了区分。在刑法理论中,按照共同犯罪人在犯罪中的作用大小,可以区分为主犯、从犯以及胁从犯;按照共同犯

罪人在犯罪中的分工不同,可以区分为实行犯、组织犯、帮助犯以及教唆犯。我国刑法将上述两种分类方法进行了结合,在将共同犯罪人分为主犯、从犯以及胁从犯的同时,又划分出教唆犯。因此,我国刑法将共同犯罪人分为四种:主犯、从犯、胁从犯以及教唆犯。

根据刑法第 26 条的规定,主犯是指组织、领导犯罪集团进行犯罪活动或者在共同犯罪中起主要作用的犯罪分子。这主要包括三类人:一是组织、领导犯罪集团进行犯罪活动的,即组织犯罪集团,领导、策划、指挥犯罪集团的成员实施犯罪活动的组织者或领导者,类似于“首领”式的人物;二是在共同犯罪中出谋划策,起着主要作用的人,类似于“军师”式的人物;三是在共同犯罪中对发生危害结果,起着重要作用的人,类似于“打手”式的人物。由于共同犯罪是故意犯罪,其犯罪行为大都有一个发生、发展的过程,因而可将共同犯罪的过程分为犯罪实行前阶段、犯罪实行阶段以及犯罪实行后阶段。对于主犯的认定,除了犯罪集团的首要分子应当着眼于其是否在犯罪集团中起到组织、领导作用外,其他主犯的认定则需要根据结合具体案情,结合以下几个方面综合考察:一是犯罪人在实行犯罪前的表现,如犯意是自发产生的还是在别人的唆使下产生的,是主动邀约他人犯罪还是被动接受他人的邀约参加犯罪,是否为犯罪的着手实施出谋划策(非仅仅参与共谋)等。二是犯罪人在实行犯罪中的表现,如行为人是积极主动参与实施犯罪还是消极被动地参与实施犯罪,行为人实施的是犯罪的实行行为还是犯罪的帮助行为,行为人的行为是犯罪完成的主要原因还是犯罪完成的次要原因等。三是犯罪人在犯罪完成后的表现,如是否组织、指挥反抗或逃跑,是否控制、支配赃物或赃款,是否采取了措施对付公安司法机关的侦查等。[①]

根据刑法第 27 条的规定,从犯是指在共同犯罪中起次要作用或者辅助作用的犯罪分子。这主要包括三类人:一是在整个共同犯罪中处于从属地位,罪行不够重大或者情节不够严重,起着次要作用的人;二是在共同犯罪

① 罗太平:《通过共同犯罪中表现的“组合结构”认定主从犯》,http://www.chinacourt.org/article/detail/2013/12/id/1166399.shtml,2017 年 5 月 1 日。

的具体实施中，在主犯的组织或领导下，进行某一方面的犯罪活动，对犯罪结果的发生起着次要作用的人；三是在共同犯罪中，不参与具体犯罪行为的实施，而是为实行犯罪提供便利条件，物质或者精神帮助的人。

根据案情，被告人张帆与吕迎春为了发展邪教信徒，指示张航等人向就餐的其他顾客索要手机号码，在张航向被害人吴某某索要号码遭到拒绝后，张帆与吕迎春即认定被害人系邪灵，应当将其消灭，可以认定为犯意的发起者；张帆率先使用餐厅椅子打砸被害人，后又直接与被害人厮打在一起，在被害人已被打倒在地的情况下，张帆仍不罢休，用手撑住桌子，跳起来反复踩踏被害人的头面部，直到精疲力竭，可以认定为犯罪的直接实施者；张帆将拖把递给张立东和张某，并要求其他被告人一起上前共同殴打被害人，可以认定为犯罪的积极组织者；在被害人遭受殴打的过程中，张帆使用拳脚和头盔打击麦当劳的工作人员以阻止其施救和报警，在公安人员赶到后，又极力阻挠对张立冬的抓捕。归案之后，张帆仍然坚持其歪理邪说，毫无悔意，主观恶性极深。因此，张帆对于整个犯罪的发生与发展起着重要的推动作用，整个故意杀人罪的犯意发起者、实施者，也是共同犯罪的组织者，应当认定为故意杀人罪的主犯。

被告人张立冬在张帆指令下，反复踩踏、殴打被害人，又在被告人吕迎春的指令下，将被害人从桌子间拖出，在更大范围里继续殴打，可以认定为犯罪的主要实施者。因此，张立东对于犯罪结果的发生起着重要作用，也应当认定为故意杀人罪的主犯。

被告人吕迎春与张帆共同认定被害人系邪灵，应予以消灭，而且吕迎春还直接参与对被害人的踢打，并指令张立东等人共同殴打被害人，组织餐厅的工作人员和顾客施救。因此，吕迎春对于整个案件的发生与结果的升级起着促进作用，也应当认定为故意杀人罪的主犯。

被告人张航在张帆、张立东、吕迎春等人殴打被害人时积极参与其中，并且至少使用过两种工具对被害人进行殴打，可以认定为犯罪的积极实施者。因此张航对于犯罪结果的发生同样起着重要作用，也应当认定为故意杀人罪的主犯。

被告人张巧联在张帆、张立东、吕迎春等人殴打被害人时参与其中，与其他被告人构成故意杀人罪的共同犯罪，但对于犯罪结果的发生所起的作用相对较小，应当认定为故意杀人罪的从犯。

二、争议焦点："邪教组织"的认定

在庭审之前，由于受到邪教的"洗脑"，涉案人员均不配合供述，特别是主犯张帆和吕迎春，她们认为自己就是神的化身，不管办案人员说什么，她们依旧按照邪教的规定，要么不说、要么胡说。从她们口中，办案人员没有得到任何有效口供。在庭审过程中，吕迎春、张帆、张立东也拒不承认所信奉的"全能神"组织属于邪教，而且提出其杀人行为是遭受"恶灵"超自然力量袭击后采取的正当防卫，甚至将受邪教思想支配下的偏执与狂妄归于作案时精神方面存在异常。因此，如何利用证据认定"邪教组织"以及证明在邪教思想的支配下实施的犯罪行为便成为本案的关键，这也直接关系到利用邪教组织破坏法律实施罪能否成立。

在制定 1997 年刑法典时，立法机关考虑到邪教组织的严重社会危害性，专门对组织或利用邪教组织破坏法律、行政法规实施的行为作出了规定。当时，理论界与实务界对"邪教组织"的认识还不够深刻，刑法典对"邪教组织"的概念和特征并未作出明确规定。后来，随着一系列邪教组织犯罪案件的发生，特别是"法轮功"组织在一些地方发展蔓延，造成了十分严重后果的状况，"邪教组织"的本质及其危害性得以充分暴露，要求坚决依法取缔邪教组织、严厉打击邪教组织的各项犯罪活动的呼声越来越高。为此，最高人民法院、最高人民检察院专门发布了相关司法解释，对邪教组织的性质和危害，对防范和惩治邪教组织和犯罪活动作出了明确规定。根据司法解释的规定，"邪教组织"是指冒用宗教、气功或者以其他名义建立，神化、鼓吹首要分子，利用制造、散布迷信邪说等手段蛊惑、蒙骗他人，发展、控制成员，危害社会的非法组织。在本案中，"冒用宗教名义"的表现是通过吕迎春、张帆、张立冬等人宣扬的所谓教义、使用的书籍和组织活动方式，确系冒用基督教名义,假基督教延续之名,行全能神传播之实;“制造、散布迷信邪说”的表现是:曲解《圣经》内容以及对所谓“邪灵”的认定和处理;“神化首要分子”的表现是:吕迎春和张帆从普通信徒,到所谓的“长子”,最终妄自将自己认定为“神自己”;“发展控制成员”的表现:一是在对张帆一家的精神控制和财产控制,二是在对具有不同意见教徒的排斥和倾轧;“危害社会”的典型表现就是 2014 年 5 月 28 日所实施的暴行。另外,2000 年公安部发布的《关于认定和取缔邪教组织若干问题的通知》明确认定“全能神”为邪教组织。据此,“全能神”组织确系邪教组织,被告人吕迎春、张帆、张立冬应认定为邪教组织的成员。

根据刑法第 300 条的规定,利用邪教组织破坏法律实施罪是指利用邪教组织破坏国家法律、行政法规实施的行为。关于构成该罪的具体情形,最高人民法院、最高人民检察院《关于办理组织和利用邪教组织犯罪案件具体应用法律若干问题的解释》界定如下:“(一) 聚众围攻、冲击国家机关、企业事业单位,扰乱国家机关、企业事业单位的工作、生产、经营、教学和科研秩序的;(二) 非法举行集会、游行、示威,煽动、欺骗、组织其成员或者其他人聚众围攻、冲击、强占、哄闹公共场所及宗教活动场所,扰乱社会秩序的;(三) 抗拒有关部门取缔或者已经被有关部门取缔,又恢复或者另行建立邪教组织,或者继续进行邪教活动的;(四) 煽动、欺骗、组织其成员或者其他人不履行法定义务,情节严重的;(五) 出版、印刷、复制、发行宣扬邪教内容出版物,以及印制邪教组织标识的;(六) 其他破坏国家法律、行政法规实施行为的。”此外,最高人民法院、最高人民检察院《关于办理组织和利用邪教组织犯罪案件具体应用法律若干问题的解释(二)》第 2 条规定:“制作、传播邪教宣传品,宣扬邪教,破坏法律、行政法规实施,具有下列情形之一的,依照刑法第 300 条第 1 款的规定,以组织、利用邪教组织破坏法律实施罪定罪处罚:(一) 制作、传播邪教传单、图片、标语、报纸 300 份以上,书刊 100 册以上,光盘 100 张以上,录音、录像带 100 盒以上的;(二) 制作、传播宣扬邪教的 DVD、VCD、CD 母盘的;(三) 利用互联网制作、传播邪教组织信息的;(四) 在公共场所悬挂横幅、条幅,或者以书写、喷涂标语等方式宣扬邪教,造成严重社会影响的;(五)因制作、传播邪教宣传品受过刑事处罚或者行政处罚又制作、传播的;(六)其他制作、传播邪教宣传品,情节严重的。”值得注意的是,上述两个司法解释目前已失效,最高人民法院、最高人民检察院于2017年1月25日发布的《关于办理组织、利用邪教组织破坏法律实施等刑事案件适用法律若干问题的解释》,进一步明确了“邪教组织”的概念,并详细说明了组织利用邪教组织破坏法律实施罪和组织、利用邪教组织致人重伤、死亡罪的定罪量刑标准,以及对邪教组织犯罪所涉及的宽严相济、罪数处断、共同犯罪等实体问题和邪教宣传品的认定程序等问题做了规定。

根据案情,在“全能神”被国家明确认定为邪教的情况下,被告人吕迎春、张帆、张立冬仍然继续进行“全能神”活动,多次非法秘密聚会,并通过互联网传播邪教信息,点击量达十七万余次,进而发展到在公共场所索要他人联系方式,为进一步传播邪教、发展教徒做准备的行为,完全符合上述司法解释中“已经被有关部门取缔,继续进行邪教活动”以及“利用互联网制作、传播邪教组织信息”的行为。因此,被告人吕迎春、张帆、张立东构成利用邪教组织破坏法律实施罪。

刘汉、刘维组织、领导黑社会性质组织等案

【基本案情】

刘汉，男，汉族，1965 年 10 月 25 日出生于四川省广汉市，大学文化，四川汉龙（集团）有限公司董事局主席，曾任中国人民政治协商会议四川省第九届委员会委员、第十届、第十一届委员会常务委员会委员、四川省工商业联合会副会长。

刘维，曾用名刘勇，男，汉族，1969 年 4 月 20 日出生于四川省广汉市，刘汉的弟弟，高中文化，广汉市乙源实业发展有限公司法定代表人。

1993 年，刘汉在四川省广汉市开办圣罗兰游戏机厅，从事赌博活动，由其哥哥刘坤（曾用名刘建）管理。同年，刘汉组织人员非法转移被法院查封的货物，并涉嫌诈骗犯罪。湖南省和四川省的公安机关联合派员对刘汉实施刑事拘留时，刘维（曾用名刘勇）持枪阻碍执行，被公安人员当场抓获，而刘汉得以逃脱。此事发生以后，刘汉、刘维兄弟因敢于暴力抗法在广汉市有了恶名。

此后，刘汉与孙晓东合伙经营，在四川省绵阳市成立绵阳市平原建材公司，通过经营建筑材料、从事期货交易等业务，逐渐积累经济实力，并于1997 年 3 月在绵阳市成立四川汉龙（集团）有限公司（以下简称汉龙集团），

后又安排刘汉的姐姐刘小平管理公司财务。1997年4月,汉龙集团成立绵阳小岛建设开发有限公司(以下简称小岛公司),在绵阳市游仙区小岛开发房地产,招募被告人唐先兵和仇德峰等组建保安队。保安队多次对当地村民使用暴力,强行推进工程建设,唐先兵等人将村民熊甲杀死。其间,孙晓东的哥哥孙华君经营典当行,网罗缪军、李波、车大勇、刘岗(均系同案被告人,已判刑)等人在广汉市、绵阳市发展黑恶势力。孙华君为刘汉、孙晓东发展经济实力提供武力保护,将缪军、车大勇、刘岗派到刘汉、孙晓东开办的经济实体工作,在刘汉、孙晓东的指使下组织唐先兵等人枪杀了对汉龙集团产生威胁的王某甲。

与此同时,以刘维为首的黑恶势力在被告人刘汉的资助下不断发展、壮大。1994年9月,刘维被取保候审,回到广汉市。刘汉将圣罗兰游戏机厅交给刘维经营,出资为刘维开办餐饮、娱乐场所。刘维积累了一定经济实力后,逐步发展手下成员,将广汉市有名的"操哥"(混社会的人)陈某甲的小弟曾建军、张甲收归名下,还将陈力铭、旷晓燕、文香灼、旷小坪等人发展为小弟。曾建军、陈力铭、旷晓燕、文香灼、旷小坪等人亦各自发展手下成员。刘维安排曾建军等人在赌博游戏机厅"看场子"、收取"保护费",枪杀了与其争夺势力范围的"操哥"周甲,逐步垄断了广汉市赌博游戏机行业。刘维还成立广汉市乙源实业发展有限公司(以下简称乙源实业公司)等经济实体大肆敛财,结交四川省什邡市人民检察院原副检察长刘忠伟、四川省德阳市公安局刑侦支队原政委刘学军、德阳市公安局装备财务处原处长吕斌等人充当其保护伞,将广汉市音豪娱乐会所作为组织集会场所。刘维还为刘汉、孙晓东聚敛钱财、排除异己提供暴力支持,多次派手下携带枪支保护刘汉,为刘汉、孙晓东等人杀害王某甲、策划杀害史某某提供枪支,并策划枪杀了对刘家产生威胁的陈某甲。

随着经济实力的增强,刘汉与孙晓东于2000年将汉龙集团总部迁至四川省成都市。刘汉、孙晓东通过"政商结合",不仅成为四川省知名的民营企业家,还分别获得四川省政协常委、绵阳市人大代表等身份,并利用政治地位和结交的关系多次对刘维、孙华君等人的违法犯罪活动提供庇护。

刘汉与刘维、孙晓东、孙华君以兄弟亲情、合作经营为纽带，以汉龙集团等经济实体为依托，相互支持，相互融合，逐步形成了以刘汉、刘维、孙晓东为组织者、领导者，被告人唐先兵和孙华君、缪军、曾建军、文香灼、旷小坪、陈力铭、旷晓燕、詹军等人为骨干成员，刘岗、李波、车大勇、仇德峰、刘小平、肖永红和张东华、田先伟以及张伟、袁绍林、曾建、桓立柱、孙长兵、闵杰、李君国、钟昌华、黄谋、王雷、王万洪、刘光辉等人为其他参加者的较稳定的犯罪组织。刘汉负责决策和指挥整个组织的运转；孙晓东负责执行刘汉指示及汉龙集团日常经营管理；刘维负责为组织打击、铲除对手，谋取非法利益，树立非法权威。

刘汉、刘维犯罪组织崇尚暴力，从武术学校、退伍军人中招募多名保安、保镖，吸纳在逃犯罪嫌疑人、刑满释放人员和社会闲散人员，购置刀具、警械，非法买卖、持有大量枪支、弹药，为实施暴力犯罪提供保障。该犯罪组织宣扬“为公司利益要敢打敢冲，出了事公司会负责”“要是公司遇到事了，打架要打赢，要勇敢一点”“表现好的有重用，不好的被开除”“‘哥佬倌’带小弟，小弟服从‘哥佬倌’指挥”等不成文的规约和纪律，纵容成员为组织利益实施违法犯罪活动，将刘汉在广东省深圳市佳宁娜广场小区的房屋作为窝藏违法犯罪组织成员的场所，并通过奖励、提拔为组织利益“敢打敢冲”的成员和开除少数违反组织纪律的成员，不断强化组织纪律和规约，树立组织者、领导者权威。

刘汉、刘维犯罪组织不仅通过有组织地实施开设赌场、敲诈勒索等违法犯罪活动敛财，壮大经济实力，还分别依托汉龙集团、乙源实业公司等经济实体的经营活动攫取巨额经济利益，具有强大的经济实力。为了扩充经济实力、维护组织利益，被告人刘汉和刘维、孙晓东等人以暴力为后盾，利用黑恶势力排挤、打击竞争对手，铲除障碍，“以黑护商”。该组织还“以商养黑”，将所获收益部分用于支持组织成员实施违法犯罪活动，购买枪支、弹药、刀具和车辆等作案工具，提升组织犯罪能力，增强组织威慑力；组织手下成员聚会、娱乐、吸毒等，为组织成员发放工资、奖金，购买房屋、车辆，偿还赌债，提供逃跑、赔偿费用；收买国家工作人员，为组织实施违法犯罪活动提供庇护。

刘汉、刘维犯罪组织为树立其非法权威，维护其非法利益，为非作恶，欺压、残害群众，有组织地实施了故意杀人、故意伤害、非法拘禁、非法买卖枪支、非法持有枪支、弹药、敲诈勒索、故意毁坏财物、妨害公务、寻衅滋事、开设赌场、窝藏等数十起犯罪活动以及随意殴打他人、聚众赌博、串通拍卖等11起违法行为，共造成8人死亡、多人受伤等极其严重的危害后果。该组织通过实施违法犯罪活动及利用国家工作人员的包庇和纵容，称霸一方，在广汉市、绵阳市、什邡市等地形成重大影响，并对广汉市的赌博游戏机行业形成非法控制，严重破坏了上述地区的经济秩序和社会生活秩序。

2014年5月22日，湖北省咸宁市中级人民法院以(2014)鄂咸宁中刑初字第9号刑事判决，认定被告人刘汉成立组织、领导黑社会性质组织罪，故意杀人罪，故意伤害罪，非法拘禁罪，非法买卖枪支罪，非法持有枪支、弹药罪，非法经营罪，敲诈勒索罪，故意毁坏财物罪，妨害公务罪，开设赌场罪，寻衅滋事罪，窝藏罪，骗取贷款、票据承兑、金融票证罪，决定执行死刑，剥夺政治权利终身，并处没收个人全部财产；以(2014)鄂咸宁中刑初字第10号刑事判决，认定被告人刘维成立组织、领导黑社会性质组织罪，故意杀人罪，故意伤害罪，非法拘禁罪，非法买卖枪支罪，非法持有枪支、弹药罪，非法经营罪，敲诈勒索罪，故意毁坏财物罪，妨害公务罪，开设赌场罪，寻衅滋事罪，窝藏罪，决定执行死刑，剥夺政治权利终身，并处没收个人全部财产。

2014年8月6日，湖北省高级人民法院经依法开庭审理，维持了对刘汉与刘维的死刑判决。

2015年1月27日，最高人民法院裁定核准对刘汉、刘维判处死刑。

2015年2月9日，刘汉与刘维被依法执行死刑。

【法理分析】

在此之前，刘汉最受国人熟知的事情，是汉龙集团捐资修建的“刘汉希望小学”在2008年汶川特大地震中屹立不倒，被誉为“史上最牛希望小学”。但是，这一次，刘汉成为社会关注的焦点并不是因为他作了多少善事，而恰恰相反，是因为他的累累罪行。刘汉、刘维案件是党的十八大以来判处的性质最为严重的黑社会性质组织犯罪案件，并且被评为“2014 年度人民法院十大刑事案件”以及“2015 年推动法治进程十大案件”。据统计，该案历经近 1 年的侦办，所涉及的罪证材料多达 800 余册，庭审历时 17 天，20 名证人作出了当庭陈述，被起诉罪名多达 20 项，27 位公诉人与刘汉等 36 名被告人及 49 位辩护人展开了激烈的交锋。刘汉犯罪集团的覆灭彰显了国家依法惩治黑恶势力的决心与力度，更说明了在法治社会中，即使再具实力的黑社会性质组织，也不可能有容身之地。这是一起运用法律的武器打击黑恶势力的典型案件，其中的法理问题值得我们回味。

一、何为黑社会性质组织?

对于大众来说，“黑社会”并不是一个陌生的词语。无论在某些影视作品里，还是从现实的媒体报道中，我们都能够对“黑社会”形成一些感性上的认识。不言而喻，“黑社会”现象的存在给国家经济秩序与社会管理秩序以及百姓的正常生活带来了巨大危害。在我国，虽然目前不存在犹如“洪兴”、“竹联帮”等纯粹意义上的黑社会组织，但是，依然存在一些类似“黑社会”的犯罪组织，在刑法领域中被称作黑社会性质组织。这种黑社会性质组织的社会危害也是极其严重的。在法治社会中，我们不应当对其留有生存与发展的空间，并且应当以法治的方法对其进行惩治。我国刑法典第 294 条第 1 款规定了最为典型的涉黑犯罪，即组织、领导、参加黑社会性质组织罪，这也是刘汉与刘维所触犯的首要罪名。认定是否构成组织、领导、参加黑社会性质组织罪的关键，在于判断其组织、领导或者参加的组织是否为黑社会性质组织。而在我国，对于如何认定黑社会性质组织，理论界与实务界都曾存在过不同看法。2000 年 12 月 4 日最高人民法院《关于审理黑社会性质组织犯罪的案件具体应用法律若干问题的解释》和 2002 年 4 月 28 日全国人大常委会《关于〈中华人民共和国刑法〉第二百九十四条第一款的解释》在黑社会性质组织的具体特征，尤其是黑社会性质组织是否以具有国家工作人员的参加或者非法保护这一“保护伞”为必备特征的问题上存在分歧。最高人民法院的司法解释持肯定态度,而全国人大常委会的立法解释则仅将其作为一个选择要件。从现实的情况来看,立法解释更为准确地把握了黑社会性质组织的特征,因为即使没有“保护伞”,依然能够形成较为稳定的涉黑组织,并不必然影响黑社会性质组织的存活。从法律的位阶上来看,立法解释的效力要高于司法解释,在二者发生冲突时,应当根据立法解释的规定来做出裁量。但是,立法解释毕竟不是法律本身,易被司法实务人员所忽视,因此实践中依然存在根据最高人民法院司法解释来认定黑社会性质组织的情况,导致分歧的产生。基于此,《刑法修正案(八)》将立法解释的内容纳入到了刑法典第294条之中,进而对这一问题再次进行了明确。

根据修改后的刑法规范,黑社会性质组织应当同时具备以下特征:(1)组织特征。形成较稳定的犯罪组织,人数较多,有明确的组织者、领导者,骨干成员基本固定。(2)经济特征。有组织地通过违法犯罪活动或者其他手段获取经济利益,具有一定的经济实力,以支持该组织的活动。(3)行为特征。以暴力、威胁或者其他手段,有组织地多次进行违法犯罪活动,为非作恶,欺压、残害群众。(4)非法控制特征。通过实施违法犯罪活动,或者利用国家工作人员的包庇或者纵容,称霸一方,在一定区域或者行业内,形成非法控制或者重大影响,严重破坏经济、社会生活秩序。对于本案,刘汉、刘维所领导的犯罪组织完全符合我国刑法典所规定的这四个方面的条件。

首先,符合组织特征。在刘汉所领导犯罪组织中,有明确的组织者与领导者。刘汉、刘维与孙晓东三人组成了该犯罪组织的领导核心。刘汉负责决策和指挥整个组织的运转,孙晓东负责执行刘汉指示及汉龙集团日常经营管理而刘维则负责为组织打击、铲除对手,谋取非法利益,树立非法权威。刘汉等人为了扩大组织规模,从武术学校、退伍军人中招募了多名保安、保镖,吸纳在逃犯罪嫌疑人、刑满释放人员和社会闲散人员。暂且不去考虑其他违法犯罪分子,仅在本次案件中,被告上法庭的同案犯就有36名,可见该组织的规模之大。在刘汉等领导核心周围,有一批较为固定的骨干成员,其中包括孙晓东的哥哥孙华君、曾为组织实施多次杀人、伤害案件的同案被告人唐先兵等9人。为了树立组织者、领导者的权威,刘汉等人制定并且不断强化了组织纪律。组织内部宣扬“为公司利益要敢打敢冲,出了事公司会负责”“要是公司遇到事了,打架要打赢,要勇敢一点”“表现好的有重用,不好的被开除”“‘哥佬倌’带小弟,小弟服从‘哥佬倌’指挥”等不成文的规约,并且通过奖励、提拔为组织利益“敢打敢冲”的成员和开除少数违反组织纪律的成员,来不断增强组织的稳定性。可见,刘汉、刘维犯罪组织不仅具有明确的组织者和领导者,而且人数较多,具有一定规模,并且有固定的骨干成员,因此,完全符合黑社会性质组织的组织特征。

其次,符合经济特征。刘汉、刘维黑社会性质组织的经济实力是毋庸置疑的。该犯罪组织不仅通过有组织地实施开设赌场、敲诈勒索等违法犯罪活动敛财,壮大经济实力,还依托汉龙集团、乙源实业公司等经济实体的经营活动攫取巨额经济利益,具有强大的经济实力。刘汉在20世纪80、90年代市场经济初起、价格双轨时,从木材运输和建材等贸易中赚得第一桶金,此后1994年在期货市场中一战成功,跻身亿元富豪之列。1997年成立四川汉龙集团,持有境内外上市公司5家(其中国内1家,海外4家),拥有全资及控股企业30多家。再看看刘汉本人的履历:2003年,登上胡润百富榜;2008年4月23日,“2008胡润慈善榜”子榜单“川渝慈善家”发布,43岁的刘汉以1.27亿元捐赠成为最慷慨、最年轻的慈善家;在“2009胡润慈善榜”中,刘汉以2.09亿元的捐款额位列榜单第16位;“2013新财富中国富豪榜”以160亿排名第32名。这些事实足以说明刘汉及其掌握的汉龙集团等经济实体具有雄厚的经济实力。在如此巨大的经济基础的支撑下,刘汉、刘维犯罪组织得以便利地实施违法犯罪活动,以进一步获得经济利益,达到“以黑护商”与“以商养黑”的目的。可见,刘汉、刘维犯罪组织符合黑社会性质组织的经济特征。

再次,符合行为特征。刘汉所领导的犯罪组织为树立其非法权威,维护其非法利益,有组织地实施了多起违法犯罪活动。该组织实施的犯罪活动包括故意杀人、故意伤害、非法拘禁、非法买卖枪支、非法持有枪支、弹药、敲诈勒索、故意毁坏财物、妨害公务、寻衅滋事、开设赌场、窝藏等数十起，违法活动包括随意殴打他人、聚众赌博、串通拍卖等 11 起，共造成 8 人死亡、多人受伤等极其严重的危害后果。实际上，从公司成立初期，刘汉就组织了一伙人通过实施违法犯罪活动来维护汉龙集团的利益。例如，1997 年 4 月，汉龙集团在绵阳市游仙区小岛开发房地产时，招募被告人唐先兵和仇德峰等人组建了保安队。保安队多次对当地村民使用暴力，强行推进工程建设，唐先兵等人将村民熊甲杀死。在此期间，孙晓东的哥哥孙华君经营典当行，网罗缪军、李波、车大勇、刘岗等人在广汉市、绵阳市发展黑恶势力。孙华君为刘汉、孙晓东发展经济实力提供武力保护，将缪军、车大勇、刘岗派到刘汉、孙晓东开办的经济实体工作，在刘汉、孙晓东的指使下组织唐先兵等人枪杀了对汉龙集团产生威胁的王某甲。所以，刘汉、刘维犯罪组织符合黑社会性质组织的行为特征。

最后，符合非法控制特征。汉龙集团在广汉、绵阳一带的控制力是有目共睹的。汉龙集团看中的项目，只要刘汉出手，几乎没有拿不下来的，而其他参与者在得知汉龙集团插手和干预之后，便会主动退出。据媒体报道，刘汉曾经想投资一家矿业企业，而另一家企业先入手，并已签完合同，得知刘汉想要这家矿业公司，该企业老总“笑呵呵地退出”，因为“大家都知道他的能量，犯不着得罪这个人。”①刘汉的控制手段十分明确：一方面，通过刘维与孙晓东的辅佐，组织起一伙人使用暴力打击竞争对手，进而对一定行业及区域进行控制。据悉，在 2013 年，刘汉在绵阳的两支“武装队伍”被一网打尽时，仅公安机关追缴的就有军用手榴弹 3 枚，国产五六式冲锋枪、美制勃朗宁手枪等枪支 20 支，子弹 677 发、钢珠弹 2163 发，以及管制刀具 100 余把；另一方面，刘汉积极结交国家工作人员充当其保护伞，来为其组织实施的违法犯罪活动提供庇护。四川省什邡市人民检察院原副检察长刘忠伟、四川省德阳市公安局刑侦支队原政委刘学军、德阳市公安局装备财务处原处长吕斌等人均充当过刘汉、刘维犯罪组织的保护伞。

---

① 参见周夫荣：《枭雄刘汉》，载《中国企业家》2013 年第 9 期，第 103 页。

从上述四个方面来看，刘汉、刘维犯罪组织完全符合我国刑法典对黑社会性质组织成立条件的要求。此二人作为该组织的组织者、领导者，无疑构成组织、领导、参加黑社会性质组织罪。

二、“黑老大”构成何罪?

作为黑社会性质组织的领导者与组织者，刘汉与刘维无疑具有“黑老大”的身份。显而易见，在黑社会性质组织中，与普通的组织成员相比，“黑老大”具有影响组织生存与发展的最根本作用，因此，其承担的刑事责任也应当有所不同。总体来看，黑社会性质组织的头目所涉及的罪名主要有三个方面:其一，组织、领导、参加黑社会性质组织罪;其二，该组织所实施的全部犯罪;其三，与组织无关的，其个人实施的其他犯罪。根据罪责自负的原则，每个人都要对自己的所作所为负责，因此，对于第一个与第三个方面的罪名无需赘言。在此，需要进一步解释一下第二个方面的罪名。从刑法典第 294 条的规定来看，其并没有关于黑社会性质组织的领导者与组织者需要对该组织所实施的全部罪行承担刑事责任的相关规定，但是，从刑法典总则的规定，这是可以推导出来的。刑法典第 97 条规定:“本法所称首要分子，是指在犯罪集团或者聚众犯罪中起组织、策划、指挥作用的犯罪分子。”可见，作为黑社会性质组织的组织者与领导者，诸如刘汉、刘维之类“黑老大”必然是我国刑法典所规定的首要分子。而刑法典第 26 条第 3 款对首要分子的刑事责任又作出了特别规定，即“对组织、领导犯罪集团的首要分子，按照集团所犯的全部罪行处罚。”可见，刘汉、刘维应当对其所组织与领导的黑社会性质组织的全部罪行承担刑事责任。

那么，“黑老大”为什么要对组织的全部罪行承担刑事责任呢? 如果组织的头目对手下的犯罪行为根本不知情，是否还应对此行为承担刑事责任呢? 例如，刘汉在庭审中经常说到“这人我不认识”“这件事我不知道”“这是其他人干的，后来才有人告诉我”“这都与我无关”等否认指控的话。如果刘汉所称属实，依然以其领导的组织所实施的全部罪名承担刑事责任，是否不公正呢？事实上，对犯罪集团的首要分子设置这样的刑事责任承担方式并无不妥，对刘汉、刘维的定罪也是适当的。

从客观上来看，在现实生活中，多个人一起实施犯罪的情况是存在的。甚至有些犯罪行为，仅仅凭借个人的力量往往是无法完成的。在刑法中，这种犯罪形态被称为共同犯罪。根据我国刑法典的规定以及相关刑法理论，以共同犯罪人之间结合的紧密程度为标准，共同犯罪可以分为一般的共同犯罪和特别的共同犯罪。一般的共同犯罪，是指各共同犯罪人之间不存在组织形式的共同犯罪；特殊的共同犯罪是指各共同犯罪人之间建立起组织形式的共同犯罪，或称有组织的共同犯罪。黑社会性质组织的犯罪即为特殊的共同犯罪。无论对于一般的共同犯罪而言，还是对于特殊的共同犯罪来说，只有当各行为人之间具有主观上的意思联络，即知道他们在一起实施犯罪行为，才能构成共同犯罪。此时，实施教唆、帮助行为的人才可能为其他负责具体行动的人所实施的犯罪行为承担刑事责任。在一般的共同犯罪中，各行为人之间对共同实施的行为必须有明确的认识，并且进行了沟通，才能够形成意思联络。但是，在特别的共同犯罪中，这种主观上的意思联络是以特殊形式存在的。特殊的共同犯罪通常具有一个较为固定的犯罪组织，并且组织内部具有明确的分工以及纪律与规约。作为犯罪集团的组织者与领导者，其主观意志已经内化在犯罪集团内部的组织结构与纪律要求当中。因此，即使组织的领导者与组织者对其手下的犯罪行为并不知晓，但是只要该犯罪行为的实施与犯罪集团的宗旨一致，就相当于在按照组织者与领导者的指示行事，也即存在主观上的意思联络。所以，犯罪集团的首要分子应当对其他参与人员在犯罪集团宗旨的范围内所实施的全部罪行，也即犯罪集团的全部罪行，承担刑事责任。由此可见，作为黑社会性质组织的领导者与参与者，刘汉与刘维即使对其手下人的罪行并不知晓，只要是该犯罪组织实施的犯罪行为，他们也应当对其承担刑事责任。

三、判处死刑立即执行是否适当？

从民众的角度来看，对刘汉、刘维判处死刑立即执行是理所当然地。但是，民意代替不了法律，在法治社会中，无论犯罪分子的罪行多么严重，都应当严格按照法律规定对其定罪处罚。因此，有必要从法律适用的角度对死刑立即执行的判决作出阐释。

根据我国刑法典第 48 条的规定，死刑只能适用于罪行极其严重的犯罪分子。所谓罪行极其严重，是犯罪的性质极其严重、犯罪的情节极其严重以及犯罪分子的主观恶性与人身危险性极其严重的统一。具体而言，理论上对于“罪行极其严重”的考察因素包括：行为所侵害的法益是否重大；行为所造成的危害后果是否特别严重；犯罪的方法、手段是否特别残忍；犯罪情节是否特别恶劣（或特别严重）；犯罪人是否具有改造可能性和再犯可能性；犯罪动机是否恶劣；犯罪人是否有自首、立功行为等等。对于本案来说，刘汉、刘维的行为无疑达到了“罪行极其严重”的程度。首先，从犯罪的性质来看，刘汉、刘维实施的犯罪行为极其严重，所涉及的罪名多达十几种。其中，不仅有故意杀人等致命性暴力犯罪，而且还有非法买卖枪支、非法持有枪支、弹药等危害公共安全的犯罪，更有串通投标、非法经营等破坏经济秩序的犯罪。因此，刘汉、刘维的犯罪性质是极其严重的。其次，从犯罪的情节来看，刘汉、刘维所领导的黑社会性质组织，犯罪时间跨度之长、犯罪手段之残忍均表明其犯罪情节极其严重。在刘汉与刘维的组织与领导下，该组织共实施故意杀人 5 起，致 6 人死亡、1 人轻伤、1 人轻微伤；故意伤害 1 起，致 1 人死亡、1 人轻伤；非法拘禁 1 起，致 1 人死亡；非法买卖枪支 2 支；非法持有枪支 18 支、子弹 622 发、钢珠弹 2163 发、手榴弹 3 枚；敲诈勒索 2 起；故意毁坏财物 1 起；妨害公务 1 起；开设赌场 1 起；寻衅滋事 1 起；窝藏多起；违法事实 11 起。可见，刘汉、刘维的犯罪情节之严重程度也达到了死刑的适用标准。再次，从犯罪分子的主观恶性来看，刘汉与刘维的主观恶性之严重程度也十分明显。从刘汉与刘维所触犯的各个罪名的主观方面来看，大多数为故意，因此本身相对于过失而言其主观上的可谴责性更为突出。而从客观上的表现来看，刘汉与刘维的主观恶性之严重程度则更是不言而喻。刘汉与刘维以实施违法犯罪行为起家、出名，并且长期从事违法犯罪活动，犯罪手段极为残忍，犯罪后果也特别严重。因此，从这些客观上的表现来看，刘汉与刘维的主观恶性也是极其严重的。最后，从人身危险性来看，刘汉与刘维人身危险性的严重程度也是显而易见的。人身危险性又被称作再犯可能性，即已经实施犯罪的人在受到刑事处分以后再次实施犯罪的可能性。人身危险性表现在诸多方面，年龄、性别、家庭、婚姻、职业、文化、气质、性格、道德等情况都可能影响到行为人人身危险性的大小。例如，犯罪人是初犯还是再犯、是偶犯还是惯犯、是激情犯还是预谋犯，均为判断行为人人身危险性大小的重要标准。对于本案而言，刘汉、刘维从 20 世纪 90 年代起，就开始从事犯罪活动，他们既是再犯也是惯犯，其犯罪的意志已经深入骨髓。刘汉与刘维为了谋取非法利益，有计划地组织起一批人专门为其实施违法犯罪行为，因此也并不是激情犯罪。刘汉与刘维所领导的黑社会性质组织，具有雄厚的经济实力，在四川某些地区具有极大的影响力和控制力，其“东山再起”再次犯罪的可能性是巨大的。由此可见，刘汉与刘维的人身危险性也达到了死刑的适用标准。

需要强调的是，并不是只要行为人符合“罪行极其严重”的条件，就一定要对其适用死刑立即执行。根据我国刑法典的规定，对于应当判处死刑的犯罪分子，如果不是必须立即执行，可以判处死刑同时宣告缓期两年执行。这里面的“不是必须立即执行”，是指根据犯罪分子所犯罪行，虽然对其应当适用死刑但不是非立即执行不可。但是，对于哪些犯罪分子属于“不是必立即执行”死刑的没有明确规定，根据刑事审判经验，主要包括以下几种情况：犯罪后自首、立功或者有其他法定从轻情节的；在共同犯罪中罪行不是最严重的或者其他在同一或同类犯罪案件中罪行不是最严重的；被害人的过错导致犯罪人激情犯罪的；犯罪人有令人怜悯之情形的等等。而在本案中，刘汉、刘维并没有诸如自首、立功等法定从轻情节，也没有被害人过错等情况，以及其他可宽恕的情节。因此，刘汉与刘维并不符合“不是必须立即执行”的标准。

从刑法规范的角度来看，对刘汉与刘维判处死刑立即执行是准确、无误的。但是，这样的判决结果是否与我国逐步废止死刑的趋势相违背呢？答案是否定的。如今，废止死刑已经得到了世界各国的广泛认可，我国死刑的立法改革也在按部就班地开展，通过《刑法修正案（八）》与《刑法修正案（九）》废除了22种罪名的死刑。同时，“严格控制和慎重适用死刑”作为我国死刑政策的应有之义，表明在司法实践中我们应当对死刑的适用保持谨慎。但是，这并不意味着不可以对“罪行极其严重”的犯罪分子适用死刑，以及在不具有“不是必须立即执行”的情况下对其适用死刑立即执行。在当前中国的社会环境下，如果完全对犯罪分子不适用死刑，则可能导致更多的不利结果。在民众的观念以及传统文化的影响下，其社会效果与法律效果可能均适得其反。因此，对于诸如刘汉、刘维所实施的极其典型、异常恶劣的犯罪行为，在尚未完全废止死刑的条件下，依法判处死刑立即执行是合法与合理的，与我国死刑改革的整体趋势并不矛盾。

“秦火火”诽谤、寻衅滋事案

【基本案情】

“秦火火”，真实姓名秦志晖，1983年12月出生，湖南衡阳人，高中文化。2002年高中毕业后，秦志晖南下广州打工，后又辗转于哈尔滨、杭州、南京等城市，从事过多份工作。2004年，他又返回湖南读书，主修“广告策划专业”。随后，秦志晖又来到北京，加入薛蛮子的好友杜子健所创办的华艺百创公司（薛蛮子曾直接注资该公司）。在北京期间，他多次更换工作，2010年曾加入尔玛中国，于一年后离开该公司。

2010年，秦志晖首次以“中国秦火火”在新浪微博上注册。同年8月24日，网络上开始流传一部名为“无敌咸蛋超人舞”的视频，视频的上传者正是“秦火火”，他在视频里边跳舞边脱衣服。2011年5月，“秦火火”做出了一个更加疯狂的举动，他整日穿梭于北京各地铁站，大喊：“你好，我是新浪的微博用户，我叫中国秦火火，请加我，关注我，谢谢。”他时常拦下地铁里的行人，向他们介绍自己，遇到不搭理他的，他还要不停地捅对方，并说，“喂，问你呢。”其渴望出名，“火起来”之心理几近变态。

2011年7月23日，“7·23甬温线特别重大铁路交通事故”发生。北京开往福州站的D301次动车组列车运行至甬温线上海铁路局管内永嘉站至温州南站间双屿路段，与前行的杭州站开往福州南站的 D3115 次动车组列车发生追尾事故，后车四节车厢从高架桥上坠下。此次事故造成 40 人死亡，约 200 人受伤。而这次事故的发生让一直渴望出名的“秦火火”看到了机会，也让他开始走上了犯罪的道路。

当时，“秦火火”看到网上流传一种说法，称“7·23 动车事故”后，中外遇难者得到的赔偿相差悬殊，有名意大利籍遇难者的家属更是得到了高达 2000 万欧元的赔偿。看到这个有悖情理的消息，“秦火火”觉得机会来了，为了引起更多人的关注，他又将这条消息添油加醋，将 2000 万欧元的赔偿款改为 3000 万欧元，并自称是内部消息，加以发布。正是这条微博，使得“秦火火”一炮走红，该信息在两小时内被转发了 1.2 万次，他的粉丝也增加了 1500 名。

尝到甜头之后的“秦火火”认为他“火一把”的梦想终于可以实现了，于是变本加厉，在微博上散布各种谣言。2011 年至 2013 年间，他先后多次造谣，造谣对象包括了许多“大单位”、“大人物”等。如他造谣称，红十字会由于受郭美美及卢俊卿事件的影响，七八月捐款数额严重下降，遂伙同各地部分企业、单位强制要求这些企业、单位的职工按工作年限进行捐款；又如他造谣称，著名军事专家罗援将军家四兄弟两个是少将，两个是德国、美国公司高层；他还造谣说，全国残联主席张海迪是日本国籍，其妹张海燕更名张挪威，是亿万富翁，山东瑞森建筑工程有限公司董事长，其国籍也非中国；他造谣称中央电视台著名主持人杨澜给希望工程和其他慈善机构虚假捐款，只是为了炒作自己，之后又将善款取回；他造谣称兰和律师被人包养；他编造雷锋生活极度奢侈的情节，称道德楷模雷锋的形象完全是编造的。

由于发布谣言，秦志晖先后有 11 个微博账号被相关网站封停。然而，他总是封停一个就再注册一个，一个“秦火火”倒下去，另一个“秦火火”又站起来继续造谣，而且愈演愈烈。至 2013 年 8 月 19 日被抓获，秦志晖利用微博账户共发布 3000 余条涉及诽谤内容的微博。

“秦火火”案于 2013 年 9 月 26 日由北京市公安局朝阳分局侦查终结，以犯罪嫌疑人秦志晖涉嫌诽谤罪、寻衅滋事罪向北京市朝阳区人民检察院移送审查起诉。随后，北京市朝阳区人民检察院审查终结并向朝阳区人民法院提起公诉。2014 年 4 月 11 日，北京市朝阳区人民法院在第三法庭开庭公开审理此案。该法院经审理认为，被告人秦志晖在信息网络上捏造事实，诽谤他人，情节严重，且系诽谤多人，造成恶劣社会影响，其行为已构成诽谤罪；被告人秦志晖在重大突发事件期间，在信息网络上编造、散布对国家机关产生不良影响的虚假信息，起哄闹事，造成公共秩序严重混乱，其行为已构成寻衅滋事罪。对其所构成两罪应依法实行数罪并罚，故判处被告人秦志晖犯诽谤罪，判处有期徒刑二年；犯寻衅滋事罪，判处有期徒刑一年六个月；决定合并执行有期徒刑三年。① 宣判后，秦志晖当庭认罪服判，并表示不会上诉。

【法理分析】

本案的争议焦点主要集中在对被告人的行为应如何定性的问题。在法庭辩论环节，控辩双方围绕本案多个有关诽谤罪及寻衅滋事罪的焦点问题展开了辩论。具体而言，这些疑难问题是有关于诽谤罪与寻衅滋事罪两个罪名的。诽谤罪是秦火火案件争议较大的罪名。在法庭辩论环节中，控辩双方关于被告人秦志晖是否构成诽谤罪的争议焦点主要有以下几个：被告人主观上是否出于故意？被告人是否捏造了事实？被告人所造成的危害结果是否达到了诽谤罪所要求的严重程度？而关于寻衅滋事罪的主要问题包括：被告人的行为是否严重扰乱了社会秩序？其行为是否发生在公共场所？

一、关于诽谤罪的争议问题

（一）“秦火火”主观上是否出于故意

关于被告人秦志晖是否构成诽谤罪的第一个争议点，就是被告人秦志晖在网络上实施传播谣言的行为时，是否持故意的主观心理。根据我国刑

① 参见北京市朝阳区人民法院（2013）朝刑初字第 2584 号刑事判决书，2014 年 4 月 17 日。

法典第246条的规定，诽谤罪的主观方面表现为故意，且只能为直接故意，即行为人明知自己散布的虚假事实足以损害他人的名誉，并希望即追求这种结果发生的心理态度。间接故意与过失不能构成本罪。行为人的犯罪目的在于败坏他人的名誉。

在法庭辩论环节，被告人秦志晖的辩护人主张：秦志晖所传播、散布的微博均不是其原创的，他只是在网络上浏览到了所谓的“小道消息”或“内幕消息”，觉得很惊奇、很有意思，便顺手转发，这是很多普通网民的普遍行为，秦志晖并不具有损害他人名誉的恶意。对于有些由“秦火火”账号直接发布的谣言，也是其从之前的网络消息中，拼凑和猜测的，很多都言之凿凿，秦志晖本人也深信不疑。公诉人则指出，被告人秦志晖明知其微博有大量粉丝（关注者），又挑选在一些敏感时期，发布一些所谓的“重磅消息”、“绝密资料”、“重大爆料”，所发布的信息内容明显虚假且直接攻击政府、企业或他人。凭借以上理由足以证明被告人秦志晖明知自己散布的虚假事实足以损害他人的名誉，并希望这种损害结果发生。

笔者赞同公诉人的观点，但认为有些理由需要还补充与完善：

首先，是公诉人提到的关于秦志晖发布谣言的时机。“秦火火”微博账户每次都是挑选在一些重大事件发生之后，或者某些话题热议之时，发布一些之前未有提及或之前只在小圈子里传播的谣言。其中最典型的即为“秦火火”对红十字会及杨澜的造谣行为。“秦火火”发布红十字会伙同部分地方企业、单位要求其员工强制给红十字会捐款的消息，则是在“郭美美及卢俊卿事件”引发社会强烈关注期间；发布杨澜虚假捐款的谣言，是在其他媒体报道杨澜热衷慈善活动，受到社会的广泛好评之后不久。不难看出，“秦火火”总是挑选人们对某个事件高度关注的时候，放出一些骇人听闻的消息，而这些消息无一例外地都是诋毁一些单位或个人的。诚然，也有一些谣言不是在轰动事件发生的第一时间发布的，但即便不是第一时间，“秦火火”也一定会在事件余温未消之时制造谣言并发布，力求持续的“火力”跟进。从“秦火火”发布谣言的时机上不难看出，炒作自己、攒取粉丝是其目的，而败坏他人名声是其手段。因此，可以断定，秦志晖明知其造谣的行为会损害他人名声,仍追求这一结果的发生。

其次,从秦志晖造谣的手段与目的来看。如上文所述,秦志晖利用“秦火火”的账号发布多则损害他人名誉的谣言是为了炒作自己,让自己“火一把”,这也正是其取网名为“秦火火”的用意。“秦火火”在策划造谣的过程中,还有一位“战友”,其网名为“立二拆四”,真名系杨秀宇。秦、杨二人长期充当网络推手,曾帮助一些模特进行炒作。对于以造谣进行网络炒作,“秦火火”深谙此道。应当承认,“秦火火”的行为,其主要目的是自我炒作,引得大家的关注,造谣诽谤他人是其手段。但需要注意的是,诽谤罪的成立并不需要被告人将败坏他人名誉作为唯一目的或者主要目的。只要行为人认识到其制造、传播谣言的行为客观上会造成败坏他人名誉的结果,并希望这种结果的发生即可。实践中,诽谤犯罪的行为人往往也并非仅仅为了败坏他人的声誉,为了炒作自己或出于商业目的或其他经济、工作上的利益的情况也十分常见,这并不影响诽谤罪的成立。

再次,从“秦火火”发布谣言的频率及其注册账户的数量来看。2011 年以来,秦志晖的微博账号多次因为发布污蔑他人的信息而被网络管理者封停,但是他总是“坚持不懈”,重新注册账号继续散布谣言,他前后共使用过“中国秦火火”、“中华秦火火”、“潇湘秦火火”、“华夏秦火火”、“炎黄秦火火”、“川中秦火火”、“吴中秦火火”、“姑苏秦火火”等 12 个微博名。他用这 12 个微博账号,在网上发布和转发谣言多达 3000 多次。[①] 这样的行为,显然是有意而为之,恶意而为之,无所顾虑而为之。另外还有两个值得注意的细节:一是每当有热点事件,“秦火火”总是在第一时间发言,但当攒取了一定粉丝并被转发了一定数量之后,他总是会删除该条微博;二是“秦火火”在发布微博时一定会在前面加上“据说”、“据可靠消息称”、“据知情人士称”,从不在抬头使用表明自我观点的词语。从这两个细节不难看出,秦志晖显然对于其行为会造成败坏他人名誉的结果有明确的认识,只是怕惹上麻烦,为了避免法律责任,于是使用以上两种方法为自己减少麻烦,制造退路。而

① 周斌:《“秦火火”一审获刑三年》,载《法制日报》2014 年 4 月 18 日。

从其无视网络管理者一再的警告与封停账号，执意通过不断注册微博继续发布谣言可以看出，秦志晖不但追求损害他人名誉的危害结果发生，甚至还可谓“排除万难”、“坚韧不拔”。这与辩护人否认其诽谤故意的辩词也大相径庭。

最后，从“秦火火”微博粉丝（关注者）的数量及转发的次数来看。“秦火火”在发布关于“7·23甬温线特别重大铁路交通事故”的谣言后，几小时内就增加了近千名粉丝，该微博被转发了四、五千次。几日内，转发次数更是上升至万次，评论超过了3000条，其粉丝数量也增加了3000名，其中不乏一些网络大V。[①] 这些信息都是秦志晖本人可以在第一时间看到的，他应该可以意识到：他这个时候已经有一些影响力了，发布与转发的消息对网络社会秩序会产生不小的影响。但秦志晖并没有选择就此收手，而是继续广泛散布各种谣言，中伤许多名人、单位及企业。他所注册的“秦火火”系列微博账号，少则拥有近千名粉丝，多则上万，每条谣言也几乎都被转发了上千次。可以说，任何人都能认识到这种行为的危害性，被告人秦志晖不会对这种危害没有认知。

总之，通过以上分析不难得出结论：被告人秦志晖对于其制造、散布谣言败坏他人名誉的行为有明确的认识，并且希望这种危害结果发生，他行为时的心态完全符合了诽谤罪所要求的主观方面的要件。

（二）“秦火火”是否捏造了事实

本案法庭辩论环节，秦志晖的辩护人称，被告人秦志晖的行为既不属于捏造、篡改事实并散布，也不属于明知是捏造的事实而散布。另外，秦志晖由于工作关系，整天与网络接触，比其他人接收到的网络信息更多，很多小道消息他也是信以为真，从而整理和转发，并非谣言的始作俑者。因此，被告人秦志晖并没有捏造事实，依法不应构成诽谤罪。

的确，网络诽谤内容的传播者，或称之为转发者，一般不应承担刑事责

---

① 参见王治国：《‘秦火火’一审获刑三年》，载《检察日报》2014年4月18日。

任;但在特殊情况下,某些传播者亦应负部分或全部刑事责任。笔者曾完成过一个与此相关的课题,该课题的一项调查统计表明研究,近70%的被调查者凭借自己的经验与感觉判断网络内容的真实性,而62.5%的人则会把网络上新奇或有趣的内容予以转发与他人分享。① 不难看出,普通网民很容易轻信网络上的内容并进行传播,他们一般不具有明显的主观恶性,若对普通传播者进行刑事处罚会加大司法成本,更可能引发社会恐慌,导致言论自由的危机。网络诽谤的传播者往往造成了诽谤言论危害的扩大,但这种结果只是从客观事实上来讲,假如没有足够证据表明传播者在转贴时知道或者应该知道转贴的事件为捏造并且可能给他人造成不法损害,则不应被认定为犯罪。但是,若有证据表明原本的网络诽谤内容并未造成严重后果,转发人恶意地进行广泛散布,或者修改、夸大原虚假内容,最终导致发生严重损害后果的,则转发人应承担网络诽谤犯罪的部分甚至全部的刑事责任。

在"秦火火"案件中,秦志晖并不仅仅是一个普通的转帖者、传播者,他的行为显然属于捏造事实而构成诽谤罪,应当依法予以处罚。主要理由如下:

一方面,有部分谣言虽然并非秦志晖原创,但其进行了深加工,添加了许多重要细节与内容。诽谤罪中的"捏造",是指捕风捉影,凭空编造、杜撰事实的行为。实践中,行为人捏造的事实有时候并非完全无中生有,而是在各种消息的基础上添油加醋、颠倒是非,通过行为人自己的臆想加工而成。其中最典型的一例,莫过于关于"杨澜虚假捐款"的谣言。据秦志晖落网后交代,其通过天涯八卦论坛看到一些关于杨澜的消息,没有经过任何核实,就将事实夸大,以更有故事性、爆料性的原创方式发布出来。而在杨澜及中国青少年发展基金会做出澄清后,被告人秦志晖仍然在未经核实的情况下继续散布,从而对被害人造成了更大的损害。与之相仿的是被告人秦志晖所散布的另一条关于"张海迪国籍"的谣言。该条谣言同样是秦志晖搜集了一些网络上的只言片语,进行整合并添加大量内容后发布。此外,根据新浪

① 参见赵远:《网络诽谤的刑事责任问题研究》,载《中国刑事法杂志》2010年第8期。

公司所出具的书证显示:被告人秦志晖于2012年11月27日发布张海迪具有德国国籍的信息后,经举报已被新浪公司判定为不实信息。此后,张海迪于2012年11月28日发布声明澄清其国籍问题,秦志晖仍于2012年12月31日再次发布上述虚假信息。由此可见,被告人秦志晖在未经证实的情况下,就将网上的谣言进行整合与大量修改,其发布的内容与网上最初流传的谣言有很大不同,已经不是简单的转发,而属于一种捏造谣言的行为。另外值得一提的是,这些谣言最初往往并没有造成很严重的危害,“秦火火”改编并发布这些谣言后,这些事件的关注度急剧上升,在微博网站管理者作出警告后,当事人澄清的情况下,秦志晖仍不停止诽谤行为,最终对被害人造成了严重的危害。

另一方面,即使秦志晖还有一些微博确实是仅散布了他人捏造的事实,但这种情况只要客观上败坏了他人的名声,情节严重的,依法也可以成立诽谤罪。这种情况在实践中也时有发生。例如有这样一个案例:行为人郭某曾与杜某因评定职称一事心存芥蒂,他听到陈某添油加醋说起杜某有不正当男女关系,多处蓄养外室。他明知该事绝无可能,但出于败坏杜某名誉的意图仍散布上述言论,造成杜某家庭破裂,杜某本人精神失常的严重后果。在本案中,郭某仅实施了散布谣言的行为,而这一行为是否成立诽谤罪,在理论界存在着争议。一种观点认为,应遵循罪刑法定原则,严格依照刑法典的相关规定进行认定。我国刑法典中明确规定诽谤罪客观表现是“捏造事实诽谤他人”的行为,因此,若不存在捏造事实的环节,则不能认定行为人的行为构成本罪。① 另一种观点则主张,一般情况下,诽谤罪都有捏造和散布事实的行为;但有时行为人道听途说,虽没有直接捏造事实,却把可能会败坏他人名誉的虚假事实加以传播,使得原本的传播范围迅速扩大,危害后果大大加重,甚至远高于诽谤行为的始作俑者(原捏造事实者)所造成的危害。在此种情况下,也应认定仅散布虚假事实的行为人构成诽谤罪。② 笔者较

① 参见王作富主编:《刑法分则实务研究(中)》,中国方正出版社2010年版,第828—829页。

② 参见肖中华:《侵犯公民人身权利罪》,中国人民公安大学出版社1998年版,第286—287页。

为赞同后一种观点。我国刑法典确实将诽谤罪的客观方面描述为"捏造事实诽谤他人"的行为,但对于这一行为不宜作过于机械的理解。应将该条文做合理限制的扩张解释,可理解为包括利用捏造出来的事实诽谤他人的情况。实际上,法条之所以这么规定,主要还是要将揭发他人违法、犯罪行为,或披露他人隐私的情况,排除出本罪之外。应当注意的是,这一理解也从最新的司法解释中得到了印证:2013 年 9 月 9 日最高人民法院、最高人民检察院颁布的《关于办理利用信息网络实施诽谤等刑事案件适用法律若干问题的解释》第 1 条规定:"具有下列情形之一的,应当认定为刑法第二百四十六条第一款规定的'捏造事实诽谤他人':……明知是捏造的损害他人名誉的事实,在信息网络上散布,情节恶劣的,以'捏造事实诽谤他人'论。"结合上述案例,郭某道听别人谎言,明知不实而又加以散布,虽无捏造行为,但因其散布行为给受害人杜某造成了更大的名誉损失(相较于捏造行为),并造成了杜某精神失常这一严重后果。根据犯罪基本特征的要求和诽谤罪的法条及司法解释的规定,理应认定行为人郭某构成诽谤罪,否则这类严重诋毁他人、损害他人名誉的危害行为就得不到惩治,正义便得不到伸张,刑法的严厉性也将受到损害。再回到"秦火火"的案例中,其作为网络大 V 拥有众多的粉丝与相当大的影响力,经其散布的谣言之危害性可以扩大数十倍乃至上百倍,而如上文所述,"秦火火"对于自己的行为会造成这样的危害结果又是有着明确认识的。因此,即便"秦火火"并没有捏造,而只是故意传播了某些谣言,他的行为也仍然符合诽谤罪的客观行为而应构成诽谤罪。

(三)以关于网络诽谤的司法解释来衡量本案

2013 年 9 月 9 日最高人民法院、最高人民检察院颁布的《关于办理利用信息网络实施诽谤等刑事案件适用法律若干问题的解释》(以下简称《解释》),是对刑法典以及全国人大常委会《关于维护互联网安全的决定》的阐明与补充,于 2013 年 9 月 10 日起开始施行。《解释》中涉及诽谤罪的主要是其前 4 条,而这 4 条都与本案相关。

其中,《解释》第 1 条明确了在互联网上捏造事实诽谤他人或篡改网络上他人的原始信息用以诽谤他人的，都构成诽谤罪。组织、指使人员在网络上实施前两种行为的，也构成本罪。同时，该条还规定了明知是捏造的损害他人名誉的事实，仍在信息网络上散布，情节恶劣的，即使未亲自捏造事实，也可成立诽谤罪。该条规定使得上文所谈及的刑法理论界长期争论的问题（即行为人如果仅散布了他人捏造的事实，情节严重的可否认定为诽谤罪）有了答案："明知而散布"谣言等同于"捏造"谣言。本案中，如上文所述，秦志晖的辩护人就曾辩称，秦志晖只有传播谣言的行为，并没有捏造谣言的行为。而根据此条司法解释来看，不管秦志晖有没有捏造谣言的行为，其明知是谣言还加以传播，就已经构成了诽谤罪。

《解释》第 2 条明确了刑法典第 246 条第 1 款规定的"情节严重"之具体情况："利用信息网络诽谤他人，具有下列情形之一的，应当认定为刑法第二百四十六条第一款规定的'情节严重'：（一）同一诽谤信息实际被点击、浏览次数达到五千次以上，或者被转发次数达到五百次以上的；（二）造成被害人或者其近亲属精神失常、自残、自杀等严重后果的；（三）二年内曾因诽谤受过行政处罚，又诽谤他人的；（四）其他情节严重的情形。"在本案中，秦志晖造谣的微博，绝大多数都被浏览了 5000 次以上，或被转发了 500 次以上，完全符合上述司法解释关于"情节严重"的规定。当然，笔者也并不赞成过于机械地将网络诽谤信息的点击、浏览次数作具体规定，从而作为诽谤罪"情节严重"的衡量标准。但是综合考虑本案中被告人秦志晖所利用的网络平台的影响力以及被告人自身的知名度和影响力，认定其行为构成诽谤罪并无问题。

《解释》第 3 条明确了刑法典第 246 条第 2 款规定中"严重危害社会秩序和国家利益"的情形："利用信息网络诽谤他人，具有下列情形之一的，应当认定为刑法第二百四十六条第二款规定的'严重危害社会秩序和国家利益'：（一）引发群体性事件的；（二）引发公共秩序混乱的；（三）引发民族、宗教冲突的；（四）诽谤多人，造成恶劣社会影响的；（五）损害国家形象，严重危害国家利益的；（六）造成恶劣国际影响的；（七）其他严重危害社会秩序和国家利益的情形。"在此之前，"严重危害社会秩序和国家利益"的情形在法律文件中未作明确规定,这让司法实践中对于何时该适用刑法典第246条第2款的规定,对犯罪人提起公诉,难以确定。而《解释》出台后,对于这一问题的解决将会有一定程度的帮助。本案中,被告人秦志晖的行为及其后果符合本条司法解释中第一、二、四、五项的情形,符合"严重危害社会秩序和国家利益"的标准。被告人秦志晖的辩护人曾提出本案诽谤部分不属于公诉案件。但应当注意的是,被告人秦志晖的行为及其后果由于符合本条司法解释中第一、二、四、五项的情形,因而本案应属于公诉案件而非自诉案件。

《解释》第4条则将"一年内多次实施利用信息网络诽谤他人行为未经处理,诽谤信息实际被点击、浏览、转发次数累计计算构成犯罪的情形"明确为犯罪,以诽谤罪论处。本案中,"秦火火"对张海迪的诽谤内容正是符合此种情况。该条微博并未达到点击5000次或转发500次的规定,但是秦志晖在一年内多次诽谤他人,又未经处理,所以其诽谤他人的信息之点击、转发数量应该累计计算。①

二、关于寻衅滋事罪的问题

本案中另一个方面的争议,即秦志晖的行为是否构成寻衅滋事罪?寻衅滋事罪的主观方面为故意,且只能为直接故意。秦志晖在网上利用微博制造、传播谣言,败坏他人名声、扰乱网络社会秩序的行为显然出于直接故意的主观心理,这一点在上文关于本案中诽谤罪的争议问题时已做论述。而秦志晖网络造谣的行为是否发生在公共场所,是否扰乱了社会秩序,是否达到了严重的程度,则是下文要讨论的重点。

(一)网络环境是否为公共场所

根据我国刑法典第293条的规定,寻衅滋事罪的客观方面表现为四种

① 参见韩芳:《"秦火火"案主审法官释疑焦点》,载《人民法院报》2014年4月18日第3版。

行为：(1) 随意殴打他人，情节恶劣的；(2) 追逐、拦截、辱骂他人，情节恶劣的；(3) 强拿硬要或者任意损毁、占用公私财物，情节严重的；(4) 在公共场所起哄闹事，造成公共场所秩序严重混乱的。就秦志晖案件而言，其行为显然不符合前三种情况，这里主要的争议是其行为是否符合第四种情况。

最高人民法院、最高人民检察院 2013 年 4 月 28 日通过并发布的《关于办理寻衅滋事刑事案件适用法律若干问题的解释》(以下简称《寻衅滋事解释》)明确了上述刑法典中关于寻衅滋事行为的认定。《寻衅滋事解释》第 5 条对在公共场所起哄闹事“造成公共场所秩序严重混乱”的认定标准作了规定，明确在车站、码头、机场、医院、商场、公园、影剧院、展览会、运动场或者其他公共场所起哄闹事，应当根据公共场所的性质、公共活动的重要程度、公共场所的人数、起哄闹事的时间、公共场所受影响的范围与程度等因素，综合判断是否“造成公共场所秩序严重混乱”。①

在秦志晖案件开庭之前，网络上就有言论主张网络环境并不属于《寻衅滋事解释》第 5 条所列明的场所，因此其造谣行为不能构成寻衅滋事罪。笔者不同意这种观点，主要理由如下：该解释中最后有“其他公共场所”的表述，按照刑法理论，这里的“其他公共场所”应当与之前的“车站、码头、机场、医院……”有着一定的相同点。加之寻衅滋事罪最初是 1997 年刑法典从 1979 年刑法典中的流氓罪中分离出来的，其立法目的是为了维护社会的稳定与秩序，打击破坏社会安宁的犯罪行为。② 不难看出，这些场所的共同点就是人数众多且人员密集，场所本身有着一定的公开性与公共性，一旦引起骚乱，即会造成公共秩序乃至社会的混乱。而在网络科技高速发展的今天，网络社会也同样符合这一特点，以微博为代表的社交网络平台以及相关网络媒体已经成为大众，特别是年轻人获得资讯的主要途径与方式，网络社会已然成为现实社会的一个方面。扰乱网络秩序行为的危害有时更甚于对现

① 参见周加海：《〈关于办理寻衅滋事刑事案件适用法律若干问题的解释〉的理解与适用》，载《人民司法》2013 年第 23 期。

② 参见周道鸾、张军主编：《刑法罪名解释(下)》(第四版)，人民法院出版社 2013 年版，第 726—727 页。

实社会的破坏。

有学者指出网络空间虽具有公共性，但也更应注意其工具性。网络改变了人们现实之间的关系，而并非空间上的拓展，虚拟空间仍只具有工具属性。网络只是综合了以前的纸质媒介、通讯功能、视频功能，正如我们不能说报纸、刊物版面、电视画面是公共场所一样，网络并不具有物理空间属性。① 笔者并不完全同意这一观点。诚然，工具性确实是网络的属性之一，但并不是它的全部。网络发展至今日，已经超出了纸质媒介、视听媒介的范畴。如以本案中所涉及的微博为例，其最重要的是提供给网络公众一个自由开放的发言平台，人们互相间可以即时交流，这种交流不仅局限于一对一或小团体，它完全可以是公开，面对成千上万的人。试想，假如一档电视节目，在现场有数以千计的观众；又或者是一次数千人参加的电话或视频会议，这是否属于公共场所呢？答案应当是肯定的。如果在这样一档节目中，或在这样一次会议中，制造一些谣言，起哄闹事，就有可能会扰乱社会秩序，严重的就会构成寻衅滋事罪。

事实上，多年以前，在国外就有着打击破坏网络秩序犯罪的先例。当时，犯罪嫌疑人仅通过网络留言板发布了其捏造的事实，就致使被害公司短期内业绩大幅下滑。② 在该案的审判过程中，主审法官就曾将本案涉及的网络空间定义为公共场所。他认为该案涉及的网络公共留言板与现实中公共场所的告示板并无根本差异，而由于网络信息的传播速度快、成本低廉等特点，其影响更甚于现实中的直接传播。因此，将诸如大型社交网站的博客、微博等平台理解为公共场所，是符合现实情况、也是完全符合法理、情理与立法精神的。

（二）秦火火的行为是否严重扰乱了公共场所的秩序

寻衅滋事罪所侵犯的客体是公共秩序。这里的社会秩序，不仅是社会

① 参见孙万怀、卢恒飞：《刑法应当理性应对网络谣言——对网络造谣司法解释的实证评估》，载《法学》2003 年第 11 期。

② See *Stratton-Oakmont v. Prodigy Svcs. Co.*

成员所组成的共同生活秩序，而且明显与社会成员的道德准则紧密相连。[①] 因为寻衅滋事罪是从1979年刑法典中的流氓罪中分离出来的，而这类犯罪的行为一经实施，就必然伤害人们的道德感，引起人们的愤怒和厌恶。[②] 寻衅滋事罪必须扰乱的是社会公共秩序，而不能是仅针对个人或单位的侵扰行为。该罪程度上必须达到情节恶劣或后果严重。否则，即不能构成本罪。[③] 因此，判断网络造谣者的行为是否构成寻衅滋事罪，关键要看其针对的对象及其造成危害的严重程度。

具体到本案而言，一方面秦志晖的造谣行为造成了大量网民对铁道部的质疑。这一点在公诉意见中也有体现："从秦志晖实施犯罪行为所选的时间节点来看，当时动车事故刚刚发生，公众在为遇难者沉痛哀悼的同时，关注点自然也会聚焦在对事故的善后处理上。秦志晖恰恰选在此时发布铁道部区别对待遇难者，对外籍遇难者赔偿高达3000万欧元的消息，其借扰乱社会秩序以求出名的目的显而易见。"[④]另一方面，秦志晖关于"7·23动车事故"赔偿的谣言所造成的危害十分严重。如上文所述，该微博选在动车事故发生后的敏感时间内发布，数小时内就被评论了3000余次，转帖达11000次。尽管铁道部连夜辟谣，但仍然无法平息网友盲目的质疑、辱骂之声。这一问题直接导致了此次事件之后，广大网友普遍对一切来自政府官方的声明表示质疑，铁道部的网站也被攻击了数次，严重影响了其正常工作秩序。这些恶劣的后果都说明秦志晖的造谣行为已经严重扰乱了社会的正常公共秩序。

实际上，几年前，我国就有与之相类似的案例，而最近的此类案件，较为轰动的当属"向南夫"案。2014年5月3日刚被北京警方被抓获的犯罪嫌疑人向南夫，也同样是涉嫌寻衅滋事罪。向南夫，网名飞翔，曾有多次违法犯

---

① 参见王作富主编：《刑法分则实务研究（中）》（第五版），中国方正出版社2013年版，第1131页。

② 参见张智辉：《我国刑法中的流氓罪》，群众出版社1988年版，第13页。

③ 参见周道鸾、张军主编：《刑法罪名解释（下）》（第四版），人民法院出版社2013年版，第726—727页。

④ 贾阳：《希望不再出现第二个"秦火火"——秦志晖诽谤寻衅滋事庭审侧记》，载《检察日报》2014年4月12日第2版。

罪记录。2004 年,向南夫因不满家中拆迁补偿问题开始上访。之后,因其在境外网站“博讯网”发表多篇发泄不满的文章,而结识了该网站负责人韦某。随后,韦某授意向南夫在该网站发表多篇意图抹黑中国的谣言,并给予后者高额报酬与“博讯网高级记者”头衔,其文章之谣言内容包括:“中国政府活摘人体器官、活埋人,大批群众到联合国驻华机构外抗议”、“千余警察暴力征地,五月孕妇被当场打死”、“上访人员被打晕死,光天化日遭弃街头”、“访民哭诉反映问题遭暴打多人受伤”等。① 仅 2013 年向南夫的发稿量就达 1300 余篇,占该网站总稿件量的三成,而 2014 年 3 月份他的发稿量更是超过了总量的一半。② 这些寻衅者并不仅仅制造与传播针对个人与单位的谣言,其还会想方设法地增加关注量,并明显地使用一些煽动性的言语,意图扰乱社会秩序。当然,在这些案例中,行为人的主要目的也有可能是为了出名或者为了敛财,但这并不影响本罪的成立。

随着 2014 年 4 月 17 日北京市朝阳区人民法院依法以诽谤罪、寻衅滋事罪判处被告人秦志晖有期徒刑三年,以及秦志晖的认罪服判,轰动一时的“秦火火”案尘埃落定。秦志晖当庭表示不上诉,并再次就其造谣行为致歉。“秦火火”最终受到了法律的制裁;然而当今我国网络社会的秩序仍然十分混乱,网络诽谤者前赴后继地挑战法律的底线。当然,现在我国对于网络诽谤的打击力度也值得肯定,许多网络造谣者相继落马,相信他们也会得到应有的惩罚。但不得不说的是,我国治理网络违法犯罪的道路依然漫长,我们需要从立法及司法两个方面入手并坚持不懈地加以解决。

---

① 参见张先明:《境外网站“爆料人”向南夫涉嫌寻衅滋事罪被刑拘》,载《人民法院报》2014 年 5 月 13 日第 1 版。

② 参见袁国礼:《“高级记者”境外发文给国家抹黑》,载《京华时报》2014 年 5 月 13 日。

温岭故意杀医案

【基本案情】

连恩青，男，汉族，1980 年 6 月 11 日出生于浙江省温岭市，初中文化，农民。

2012 年 3 月，连恩青因鼻部疾病，在浙江省温岭市第一人民医院就诊时接受了该医院耳鼻喉科医生蔡朝阳的手术治疗。此后，连恩青认为手术后效果不佳，遂多次到该医院复查、投诉，并要求再次手术，但是医院并没有同意。在此期间，连恩青还多次到其他医院就诊，但是均诊断其鼻部无异常。为此，连恩青对蔡朝阳医生、医院处理其投诉事宜的耳鼻喉科医生王云杰（殁年 45 岁）以及为其进行 CT 检查的医生林海勇心生怨恨，预谋报复杀人。

2013 年 10 月 25 日 8 时 20 分许，连恩青携带事先准备的木柄铁锤、尖刀来到温岭市第一人民医院门诊大楼五楼耳鼻喉科门诊，见到王云杰、蔡朝阳分别在各自的诊室坐诊，遂决意作案。连恩青进入王云杰的诊室，站在王云杰背后持铁锤击打王云杰的头部。因铁锤木把断裂，铁锤头掉落在地，连恩青丢下铁锤木柄又掏出尖刀捅刺王云杰。王云杰逃离诊室，但是连恩青立即持刀追赶，在同楼层的口腔科门诊室追上王云杰并连续捅刺王云杰的胸部、腹部和背部等处。其间，连恩青还持刀捅刺劝阻其行凶的该医院医生王伟杰（时年 59 岁）右腋下一刀，在摆脱王伟杰阻拦后再次捅刺王云杰胸部。随后，连恩青持刀返回耳鼻喉科门诊寻找蔡朝阳，见蔡朝阳诊室房门已被锁住无法进入，便用尖刀刀柄敲碎诊室门玻璃后离开。接着，连恩青又持刀来到该医院放射科一楼 CT 室操作间寻找林海勇，但是误将该 CT 室医生江晓勇（时年 39 岁）认作林海勇，上前即持刀捅刺江晓勇胸腹部三刀。在得知其捅刺的并非林海勇时即停止了行凶。连恩青随后被在场人员及闻讯赶来的保安制止并当场抓获。王云杰因被刺致心脏、肺动脉及肺破裂，经抢救无效于当日死亡；江晓勇的损伤构成重伤；王伟杰虽然受伤，但伤势未达到轻伤的程度。

2014 年 1 月 26 日，浙江省台州市中级人民法院认定被告人连恩青犯故意杀人罪，判处死刑，剥夺政治权利终身。宣判后，连恩青提出上诉。

2014 年 3 月 28 日，浙江省高级人民法院经依法开庭审理，裁定驳回上诉，维持原判，并依法报请最高人民法院核准。

2015 年 4 月 3 日，最高人民法院经依法讯问被告人，听取辩护律师意见后，裁定核准对连恩青的死刑判决。

在复核期间，被告人连恩青的辩护律师提出，连恩青作案时刑事责任能力有问题，浙江省立同德医院司法鉴定所出具的鉴定意见存在瑕疵，申请重新鉴定；浙江省温岭市第一人民医院在诊治连恩青疾病及处理连恩青投诉过程中存在过失。最高人民法院经审查认为，连恩青预谋犯罪，有现实的作案动机、明确的作案对象，知道杀错人后能及时中止，并有明显的自我保护意识，在作案过程中存在辨认能力和控制能力，具有完全刑事责任能力。浙江省立同德医院司法鉴定所出具的“连恩青患有疑病症，但作案时意识清晰，作案动机现实，辨认和控制能力存在”的鉴定意见，鉴定程序合法，论证合理，结论客观准确。连恩青的诊疗过程经浙江省台州市医学会、浙江省医学会鉴定，鉴定意见为医院不存在医疗过失。各被害人在医疗过程中并无过错。浙江省温岭市第一人民医院将连恩青的姓名、年龄等个人信息登记错误，复查期间又出具了并非当日检查的 CT 检查报告单，工作存在失误。

医院对连恩青的病情进行了会诊,并对上述问题及连恩青的投诉事宜进行了解释和修正。各被害人对医院工作中出现的失误并无责任。

最高人民法院经复核认为:被告人连恩青因对浙江省温岭市第一人民医院的治疗效果和投诉处理事宜不满,到医院持械行凶,故意非法剥夺医生生命,致一人死亡、一人重伤、一人受伤,其行为构成故意杀人罪。犯罪性质特别恶劣,手段特别残忍,情节、后果特别严重,应依法惩处。第一审判决、第二审裁定认定的事实清楚,证据确实、充分,定罪准确,量刑适当。审判程序合法。

2015 年 5 月 25 日,连恩青被依法执行死刑。

【法理分析】

连恩青故意杀人案,又被称作“温岭杀医案”,这起反映医患矛盾的极端案件,案发并经媒体曝光后引起了全社会的高度关注。国务院总理李克强对这起案件十分重视,于 2013 年 10 月 30 日,也是案件发生后的第 5 天,作出了重要批示,要求有关部门高度重视因医患矛盾引发的暴力事件,采取切实有效措施维护医疗秩序。该案件被最高人民法院与中央电视台评为“2015 年推动法治进程十大案件”、被人民法院报评为“2014 年度人民法院十大刑事案件”。那么,该案为何会受到国家领导层面的重视?又怎样推动了法治进程?其中,有许多法理问题值得我们进一步思考,并主要体现在四个方面:一是连恩青是否具有完全的刑事责任能力;二是涉案医院(即温岭市人民医院)是否具有过错;三是对连恩青判处死刑立即执行是否适当;四是医患之间的矛盾如何才能有效化解。

一、连恩青是否具有完全的刑事责任能力?

一个神志健全的成年人,能够辨认并且控制自己的行为,因此,当他实施犯罪行为时,具有完全的刑事责任能力,应当对其行为承担刑事责任。但是,有些人或者由先天因素所决定,或者由后天环境所影响,在精神上是具有缺陷的，他们不能够或者不完全能够辨认和控制自己的行为。由于这些具有精神障碍的人不具有辩认、控制自己行为的能力，所以当他们实施犯罪行为时，是可以被宽恕的。基于此，与世界上大多数国家一样，我国刑法典同样将精神障碍作为可能减免刑事责任的理由之一。也正是基于这样的思考，连恩青的辩护人指出，连恩青患有精神疾病，该疾病与医院的治疗有关系，其精神状态差，控制能力弱，发生本案与其精神疾病有关，认定其有完全刑事责任能力不符合客观实际。而法院通过对相关证据的深入研析，最终并没有采纳这一辩护意见。那么，让我们来看看法院的是否准确、适当。

据该案死刑复核环节的主审法官、最高人民法院刑事审判第一庭审判长邹雷介绍，连恩青在案发前曾经在上海市精神卫生中心治疗过，该中心将其诊断为持久性的精神障碍、妄想障碍。此后，公安机关又委托浙江省立同德医院司法鉴定所专家对连恩青进行法医精神病鉴定，该鉴定意见认为连恩青患有疑病症，作案时意识清晰，有现实的作案动机，辨认和控制能力存在，具有完全刑事责任能力。可见，医院出具的诊断证明与司法鉴定的结果是不同的，而本案关于连恩青刑事责任能力的争议焦点也正源自于此。虽然这两种结果都说明连恩青具有精神障碍，但是对连恩青刑事责任能力的判定具有完全不同的影响。事实上，行为人具有精神障碍，并不意味就一定会被减轻或者免除刑事责任。根据我国刑法典第 18 条的规定，依据精神障碍对刑事责任影响程度的不同，可以将精神障碍人分为三种类型：(1) 完全无刑事责任的精神病人。这类人患有严重的精神障碍性疾病，即精神病，完全丧失了对自己行为的辨认和控制能力，因此即使实施了我国刑法典所禁止的行为，也不会承担刑事责任。这里的“精神病”包括多种多样的慢性和急性的严重精神障碍，但是不包括非精神病性的精神障碍。(2) 限制刑事责任的精神障碍人。有些精神障碍人虽然在精神状态上具有缺陷，但是并没有完全丧失对自己行为辨认和控制的能力，只是这种能力有所减弱而已。限制刑事责任的精神障碍人有两种类型：一种是处于早期（发作前趋期）或部分缓解期的精神病或者，另一种是某些具有相对严重的非精神病性精神障碍的人。这类人同样应当负刑事责任，不过与精神状态正常的人相比，可以从轻或者减轻处罚。(3)完全负刑事责任的精神病人。某些精神病并不是持续发作,而是间歇性发作,被称为间歇性精神病人。间歇性精神病人在尚未发病时,完全能够辨认和控制自己的行为,因此具有完全的刑事责任能力。此外,大多数的非精神病性精神障碍人,并不会因为精神障碍而缺乏辨认和控制自己行为的能力,因此通常也具有完全的刑事责任能力。简而言之,行为人的精神障碍类型的不同,将会影响到其刑事责任能力的有无及大小。

在本案中,上海市精神卫生中心对连恩青的诊断是持久性的精神障碍、妄想障碍。患有这种疾病的人,其妄想的内容没有现实的基础,往往与现实脱离,因此其辨认和控制自己行为的能力将会减弱或者缺乏。而浙江省立同德医院司法鉴定所专家则认定连恩青患有疑病症。疑病症(hypochondriasis)又称疑病性神经症(hypochondriacal neurosis),主要指本病患者担心或相信患有一种或多种严重躯体疾病的持久的先占观念,病人诉躯体症状,反复就医,虽然经反复医学检查阴性和医生的解释没有相应疾病的证据也不能打消病人的顾虑,常伴有焦虑或抑郁。简言之,疑病症患者总是认为自己患有疾病,并且通过反复的就医检查也无法消除患病的顾虑。疑病症是一种普通的非精神病性的精神障碍疾病,患有该病的人并不会丧失辨认与控制自己行为的能力,因此通常为具有完全刑事责任能力的人。而相比之下,患有持久性的精神障碍、妄想障碍的人则可能为完全无刑事责任能力的人或者限制刑事责任能力的人。因此,认定连恩青具有何种精神障碍,对于连恩青的定罪量刑具有重大影响。

从最终目的来看,查明行为人精神状况是为了认定行为人刑事责任的有无及其大小。换言之,对行为人的精神状态进行鉴定,也是为了判断行为人在实施犯罪行为时,是否具有辨认和控制自己行为的能力以及这种能力的大小。而实际上,仅仅证明行为人患有可能减免刑事责任的精神疾病,并不能直接推断出行为人是无刑事责任能力人或者限制刑事责任能力人。因为,如果行为人所实施的行为与其患有的精神疾病没有关系,则不能认为精神上的障碍减弱了行为人对该行为的辨认和控制能力,所以此时行为人是具有刑事责任能力的。由此可见，通过精神状态判定行为人刑事责任能力时，认定的关键依然是行为人在作出行为时是否具有辨认和控制自己行为的能力。本案中，对于诊断结论与鉴定结论的矛盾，法院正是基于这样的思考，通过相关事实和证据，来综合判断连恩青在实施行为时的精神状态的。根据最高人民法院死刑复核的主审法官邹雷的介绍，认定连恩青具有刑事责任能力的理由主要有如下四个方面：(1) 连恩青有现实的作案动机。连恩青的鼻部疾病是现实存在的，而医院方面在受理其入院期间，在形式要件上存在一定的工作失误，将其姓名、年龄、婚姻状况等个人信息登记错误；(2) 连恩青属于有预谋的犯罪。从作案过程看，连恩青犯罪前曾在自己家里写下“7・31 王云杰林海勇死”的字样，并为杀人准备了尖刀等。这是有预谋的犯罪，且作案对象明确；(3) 连恩青有自我保护意识。他在杀王云杰医生时一只鞋掉了，他下楼时想到“如果我穿一只鞋被人发现则不能继续作案，于是他又返回现场穿起另一只鞋。”连恩青从五楼作案后下至一楼遇到保安，为了争取继续作案的时间而误导保安，跟保安说捅人的人还在楼上；(4) 连恩青在知道自己杀错人以后能及时中止。作案时，他到一楼 CT 室找林海勇，结果把江晓勇当成了林海勇，在连捅三刀以后得知其不是林海勇则中止了犯罪。从这些事实和证据来看，连恩青在实施杀人行为时无疑具有辨认和控制自己行为的能力，因此法院最终采纳司法鉴定的结论，进而认定连恩青具有完全的刑事责任能力是适当的。

二、涉案医院是否具有过错？

本案中，医院是否具有过错是控辩双方争议的焦点之一。之所以成为焦点，是因为被害人过错可能成为对行为人从宽处罚的理由。虽然我国刑法典中并没有将被害人过错作为法定的从宽量刑情节，但是在司法实践中，被害人过错已然成为应当考量的酌定量刑情节。例如，根据 2000 年最高人民法院出台的《关于审理交通肇事刑事案件具体应用法律若干问题的解释》，肇事人负事故的主要责任或者同等责任的才构成犯罪，因此，如果被害人负事故的主要责任，则肇事人的行为将不构成犯罪。可见，对于某些具体案件，司法解释已经将被害人过错规定为从宽的量刑情节。另一方面，从刑法理论上来看，被害人过错也应当作为从宽处罚的根据。行为人的主观恶性与人身危险性是量刑的重要根据，而被害人过错则能够对这两个方面产生影响。主观恶性指的是行为人在主观上的道义谴责性，即从道德与道义上对行为人判处刑罚的必要性与应当性。而在被害人具有过错的案件中，因为被害人的过错是造成行为人产生实施杀人等行为想法的原因之一，所以从道义上看，行为人的可谴责性就会降低。人身危险性指的是行为人再犯的可能性，即再次实施相同性质犯罪的可能性。在这种案件中，由于被害人的过错是导致行为人实施犯罪行为的原因，所以在以后没有被害人过错的情况下，行为人再次实施相同犯罪的可能性显然会降低。因此，被害人的过错应当作为对犯罪人从宽处罚的根据。所以，辩护人才极力主张医院具有过错，以达到减免连恩青刑事责任的目的。

连恩青的辩护人提出，连恩青的病情在鼻部手术治疗后不仅没有得到缓解，反而产生各种并发症，连恩青多次治疗用尽其积蓄，到医院交涉投诉得不到足够重视，医院复查根本没有解决被告人的疑问，有敷衍行为，加深了被告人与医院的隔阂，医院方面存在过错。对此，最高人民法院的死刑复核刑事裁定书认定："连恩青的诊疗过程经浙江省台州市医学会、浙江省医学会鉴定，鉴定意见为医院不存在医疗过失。各被害人在医疗过程中并无过错。浙江省温岭市第一人民医院将连恩青的姓名、年龄等个人信息登记错误，复查期间又出具了并非当日检查的 CT 检查报告单，工作存在失误。医院对连恩青的病情进行了会诊，并对上述问题及连恩青的投诉事宜进行了解释和修正。各被害人对医院工作中出现的失误并无责任。"应当说，最高人民法院的这一认定是恰当的。首先，涉案医院对连恩青的诊疗是正常的。在温岭市第一医院治疗后，连恩青曾到杭州、上海及本地的其他医院作进一步检查，但是检查结果均显示其鼻子正常。并且，根据浙江省台州市医学会、浙江省医学会先后对诊疗过程中是否存在医疗事故所进行的鉴定，连恩青的症状符合手术指征，涉案医生对连恩青的手术方案是合理的并且手术过程及采取的措施正常，这可以说明涉案医院的手术是成功的，对连恩青的诊疗是恰当的。其次，涉案医院的工作过失不会影响到对连恩青的治疗。浙江省温岭市第一人民医院确实存在一些工作上的过失，包括个人信息登记错误、CT检查报告单出具错误等。但是，这些只是程序上的一些工作失误，并且不会对连恩青的诊疗产生实质性的影响。对连恩青的治疗并没有受到也不会受到这些错误的影响。最后，涉案医院对连恩青的投诉作出了积极的回应。对于连恩青的投诉，涉案医院并没有无动于衷，而作了一系列的工作，例如医院出面邀请杭州有关医院的专家对连恩青的鼻部疾病进行了会诊，对连恩青重新拍片，就病人使用同一张就诊卡到医院就诊拍片，拍出的CT片影像号相同等问题做了解释。可以说，涉案医院在整个过程中，虽然存在一些工作上的瑕疵，但是并不存在可以减免连恩青刑事责任的过错，因此，法院的认定是恰当的。

三、对连恩青判处死刑立即执行是否适当？

死刑是一直以来我国刑法实务界与理论界所探讨最多的话题之一。对于诸如连恩青这样影响重大的案件，死刑的判决必然会成为争议的焦点。死刑以剥夺犯罪分子的生命为内容，是最为严酷的刑罚，因此又被称作极刑。根据我国刑法典第48条的规定，死刑只能适用于罪行极其严重的犯罪分子。所谓罪行极其严重，是犯罪的性质极其严重、犯罪的情节极其严重、犯罪分子的主观恶性以及人身危险性极其严重的统一。具体而言，理论上对于“罪行极其严重”的考察因素包括：行为所侵害的法益是否重大；行为所造成的危害后果是否特别严重；犯罪的方法、手段是否特别残忍；犯罪情节是否特别恶劣（或特别严重）；犯罪人是否具有改造可能性和再犯可能性；犯罪动机是否恶劣；犯罪人是否有自首、立功行为等等。此外，根据刑法典第48条的规定，对于应当判处死刑的犯罪分子，如果不是必须立即执行的，可以判处死刑同时宣告缓期二年执行。换言之，对于罪行极其严重的犯罪分子，在符合条件的情况下，可以暂缓执行。何为“不是必须立即执行”，我国法律规范并没有作出具体规定，但是根据刑事审判经验，“不是必须立即执行”主要包括以下几种情况：犯罪后自首、立功或者有其他法定从轻情节的；在共同犯罪中罪行不是最严重的或者其他在同一或同类犯罪案件中罪行不是最严重的；被害人的过错导致犯罪人激情犯罪的；犯罪人有令人怜悯之情形的等等。总而言之，只有当行为人的罪行极其严重，并且不符合“不是必须立即执行”的条件时，才可能对其判处死刑立即执行。

对于本案而言，连恩青的行为无疑达到了罪行极其严重的标准，并且不符合“不是必须立即执行”的条件。首先，从犯罪的性质来看，连恩青所实施的是故意杀人行为，属于最为严重、最为典型的致命性暴力犯罪。故意杀人行为所侵犯的是公民的生命权，是我国刑法典分则第四章侵犯公民人身权利、民主权利罪中的首要罪名。因此，连恩青的犯罪性质是极其严重的。其次，从犯罪的情节来看，连恩青的行为造成了1人死亡（王云杰）、1人重伤（江晓勇）和1人轻伤（王伟杰）的结果。在对王云杰的侵害过程中，连恩青首先用铁锤打击王云杰的头部，并且在铁锤木把断裂后，又掏出尖刀捅刺王云杰。不仅如此，当王云杰向外逃脱时，连恩青并没有停止侵害，而是持刀追赶，并且在追赶到王云杰后连续捅刺王云杰背部和胸部等处。而后，在摆脱前来阻止连恩青的王伟杰后，继续捅刺王云杰的胸部。并且，连恩青的行凶地点是人来人往的医院，造成了极其恶劣的影响。可见，从死伤的情况、击打和捅刺的次数以及行凶的地点来看，连恩青的犯罪情节也是极其严重的。再次，从犯罪分子的主观恶性和人身危险性来看，连恩青事前有预谋而事后却没有悔改表现。连恩青曾于作案之前近3个月的时间，在自己家里墙上写下“王云杰林海勇死”的字样，并且准备了木柄铁锤和尖刀等工具。而从网络所曝光的连恩青亲笔信可以看出，连恩青在事后并没有悔改的表现。例如，连恩青在信中写道：“死刑！不但可以解脱我鼻部疾病难以忍受的折磨和洗刷看病就医所带来莫大的耻辱是最好最完美的方式。这般可遇不可求，有意义的归宿方式更能体现我卑微人生所作所为的价值。”可见，连恩青的主观恶性与人身危险性也是极其严重的。最后，连恩青也没有可以不必立即执行的理由。从整个案件来看，被害医生并没有过错，并且连恩青也没有自首、立功以及其他可以从宽处理的理由。虽然，在对江晓勇的侵害过程中，当得知捅刺的并不其想要侵害的林海勇时，立即中止了侵害，但是这仅仅是针对江晓勇的侵害而言，而对于王云杰和王伟杰来说，并不成立中止。因此，连恩青不符合死缓的适用条件。

四、医患之间的矛盾怎样才能有效化解？

王云杰之死引起了医务人员的强烈抗议：2013 年 10 月 28 日上午，在浙江温岭市第一人民医院内，数百名来自温岭医疗系统的医务人员举着医疗暴力“零容忍”、维护正常医疗秩序等牌子举行抗议，期望当地市政府领导关注医护人员人身安全，杜绝医院内出现医疗暴力；2013 年 10 月 29 日上午，包括台州、温州、杭州、嘉兴等浙江多个地市在内数家医院不约而同地举行悼念王云杰的活动，医护人员用横幅和标语来呼吁社会关注医务群体的人身安全；2013 年 10 月 29 日，台州市立医院上百名医护人员自发来到该院门诊大楼前静坐，以“拒绝暴力还我尊严”为口号以此声援。可以说，医务人员的抗议不仅是对王云杰医生不幸遭遇的哀痛以及对杀人凶手的愤恨，更是对安全、良好的医疗秩序的渴求。连恩青案件的发生，使我们不得不再次对如何化解医患之间的矛盾进行深入思考。

从情理上看，医生与患者应当是鱼水相容的关系。患者寻医，是为了摆脱病痛的折磨，医生治病，是为了还给患者一个健康的身体。但是，为何医生和患者之间会产生矛盾，甚至会酿成诸如连恩青案件的悲剧呢？事实上，造成这样的局面，医生与患者都有自身的原因。当一个人患有疾病时，本身就更容易形成消极的心理状态，加之某些患者较低的道德素质低以及对医生诊疗的误解，极易将病痛折磨以及治疗的失败所带来的负面情绪发泄到医生身上。而对于医务工作者而言，繁重的医疗任务所带来的压力使得医务工作者更容易变得焦躁，加之某些医务工作者医德不高以及治疗过程确实存在不应有的过错，一旦疾病无法被治愈，患者就可能将其内心的负面情绪不当地转化为对医务工作者的愤恨，从而做出过激的行为。换言之，医患双方都有不可推卸的主客观原因。当然，制度上的缺陷是激化医患矛盾的深层次原因。不可否认，医院的公益性不足以及国家对医保投入的不够，使得体制上的矛盾转嫁到了医患双方身上。总而言之，医患矛盾的产生具有多方面的原因。

那么，如何化解医患之间的矛盾呢？专家学者们提出了许多解决的办法，例如“官了、私了、官司了”、提高医患各方的素质、加强医患双方的沟通以及推进医疗体制改革等等。这些方法都具有一定参考与借鉴的价值。然而在法治社会中，将医患矛盾的解决纳入法制轨道无疑是恰当的。无论是医疗体制的改革，还是医患纠纷的解决，法治方法是处理医患矛盾不可缺少的重要组成。而作为其他法律的保障法，刑法在化解医患矛盾中应当充当怎样的角色呢？固然，对于诸如连恩青的极其恶劣的暴力杀医行为，我国刑法应当作出积极的回应。无论从法理还是情理来讲，对这种残忍的行为都应当严肃处理。但是，从长远来看，这并不是解决医患矛盾的根本之策。事实上，连恩青至死都没有对自己的行为感到后悔。刑法作为后盾法，具有谦抑刑，在国家的治恶体系中处于最后的位置。一旦需要动用刑罚来解决问题，证明医患矛盾已经达到了极其严重的程度。历史经验一次次地告诉我们，对于严重的犯罪行为，适当的从严打击是必要的，但是仅仅依靠从严惩处只能治标而无法治本。如果不从体制上采取根本性的改善措施，今天判处一个连恩青死刑，那么明天就可能出现另一个“连恩青”。对于医患矛盾来说，相对于事后惩罚相比，更重要的是事前的预防。加强医疗体制的基础建设以及提高医患双方的道德水平，可能较之于一味地严惩更能够化解医患之间的矛盾。

当然，连恩青案件对于我国刑事法治的进步是意义重大的。2014 年 4 月 22 日，连恩青案件发生后，最高人民法院、最高人民检察院、公安部、司法部、国家卫计委联合发布《关于依法惩处涉医违法犯罪维护正常医疗秩序的意见》，明确要求对相关涉医犯罪行为依法从严惩处。可见，连恩青案件之后，国家已经开始出台相关规定，从治理涉医违法犯罪行为的角度，来处理医患之间的矛盾。但是，可能我们更想看到的，并不是推动法治进程的诸如连恩青这样的悲剧性案件，而是一个更为和谐的医疗秩序。

周永康受贿、非法获取国家秘密、滥用职权案

【基本案情】

周永康，男，汉族，1942年12月生，江苏无锡人，原十七届中央政治局委员、常委。2014年7月29日，鉴于中共中央政治局原常委周永康涉嫌严重违纪，中共中央决定，依据《中国共产党章程》和《中国共产党纪律检查机关案件检查工作条例》的有关规定，由中共中央纪律检查委员会对其立案审查。2014年12月5日，中共中央政治局会议审议并通过中共中央纪律检查委员会《关于周永康严重违纪案的审查报告》，决定给予周永康开除党籍处分，对其涉嫌犯罪问题及线索移送司法机关依法处理。

2015年1月7日，周永康、蒋洁敏、李东生、李崇禧、申维辰等30人涉嫌犯罪被移送司法机关依法处理。后该案由最高人民检察院侦查终结，经依法指定管辖，移送天津市人民检察院第一分院审查起诉。2015年4月3日，天津市人民检察院第一分院向天津市第一中级人民法院提起公诉。检察机关在审查起诉阶段依法告知了被告人周永康享有的诉讼权利，并讯问了被告人周永康，听取了其辩护人的意见。天津市人民检察院第一分院起诉书指控：被告人周永康在担任中国石油天然气总公司副总经理，中共四川省委书记，中共中央政治局委员、公安部部长、国务委员和中共中央政治局常委、

中央政法委书记等职务期间，利用职务上的便利，为他人谋取利益，非法收受他人巨额财物；滥用职权，致使公共财产、国家和人民利益遭受重大损失，社会影响恶劣，情节特别严重；违反保守国家秘密法的规定，故意泄露国家秘密，情节特别严重，依法应当以受贿罪、滥用职权罪、故意泄露国家秘密罪追究其刑事责任。

2015 年 6 月 11 日，天津市第一中级人民法院依法对周永康受贿、滥用职权、故意泄露国家秘密案进行了一审宣判，认定周永康利用职务上的便利，受贿共计折合人民币 1.29772113 亿，进而判定周永康犯受贿罪，判处无期徒刑，剥夺政治权利终身，并处没收个人财产；周永康滥用职权，要求蒋洁敏、李春城为周滨、周锋、周元青、何燕、曹永正等人开展经营活动提供帮助，使上述人员非法获利 21.36 亿余元，造成经济损失 14.86 亿余元，致使公共财产、国家和人民利益遭受重大损失，犯滥用职权罪，判处有期徒刑 7 年；周永康违反保守国家秘密法的规定，在其办公室将 5 份绝密级文件、1 份机密级文件交给不应知悉上述文件内容的曹永正，犯故意泄露国家秘密罪，判处有期徒刑 3 年，三罪并罚，决定执行无期徒刑，剥夺政治权利终身，并处没收个人财产。周永康当庭表示服从法庭判决，不上诉。①

【法理分析】

举世瞩目的党和国家前领导人周永康案件，于 2015 年 5 月 22 日经天津市第一中级人民法院不公开审理，并于 2015 年 6 月 11 日公开宣判。因周永康在一审宣判后明确表示不上诉，此案在经过法定期限后即落下帷幕。这起具有重大社会影响案件的审判彰显了我国厉行法治的治国理念、公平公正的司法原则和强力反腐的坚定决心，对于我国全面推进依法治国具有重要的促进作用，也及时回应了中外的广泛关注和我国人民群众的合理期盼，因而必将具有极其深远的积极意义。本案无论是在刑事诉讼程序方面，

---

① 案情详见“周永康一审被判处无期徒刑”，新华网 http://news.xinhuanet.com/legal/2015-06/11/c_1115590304.htm.

还是涉及相关犯罪的定罪量刑问题方面，均有必要进行认真观察和思考。

一、关于本案的刑事诉讼程序问题

刑事诉讼程序公正是刑事案件审判公正的前提和基础。周永康案一审在诉讼程序上有以下几个问题值得关注：

第一，关于指定管辖与异地审判。周永康案经最高人民检察院侦查终结后指定天津市人民检察院第一分院审查起诉，并由最高人民法院指定天津市第一中级人民法院一审管辖。我国《刑事诉讼法》第26条规定了人民法院的指定管辖制度，而经由指定管辖后进行的异地起诉与异地审判也是我国近年来在反腐败过程中对于高官腐败案件进行审理时通常采用的司法惯例。通过将案件指定给与涉案高官无直接关系地区的法院进行审理，有助于排除非法干扰，确保案件的公正审判，还能消除部分社会公众对于审判公正的担忧和误解，从而会提升司法公信力与权威性。[①] 之前的薄熙来案由山东省济南市中级人民法院一审，刘铁男案由河北省廊坊市中级人民法院一审，均属于此种情形。周永康案不在其曾经工作过的北京、四川等对其犯罪具有管辖权的省区法院进行审理，而由与其无直接关联的天津法院审理，从而有助于排除干扰和公正审判。

第二，关于不公开审理与公开宣判。2015年4月3日，天津市人民检察院第一分院将周永康案起诉至天津市第一中级人民法院；2015年5月22日，天津市第一中级人民法院依法对周永康案进行了不公开开庭审理。众所周知，审判公开是我国刑事诉讼法的一项基本原则，也是保障审判民主性、公正性的重要措施。[②] 我国《宪法》第125条和《刑事诉讼法》第11条均规定，人民法院审理案件，除法律规定的特殊情况外，一律公开进行。那么，为什么对周永康案件要采用不公开审理？我国《刑事诉讼法》第183条和第

---

① 参见赵秉志、彭新林：《我国当前惩治高官腐败犯罪的法理思考》，载《东方法学》2012年第2期。

② 参见志平：《审理薄熙来案：经得起事实和法律检验》，载《法制日报》2013年8月27日。

274条则规定了刑事案件审判公开的例外情形，包括：有关国家秘密或者个人隐私的案件，不公开审理；审判时被告人未满18周岁的案件，不公开审理；涉及商业秘密的案件，当事人申请不公开审理的，可以不公开审理。周永康被提起公诉的三项罪名中，除故意泄露国家秘密罪必然与国家秘密有关外，受贿罪和滥用职权罪中也可能有涉及国家秘密的事实或证据，因此天津市第一中级人民法院对周永康案采用全案不公开审理的做法是符合我国刑事诉讼法的规定的。值得一提的是，根据我国《刑事诉讼法》第196条的规定，即使是不公开审理的案件，宣告判决也应一律公开，这是为了在保护国家秘密和个人隐私的前提下尽量提升审判的公开性和透明度。本案于2015年6月11日进行了公开宣判并通过新闻媒体及时公布一审判决结果，也体现了法院对保障公民知情权的重视。

第三，对被告人合法权利的保障与程序公正问题。程序公正是公正审判的内容，程序公正不但有助于保障实现审判结果的公正，还能直接体现司法活动的法治、民主和文明。程序公正包含一系列内容，其中最为重要的莫过于严格遵守刑事诉讼法的规定和保障被告人的合法权利，尤其是其辩护权。在周永康案件立案后审判前和一审过程中，办案机关都严格遵守刑事诉讼法的相关规定，保障了被告人的合法权利。天津市第一中级人民法院受理该案后，及时向周永康送达了起诉书副本并告知其相关诉讼权利，保障了被告人的知情权。在开庭审理前，周永康委托的两位律师多次会见周永康本人并查阅了全案卷宗，保障了被告人委托辩护律师以及辩护律师的会见权与阅卷权，使法庭辩护能够建立在了解控方的指控及其所依据的证据并进行充分准备的基础之上。在法庭审理过程中，在周永康被提起公诉的三项犯罪中，前两项主要犯罪（受贿罪、滥用职权罪）均有对定罪量刑有重大影响的关键证人（吴兵、蒋洁敏）出庭作证，并接受控辩双方的交叉询问，遵循了法庭审理的直接言词原则并保障了被告人对于已不利证人的质证权；法庭还播放了周永康长子周滨、妻子贾晓烨作证的录像，宣读、出示了相关证人证言、书证、物证、照片、鉴定意见等，对所指控的犯罪进行证实和接受质证。法庭审理过程始终给予周永康及其辩护人充分的辩解和发表辩护意见的机会，从而使最终的判决建立在平等对抗、兼听则明的基础之上。这些诉讼程序与做法都有助于实现程序公正。

二、关于本案受贿罪的定罪量刑问题

受贿罪是严重的腐败犯罪，也是周永康案涉及的三个罪名中的主罪。周永康被一审判决以受贿罪判处了无期徒刑。那么，应当怎样看待本案中受贿罪的定罪量刑？

（一）关于周永康受贿行为的定罪

鉴于本案判决发生在《刑法修正（九）》出台之前，对周永康的受贿行为适用的是这之前的 1997 年刑法典。根据我国 1997 年刑法典第 385 条的规定，受贿罪是指国家工作人员利用职务上的便利，索取他人财物，或者非法收受他人财物，为他人谋取利益的行为。刑法典第 386 条规定，对犯受贿罪的，根据受贿所得数额及情节，依照本法第 383 条（即贪污罪的法定刑幅度）的规定处罚。1997 年刑法典第 383 条第 1 款规定，个人贪污数额在 10 元以上的，处 10 年以上有期徒刑或者无期徒刑，可以并处没收财产；情节特别严重的，处死刑，并处没收财产。就周永康案来说，法院经审理查明，周永康利用职务上的便利，为吴兵、丁雪峰、温青山、周灏、蒋洁敏谋取利益，收受蒋洁敏给予的价值人民币 73.11 万元的财物，周滨、贾晓晔收受吴兵、丁雪峰、温青山、周灏给予的折合人民币 1.29041013 亿元的财物并在事后告知周永康，其受贿共计折合人民币1.29772113 亿元。综合考虑周永康受贿的事实、犯罪的性质、情节和对于社会的危害程度，法院依法以受贿罪判处周永康无期徒刑，剥夺政治权利终身，并处没收个人财产。这一判决认定的案件事实清楚，证据确实、充分，定罪正确，量刑适当。

构成受贿罪，要求行为人主观上有受贿的故意，客观上实施了利用职务便利，索取他人财物，或者非法收受他人财物，为他人谋取利益的行为。就周永康案来说，周永康受贿的犯罪事实主要包括两部分：一是周永康本人直接收受蒋洁敏给予的价值人民币 73.11 万元的财物;二是周永康近亲属周滨、贾晓晔收受吴兵、丁雪峰、温青山、周灏给予的折合人民币 1.29041013 亿元的财物并在事后告知周永康。这两部分受贿共计折合人民币 1.29772113亿元。前者是典型的个人单独受贿;后者属于事后认可的共同受贿。无论是个人受贿还是共同受贿,都具备权钱交易的本质特征,其行为都会损害国家工作人员职务的廉洁性。从主观方面看,周永康具有受贿的犯罪故意,即他明知利用职务上的便利非法收受他人财物并为他人谋取利益的权钱交易行为必然会损害国家工作人员职务的廉洁性,仍希望并追求这一结果的发生。从客观方面看,周永康利用其曾担任党和国家重要领导职务的职务便利,非法直接收受蒋洁敏给予的价值人民币 73.11 万元财物,事后知情并认可周滨、贾晓晔收受吴兵、丁雪峰、温青山、周灏给予的折合人民币 1.29041013 亿元的财物,并且为吴兵、丁雪峰、温青山、周灏、蒋洁敏谋取利益。值得注意的是,相比于周永康直接收受蒋洁敏给予的价值人民币 73.11 万元的财物而言,周永康事后知情并认可其近亲属收受吴兵等人给予的折合人民币达 1.29041013 亿元的财物,这一受贿形式更具有隐蔽性和复杂性。由于周永康与周滨、贾晓晔乃是父子、夫妻关系,这种特定关系人关系的紧密性、经济的关联性和活动的隐蔽性,使得对这种新型受贿犯罪的证明、发现和查处,显然要比传统型受贿犯罪难度更大,任务也更为艰巨。[①] 根据有关司法解释的规定和精神,国家工作人员利用职务上的便利,为请托人谋取利益,其特定关系人收受请托人给予的财物,国家工作人员事后知道并予以认可的,对该国家工作人员应以受贿罪论处。周永康收受的绝大部分贿赂,就属于这种情况。因此,周永康的相关行为完全符合受贿罪的构成要件,应当以受贿罪追究其刑事责任。

(二) 关于周永康受贿罪的量刑

关于周永康受贿罪的量刑,法院以受贿罪判处周永康无期徒刑,剥夺政

---

① 参见赵秉志:《中国反腐败刑事法治的若干重大现实问题研究》,载《法学评论》2014 年第 3 期。

治权利终身,并处没收个人财产。这一刑罚裁量是妥当的,可谓罚当其罪,罪刑相称,体现了宽严相济的精神。法院之所以没有以受贿罪判处周永康死刑,关键是没有认定周永康所犯受贿罪为"情节特别严重",若作此认定依法就必须判处死刑(包括死缓)。对于受贿罪的"情节特别严重",尚未有司法解释予以明确界定,一般认为可以包括下属情形:数额特别巨大;犯罪集团的首要分子;因犯罪行为造成其他严重后果或者极其恶劣的社会影响,如因受贿为行贿人谋利益而造成国家、社会的重大损失等等。周永康受贿高达折合人民币 1.29772113 亿元,当属受贿数额特别巨大,由此而认定为"情节特别严重"也似无不可;但受贿罪的处罚规定特别强调要结合受贿数额及情节考虑,不能单纯以受贿所得数额多少决定刑罚的轻重,而本案的受贿除数额特别巨大以外其他情节并不严重,并且周永康归案后能如实供述自己的罪行,认罪悔罪,且绝大部分贿赂系其亲属收受且其系事后知情,案发后主动要求亲属退赃且受贿款物全部追缴,即他具有"坦白罪行"这一法定的从轻处罚情节和事后知情型受贿、主动退赃等多个酌定的从轻处罚情节,若认定为"情节特别严重"则是过分强调了数额而未注意其他从宽情节;更为重要的是我国近年来正进行死刑改革,尤其强调对非暴力犯罪要严格限制、努力减少死刑的适用。综合考虑上述情况,一审法院没有认定周永康所犯受贿罪属于"情节特别严重",这样也就避免了适用死刑(包括死缓),进而依法判处其无期徒刑,这是符合我国量刑原则和规则的,也是符合本案受贿罪的实际危害程度的。

三、关于本案滥用职权罪的定罪量刑问题

滥用职权罪是渎职罪的基本类型。本案中,法院认定周永康犯滥用职权罪,判处其有期徒刑 7 年。法院的这一判决具有充分的事实和法律根据。

(一) 关于周永康滥用职权行为的定罪

根据刑法典第 397 条的规定,国家机关工作人员滥用职权,致使公共财

产、国家和人民利益遭受重大损失的，构成滥用职权罪。本案中，周永康作为国家机关工作人员，超越职权，违法处理其无权处理的事项，造成特别严重后果，应成立滥用职权罪。

第一，周永康的行为显系滥用职权行为。根据最高人民检察院《关于渎职侵权犯罪案件立案标准的规定》，滥用职权行为客观上表现为国家机关工作人员超越职权，违法决定、处理其无权决定、处理的事项，或者违反规定处理公务，致使公共财产、国家和人民利益遭受重大损失的行为。本案中，周永康的滥用职权行为主要体现在两方面：一是超越职权范围。根据法院认定的事实，周永康私自要求蒋洁敏、李春城为周滨、周锋、周元青、何燕、曹永正等人开展经营活动提供帮助。在职权范围上，周永康的行为超越了其作为国家政法机关主要领导人的职权范围。二是违法处理其无权处理的事项。本案中，周永康作为国家政法机关的主要领导人，根本无权处理有关他人开展经营活动的事项。周永康要求蒋洁敏、李春城为他人开展经营活动提供帮助，在职权的内容上属于违法处理其无权处理的事项。

第二，周永康滥用职权的行为致使公共财产、国家和人民利益遭受重大损失。最高人民法院、最高人民检察院 2012 年 12 月 7 日公布的《关于办理渎职刑事案件适用法律若干问题的解释（一）》第 1 条第 1 款规定："国家机关工作人员滥用职权或者玩忽职守，具有下列情形之一的，应当认定为刑法第三百九十七条规定的'致使公共财产、国家和人民利益遭受重大损失'：（一）造成死亡 1 人以上，或者重伤 3 人以上，或者轻伤 9 人以上，或者重伤 2 人、轻伤 3 人以上，或者重伤 1 人、轻伤 6 人以上的；（二）造成经济损失 30 万元以上的；（三）造成恶劣社会影响的；（四）其他致使公共财产、国家和人民利益遭受重大损失的情形。"本案中，周永康要求蒋洁敏、李春城为周滨、周锋、周元青、何燕、曹永正等人开展经营活动提供帮助，使上述人员非法获利 21.36 亿余元，造成经济损失 14.86 亿余元。其行为造成的后果远远超出上述"两高"司法解释关于滥用职权罪后果的认定标准，应成立滥用职权罪。

（二）关于周永康滥用职权罪的量刑

关于滥用职权罪的量刑，刑法典第397条第1款规定，滥用职权情节特别严重的，处3年以上7年以下有期徒刑。本案中，法院以周永康滥用职权犯罪情节特别严重为由，判处其有期徒刑7年，这一量刑是适当的。

关于滥用职权"情节特别严重"的标准，最高人民法院、最高人民检察院2012年12月7日公布的《关于办理渎职刑事案件适用法律若干问题的解释（一）》第1条第2款规定："具有下列情形之一的，应当认定为刑法第三百九十七条规定的'情节特别严重'：（一）造成伤亡达到前款第（一）项规定人数3倍以上的；（二）造成经济损失150万元以上的；（三）造成前款规定的损失后果，不报、迟报、谎报事故情况，致使损失后果持续、扩大或者抢救工作延误的；（四）造成特别恶劣社会影响的；（五）其他特别严重的情节。"本案中，周永康滥用职权造成经济损失14.86亿余元，是上述解释中"造成经济损失150万元"的近千倍，同时周永康的滥用职权行为还具有徇私情节，导致周滨、周锋、周元青、何燕、曹永正等人非法获利21.36亿余元，显系情节特别严重。因此，法院认为，周永康对其所犯的滥用职权罪"虽具有认罪悔罪情节，但不足以从轻处罚"，故判处周永康有期徒刑7年，可谓量刑适当。

四、关于本案故意泄露国家秘密罪的定罪量刑问题

故意泄露国家秘密罪是特定的渎职犯罪。本案中，法院以周永康犯故意泄露国家秘密罪，判处其有期徒刑4年，定罪准确，量刑适当。

（一）关于周永康故意泄露国家秘密行为的定罪

根据刑法典第398条第1款的规定，国家机关工作人员违反保守国家秘密法的规定，故意泄露国家秘密，情节严重的，构成故意泄露国家秘密罪。本案中，法院认定周永康故意泄露5份绝密级和1份机密级国家秘密，据此以故意泄露国家秘密罪对其进行定罪，定性准确。

第一，周永康的行为属于泄露国家秘密。根据最高人民检察院《关于渎职侵权犯罪案件立案标准的规定》，故意泄露国家秘密在客观上表现为国家机关工作人员或者非国家机关工作人员违反保守国家秘密法，故意使国家秘密被不应知悉者知悉，或者故意使国家秘密超出了限定的接触范围。本案中，周永康违反保守国家秘密法的规定，在其办公室将5份绝密级文件、1份机密级文件交给不应知悉上述文件内容的曹永正，系故意使国家秘密被不应知悉者知悉，属于故意泄露国家秘密。

第二，周永康泄露国家秘密的情节严重。关于泄露国家秘密的情节严重，最高人民检察院2006年7月26日发布的《关于渎职侵权犯罪案件立案标准的规定》列明了八种情形。其中就包括"故意泄露绝密级国家秘密1项（件）以上"或者"泄露机密级国家秘密2项（件）以上"。本案中，周永康故意泄露国家绝密级文件5份、机密级文件1份，其情节达到了故意泄露国家秘密情节严重的标准，应成立故意泄露国家秘密罪。

（二）关于周永康故意泄露国家秘密罪的量刑

根据刑法典第398条的规定，国家机关工作人员违反保守国家秘密法的规定，故意泄露国家秘密，情节特别严重的，处3年以上7年以下有期徒刑。本案中，周永康故意泄露国家秘密的行为既有从严处罚的情节，又有从宽处罚的情节。法院以故意泄露国家秘密罪判处周永康有期徒刑4年，量刑适当。

第一，周永康故意泄露国家秘密的行为属情节特别严重。当前我国尚没有关于故意泄露国家秘密情节特别严重的规定。但最高人民检察院2002年1月1日施行的《人民检察院直接受理立案侦查的渎职侵权重特大案件标准（试行）》将"故意泄露绝密级国家秘密二项以上，或者泄露机密级国家秘密五项以上，或者泄露秘密级国家秘密七项以上"作为故意泄露国家秘密的"特大案件"。同时，最高人民法院、最高人民检察院2012年12月7日公布的《关于办理渎职刑事案件适用法律若干问题的解释（一）》对滥用职权、玩忽职守类犯罪之"情节特别严重"的量刑标准大体上掌握为"情节严重”标准的三至五倍以上。本案中，周永康故意泄露国家绝密级文件5份、机密级文件1份，其中绝密级国家秘密的文件份数已达到了上述“特大案件”的标准，并系故意泄露国家秘密“情节严重”的五倍，应属于故意泄露国家秘密情节特别严重，对其应在“三年以上七年以下有期徒刑”的幅度内量刑。

第二，周永康故意泄露国家秘密行为未造成特别严重后果，可对其适当从宽处罚。危害后果是故意泄露国家秘密罪量刑的重要情节。本案中，根据法院的认定，周永康故意泄露国家秘密的行为虽然情节特别严重，但因其所泄露的秘密材料未被继续扩散，未造成特别严重的后果，可在“三年以上七年以下有期徒刑”的幅度内对其适当从轻处罚。

因此，法院判决周永康犯故意泄露国家秘密罪，并综合考虑其犯罪情节，判处其有期徒刑4年，可谓定性准确，量刑适当。

最后谈谈周永康案的数罪并罚和实际执行刑罚问题。我国刑法典第69条规定，判决宣告以前一人犯数罪的，数刑中最高刑为死刑或者无期徒刑的，采取吸收原则，只执行死刑或者无期徒刑，其他主刑不再执行。本案中，周永康因犯受贿罪被判处无期徒刑，因滥用职权罪被判处有期徒刑七年，因故意泄露国家秘密罪被判处有期徒刑四年。法院根据吸收原则，对周永康决定执行无期徒刑，剥夺政治权利终身，并处没收个人财产，符合我国刑法中数罪并罚制度的规定。而法院对周永康所犯三罪严格以事实为根据、以法律为准绳进行定罪和量刑，体现了刑法对其犯罪行为的否定评价，彰显了现代法治精神。

南京虐童案

【基本案情】

2015年4月2日，南京市公安局高新分局街道辖区某学校老师反映，称该校学生施某身上有多处表皮伤，怀疑遭受其养母殴打所致。随后，网友“朝廷半日闲”在其新浪微博上发布了一组男童被虐打的照片，照片中男童的背部、腿部、脚部、脸部等布满了伤痕。该组照片还配有文字说明，“父母南京某区人，男童于6岁合法收养，虐待行为自去年被校方发现，最初以为是偶尔情况没好多说。近日男童班主任看男童伤情日渐严重，性格也随之大变，出现畏惧人群等心理行为。班主任及任课老师在多方努力无果后，恳请大伙协助”。微博发布之后，立即引发网友大量转发讨论。4月4日，经公安机关电话通知，施某某的养母李征琴带施某某到派出所接受调查，随即让法医对施某某进行了伤情鉴定。4月5日凌晨，李征琴因涉嫌故意伤害罪被公安机关依法刑事拘留。

2015年7月20日，南京市浦口区人民检察院以李征琴涉嫌故意伤害罪提起公诉。同年9月28日，南京市浦口区人民法院公开开庭审理了此案。

公诉机关指控，2013年6月，被告人李征琴与其丈夫施某斌通过安徽省来安县民政局办理了收养施某某(男，2006年9月2日生)的手续，并将其带回本市抚养。2015年3月31日晚，在位于本市高新技术开发区星火南路2号9幢一单元某室的家中，李征琴认为施某某考试作弊、未完成课外阅读作业且说谎，先后使用抓痒耙、跳绳对施某某进行抽打，造成施某某体表分布范围较广泛的挫伤。经南京市公安局物证鉴定所鉴定，施某某躯干、四肢等部位挫伤面积为体表面积的10%，其所受损伤已构成轻伤一级。案发后，被告人李征琴于2015年4月4日经公安机关电话通知后到案接受调查，并如实供述了自己的主要罪行。被告人李征琴作为养母，因家庭教育方式不当，故意伤害被害人施某某身体，且造成施某某的损伤程度达到轻伤一级的严重后果，其行为符合《刑法》第234条第1款的规定，构成故意伤害罪。根据《刑事诉讼法》第279条的规定，建议对其从宽处罚。

被告人李征琴及其辩护人辩称：一是本案所涉法医学人体损伤程度鉴定书程序违法，该鉴定并非由两名鉴定人独立完成，背离鉴定规则的独立原则。该鉴定书鉴定意见关于"挫伤"定义采纳的标准错误，应当优先适用公安部刑事侦查局编写的《人体损伤程度鉴定标准释义》(以下简称《释义》)及司法部编写的《人体损伤程度鉴定标准适用指南》(以下简称《适用指南》)的权威解释。据此，"皮内出血"不属于"挫伤"，故施某某的伤情不构成轻伤，应认定李征琴无罪。二是《最高人民法院、最高人民检察院、公安部、司法部关于依法办理家庭暴力犯罪案件的意见》(以下简称《意见》)第8条规定了被害人程序选择权，施某某及其生父母已经表达了不追究李征琴刑事责任的意见，应尊重被害人的程序选择，撤销该案件。三是根据未成年人利益最大化原则，应尊重施某某希望与李征琴共同生活的意愿，保障施某某的现有生活条件。

法院经审理查明，被告人李征琴与施某斌于2010年登记结婚，婚前双方各有一女，2012年下半年，李征琴夫妇将李征琴表妹张某某的儿子即被害人施某某(男，原籍安徽省来安县，案发时8周岁)带回本市抚养，施某某自此即处于李征琴的实际监护之下。2013年6月，李征琴夫妇至安徽省来安县民政局办理了收养施某某的手续。2015年3月31日晚，李征琴因认为施某某撒谎，在其家中先后使用竹制"抓痒耙"、塑料制"跳绳"对施某某进行抽打，造成施某某体表出现范围较广泛的150余处挫伤。经南京市公安局物证鉴定所鉴定，施某某躯干、四肢等部位挫伤面积为体表面积的10%，其所受损伤已构成轻伤一级。

案发后，被告人李征琴于2015年4月4日经公安机关电话通知后主动到案接受调查。

另查明，案发后，公安机关依法从安徽省来安县民政局调取了收养人提交的收养材料，其中“收养当事人无子女证明”所盖印章与有权作出证明的单位印章不一致。被害人施某某的生父母张某某、桂某某与被告人李征琴达成和解协议，并对李征琴的行为表示谅解。

法院认为，被告人李征琴故意伤害被害人施某某的身体，造成施某某轻伤一级的严重后果，其行为已构成故意伤害罪。案发后，李征琴经公安机关通知后主动到案，如实供述主要罪行，构成自首，依法可以从轻处罚；取得被害人施某某及其生父母的谅解，酌情可以从轻处罚。

2015年9月30日，江苏省南京市浦口区人民法院作出一审宣判：被告人李征琴故意伤害被害人施某某的身体，造成施某某轻伤一级的严重后果，其行为已构成故意伤害罪。案发后，李征琴经公安机关通知后主动到案，如实供述主要罪行，构成自首，依法可以从轻处罚；取得被害人施某某及其生父母的谅解，酌情可以从轻处罚。以故意伤害罪判处被告人李征琴有期徒刑6个月。

一审宣判后，李征琴提出上诉，请求改判无罪，并表示希望能继续收养案件被害人施某某。2015年11月20日，江苏省南京市中级人民法院裁定驳回李征琴的上诉，维持原判。

2016年3月13日，李征琴刑满出狱。

【法理分析】

以往，我国司法机关很少介入家庭暴力事件，通常情况下都是由受害人主动提起自诉，而检察机关主动提起公诉的情况并不多见。本案作为一起因家庭教育方式不当而引发的刑事案件，具有一定的普法意义。“不打不成器”、“棍棒底下出孝子”、“虎妈”、“狼爸”等教育理念，说到底根源于传统的家庭结构关系，父母将子女视为自己的私有财产而享有处置权。司法的介入，实际上是对这种传统家庭教育模式提出了挑战。根据我国法律的规定，父母对未成年子女有抚养教育的义务，但子女并非任何人的私有财产，其生命健康、人格尊严等基本权利不受任何非法侵犯，法律不允许任何人以教育、发展等需要为由牺牲未成年人基本权利的行为。国家是未成年人的最高监护人，对于父母或其他监护人漠视未成年子女的基本权利，实施侵害子女的行为，国家有权力亦有责任进行监督和干预，这才是对未成年人利益最大化原则的法律体现。

一、事实争议：男童的伤情是轻伤还是轻微伤？

在一审的庭审过程中，男孩的伤情究竟是轻伤还是轻微伤，成为控辩双方争议的焦点。“轻伤”与“轻微伤”之间仅一字之差，能有多大差别？根据我国刑法的规定，伤害他人造成轻伤以上的，构成故意伤害罪，而伤害他人造成轻微伤的，只能按照《治安管理处罚法》进行处罚。因此，被告人李征琴是否构成犯罪，直接取决于男童的伤情达到何种程度。

在法庭上，公诉机关出示了南京市公安局出具的“法医人体损伤程度鉴定书”，证明施某某的躯干、四肢等部位见多处以条形或“U”形中空状皮内出血为主的挫伤，其损伤符合圆柱形的细条状工具作用形成，其挫伤所分布的范围虽然较广泛，但大多数损伤表现为形态和边界清晰、不伴肿胀、稀疏排列的皮内出血，损伤之间正常皮肤的皮下组织及肌肉并没有挫伤出血，因而其挫伤面积应以皮内出血面积计算，为体表面积的10%。根据人体损伤程度鉴定标准的相关条款规定，体表损伤达到体表面积的10%，就构成轻伤一级。当时施某某尚不满9岁，应当按照成年人的60%计算，施某某体表损伤达到6%，已构成轻伤一级。此外，从法医检查照片可见，施某某全身除臀部以外，均出现了不同面积挫伤。同时，其左耳内有出血点，右手指、右手掌均出现皮肤结痂脱落情况。

对于这一鉴定结果，被告人李征琴当庭表示异议，认为鉴定程序不合法，要求申请重新鉴定。李征琴称："他（法医）说孩子的体表伤用眼睛看后达到 6%，就凭这个没有盖章的、用眼睛的估算达到 6%就进行立案并刑事拘留，是违法的"。李征琴的辩护律师表示，本案鉴定并非由两名鉴定人独立完成，违背了鉴定独立原则，属鉴定程序违法。这就产生了鉴定程序是否合法的问题。根据我国《司法鉴定程序通则》的第 19 条规定，"司法鉴定机构对同一鉴定事项，应当指定或者选择二名司法鉴定人共同进行鉴定；对疑难、复杂或者特殊的鉴定事项，可以指定或者选择多名司法鉴定人进行鉴定。"之所以规定司法鉴定人必须是两名以上，完全是出于保障鉴定结果质量的考虑。后来，经法院审理查明，鉴定程序是由多个环节构成，伤情检查、拍照固定等仅仅是鉴定中的部分环节，而且在鉴定的过程中，还有拍照人员、办案人员等其他参与人的见证，可以证明伤情照片是法医张某以科学方法拍摄，法医贾某虽然没有参与伤情检查，但对法医张某的检查结果进行了审核确认，二人经共同研究作出鉴定结论，符合法律规定的"共同鉴定"要求，因此该案的鉴定程序是合法有效的。

另外，对于鉴定结论的效力，被告人李征琴及其辩护律师提出，"皮下出血"不属于《人体损伤程度鉴定标准》中的"挫伤"，因而施某某的伤情不构成轻伤。对此，李征琴专门委托了法医鉴定专家胡志强出庭，向法庭阐述其对施某某的伤情应评定为轻微伤的看法。胡志强解释，施某某的右腹部、右胸部、左肩部、背部、双上肢、双下肢等部位的皮内出血不应当按挫伤评价，其损伤不构成轻伤（包括一级、二级），应当评定为轻微伤。目前，关于《人体损伤程度鉴定标准》所指的挫伤，有两个权威的解释：一是公安部刑事侦查局编著的《人体损伤程度鉴定标准释义》，另一个是司法部司法鉴定管理局组织编写的《人体损伤程度鉴定标准适用指南》。据此，体表挫伤构成轻伤，不仅要符合"皮下出血"的损伤深度标准，还要达到体表面积数值标准，即必须"量"与"质"同时达标才能评定为轻伤。在本案中，虽然施某某的体表损伤面积已经达到 6%的标准，但损伤的深度标准还没有达到。因为人体的皮肤可以分为表皮、真皮和皮下，根据公安机关提供的鉴定结论，施某某的损伤以“皮内出血”为主，即损伤主要形成于皮肤的外在表层，而且施某某在受伤后能够正常学习生活，这充分说明其损伤没有达到“对于人身健康有中度伤害”以及造成其他“器官功能部分障碍”的损伤程度。① 因此，施某某的伤情应当评定为轻微伤。

对此，法院认为，目前对于“挫伤”的概念并没有法律、法规以及司法解释的明确规定。根据现有的法医学理论通说，挫伤包括皮内和（或）皮下及软组织出血，该概念在法医学理论沿革中亦未曾变更。《法医病理学》系卫生部规划的法医学科专业教材，在无任何法律法规和行业规范的情况下，将教科书作为医学鉴定的依据，是鉴定中通常做法，而被告人李征琴及其辩护律师所引用的《人体损伤程度鉴定标准释义》及《人体损伤程度鉴定标准适用指南》既非规范性法律文件，亦非有权机关所作司法解释，其仅系学术观点的一种，虽可在鉴定时作为参考，但不能当然否定教科书作为鉴定理论依据的通行做法。最终，法院没有采纳被告人李征琴及其辩护律师的意见，并认定施某某的伤情属于轻伤。

二、定罪争议：李征琴的行为构成故意伤害罪还是虐待罪？

据媒体报道，这次事件并非是施某某第一次被打。自 2014 年 6 月，民警接到接到施小宝学校陈老师的反映，老师发现施某某脸上有被打造成的淤青痕迹。2014 年 9 月，陈老师再次致电潘超，反映施某某被李征琴殴打，造成身上受伤。直到这次事件的发生，才意识到问题的严重性。从媒体报道的安全来看，施某某身上的伤痕并不是一次伤害留下的，很多属于陈年旧伤。② 对此，社会公众质疑李征琴的行为是否构成虐待罪。但检察机关是以故意伤害罪的罪名提起公诉的，说明检察机关在虐待罪方面的证据并不

① 参见张淑玲：《孩子伤势是否达到轻伤?》，http://epaper.jinghua.cn/html/2015-09/29/content_239514.htm，2017 年 5 月 2 日。

② 参见谷岳飞：《南京虐童案涉事男童：不恨养母都是为了我好》，http://news.xinhuanet.com/legal/2016-03/23/c_128825333.htm，2017 年 5 月 2 日。

充足。那么,故意伤害罪与虐待罪有何区别呢?

在刑法理论中,故意伤害罪是指故意非法伤害他人身体的行为。不同于一般的殴打行为造成轻微或暂时的伤痛,故意伤害必须达到轻伤以上的程度,即破坏他人人体组织的完整性和人体器官的正常机能。而虐待罪是指以打骂、冻饿、强迫过度劳动、有病不予治疗、限制自由、凌辱人格等手段,对共同生活的家庭成员从肉体上和精神上进行摧残、折磨、情节恶劣的行为。可见,故意伤害罪与虐待罪在犯罪构成要件上具有一定的相似性,例如两罪均是故意犯罪,均是侵害他人的身体健康权。

故意伤害罪与虐待罪的不同点在于:故意伤害罪的主观方面是出于损害他人身体健康的目的,而虐待罪的主观方面则是出于对他人进行肉体上和精神上的摧残、折磨或迫害的目的;故意伤害罪的客观方面通常表现为一次性的加害行为,而虐待罪则是一种经常性、持续性和反复性的加害行为。虐待行为所造成的可以是肉体上的摧残,如殴打、冻饿、强迫过度劳动、有病不予治疗等,也可以是精神上的折磨,如侮辱、咒骂、讽刺、不让参加社会活动等。虐待的方式可能是上述手段同时使用,也可能单独使用或交替使用。因为虐待行为对家庭成员的身心伤害并非一朝一夕,而是日积月累地造成的,不能仅凭偶尔为之的一次行为定罪。因此,成立故意伤害罪只需要行为人实施的伤害行为达到轻伤以上即可,而成立虐待罪还必须达到"情节恶劣"的程度。在司法实践中,对于虐待罪中"情节恶劣"的认定通常需要结合以下几个方面综合认定,例如虐待行为的时间较长、次数较多,虐待的手段残忍,虐待造成他人轻微伤或者患有较为严重的疾病,对未成年人、残疾人、孕妇、哺乳期妇女、老年人或者重病患者实施较为严重的虐待行为等,均属于"情节恶劣"的情形。此外,故意伤害罪属于公诉犯罪,而虐待罪属于告诉才处理的犯罪。之所以会出现这种差别,主要在于在设立虐待罪时,考虑到家庭亲属关系不同于一般社会关系,受虐待者最终是要回归家庭的,便将一般情形下的虐待罪设置为告诉才处理的犯罪,而在致使他人重伤、死亡的情况下,则不适用于"告诉才处理"的规定、所谓致使他人重伤、死亡,是指由于被害人经常遭受虐待,身体逐渐造成严重损害或导致死亡,或者由于被害人不堪忍受虐待而自杀、自伤，导致身体造成严重损害或死亡的情形。

在司法实践中，判定虐待罪所面临的最大困境是对虐待行为的取证非常困难。根据媒体的报道，被告人李征琴频繁打骂施某某的行为已经涉嫌虐待罪，但缺乏足够的证据来支持，因而公诉机关选择以故意伤害罪的罪名提起公诉。在本案中，被告人李征琴因认为施某某撒谎，在其家中先后使用竹制“抓痒耙”、塑料制“跳绳”对施某某进行抽打，导致施某某遭受轻伤。从整体上看，李征琴的行为属于一个完整的伤害行为。在主观方面，李征琴是出于惩罚的动机，希望通过殴打行为造成一次性的伤害结果，而非使施某某遭受长期肉体或精神上的折磨；在客观方面，李征琴实施了伤害行为，并造成了轻伤的结果。因此，单就这一次伤害行为而言，被告人李征琴的行为已经构成故意伤害罪。

值得注意的是，近年来我国发生了多起虐待案件，许多虐待犯罪的被害人因为各种原因无法进行告诉。因此，为了更好地保护虐待案件中被害人的人身权利。2015 年，《刑法修正案（九）》对虐待罪的诉讼程序方面进行了一定的改革。根据《刑法修正案（九）》第 18 条的规定，刑法在原有虐待罪规定的基础上，规定“第一款罪，告诉才处理，但被害人没有能力告诉，或者因受到强制、威吓无法告诉的情况除外。”根据这一规定，一般的虐待案件（仅指没有造成被害人重伤或者死亡结果的情形），采取的是被害人告诉才处理的做法，但“被害人没有能力告诉”或者“因受到强制、威吓无法告诉”的情形除外，即对这两类案件可以采取公诉的形式进行。

高晓松醉驾案

【基本案情】

2011年5月9日晚10点在北京市东直门外大街附近发生一起交通事故，致四车追尾、三人受伤。而驾车人正是知名音乐人高晓松，并且是醉酒驾驶。在他人报警后，高晓松在案发现场等候。后来经司法鉴定，高晓松血液内酒精含量为243.04mg/100ml。随后高晓松被警方刑事拘留。

这起案件之所以引起社会各界的高度关注，不仅是因为肇事者是知名音乐人高晓松，更因为他是2011年5月1日《刑法修正案（八）》生效以后，第一位因醉酒驾驶而面临审判的名人。与此同时，在高晓松醉驾案发生的第二天，即5月10日时任最高法副院长张军关于醉酒驾驶情节轻微不入罪的讲话，更进一步使该案成为舆论焦点。

5月17日高晓松醉驾案在北京市东城区人民法院第二审判庭开庭，庭审现场密密麻麻地挤满了摄像机和记者。庭审中，高晓松的律师对酒精含量的鉴定结论提出了质疑，认为有瑕疵。但高打断律师发言，表示完全认罪。随后，高的律师称，由于鉴定程序有瑕疵，本来可做无罪辩护，但高表示拒绝，称不想回避。最后律师表示，希望法庭不要因为高晓松是公众人物，为了表现平等而刻意对其从重处罚。高再次打断律师发言，表示“我相信法律的公正。”

鉴于高晓松拒绝做无罪辩护，高的律师把辩护重点放在减轻量刑上。律师向法庭提供了三份证据：一是同桌喝酒的吴波证明高曾叫代驾。二是同事朋友张亚东、小珂说他平时喝酒都是为应酬，不会主动酗酒，能约束自己。平时如果喝酒都会让别人开或找代驾。三是出示受害人的求情谅解信和赔偿书。另外高的律师提出，虽然5月1日刑法修正案实施，但缺乏与醉驾入刑相适应的司法解释、操作细则。在高晓松醉驾事发第二天，时任最高院副院长张军讲话称“慎重量刑”，醉驾本身很复杂，不应一视同仁，如果简单执法，一律入刑，不符合宽严相济的政策。并且高晓松一贯表现良好，当时也找过代驾，事后积极赔偿，取得了被害人谅解，希望从轻和缓刑处理。

对此，检方进行了反驳：首先，针对最高法副院长的讲话，只有立法解释和司法解释才是对刑法的有效解释，辩护人所称的“讲话”并非以上两种。其次，醉酒后人的辨认能力减弱甚至丧失，极有可能给自己和他人造成严重的伤害，危害公共安全，达到刑罚程度。第三，高晓松醉酒驾车，血液内酒精含量超过醉酒标准3倍多，造成四车追尾，三人受伤，行为社会危害大，不属于“危害社会情节显著轻微”的情形，其行为已触犯刑法。鉴于高到案后有一定的悔罪表现，可酌情从轻处罚。

高晓松的自我辩护表示自己会接受教训，“愿意以最大的程度赔偿这次事故造成的损失”，他说：“我没有任何想为自己辩护的，我有的全部都是忏悔。我以前一直以为喝酒能给人自由，最后因为喝酒失去了自由，我在明知自己酒醉而且明知代驾在路上的情况下，自己驾车就是对自己的生命和对他人生命极其不负责任的行为，也是自我膨胀的表现。我感谢司法部门和大家对我的教育，我会吸取教训，我愿意以最大的程度赔偿这次事故造成的损失，我愿意做任何的义工工作，我希望我的事能警示所有喝酒的朋友，对我的家人以及社会致以我最诚挚的歉意。”

最终，法官当庭宣判其罪名成立，判处拘役6个月，处罚金4000元。高晓松放弃上诉。而5月16日，高晓松已被北京交管部门作出吊销驾驶证的处罚，5年内不得重新申请，同时还处以1000元罚款。

【法理分析】

高晓松醉驾案因高晓松的特殊身份而备受社会关注。法院对其判处6个月拘役也是该罪的最高刑。对该案,需要重点关注的是酒驾的强制措施、醉驾是否一律入罪和酒驾的血液检测等问题。

一、关于酒驾强制措施的变更

(一)抓了的人为何还能放?

该案中,对高晓松适用的强制措施是刑事拘留,符合我国刑事诉讼法关于现行犯可以先行刑事拘留的规定。但刑事拘留的一般期限只有7天,而醉驾案并不属于案情重大、复杂等情形,所以此案面临着如何变更强制措施的问题。最高法院在5月16日针对醉驾入刑下发的通知中,要求各级法院在具体追究刑事责任上,慎重稳妥。“已经采取强制措施的,可视案情,变更强制措施,保证程序合法。”针对这一通知,有舆论认为,抓了的人还能放,会不会存在“走后门”、选择性执法等问题?其实这背后是针对醉驾案件适用强制措施上的漏洞所做的补充。

对于采取刑事拘留强制措施的,依法变更强制措施,是法律赋予每一个犯罪嫌疑人、被告人的权利。因为按照法律规定,刑事拘留的一般期限是7天,重大复杂案件可以延长。醉驾案件明显不属于重大复杂案件,所以,对高晓松5月10日采取的拘留措施,如果不在5月17日开庭并且宣判,侦查机关或公诉机关就要对高晓松变更强制措施。因为醉驾案件法定最高刑为6个月拘役,属于轻罪,而逮捕这一强制措施适用的对象是可能判处徒刑以上刑罚的犯罪嫌疑人、被告人,所以,对高晓松案不适宜采取逮捕这一强制措施,并且醉驾案件同时适用《治安管理处罚条例》中的吊销驾照等行政处罚,其再次醉驾连续触犯同样罪名的前提或基础已经不存在,仅就该罪名而言,也不存在继续犯罪的可能。因此对高晓松采取的变更强制措施只能是取保候审或者监视居住。

并且,按照无罪推定的原则,未经法院判决不得认定犯罪嫌疑人、被告人有罪,因此审判之前解除羁押是保护被告人权益的一种做法。前文已述,因逮捕适用于可能判处徒刑以上刑罚的犯罪嫌疑人、被告人。因此对于醉驾这种最高刑为拘役的轻罪案件,允许犯罪嫌疑人、被告人在审判前提出保证人或交纳保证金,在保证不逃避侦查、随传随到的情况下,解除羁押回家等候审判,既可保护被告人或犯罪嫌疑人的权利,也有利于节约国家资源。

(二) 速裁机制存在的问题

2013 年底最高法、最高检会同公安部出台了《关于办理醉酒驾驶机动车刑事案件适用法律若干问题的意见》(以下简称《意见》)对醉驾案件采取的强制措施进行了完善。其第 7 条规定:“对于醉酒驾驶机动车的犯罪嫌疑人、被告人,根据案件情况,可以拘留或者取保候审。对符合取保候审条件,但犯罪嫌疑人、被告人不能提出保证人,也不交纳保证金的,可以监视居住。对违反取保候审、监视居住规定的犯罪嫌疑人、被告人,情节严重的,可以予以逮捕。”所以,理论上,对醉酒驾车的犯罪嫌疑人、被告人可以采取取保候审、监视居住甚至逮捕的强制措施。但实际上,由于取保候审不能确保犯罪嫌疑人在日后的诉讼过程中按时到案,而监视居住因为操作性差很少被公安机关采用。而根据《意见》规定,对醉酒驾车的犯罪嫌疑人、被告人实施逮捕强制措施的前提条件是,违反取保候审、监视居住规定且情节严重,何为“情节严重”也再没有明确解释。因此,在司法实践中,对醉酒驾车的犯罪嫌疑人多采取的是刑事拘留的强制措施。根据刑事诉讼法的规定,刑事拘留的期限是 7 日,结合上述分析,在采取其他强制措施不利的情况下,对醉驾案件必须在拘留期限内快速处理,这就意味着要“快速办案”,也就是速裁机制。

虽然对醉驾这种轻微犯罪进行快速处理,是实现被告人速审权的程序性保证,但侦查机关、公诉机关和审判机关共用 7 日拘留期限,实际上是剥夺了被告人相应的诉讼权利。因为审判程序是被告人诉讼权利保障的最后屏障,开庭前三日的告知期限是防御辩护权的需要,判决后 10 日的上诉期也是必须保证的。所以，实践中，醉驾案件至法院判决时，多数情况下，7 日的拘留期限已经用尽，但随后的 10 日上诉期限内，判决尚未生效，而被告人也未到实际被执行刑罚的日期，这 10 日内被告人该何去何从法律没有规定。而司法实践中，为了方便办案，违法延长拘留期限的案例多有发生，造成了对醉酒驾车类刑事案件实际上的违法逮捕、超期羁押问题严重。所以，合适的做法是，无论是否实施速裁机制，羁押期限届满，都要依法变更强制措施。

二、关于醉驾是否一定构成犯罪

本案中，高晓松的辩护律师提到时任最高人民法院副院长张军关于“醉驾不一定一律入刑”的讲话，认为高晓松的醉驾行为可归入“情节显著轻微、危害不大”的情形，按照无罪处理。由此引发争议。

“醉驾入刑”标准是什么？这一问题自 2011 年 5 月 10 日时任最高人民法院副院长张军在全国法院刑事审判工作座谈会上就“醉驾入刑”发表讲话后，在公检法机关及学界业界即争论未休，至今各执观点一端。

张军在 5 月 10 日座谈会上指出，要正确把握危险驾驶罪构成条件，不应仅从文意理解《刑法修正案（八）》的规定，认为只要达到醉酒标准驾驶机动车的，就一律构成刑事犯罪，要与修改后的道路交通安全法相衔接。

坚持“醉驾即入刑”的观点则普遍认为，醉驾是行为犯，本身已经排除了情节显著轻微不构成犯罪的情形。因为《刑法修正案（八）》第 22 条分别对“飙车行为”和“醉驾”作了规定，“飙车”只有达到情节恶劣才构成犯罪，而“醉驾”没有这一要求，本身就意味着将其排除在刑法第 13 条“情节显著轻微危害不大”之外。并且 80 mg/100 ml 的醉驾标准本身已是醉驾入刑的客观标准，并将饮酒仅达 50 mg/100 ml、60 mg/100 ml 等情节显著轻微的情形排除在外。其实只要达到这个醉驾标准，就应该按照危险驾驶罪处罚，所谓的情节已经包含在法条的规定当中。如果将《刑法》第 13 条但书条款应用于醉驾案件上，会导致对醉驾的认定没有统一的标准，不仅会损害法律权威，可能造成不公，容易滋生腐败，也违背了《刑法修正案（八）》第 22 条打击醉驾的立法初衷，势必滋生法律不确定乃至不平等的严重问题。参考国外的立法例，日本、美国部分州、瑞典法律都明确规定了酒精含量的法律标准，高于该标准即入刑，体现了“醉驾即入刑”的精神。

坚持“醉驾并非一律入刑”的观点认为，《刑法》第 13 条的但书条款作为刑法总则的统括性条款，可以制约刑法分则各个罪名。虽然《刑法修正案（八）》第 22 条规定，“在道路上驾驶机动车追逐竞驶，情节恶劣的，或者在道路上醉酒驾驶机动车的，处拘役，并处罚金。”对于醉酒驾车，并没有限定为情节恶劣，但对醉酒定罪仍然受前述“但书”条款的限制。每个案件都要考虑具体情节轻重与危害大小，这样才符合我国宽严相济的刑事政策。同时，我国的道路交通安全法律体系存在一个明显的法律“阶梯”，从治安管理处罚到刑事处罚，从低到高形成一个完整的惩罚体系。所以对于醉驾行为的处罚要考虑与道路交通安全法的衔接。

首先，前述争议表面看是关于司法解释权的争议，而更深层面的原因则源于我们对司法权的不信任，恐惧具体法官行使这样的裁量权将不是使刑法更具灵活性，以保障社会安定，而是使刑事司法成为选择性的执法，造成极度不公。其实对法官的监督制约工具，除了严谨的刑事法律规定外，司法监督也是必不可少的。并且最高法的指导性案例也能起到一定的约束作用。实践中，以《刑法》第 13 条“但书”条款解释醉驾行为，并不一定会招致不公、滋生腐败。并且“但书”作为总则性条款对刑法分则各罪名具有制约作用，这是不可否认的问题，因此不能因为《刑法修正案（八）》对醉驾行为入罪没有规定情节限制，就认为“但书”条款对其没有制约作用。

其次，从醉驾行为所构成的危险驾驶罪的客体来看，危险驾驶罪要求必须在客观上对道路交通安全造成了威胁，如果某一醉驾行为客观上并未威胁到道路交通安全，就不应入罪。这是我国犯罪构成理论的客观要求，任何犯罪的成立，都必须以侵害或威胁刑法所保护的法益为前提，不具有法益侵害性或对法益构成威胁的行为是不能被认定为犯罪的。

第三，从刑法的威慑性来看，刑法将某一行为入罪必然会对社会公众产生一定的威慑力。醉驾入罪的威慑性取决于两个因素：一是有罪必罚，即对威胁到公共安全的醉驾行为，要及时、准确地予以惩罚；二是罚当其罪，即对醉驾行为的惩罚，必须与其社会危害性相当。也就是说只能对已经对公共安全构成威胁的人进行惩罚，而将一些情节显著轻微、危害不大的行为则排除在刑法规制之外。只有这样才能保证对社会的良性治理，否则就有可能陷入“严打”怪圈，失去刑罚惩治的可持续性。

最后，将一些情节显著轻微、危害不大的醉驾行为排除在刑法规定之外，也能很好地与《道路交通安全法》相衔接。2011 年 4 月通过的《道路交通安全法》调整了对醉驾行为的行政处罚，取消了拘留和罚款，仅规定了吊销机动车驾驶证。但是，该法对酒后驾驶则保留了拘留和罚款的行政处罚。鉴于醉酒驾驶的标准高于酒后驾驶，如果行为人的行为达到醉酒驾驶的标准，自然也达到酒后驾驶的标准，而且醉酒驾驶的危害性要大于酒后驾驶。因此，对于“情节显著轻微、危害不大”的醉酒驾驶行为，不予刑事处罚，却会受到拘留、罚款的行政处罚。①

实践中，对于检测达到 80 毫克/100 毫升标准的醉驾者“危害大小”由谁来认定？怎么认定？从既有程序来看，首先是由交警检测后根据醉驾者的醉驾情节进行认定，但具体哪种醉驾情节应该入刑？哪种应该按照治安管理处罚法处罚，没有标准。其次，公安机关认定为涉嫌醉驾犯罪移送至检察院，检察院公诉至法院后，法院应如何认定“危害大小”，也没有标准。这些都需要有一个衡量标准。其实，最高法已经通过案例的形式对“情节显著轻微危害不大”的醉驾行为进行了解释。如，对于为挪动车位而在道路上醉酒驾驶机动车，且行驶距离较短、速度较慢、未发生严重后果的，可以不作为犯罪处理(《刑事审判参考》第 895 号案例)。一般而言，行为人除认罪悔罪、无从重处罚情节外，同时具备下列情形的，可以认为情节显著轻微：(1) 没有发生交通事故或者仅造成特别轻微财产损失或者人身伤害且赔偿达成谅解；(2) 血液酒精含量在 100 毫克/100 毫升以下；(3) 醉驾的时间和距离极

① 参见赵秉志、袁彬：《醉驾入刑诸问题新探讨》，载《法学杂志》2012 年第 8 期。

短，根据一般人的经验判断，几乎没有发生交通事故的可能性(《刑事审判参考》第896号案例)。

但本案造成四车追尾、3人受伤的严重后果，虽然高晓松有积极赔偿、悔罪的情节，仍然无法归入“情节显著轻微、危害不大”的情形。

三、关于酒驾中的血液检验

本案中，高晓松的辩护律师提出案件最重要的定罪证据——酒精检验报告存在严重瑕疵：一是做出酒精检测报告的“北京市公安交通司法鉴定中心”不具备鉴定资质，在案“鉴定聘请书”中明确写明被委托检测的单位是“北京市公安局公安交通管理局事故处鉴定中心”，做出检测结果的却是“北京市公安交通司法鉴定中心”，鉴定主体不清、鉴定主体和鉴定人“实”和“名”矛盾的问题。因此，酒精检验鉴定结论无效。二是呼气式酒精检测值能否作为判断酒驾和醉驾的第二标准，尚无法律和国家标准明确认可，目前只能作为印证血液酒精检测报告的参考值，而不能独立作为直接证据生效。三是检测过程中存在若干程序上的瑕疵，如办案人员只有一人，血液检测录像不完整不能反映整个检测过程等。

上述辩护意见提出如下几个值得关注和思考的问题：

(一) 醉驾的标准如何判断?

国家质量监督检验检疫总局2011年7月1日实施的《车辆驾驶人员血液、呼气酒精含量阀值与检验》，我国对醉酒主要采取血液、呼气酒精含量检验，即血液中的酒精含量大于或者等于80毫克/100毫升属于醉酒驾驶。此外，对于血液中酒精含量没有达到饮酒驾车血液含量值的车辆驾驶人员，或者不具备呼气、血液酒精含量检验条件的，应进行唾液酒精定性检验或者人体平衡的步行回转试验或单腿直立试验，以评价驾驶员的驾驶能力。对于血液酒精含量检验结果应出具书面报告。

虽然国家质检总局规定了几种检验方法，但血液酒精含量大于或者等于 80 毫克/100 毫升是刑事法律上针对醉驾行为入罪量刑的唯一标准，也是绝对标准，并不涉及医学中的个体差异问题。比如现实生活中，有些人喝一两斤白酒也照样能清醒地开车，而病理性醉酒的人喝 5 毫升或 10 毫升酒可能就会不省人事，所以单纯以血液酒精含量作为醉酒标准，并不能真实地反映饮酒量对人的影响情况。但上述法律标准是在大量实证研究的基础上，根据统计学的普遍规律而确定的，同时参考了一般国民的耐受性。这一法律标准具有很强的操作性和普遍适用性，为许多国家和地区所采用。法律没有绝对的平等，这一罪名设置的目的在于保护社会公共利益。

实践中，醉酒驾驶行为从饮酒结束到危险驾驶行为被查获，再到酒精检验，通常都要经过一段时间，有的要经过几个小时，甚至有隔夜被查获的。因为血液中的酒精含量会因时间的延长而逐渐消除，因此就会出现检验时的血液酒精含量与驾驶时的血液酒精含量存在差异的情形。有时候还会出现行为人驾驶时处于醉酒状态，但被查获时血液中的酒精含量已经降至醉酒标准以下的情况。鉴于刑事法律的严肃性、精确性，醉驾行为入罪标准应以检验时为准，而无需考虑消除情况。

实践中我国交警部门在处理醉驾时，通常要对驾驶人员进行两次酒精检测，即先进行呼气酒精含量检验，如果呼气检验结果达到或者接近醉酒标准，再对驾驶人员进行血液酒精含量检验。因此就出现了两种检验方式检验方法上的差异和检验时间上的间隔，由此导致实践中出现的呼气酒精检验与血液酒精检验结果相冲突、仅有呼气酒精检验结果无法完成血液酒精检验结果或血液酒精检验结果无效等情况。对于上述两种检验方法出现的冲突如何处理，实践中没有统一的标准，鉴于血液酒精含量检验结果比呼气酒精含量检验结果更准确、程序要求更严格、证据效力更高。并且我国《车辆驾驶人员血液、呼气酒精含量阀值与检验》规定，血液酒精含量检验是直接检验驾驶人员血液中的酒精含量，而呼气酒精含量是检验驾驶人员呼气中的酒精含量，然后按照 1∶2200 的比例换算成血液酒精含量。因而呼气检验的准确性不如血液检验。所以，在涉及违法者将面临刑事处罚的问题时，呼气检验结果不能成为法庭定案的关键证据。这正如本案高晓松辩护律师所提及的。而对于有的驾驶人员在呼气酒精检验后逃避血液酒精检验的,我国一些地方司法机关已经形成共识,即因逃脱而无法抽取其血样进行酒精含量检验的,一律按照现场呼气酒精含量检验的结果追究其刑事责任。对于有些驾驶人员为了逃避法律制裁,在查处醉驾的现场故意喝酒,干扰交警人员的酒精检验,我国有的地方司法机关规定:司机如果故意现场喝酒,根据呼气酒精含量检验和血液酒精含量检验结果,达到醉酒标准的,一律按照醉酒驾驶机动车追究其刑事责任。这一做法是恰当的,因为司机存在逃避法律制裁的故意,并且最终的醉酒状态是行为人自己造成的,如果对这类醉驾者行为不以危险驾驶罪追究刑事责任,将导致危险驾驶罪的虚置,无法发挥其应有效果。①

(二) 关于血液样本证据取得、鉴定程序

作为醉驾入刑的关键证据,血液酒精含量检验的载体血液样本证据的取得必须遵循严格的程序。第一阶段是关于血液样本取得程序,这一阶段的核心问题是侦查手段的适用问题,如果侦查手段不合法必然导致取得的血液样本证据无效。第二阶段是关于血液样本的鉴定程序问题,其中关于血液样本的保存、鉴定主体是否具备相应资质、鉴定过程是否规范等都必然影响其证据能力。

一是侦查阶段血液样本取得程序。根据我国《车辆驾驶人员血液、呼气酒精含量阈值与检验》的规定,呼气酒精含量采用呼出气体酒精含量检测仪进行检验,检验结果应记录并签字。对血液酒精含量检验规定,对需要检验血液中酒精含量的,应及时抽取血样。抽取血样应由专业人员按要求进行,不应采用醇类药品对皮肤进行消毒;抽出血样中应添加抗凝剂,防止血液凝固;装血样的容器应洁净、干燥,按检验规范封装,低温保存,及时送检。检验结果应当出具书面报告。

上述规定对于抽取血样只规定应由专业人员按要求进行,并未规定由

① 参见赵秉志、袁彬:《醉驾入刑诸问题新探讨》,载《法学杂志》2012 年第 8 期。

哪些专业人员抽取血样。实践中有的执法人员是将嫌疑人带至县医院抽取血样，而有的则直接忽视抽血人的身份和工作单位，正如本案中辩护律师提到的："公安交警在查处高晓松酒驾时对抽血现场情景进行了录像，但录像上显示的抽血人签字时签署的姓名却是一个叫'陈杰'的穿白大褂的人，这人的身份和相关工作在案卷中没有任何显示和记载"。这种做法不仅有违法定程序，还会造成安全隐患。如因采血环节造成疾病传染问题，因血液内蕴含DNA信息，属于个人隐私，对其收集、保管、销毁，都必须有严格的规定。因此，对血液样本的采集，必须有关于采集主体、采集条件和方式、血液样本的保全与运用规则、血液样本的保留期限及销毁等问题的法律规定。此其一。

其二，执法现场录像应完整。执法人员应采用执法记录仪将整个现场过程全程实时记录，第一时间取证固定，为事后的处理提供证据支持。如2012年苏州市交巡警支队在一次夜查行动中，一名驾驶人拒不配合检测并当面饮酒，其最后测得的数值达到醉驾标准，由于整个现场过程被执法记录仪全程实时记录，为交管部门处理此案提供了重要的证据支持。[①] 本案存在的问题是，执法人员对抽血现场情景进行了录像，但录像不完整，录像最后截止场景是：血样被陈杰抽出、分A、B两管，装进纸袋，然后被办案民警刘、陆二位警官保管。但血样如何交接至送检人谷大鹏，以及交接过程都没有任何影像记录。

其三，依据《司法鉴定机构登记管理办法》《公安机关鉴定机构登记管理办法》《司法鉴定人登记管理办法》《公安机关鉴定人登记管理办法》等规定可知，我国有隶属司法部系统的司法鉴定机构和公安部系统内部的鉴定机构两个系统，都规定了资质认定程序和公示程序，但本案涉及的"北京市公安交通司法鉴定中心"并没有备案和公示。本案"鉴定聘请书"写明被委托检测的单位是"北京市公安局交通管理局事故处鉴定中心"，做出鉴定结果的却是"北京市公安交通司法鉴定中心"。虽然实际情况是，做出本案鉴定

① 冯炯：《使用执法记录仪的意义及作用》，载《道路交通管理》2014年第3期。

的鉴定机构是“北京市公安交通管理局事故处鉴定中心”，与加盖鉴定专用章的“北京市公安交通司法鉴定中心”，为一套机构两个牌子，做出该鉴定结论的鉴定人也是该中心法医室的民警。但在刑事诉讼证据上来说，明显属于证据瑕疵，无法直接指证犯罪。

复旦林森浩投毒案

【基本案情】

林森浩,男,1986 年 10 月 17 日出生于广东省汕头市潮阳区和平镇。林森浩从小学习成绩优异,高考时以 680 多分的高分考入中山大学。2010 年,经中山大学推荐,林森浩推免进入复旦大学医学院攻读硕士研究生,并在复旦附属中山医院超声科见习。2013 年 4 月 11 日,上海市公安局文化保卫分局接到复旦大学保卫处报案:复旦大学 2010 级硕士研究生黄洋自 4 月 1 日饮用宿舍饮水机内的水后出现身体不适,有中毒迹象,正在医院抢救。上海警方在接到报案后,立即成立专案组展开侦查。经现场勘查和调查走访,上海警方初步认定黄洋同宿舍的林森浩存在重大作案嫌疑。2013 年 4 月 16 日,林森浩被刑事拘留。4 月 25 日,上海市黄浦区人民检察院以涉嫌故意杀人罪批准逮捕林森浩。2013 年 11 月 17 日,上海市第二中级人民法院公开开庭审理了此案。

经审理查明,被告人林森浩和被害人黄洋均系复旦大学医学院在校硕士研究生,分属不同的医学专业。2010 年 8 月起,林森浩与葛某某等同学同住于复旦大学某宿舍楼 421 室。一年后,黄洋调入该寝室,与林森浩、葛某某三人同住。之后,林森浩因琐事对黄洋不满,逐渐对黄洋怀恨在心。

2012年底，林森浩因个人原因不再继续报考博士研究生，黄洋则继续报考了博士研究生。2013年3月中旬，复旦大学2013级博士研究生入学考试初试成绩揭晓，黄洋名列前茅。2013年3月底，林森浩决意采用投毒的方法杀害黄洋。2013年3月31日下午，被告人林森浩以取物为借口，从同学吕某处借得钥匙后，进入复旦大学附属中山医院11号楼204影像医学实验室。趁室内无人，林森浩取出其于2011年参与医学动物实验后存放于此处的、内装有剩余剧毒化学品二甲基亚硝胺原液的试剂瓶和注射器，并装入一个黄色医疗废弃物袋中带离该室。当日17时50分许，林森浩携带上述物品回到421室，趁无人之机，将试剂瓶和注射器内的二甲基亚硝胺原液投入该室饮水机内，后将试剂瓶等物装入黄色医疗废弃物袋，丢弃于宿舍楼外的垃圾桶内。

4月1日上午，黄洋从饮水机中接取并喝下已被林森浩投入二甲基亚硝胺的饮用水。之后，黄洋发生呕吐，并于当天中午前往医院就诊。次日下午，黄洋再次就诊，被发现肝功能受损严重，遂留院观察。4月3日下午，黄洋因病情严重，被转至外科重症监护室治疗。在黄洋就医期间，林某某故意隐瞒黄洋的病因。4月11日，林某某在两次接受公安人员询问时都没有供述其投毒事实，直到次日凌晨经公安机关依法予以刑事传唤到案后，才如实供述了自己的投毒事实。4月16日，黄洋经抢救无效死亡。经鉴定，黄洋符合二甲基亚硝胺中毒致急性肝坏死引起急性肝功能衰竭，继发多器官功能衰竭死亡。

在庭审过程中，林森浩当庭供认了起诉书指控其采用投放毒物二甲基亚硝胺的方法致黄洋死亡的事实，但对作案动机、目的和犯罪故意进行了辩解。说及投毒缘起，林森浩表示，黄洋曾戏称欲在即将到来的愚人节“整人”，他便产生整黄洋的念头，并由此实施投毒行为。林森浩辩称，其只是出于愚人节作弄黄洋的动机而实施投毒，没有杀害黄洋的故意。但根据林森浩的表述，他曾用二甲基亚硝胺做动物研究，且基于相关实验撰写并发表过学术论文。林森浩承认，黄洋饮用被投毒水的全程，他并未制止，且在黄洋就医接受治疗期间，亦未讲出真相。言及原因，林森浩说，黄洋喝下的被投毒的水并不多，且实验中被注射了二甲基亚硝胺的大鼠并未完全死亡，也让他以为黄洋能够“熬过去”。林森浩的辩护律师对起诉书指控被告人林森浩犯故意杀人罪不持异议，但提出林森浩系间接故意杀人；林森浩到案后能如实供述罪行，有认罪悔罪表现，建议对林森浩依法从轻处罚。

法院认为，被告人林森浩为泄愤采用投放毒物的方法故意杀人，致被害人黄洋死亡，其行为已构成故意杀人罪，依法应予惩处。公诉机关指控的罪名成立。被告人林森浩系医学专业的研究生，又曾参与用二甲基亚硝胺进行有关的动物实验和研究，明知二甲基亚硝胺系剧毒化学品且有严重危害性，仍故意将明显超过致死量的二甲基亚硝胺原液投入饮水机内，致使黄洋接水饮用后中毒。在被害人入院特别是转入重症监护室救治期间，林森浩仍刻意隐瞒黄洋的病因，最终导致黄洋因二甲基亚硝胺中毒而死亡。上述事实，足以证明林森浩主观上具有希望被害人黄洋死亡结果发生的故意。林森浩关于其系出于捉弄黄洋的动机，没有杀害黄洋故意的辩解及辩护人关于林森浩属间接故意杀人的辩护意见，与查明的事实不符，均不予采纳。被告人林森浩仅因日常琐事对被害人不满，即利用自己所掌握的医学知识，蓄意采取隐蔽的手法，向饮水机内投放剧毒化学品，杀死无辜被害人，犯罪情节特别恶劣，属罪行极其严重，应依法惩处。林森浩归案后始终如实供述犯罪事实，认罪态度好，但不足以对其从宽处罚。

2014 年 2 月 18 日，上海市第二中级人民法院作出一审宣判，以故意杀人罪判处被告人林森浩死刑，剥夺政治权利终身。林森浩不服，提起了上诉。

2015 年 1 月 8 日，上海市高级人民法院裁定驳回林森浩的上诉，维持原判；对维持林森浩死刑判决的裁定，依法报请最高人民法院核准。

2015 年 12 月 11 日，林森浩被执行死刑。

【法理分析】

本案因发生于大学校园且被告人与受害人均系名校背景，引起了社会各界的高度关注。历时两年半，本案的法律程序彻底画上了句号，但两个家庭的悲剧却未落幕。“杀人偿命”固然体现了法律尊严、告慰了逝者之灵，但一个意气风发的硕士研究生，以如此残忍的方式剥夺了同窗舍友的生命，葬送了自己的未来，也带来了两个家庭的悲剧。作为一起极端的校园暴力案件，如何避免类似案件再次发生，值得我们认真反思。法律解决了正义问题，却不能消解校园内的暴力。若要从根本上治愈那些“中毒”的青春，家庭和学校在培养“国家栋梁”的同时，亦不能忽略人格和心态的培养，只有这样才能避免他们走上人生的歧途。

一、量刑争议：林森浩应否被判处死刑立即执行？

根据我国刑法的规定，故意杀人罪是指故意非法剥夺他人生命的行为，是一种以公民的生命权利为犯罪客体的严重犯罪。判定被告人林森浩的行为是否构成故意杀人罪，主要取决于两方面：一是林森浩主观上是否具有杀人的故意；二是林森浩客观上是否实施了杀人的行为。根据案情，被告人林森浩在客观上的确实施了投毒行为，并导致被害人黄洋死亡。存在争议的是，被告人在庭审过程中否认其具有故意杀人的目的，而且他的辩护律师也提出，林森浩的行为应该符合“故意伤害（致人死亡）”或者“过失致人死亡”的构成要件。但法院并没有采纳这一辩护意见。按照我国刑法理论，故意杀人罪（致人死亡）与过失致人死亡罪是两个完全不同的罪名，两罪的主观方面截然不同，前者是故意犯罪，而后者是过失犯罪。二者之间的主要共同点在于：行为人对发生危害结果都是过失心态，即对危害结果的发生持否定态度。在本案中，被告人林森浩在实施投毒行为时，对于自己的行为可能造成的危害结果是有充分认识的。因为林森浩作为医学研究生，在案发前一年多做医学动物实验时，曾使用过二甲基亚硝胺，对二甲基亚硝胺系剧毒化学品及其严重的危害性不可能不了解。在这种情况下，林森浩为了泄私愤，有预谋、有计划地向宿舍饮水机内投放明显超过致死量的二甲基亚硝胺原液，致被害人黄洋接水饮用后中毒，应当认为林森浩是故意造成危害结果。此外，在黄洋入院特别是转入重症监护室救治期间，林森浩仍然刻意向救治医院隐瞒真相，有意延误对被害人救治，没有采取任何挽救和弥补措施，应当排除林森浩对黄洋的死亡结果持否定态度的可能性。因此，被告人林森浩主观上具有明确的杀人故意，客观上以投毒方式实施了杀人行为，符合故意杀人罪的构成要件。

接下来的问题是，被告人林森浩的行为是否达到适用死刑的标准呢？根据我国刑法典第 48 条规定，“死刑只适用于罪行极其严重的犯罪分子。”由此可见，适用死刑的标准是“罪行极其严重”。所谓罪行极其严重，是指犯罪行为对国家、社会或者个人的利益造成特别严重的侵害，具有巨大的社会危害性。通常而言，对于死刑只适用于罪行极其严重的犯罪分子，可以从两个方面进行理解：一是死刑的适用要与犯罪行为的客观危害相适应。客观危害就是犯罪行为所造成的实际侵害或者现实危险。如果这种现实危害达到特别严重的程度，根据罪责刑相适应原则的要求，就需要对犯罪分子适用死刑。二是死刑的适用要与犯罪分子的主观恶性相适应。主观恶性是指犯罪行为人反社会的人格危险性。如果犯罪分子的犯罪心理态度严重背离了社会生活准则和道德，其程度已经达到难以教育与改造的地步时，就需要对犯罪分子的生命予以剥夺，使其不能再实施危害社会的行为，从而以这种特殊的方式达到预防犯罪的目的。因此，判断犯罪分子是否需要适用死刑，应当坚持客观危害与主观恶性相统一的原则进行全面衡量、慎重考虑。在本案中，被告人林森浩作为一名医学专业的研究生，本应利用专业知识服务社会，且尊重生命、关爱生命更应是其天职。但林森浩仅因日常琐事而对被害人不满，为了泄私愤，便利用自己所掌握的医学知识，蓄意向饮水机内投放剧毒化学品，故意杀死无辜的被害人，漠视他人生命。林森浩的犯罪情节特别恶劣，犯罪后果特别严重，已经达到“罪行极其严重”的程度，应当判处死刑。

然而，为了限制死刑立即执行的适用范围，我国刑法典第 48 条还规定，“对于应当判处死刑的犯罪分子，如果不是必须立即执行的，可以判处死刑同时宣告缓期二年执行。”那么，被告人林森浩的行为是否符合死刑缓期执行的适用标准呢？按照我国刑法理论，死刑缓期执行的实质条件是“不是必须立即执行”。所谓“不是必须立即执行”大致包括三个方面：一是犯罪分子的客观危害特别严重，但主观恶性不大；二是犯罪分子的主观恶性较大，但行为的客观危害不是特别严重；三是犯罪分子的客观危害和主观恶性都比较大，但具有从宽处罚的情节。在本案中，被告人林森浩并不符合死刑缓期执行的适用标准，主要原因在于被告人林森浩所造成的客观危害以及表现出的主观恶性都比较大的情况下，缺少从宽处罚情节，例如在被害人黄洋救治期间没有采取任何补救和弥补措施、没有在第一时间取得黄洋家属的谅解。虽然被告人林森浩归案后能够如实供述犯罪事实，但不足以对其从宽处罚。因此，法院对林森浩处以死刑立即执行的判决是合法、合情和合理的。

二、案件反思：我国应否废除死刑？

2014 年 5 月，由复旦大学 177 名学生（65 人来自法学院、35 人来自医学院、另外 77 人来自其他学院）联合签名的《关于不要判林森浩同学“死刑”请求信》和一份《声明书》被寄往上海市高级人民法院。两份文件建议上海高院给被告人林森浩一条生路，让他洗心革面，并在将来照顾受害人黄洋的父母。其中，请求信中以“世界上已经有 127 个国家废除死刑”所为辩护理由之一。但受害者黄洋的父亲表示不接受请求信的内容，有观点认为学生为复旦投毒案凶手求免死是干扰司法。2015 年 1 月 8 日，上海市高级人民法院裁定驳回了林森浩的上诉，维持原判。对此，中国的死刑废除问题引起了社会关注。那么，我国是否应当废除死刑？又应当如何废除死刑呢？

在刑法理论中，对于死刑的存废问题历来存在很大争议。死刑废除论者与死刑保留论者针锋相对，甚至出现“二律背反”的有趣现象。例如，死刑废除论者认为死刑的适用助长了人性的残忍，违反人道主义；而死刑保留论者则认为死刑的适用是人道主义的要求，废除死刑将会贬低犯罪所侵犯的社会利益或个人利益的价值。又如，死刑废除论者认为死刑的适用断绝了犯罪分子的悔过自新之路，终身监禁刑或无期徒刑本身已经剥夺了其再犯罪的能力，而且死刑的适用并没有特殊的威慑力，因而死刑对于预防犯罪的目的是不必要的；而死刑保留论者认为，死刑是剥夺某些犯罪分子再犯罪能力的最必要和最有效的手段，而且死刑的适用具有其他刑罚方法所不可替代的特殊的威慑力。随着社会经济的进步以及人权运动的发展，废除死刑已经成为国际社会刑罚改革的先导，是否废除死刑也成为衡量各国或各地区人权状况的重要因素。因此，从某种意义上来说，我国废除死刑亦是大势所趋。

那么，支撑我国废除死刑的依据是什么呢？就死刑废除的依据而言，主要可以归结于功利性和人道性两个方面。所谓功利性，是指从功利的角度来讨论废除死刑的问题，即死刑的适用是否具有有效性。所谓人道性，是指从人道的角度来讨论废除死刑的问题，即无论死刑的适用是否具有有效性，只要不合理，就应当废除。因此，无论是功利性还是人道性，都可以得出废除死刑的目标。但是，从世界各国废除死刑的实践来看，人道性无疑是支撑死刑废除最为重要的根据。我国也应当在法治尤其是死刑改革领域高举人道的大旗，即人道性也应当成为我国死刑限制、减少乃至最终废止最主要的根据。首先，人道性是现代法治发达和文明进步国家废止死刑的主要根据。历史地看，第二次世界大战之后形成的人权法理论和人权公约为死刑废止提供了一种新思路：死刑彻底侵犯了公民（包括犯罪人）的生命权以及免受酷刑和其他残忍、不人道或有辱人格待遇或处罚的权利，因此必须被废止；即使有实证证据证明死刑能有效抚慰被害人及其家属，用再次夺去一个宝贵的生命的方式来弥补社会和被害方的损失，也无疑是荒谬和徒劳的。其次，历史地看，中国社会过去更注重刑法的社会保护功能，但随着中国人权意识的逐渐觉醒，民众的人权观念有了较为明显的提升，人们对死刑错判等所可能导致严重侵犯人权的因素更为警觉。中国人权观念的这种变化状况能为中国死刑的废止提供相应的观念空间和社会基础。因此，从人道的角度切入，无疑更有利于促进死刑制度改革的深入。最后，功利性是死刑废止的根据，但存在难以证实的缺陷。一方面，作为刑罚的一种，死刑的威慑力是客观存在的，但要证明死刑具有较之长期自由刑的特别威慑力，无论是要证伪还是要证实，都十分困难。另一方面，死刑的威慑力因地区治安、文化等因素而异，要得出一个普遍的结论十分困难。如有研究利用经济学分析方法，结果发现是每增加一起死刑案件，可以使杀人罪减少四至八起。当然，这一结论无疑过于绝对，科学性值得质疑，但这恰恰说明，以功利性论证死刑废止的根据十分困难。①

2011年出台的《刑法修正案（八）》原则上废除了老年人犯罪的死刑，取消了13种经济性、非暴力性犯罪的死刑罪名，我国就踏上了废除死刑的道路。2015年出台的《刑法修正案（九）》在《刑法修正案（八）》的基础上，又取消了9种犯罪的死刑，我国朝着废除死刑的道路上又迈进了一步。从目前的社会状况来看，废除上述这些犯罪的死刑并没有对社会的稳定发展造成任何影响。从目前我国废除死刑的实际情况来看，采取的是渐进废除的方式，限制和减少死刑已经成为国家领导层以及社会公众的普遍共识。

在我国，死刑废止应当采取渐进的方式进行。首先，应当致力于非暴力犯罪死刑的废除，优先废除那些在司法实践中很少适用，而且比较容易获得社会公众认同的犯罪的死刑。例如，严重的毒品犯罪在司法实践中较多适用死刑。又如，贪污罪和受贿罪在司法实践中即可能适用死刑立即执行，也存在适用死缓的情况，但是当前的腐败问题比较严重，社会公共对这类犯罪死刑的废除不大认同。因此，上述两类比较典型的非暴力犯罪的死刑废除只能暂先搁置。其次是非致命的暴力犯罪的死刑。致命性暴力犯罪，如故意杀人罪、抢劫罪等死刑的废除恐怕需要放在最后的阶段。总之，死刑废除是一个系统工程，除了在立法或者司法中限制、减少死刑的适用之外，还需要相关配套制度的改进和建立，因而在较长的一段时间内，达到实现全部废止全部犯罪的死刑的目标，才符合我国的现实国情和死刑适用的实际情况。

① 参见赵秉志：《当代中国死刑改革争议问题论要》，载《法律科学》2014年第1期。

最高法院改判马乐“最大老鼠仓”案

【基本案情】

马乐，男，1982年8月生，河南省南阳市人。2011年3月9日至2013年5月30日期间，马乐担任博时基金管理有限公司旗下博时精选股票证券投资基金经理，全权负责投资基金投资股票市场，掌握了博时精选股票证券投资基金交易的标的股票、交易时点和交易数量等未公开信息。马乐在任职期间利用其掌控的上述未公开信息，操作自己控制的“金某”“严某进”“严某雯”三个股票账户，通过临时购买的不记名神州行电话卡下单，从事相关证券交易活动，先于、同期或稍晚于其管理的“博时精选”基金账户，买卖相同股票76只，累计成交金额人民币10.5亿余元，非法获利人民币19120246.98元。

2013年6月21日中国证监会决定对马乐涉嫌利用未公开信息交易行为立案稽查，交深圳证监局办理。2013年7月17日，马乐到广东省深圳市公安局投案。2014年1月2日，深圳市人民检察院向深圳市中级人民法院提起公诉，指控被告人马乐构成利用未公开信息交易罪，情节特别严重。2014年3月24日，深圳市中级人民法院作出一审判决，认定马乐构成利用未公开信息交易罪，鉴于刑法第180条第4款未对利用未公开信息交易罪情节特别严重作出相关规定，马乐属于犯罪情节严重，同时考虑其具有自首、退赃、认罪态度良好、罚金能全额缴纳等可以从轻处罚情节，因此判处其有期徒刑 3 年，缓刑 5 年，并处罚金 1884 万元，同时对其违法所得 1883 万余元予以追缴。

深圳市人民检察院于 2014 年 4 月 4 日向广东省高级人民法院提出抗诉，认为被告人马乐的行为应当认定为犯罪情节特别严重，依照“情节特别严重”的量刑档次处罚；马乐的行为不属于退赃，应当认定为司法机关追赃。一审判决适用法律错误，量刑明显不当，应当依法改判。2014 年 8 月 28 日，广东省人民检察院向广东省高级人民法院发出《支持刑事抗诉意见书》，认为一审判决认定情节错误，导致量刑不当，应当依法纠正。广东省高级人民法院于 2014 年 10 月 20 日作出终审裁定，认为刑法第 180 条第 4 款并未对利用未公开信息交易罪规定有“情节特别严重”情形，马乐的行为属“情节严重”，应在该量刑幅度内判处刑罚，抗诉机关提出马乐的行为应认定为“情节特别严重”缺乏法律依据；驳回抗诉，维持原判。广东省人民检察院认为终审裁定理解法律规定错误，导致认定情节错误，适用缓刑不当，于 2014 年 11 月 27 日提请最高人民检察院抗诉。2014 年 12 月 8 日，最高人民检察院按照审判监督程序向最高人民法院提出抗诉。

2015 年 7 月 8 日，最高人民法院第一巡回法庭公开开庭审理此案。2015 年 12 月 11 日，最高人民法院作出再审终审判决：维持原刑事判决中对被告人马乐的定罪部分；撤销原刑事判决中对原审被告人马乐的量刑及追缴违法所得部分；原审被告人马乐犯利用未公开信息交易罪，判处有期徒刑 3 年，并处罚金人民币 1913 万元；违法所得人民币 19120246.98 元依法予以追缴，上缴国库。①

---

① 此处的案情介绍参考了最高人民法院(2015)刑抗字第 1 号刑事判决书的相关内容，详情见“原审被告人马乐利用未公开信息交易案再审刑事判决书”，中国裁判文书网，http://www.court.gov.cn/wenshu/xiangqing-11270.html，2017 年 5 月 25 日访问。

【法理分析】

由于本案涉案金额庞大，马乐被称为国内“最大硕鼠”。根据目前最大的法律检索系统“北大法宝”的收录情况显示，从 20 世纪 90 年代到目前最高人民检察院向最高人民法院提起抗诉的刑事案例仅有 9 件，本案是建国来最高人民法院审理的第三起刑事案件，前两起分别为林彪江青等反革命集团案、刘涌“黑社会”案[①]，由此引发各界高度关注。马乐案在我国刑事司法史上开创了若干个第一：第一个由三级检察机关接力抗诉的经济犯罪案件；第一个由最高人民检察院向最高人民法院仅就刑法法条适用问题提起抗诉的案件；第一个由最高人民法院开庭审理，最高人民检察院派员出庭履行职务的刑事抗诉案件。[②] 由于本案的重要影响，该案被最高人民检察院列入其发布的第七批指导性案例中，进而对类似案件的司法实践起到了一定的指导作用。

在本案中，深圳市、广东省和最高检层层抗诉“马乐案”，其争议的焦点有两方面：一是量刑是否“明显不当”，主要聚焦在法条的适用问题，即究竟应该按情节严重，还是情节特别严重来予以量刑？这涉及刑法典第 180 条第 4 款利用未公开信息交易罪如何援引刑法典第 180 条第 1 款的内幕交易、泄露内幕信息罪的法定刑。二是如何理解存疑有利于被告的诉讼原则。在审理的过程中，辩护方提出在刑法典第 180 条第 4 款并未明确情节特别严重情形如何处刑的情况下，对该款是否包含第 1 款的“情节特别严重”情形存在争议时，应当采纳有利于被告人的解释，这就涉及了存疑有利于被告人的诉讼原则在司法实践中如何具体适用的问题。

一、刑法典第 180 条第 4 款如何援引法定刑

我国刑法典第 180 条第 1 款规定：“证券、期货交易内幕信息的知情人

① 参见齐雁冰：《最大“老鼠仓”马乐案昨天再审》，载《北京青年报》2015 年 7 月 9 日。

② 参见孙谦：《援引法定刑的刑法解释—以马乐利用未公开信息交易案为例》，载《法学研究》2016 年第 1 期。

员或者非法获取证券、期货交易内幕信息的人员，在涉及证券的发行，证券、期货交易或者其他对证券、期货交易价格有重大影响的信息尚未公开前，买入或者卖出该证券，或者从事与该内幕信息有关的期货交易，或者泄露该信息，或者明示、暗示他人从事上述交易活动，情节严重的，处五年以下有期徒刑或者拘役，并处或者单处违法所得一倍以上五倍以下罚金；情节特别严重的，处五年以上十年以下有期徒刑，并处违法所得一倍以上五倍以下罚金。”第 4 款规定：“证券交易所、期货交易所、证券公司、期货经纪公司、基金管理公司、商业银行、保险公司等金融机构的从业人员以及有关监管部门或者行业协会的工作人员，利用因职务便利获取的内幕信息以外的其他未公开的信息，违反规定，从事与该信息相关的证券、期货交易活动，或者明示、暗示他人从事相关交易活动，情节严重的，依照第一款的规定处罚。”刑法典第 180 条第 1 款被确定为“内幕交易、泄露内幕信息罪”、第 4 款被确定为“利用未公开信息交易罪”。

本案中，依据法院查明的事实，马乐作为博时基金管理有限公司旗下博时精选股票证券投资基金经理，全权负责投资基金投资股票市场，利用职务便利，掌握了博时精选股票证券投资基金交易的标的股票、交易时点和交易数量等未公开信息。马乐在任职期间利用其掌控的上述未公开信息，操作自己控制的股票账户，从事相关证券交易活动。在本案中，对于被告人马乐构成刑法典第 180 条第 4 款规定的利用未公开信息交易罪，不存在多大争议。其中，争议最大的问题则是量刑问题。因为我国刑法典第 180 条第 4 款并未明确规定利用未公开信息交易罪的具体法定刑，而是规定参照刑法典第 180 条第 1 款规定内幕交易、泄露内幕信息罪的法定刑来进行量刑。而刑法典第 180 条第 1 款规定内幕交易、泄露内幕信息罪的法定刑依据犯罪情节严重、情节特别严重划分为两个档次，那么，刑法典第 188 条第 4 款利用未公开信息交易罪为援引法定刑，是应当对第 1 款法定刑的全部援引，还是仅能引用对应的“情节严重”的第一档法定刑呢？这是辩护方、控诉方以及法庭审理所面临的最大分歧。深圳市中级人民法院和广东省高级人民法院均认为应当援引“情节严重”的第一档法定刑，而深圳市人民检察院和广东省人民检察院则认为应当援引“情节特别严重”的第二档法定刑。

在我国刑法立法中，刑法典分则中的具体罪名采用“罪状＋法定刑”的立法模式，为了避免用语的重复和基于立法简约考虑，对于许多性质相近、危害相当罪名的法条规范，采用了援引法定刑的立法技术，也即，在相关犯罪的法定刑条文中，刑法立法规定参照其他犯罪的法定刑来进行处理。本案刑法典第 180 条第 4 款援引法定刑理解的争议是属于刑法解释问题，应当以文义解释为起点，综合运用体系解释、目的解释等多种解释方法，按照罪刑法定原则和罪责刑相适应原则的要求，从整个刑法体系中把握立法目的，平衡法益保护。①

第一，从法条文义理解，刑法典第 180 条第 4 款中规定的“情节严重”是定罪条件而非量刑条件。一般而言，我国刑法典分则中的“情节严重”通常体现为定罪条件、刑罚条件或者是定罪＋刑罚条件。刑法典第 180 条第 4 款和第 1 款虽然都有“情节严重”的规定，但两者的实质含义是不一样的。第 180 条第 1 款中的“情节严重”既是内幕交易、泄露内幕信息罪的定罪条件，也是该罪的量刑条件。第 180 条第 4 款利用未公开信息交易罪，则采用了援引法定刑的立法技术。前段关于犯罪构成的规定方式与第 1 款相同，属于罪状的描述，“情节严重”作为犯罪构成的定罪条件，也即明确该罪的情节犯属性，将情节未达到严重程度的行为排除在处罚范围之外。因此，此处的“情节严重”主要起的是限定处罚范围的提示作用。而对于法定刑的描述则明确规定参照第 1 款的规定处罚，因而此处的“情节严重”仅针对定罪而言，并没有规定量刑。量刑条款为“依照第一款的规定处罚”，应当理解为对第一款法定刑的全部援引而非部分援引，即同时存在“情节严重”、“情节特别严重”两种情形和两个量刑档次。

第二，从设置利用未公开信息交易罪的立法目的分析，应当将其理解为援引内幕交易、泄露内幕信息罪的全部法定刑。刑法典将本罪与内幕交易、

① 参见孙谦：《援引法定刑的刑法解释——以马乐利用未公开信息交易案为例》，载《法学研究》2016 年第 1 期。

泄露内幕信息罪一并放在第180条中分款予以规定，就是由于两罪虽然信息范围不同，但是其通过信息的未公开性和价格影响性获利的本质相同，对公众投资者利益和金融管理秩序的实质危害性相当，利用非公开信息交易罪在本质上与内幕交易罪并无太大差异，只是由于《证券法》第75条对内幕信息作了详细、明确的规定，利用许多其他对证券、期货交易价格有重大影响的非公开信息从事证券、期货交易的行为，根据罪刑法定原则，不能按照内幕交易、泄露内幕信息罪定罪处罚。因此，2009年的《刑法修正案(七)》中才对利用非内幕信息扰乱证券市场秩序的行为进行单独规定。正因为如此，也可以说，利用非公开信息交易罪是一种“准内幕交易罪”。① 两罪的主要差别仅在于信息范围不同，其通过信息的未公开性和价格影响性获利的本质相同，均严重破坏金融管理秩序，损害公众投资利益。刑法将两罪放在第180条中分两款予以规定，也是基于对此两种行为社会危害性程度相当的认识。因此，如果只截取情节严重部分的法定刑进行援引，势必违反罪刑相适应原则，使规范保护目的落空，无法实现惩罚和预防犯罪的目的。

第三，从刑法体系的协调性考量，应当将刑法典第180条第4款援引法定刑确定为援引第1款的全部法定刑。首先，刑法典中存在与第180条第4款表述类似的条款，印证了援引法定刑为全部援引。我国刑法典中第285条第2款非法获取计算机信息系统数据、非法控制计算机信息系统罪与同条第3款提供侵入、非法控制计算机信息系统的程序、工具罪，与第180条第1款、第4款在法条关系、条文结构、量刑情节配置等方面完全相同。对于第285条第3款规定“情节严重的，依照前款的规定处罚”，也即按照第285条第2款的规定进行处罚。对此，2011年最高人民法院、最高人民检察院《关于办理危害计算机信息系统安全刑事案件应用法律若干问题的解释》第3条明确了第285条第3款包含有“情节严重”、“情节特别严重”两个量刑档次。其次，从刑法其他条文的反面例证看，法定刑设置存在差别时即无法采用援引法定刑的立法技术。如刑法典第180条第2款关于内幕交易、

① 参见赵秉志主编:《刑法修正案最新理解适用》，中国法制出版社2009年版，第23页。

泄露内幕信息罪单位犯罪的规定，没有援引前款个人犯罪的法定刑，而是单独明确规定处5年以下有期徒刑或者拘役。这是因为第1款规定了情节严重、情节特别严重两个量刑档次，而第2款只有一个量刑档次，并且不对直接负责的主管人员和其他直接责任人员并处罚金。在这种情况下，为避免发生歧义，立法不会采用援引法定刑的方式，而是对相关法定刑作出明确表述。

因而，刑法第180条第4款利用未公开信息交易罪为援引法定刑的情形，应当是对第1款法定刑的全部援引。其中，“情节严重”是入罪标准，在处罚上应当依照本条第1款内幕交易、泄露内幕信息罪的全部法定刑处罚，即区分不同情形分别依照第1款规定的“情节严重”和“情节特别严重”两个量刑档次处罚。基于上述理解，在没有关于利用未公开信息交易罪“情节特别严重”认定标准的专门规定的情况下，最高人民法院考虑到刑法规定利用未公开信息交易罪是参照内幕交易、泄露内幕信息罪的规定处罚。而2012年最高人民法院、最高人民检察院颁行的《关于办理内幕交易、泄露内幕信息刑事案件具体应用法律若干问题的解释》第7条将成交额250万元以上、获利75万元以上等情形认定为内幕交易、泄露内幕信息罪“情节特别严重”之量刑标准，利用未公开信息交易罪也应当遵循相同的标准。马乐利用未公开信息进行交易活动，累计成交额达人民币10.5亿余元，非法获利人民币达1912万余元，已远远超过上述标准，且在案发时属全国查获的该类犯罪数额最大者，其犯罪情节应认定为“情节特别严重”，从而适用刑法典第180条第1款第二档法定刑。

二、检察机关基于法律适用不当提起再审抗诉是否恰当

在本案中，马乐案辩方的一个辩护理由是，我国刑法典第180条第4款只规定“情节严重”适用同条第1款规定的法定刑，而未明确情节特别严重情形如何处刑的情况下，对该款是否包含第1款的“情节特别严重”情形存在争议时，应当采纳有利于被告人的解释，如果支持抗诉，可能导致原先已

经产生既判效力的判决都存在错误的后果，会动摇判决的稳定性。这里就涉及到了检察机关在何种情形之下应当提起抗诉以及存疑时有利于被告原则的适用范围问题。

根据我国《刑事诉讼法》的有关规定，有权启动刑事审判监督程序的主体包括各级人民法院院长和审判委员会、最高人民法院和上级人民法院、最高人民检察院和上级人民检察院。其中，最高人民检察院有权对包括最高人民法院在内的各级人民法院作出的确有错误的已生效裁判向最高人民法院提出再审抗诉；上级人民检察院有权对下级人民法院作出的确有错误的已生效裁判向同级人民法院提出再审抗诉。依据《刑事诉讼法》的有关规定，检察机关对法院的已生效裁判提出再审抗诉并不区分是否有利于被告人的情形，只要发现法院作出的已生效判决或裁定在事实认定或法律适用方面确有错误，检察机关就有权向同级人民法院提出再审抗诉，既包括有利于被告人的再审抗诉，其目的在于纠正人民法院在事实认定或者法律适用方面确有错误的生效裁判，从而保证正确认定案件事实和准确适用法律。

但是，在现代社会中，有利被告已经成为刑事司法的一项重要原则和基本理念，被世界各国和国际刑事司法准则所确认。存疑有利于被告原则，是指在认定事实存在模糊之处难以正确适用法律时，应作出有利于被告人的结论。亦即在刑事诉讼过程中，当案件事实在证明过程中出现不确定的因素时，应作出有利于被告人的解释或认定。该原则也被称为罪疑惟轻原则。① 对有利被告原则可作两方面的理解：一是无罪推定，即任何人在未经法院依照正式的司法程序最终确认有罪之前，应在法律上假定其无罪；二是案件存疑时应作有利于被告的处理，即疑点利益应当归于被告。但对于有利被告原则的适用对象，有的学者认为有利被告原则只适用于“事实存疑”的情形，即案件事实不清时，法官应作有利于被告人的认定，也有的学者认为有利被告原则既适用于“事实存疑”的情形，也适用于“法律存疑”的情形，即对法律条文理解有争议时，均应作有利于被告人的解释。然而严格来讲，

① 参见林山田：《刑法通论》，(台湾)台大法律系发行 1998 年版，第 44 页。

有利被告原则既适用于事实认定，也适用于法律适用，也即，在法律适用上，当条文规范存在歧义时，要作有利于被告人的解释。[①]

正如前所述，对于本案，关于马乐利用未公开信息进行证券相关交易的事实，再审的各方均不存在异议，广东省高级人民法院二审、最高人民法院再审所查明的事实和采信的证据与广东省深圳市中级人民法院一审认定基本相同，争议的焦点在于法定刑援引的适用上，因此，本案的抗诉不是"事实抗"，而是"法律抗"(适用法律错误导致量刑畸轻)。其中存在争议的关键则是对于刑法典第180条第4款的理解适用问题。那么，该款关于法定刑的规定是不是属于条文规范存在歧义的情况呢？对此，则需要结合我国刑法典第180条第4款法定刑规定的立法技术来讲，该款属于我国刑法典分则中常见的援引法定刑的立法技术。正如最高人民法院审判监督庭负责人在详解马乐案为何改判及法律适用问题时所说，"从该条款的立法技术看，该条款援引法定刑的目的是为了避免法条文字表述重复，并不属于法律规定不明确的情形。"[②]本案中关于刑法典第180条第4款利用未公开信息交易罪的法定刑的规定并不属于法律规定不明确的情况，而是属于刑法解释的范畴。与事实认定不同，刑法解释是在事实查清之后，对刑法规范和案件事实进行对照比较的过程。不同的解释者可能由于采用的解释方法不同、采用的解释思路不一致以及个人的主观理解不同而产生不同的解释结论，但是，产生不同的解释结论不等于解释不清。在疑罪情况下，在对法律规范的解释方面，法院不是选择对被告人最为有利的解释，而是选择正确的解释。就马乐案而言，该案事实清楚，对援引法定刑的疑问实际上是对利用未公开信息交易罪法定量刑幅度存在两种不同观点。此时要做的，是判断哪种结论更为正确。通过前述分析可以看出，无论是运用文义解释、体系解释方法，还是适用目的解释方法，我们均可以得出刑法分则相关条款间的法定刑

---

① 参见卞建林、王贞会：《检察机关基于法律错误提起再审抗诉之探讨以马乐案为例》，载《河南社会科学》2016年第10期。

② 参见王地：《"两高"共同维护了法律的统一正确实施——最高法、最高检有关部门负责人就马乐案答记者问》，载《检察日报》2015年12月12日。

援引应当理解为全部援引，这一结论的得出符合罪刑法定原则所框定的解释限度，也符合罪刑相适应原则的基本要求，因而刑法典第 180 条第 4 款利用未公开信息交易罪的法定刑是援引第 180 条第 1 款的全部法定刑。在此种情形之下，是没有适用存疑有利于被告原则的适用空间的。

本案是案发时全国查处的犯罪数额最大的“老鼠仓”案，社会影响大。加之，近年来我国基金、证券、期货等领域利用未公开信息交易的行为较为多发，严重违背了公开、公正、公平的证券市场原则，严重损害了客户投资者或信息弱势的散户利益，严重破坏了金融行业信誉，对资产管理和基金、证券、期货市场的健康发展产生严重影响。本案由最高检向最高法院提起抗诉，最高法院直接审理并依法改判，可以从司法层面加大对利用未公开信息交易罪的打击力度，也是法院通过司法个案有力规范证券市场的举措。

在马乐案之前，已经有多个判决明确认为刑法典第 180 条第 4 款只是对第 1 款的部分援引。正是因此，导致司法实践中大量“老鼠仓”犯罪案件被错误地适用刑罚，处罚畸轻在客观上也助长了“老鼠仓”犯罪案件频发，犯罪数额不断攀升，社会危害愈来愈严重，甚至到了影响金融秩序稳定的程度。马乐利用未公开信息交易案再审获得改判，凸显了最高审判机关对法治立场的执着坚守。在马乐案办理过程中，三级检察机关依法充分履行刑事审判监督职责，全面细致审查事实证据，准确把握抗诉标准和条件，深入研究法律适用问题，严格按立法精神解释法律，提出了明确的抗诉意见和理由，保证了法律统一正确适用，通过履行法定职责推进具体法治，很值得嘉许。最高人民法院对此高度认同，就本案进行改判，通过对这个具体案件的审理，纠正下级法院对法律适用的不当理解，明确相关法律适用问题，统一法律适用标准，对今后各级法院审理此类案件具有指导意义，也有助于维护交易公平和社会正义。就此而言，将马乐利用未公开信息交易抗诉案遴选为最高人民法院指导性案例和“2015 年中国十大影响性诉讼”是名副其实。

郭美美开设赌场案

【基本案情】

郭美美，女，真名郭美玲，1991年6月15日出生于湖南省益阳市的一个单亲家庭，而这个家庭与健康人家的环境有太多的不同。其父曾经是个商人，有诈骗前科，其母长期经营洗浴、桑拿、茶艺等休闲服务，大姨曾因涉嫌容留他人卖淫被当地公安机关刑事拘留，舅舅曾因贩毒被判刑。郭美美自幼跟随母亲生活，自1996年起在广州深圳和湖南益阳之间辗转上学，高中毕业时也没有参加高考。2008年9月，郭美美自费前往北京电影学院表演系进修一年。结业后，郭美美留在北京成为"北漂"一族，主要依靠跑龙套、承接小角色以及母亲的接济维持生活。

2010年，经人介绍，郭美美与深圳商人王某结识成为"男女朋友"，王某的出现不仅改观了她的物质生活，更让一心想出名的她撞上了出名的机会。在两人交往期间，王某参股的中红博爱资产管理公司正与隶属于中国商业系统的中国商业红十字会商洽开发"中国博爱小站"项目，即购买车辆免费为社区老人提供医疗服务，车辆喷涂"红十字"标识，以项目为名招揽广告获利。2011年6月，为了增加炫耀的资本，郭美美根据自己的想象，将微博的个人认证从"演员歌手"更名为"中国红十字会商业总经理"，并发布了豪车、奢侈品等炫耀奢华生活的照片，将与她本人、中红博爱资产管理公司均无关系的中国红十字会推进了舆论漩涡，进而引发慈善信任危机。中国红十字会副会长赵白鸽在接受媒体采访时坦言，“郭美美事件”对红十字会的影响是“三天毁掉一百年”。然而，郭美美本人却一夜成名，在漫天的嘲讽和谩骂声中，各种商机也随之而来。除了演艺公司、广告商的邀约外，郭美美凭借“夜场商演”的名义多次从事性交易，每次价码达数十万元。同时，通过利用在网络积攒的名气，郭美美还成立了自己的工作室，并公开宣布进军娱乐圈。为了保持并进一步提升知名度，郭美美继续在网络上想方设法制造舆论热点，而为了获取点击率，很多网站也乐于炒作有关郭美美的话题并将其置顶。于是，“郭美美爱车被撞”、“与男友撕破脸”、“澳门赌场欠 2.6 亿赌债”等话题层出不穷，郭美美的确成了网络红人。

2014 年 7 月 9 日，正值世界杯期间，北京警方打掉一个专门在境外赌博网站上开户，通过电话、微信等形式下注、组织赌球的犯罪团伙，并抓获团伙成员 8 名，郭美美便是其中的参赌人员，事后郭美美对参赌事实供认不讳。据媒体报道，对嗜赌成性的郭美美来说，这次赌球只不过是她长期参赌的一个片段。自 2010 年起，郭美美先后六十多次往返澳门、香港及周边国家进行赌博。然而，后来的事实证明，单纯参赌已经不能满足郭美美的胃口。2013 年初，郭美美从频繁去赌场赌钱演变到自己开设赌局聚众赌博，这一次质变是从郭美美结识一个人开始。2012 年底，郭美美在澳门赌场认识了一名职业德州扑克赌徒外籍人康某，很快发展为情人关系，并在北京同居。2013 年初，郭美美在她的居住地周边寻找场所开始赌局，最终由其助理出面在北京朝阳区某小区以月租 1.9 万元的价格租下一套一居室的房屋用于赌博场所。随后，郭美美与康某购置了赌桌、筹码、POS 机等相关设备，并聘请了专业发牌手。诸事具备后，郭美美亲自打电话邀请赌客前往进行赌博活动。第一次组牌局是康某与一名中国合伙人开了一场，郭美美在赌局中抽去了七万多元的费用。为了赚更多的钱，郭美美决定开始自己组织赌局抽水牟利，每次设赌都由她聘请专业的发牌手，找专人负责赌资结算，并亲自打电话或微信等形式邀请社交圈的“朋友”上门聚众赌博，自己则从中抽取3%至5%的返点作为“水钱”。

2014年7月14日，郭美美因涉嫌犯赌博罪被刑事拘留。2014年8月20日，郭美美被北京市东城区人民检察院以涉嫌开设赌场罪依法批准逮捕，此案进入刑事司法程序。2015年5月21日，北京市东城区人民检察院以郭美美、赵晓来涉嫌开设赌场罪提起公诉。2015年9月10日上午，北京市东城区人民法院公开开庭审理了此案。

法院认定，被告人郭美美开设赌局共计3次，赌资数额累计约214万元人民币。第一次是在2013年3月13日晚至14日凌晨，被告人郭美美与外籍男友康某(另案处理)、吕某(另案处理)在北京市朝阳区某国际公寓房间内开设赌场，组织朱某、徐某等人以“德州扑克”的方式进行赌博活动，赌资数额共计人民币40万元。后两次分别是在2013年6月26日晚至27日凌晨、2013年7月1日晚至2日凌晨，被告人郭美美、赵晓来伙同陈某(另案处理)、吕某先后在该公寓的房间内开设赌场，组织李某等人以“德州扑克”的方式进行赌博活动，赌资数额共计人民币173.9万元。被告人赵晓来在上述两次赌局中，明知郭美美开设赌场，仍为其提供资金结算服务，使用POS机为参赌人员结算赌资共计人民币103万元。

法院认为，被告人郭美美伙同他人开设赌场，被告人赵晓来明知他人开设赌场而为其提供资金结算的直接帮助，情节严重，二被告人的行为妨害了社会管理秩序，均已构成开设赌场罪，依法应予刑罚处罚。针对各被告人及辩护人的辩护意见，法院认为：一是现在案证据能够证实，郭美美伙同他人组织参赌人员、提供赌博场所和赌具、雇佣服务人员、抽头渔利，且赌资达200余万元，其行为符合开设赌场罪的构成要件，故对被告人郭美美及其辩护人所提郭美美不构成开设赌场罪，其行为性质应认定为赌博罪的辩护意见，不予采纳。二是关于2013年6月26日晚至27日凌晨、2013年7月1日晚至2日凌晨的赌资认定问题，根据证人证言及相关刷卡记录、银行转账记录等书证，可以证实在上述时间进行的赌博活动中，赌资数额共计人民币173.9万元，其中赵晓来为赌场提供资金结算，使用POS机结算的赌资共计人民币103万元，各被告人及辩护人对赌资数额提出的异议，不予采纳。被告人郭美美在共同犯罪中起主要作用，系主犯。被告人赵晓来为赌场提供资金结算服务，属于开设赌场的共犯，其在共同犯罪中起次要作用，系从犯，对其减轻处罚。

2015 年 9 月 10 日下午 18 时，北京市东城区人民法院当庭作出一审宣判：以开设赌场罪，判处郭美美有期徒刑 5 年，并处罚金 5 万元；以开设赌场罪，判处赵晓来有期徒刑 2 年，并处罚金 2 万元。截至 9 月 28 日 24 时，该案已过上诉时限，郭美美本人未提出上诉，从 9 月 29 日起，一审判决开始生效。

【法理分析】

从备受争议的“网红”到开设赌场的“罪犯”，嗜赌、炫富、性交易等一个个环绕在郭美美身上的谜团被彻底揭开。郭美美凭着无知与无畏，集各种争议话题于一身，本着“坏名声也是名声”的信念，持续在网络上制造话题、引起关注。终于，为了追名逐利不择手段、挑战法律权威的郭美美，为自己的行为付出了惨痛的代价。“可怜之人必有可恨之处”。正值花样年华的郭美美，有着复杂的家庭背景和曲折的人生经历，正是在浮躁的社会风气中，才成就了这位引发全国轰动的“网红”。作为一种社会文化现象，“郭美美事件”值得每一个去认真反思。

一、程序争议：从批捕到开庭超过一年是否符合法律规定？

2014 年 8 月 20 日，郭美美因涉嫌开设赌场罪被北京市东城区检察院批准逮捕。2015 年 5 月 22 日，郭美美因涉嫌开设赌场罪被东城区检察院提起公诉。同年 5 月 28 日，北京市东城区法院正式受理该案件。同年 9 月 10 日，郭美美开设赌场案公开开庭审理。可见，从郭美美被批捕到开庭已经超过一年的时间，是否符合法律规定这一问题，曾一度引起社会公众的争议。结合案情，具体分析之：

其一，在案件侦查阶段，侦查羁押期限是否符合法律规定呢？根据我国刑事诉讼法的规定，对于犯罪嫌疑人逮捕后的侦查羁押期限不得超过两个月；案情复杂、期限内不能终结的案件经上级检察院批准可以延长一个月；因犯罪涉及面广、取证困难的重大复杂案件，在前述期限内不能侦查终结的，经省、自治区、直辖市人民检察院批准或决定，可以延长两个月；对于犯罪嫌疑人可能判十年有期徒刑以上刑罚的，在前述期限内仍不能侦查终结的，经省、自治区、直辖市人民检察院批准或决定，可以延长两个月。据此，公安机关的侦查羁押期限最长可达到七个月。由于郭美美所涉嫌的罪名是开设赌场罪，该罪的最高刑期为十年有期徒刑。在刑法中，“以上”或“以下”的用语是包含本数的。因此，郭美美的侦查羁押期限最长可到达七个月。据媒体报道，郭美美是在2014年7月14日被逮捕，2014年11月19日被移送北京市东城区检察院进行审查起诉，由此可见，郭美美案从被逮捕到移送审查起诉的期限尚不足五个月。因此，公安机关的侦查期限并没有超过法定的侦查羁押期限。

其二，在审查起诉阶段，审查起诉期限是否符合法律规定呢？根据我国刑事诉讼法的规定，检察院对于公安移送的案件，应当在一个月决定是否提起公诉，重大复杂案件可以延长半个月；而审查起诉阶段检察院认为案件需要补充侦查的，可以退回公安补充侦查或自行补充侦查，补充侦查的案件应在一个月内侦查完毕，补充侦查以两次为限，补充侦查后移送检察院的案件审查起诉期限重新计算。因此，如果按补充侦查两次来算检察机关审查起诉的期限最长可达六个半月。根据北京市东城区检察院公布的信息，本案于2014年11月19日移送审查起诉，后因证据不足，于2015年1月3日、3月18日退回公安机关补充侦查两次；于2014年12月19日、2015年3月3日及5月13日延长审查起诉期限三次各半个月。2015年5月28日，北京市东城区检察院以被告人郭美美、赵晓来涉嫌开设赌场罪向北京市东城区法院提起公诉。由此可见，本案从检察院收到案件到开庭审理的期限尚不足四个月。因此，检察机关的审查起诉期限也没有超过法定期限。

其三，在法庭审理阶段，法庭审理期限是否符合法律规定呢？根据我国刑事诉讼法的规定，法院审理公诉案件，应当在受理二个月内宣判，至迟不得超过三个月；如在审判阶段，检察院补充侦查案件的，补充侦查的案件应在一个月内侦查完毕，补充侦查以两次为限，补充侦查完毕后移送法院后，法院重新计算审理期限。根据北京市东城区法院公布的信息，法院在2015年5月28日受理此案，7月10日检察院向法院提出补充侦查，8月10日补充侦查完毕并移送法院，审限重新计算。法院安排本案在9月10日开庭，并未超过法院的审理期限。

二、定罪争议：郭美美的行为构成开设赌场罪还是赌博罪？

在庭审过程中，公诉机关指控郭美美的行为构成开设赌场罪，而被告人郭美美与其辩护人否认构成开设赌场罪，即使构成犯罪，其行为的性质应构成赌博罪。对此，人民法院经审理认定郭美美的行为构成开设赌场罪。那么，开设赌场罪与赌博罪之间有何区别？郭美美的行为是否构成开设赌场罪？

赌博活动不仅严重危害社会秩序，影响正常的生产、工作和生活，而且往往成为诱发其他犯罪的温床。然而，1979年刑法典仅规定了一个赌博罪，并没有将“开设赌场”行为规定在内。该法第168条规定：“以营利为目的，聚众赌博或者以赌博为业的，处三年以下有期徒刑、拘役或者管制，可以并处罚金。”以至于理论界与实务界对开设赌场行为应当以赌博罪中的“聚众赌博”定性处理，还是不以犯罪处理，一直存有争议。因此，为了规制开设赌场行为，1997年刑法典明确将“开设赌场”与“聚众赌博”、“以赌博为业”并列为赌博罪的三种行为方式，并将罚金刑由选科修改为必科，该法第303条规定：“以营利为目的，聚众赌博、开设赌场或者以赌博为业的，处三年以下有期徒刑、拘役或者管制，并处罚金。”但是在司法实践中，“开设赌场”涉及的参赌人员更多、赌资数额更高、经营者不法获利更多，该行为的社会危害性程度远高于“聚众赌博”与“以赌博为业”，加重开设赌场行为处罚的呼声渐高。于是，2006年通过的《刑法修正案（六）》便将“开设赌场”行为从赌博罪中分离出来，单独设置为开设赌场罪，并将该行为的最高刑期由三年提高到十年。根据《刑法修正案(六)》第 18 条规定,刑法第 303 条第 1 款修改为:“以营利为目的,聚众赌博或者以赌博为业的,处三年以下有期徒刑、拘役或者管制,并处罚金。”第 2 款修改为:“开设赌场的,处三年以下有期徒刑、拘役或者管制,并处罚金;情节严重的,处三年以上十年以下有期徒刑,并处罚金”。

从上述立法变化可以看出,开设赌场罪的最高刑期可以达到十年有期徒刑,而赌博罪的最高刑期则为三年有期徒刑。两罪之间在量刑幅度上存在很大差异,这就不难理解郭美美为何当庭翻供,辩称自己的行为仅涉嫌赌博。这可以看做是郭美美及其辩护律师一种辩护策略。那么,郭美美的辩解是否有道理呢?这就需要阐明赌博罪与开设赌场罪之间的区别。

根据我国刑法的规定,赌博罪是指以营利为目的,聚众赌博或者以赌博为业的行为;而开设赌场罪是指开办并经营赌场的行为。成立赌博罪,仅限于两种行为方式:一是“聚众赌博”,即组织多人从事赌博,并从中抽头渔利的行为。根据最高人民法院、最高人民检察院《关于办理赌博刑事案件具体应用法律若干问题的解释》第 1 条的规定,以营利为目的,有下列情形之一的,属于“聚众赌博”:组织 3 人以上赌博,抽头渔利数额累计达到 5000 元以上的;组织 3 人以上赌博,赌资数额累计达到 5 万元以上的;组织 3 人以上赌博,参赌人数累计达到 20 人以上的;组织中华人民共和国公民 10 人以上赴境外赌博,从中收取回扣、介绍费的。二是“以赌博为业”,即以赌博为常业,以赌博所得为其生活或者挥霍的主要来源。成立开设赌场罪,仅限于开办并经营赌场的行为,即开设经营性产地,为他人赌博提供场所、工具、筹码、资金等,并从中渔利的行为。根据最高人民法院、最高人民检察院、公安部《关于办理网络赌博犯罪案件适用法律若干问题的意见》的规定,利用互联网、移动通讯终端等传输赌博视频、数据,组织赌博活动,建立赌博网站,或者为赌博网站担任代理,接受投注的,均属于“开设赌场”行为。

可见,“聚众赌博”与“开设赌场”均涉及组织多人参与赌博,并从中渔利的行为,在实践中很难区分。严格意义上说,“开设赌场”属于“聚众赌博”的情形之一,但二者区别的关键在于行为人对整个赌博活动的控制权。具体而言，这主要体现在：

一是在场所的控制方面，开设赌场的行为人提供的赌博场所相对固定，并对该场所具有实际控制权，如组织者的住房、轮船或者长期租用的场所等；而聚众赌博的行为人提供的赌博场所则不太固定，经常变换赌博地点或者由参赌人员自行决定赌博地点，例如在临时租赁、借用他人的房屋、宾馆或者自己家中均可进行。

二是在人员的控制方面，开设赌场的行为人通常会雇佣他人在赌场中担任望风、护场、发牌、洗牌、记账或结算工作，人员相对固定且有明确的分工，有较为明确的上下级关系和工作制度，具有较为严密的组织性；而聚众赌博的行为人只表现为纠集、组织的行为，人员关系松散，没有具体的分工，缺乏严密的组织性。

三是在经营的控制方面，开设赌场的行为人通常对赌场的经营制定有一套相对固定的规则，如提供专业的赌具、有固定的营业时间、赌博规则或营利方式等；而聚众赌博的行为人对整个赌博活动缺少控制性，往往是由参赌人员自行决定赌博规则或营利方式，赌具通常是组织者提供，但也存在参赌人员自带赌具的情况。

四是在参赌的人员方面，开设赌场罪中的参赌人员除了开设初期时需要组织者召集之外，后来发展到口耳相传，存在一定的知名度，在赌徒圈子里已经形成一定的影响，许多赌徒可能是受到赌场人员邀约，也可能是主动寻找参赌场所，因而参赌的人员是不特定的。而聚众赌博中的参赌人员大多是由组织者利用自己的人际关系召集起来的，存在一定的私密性，因而参赌的人员是相对固定的。

在后两起犯罪事实中，郭美美都有用电话或者其他方式召集多人到她租赁的场所进行赌博的情形，属于聚众赌博情形，成立赌博罪。从这一角度看，郭美美的辩解并非完全没有道理。问题是，郭美美还存在开设赌场的情形，成立开设赌场罪。在本案中，郭美美租赁北京某国际公寓房屋作为赌博场所，提供资金以及购置赌桌、筹码、POS 机等赌博工具，雇佣专业发牌手、结算人员等服务人员，设定“德州扑克”的赌博方式以及固定的抽头比例，赌场的经营由其控制，开设赌场所的营利由其获得，可见郭美美开设的赌场已经有了雏形。她伙同他人电话联络组织的参赌人员，虽然她“朋友圈”的人，但这个“朋友圈”实际上是动态的，具有不特定性和开放性。只有经过一段时间的考察相处，只有相对安全的人才会被纳入所谓的“赌博朋友圈”。当然，还会考察对方是否具有一定的经济实力，那么赌得越大“抽头”才会越大。因此，被告人郭美美的行为符合开设赌场罪的构成要件，且符合“情节严重”的情形。也就是说，郭美美的行为同时成立赌博罪和开设赌场罪。根据刑法中的“吸收犯”理论，开设赌场的重行为吸收了聚众赌博的轻行为，按照重罪进行处罚，不实行数罪并罚，这才是法院认定郭美美的行为成立开设赌场的缘由。还应指出的是，郭美美在庭审过程中只是对罪名提出异议，应当认定了当庭认罪，可以从轻处罚。法院对其判处有期徒刑 5 年，显然是考虑了该情节。

被告人赵晓来明知郭美美开设赌场，仍为其提供自己资金结算服务，使用 POS 机为参赌人员结算赌资数额达到百万元以上，与郭美美构成共同犯罪。郭美美在共同犯罪中起主要作用，系主犯；赵晓来在共同犯罪中起次要作用，系从犯，适用现行刑法第 27 条第 2 款规定的“对于从犯，应当从轻、减轻处罚或者免除处罚”。

聂树斌故意杀人、强奸妇女再审案

【基本案情】

聂树斌，男，汉族，1974 年 11 月 6 日出生，初中文化，原河北省鹿泉市冶金机械厂工人。

1995 年 3 月 15 日，河北省石家庄市中级人民法院对石家庄市人民检察院指控的聂树斌犯故意杀人罪、强奸妇女罪一案，作出刑事附带民事判决，以故意杀人罪判处被告人聂树斌死刑，剥夺政治权利终身；以强奸妇女罪判处聂树斌死刑，剥夺政治权利终身，决定执行死刑，剥夺政治权利终身。宣判后，原审被告人聂树斌、原审附带民事诉讼原告人康孟东分别提出上诉。

河北省石家庄市中级人民法院一审判决认定：1994 年 8 月 5 日 17 时许，聂树斌骑自行车尾随下班的石家庄市液压件厂女工康菊花，至石家庄市郊区孔寨村的石粉路中段，聂树斌故意用自行车将骑车前行的康菊花别倒，拖至路东玉米地内，用拳头猛击康菊花的头部、面部，致康菊花昏迷后将其强奸，尔后用随身携带的花上衣猛勒康菊花的颈部，致其窒息死亡。认定上述事实的依据是：石家庄市公安局郊区分局在侦破此案时，根据群众反映将聂树斌抓获后，聂树斌即交代了强奸后勒死康菊花的犯罪经过，并带领公安人员指认了作案现场及埋藏被害人衣物的地点，与现场勘查一致；聂树斌对康菊花生前照片及被害现场提取物进行了辨认，确认系被害人照片及所穿衣物；聂树斌所供被害妇女的体态、所穿衣物与被害人之夫侯某某、证人余某某所证一致。据此，一审法院认为，被告人聂树斌拦截强奸妇女，杀人灭口，手段残忍，情节和后果均特别严重，其行为已构成强奸妇女罪、故意杀人罪。

1995 年 4 月 25 日，河北省高级人民法院作出刑事附带民事判决，维持对聂树斌犯故意杀人罪的定罪量刑，撤销对聂树斌犯强奸妇女罪的量刑，改判有期徒刑十五年，决定执行死刑，剥夺政治权利终身，并且根据最高人民法院的授权核准聂树斌死刑。

1995 年 4 月 27 日，聂树斌被执行死刑。

2005 年 1 月 17 日，涉嫌犯故意杀人罪被河北公安机关网上追逃的王书金，被河南省荥阳市公安机关抓获后自认系本案真凶。此事经媒体报道后，引发社会关注。

2007 年 5 月，申诉人张焕枝等人向河北省高级人民法院等多个部门提出申诉，请求宣告聂树斌无罪。河北省高级人民法院经过 3 次复查，均驳回了张焕枝等人的申诉，张焕枝不服，遂向最高人民法院提出申诉。

2014 年 12 月 4 日，根据河北省高级人民法院的请求，最高人民法院指令山东省高级人民法院对聂树斌案进行复查。山东省高级人民法院经过 1 年半的复查后，建议最高人民法院启动审判监督程序重新审判，并报请最高人民法院审查。

2016 年 6 月 6 日，最高人民法院审查后作出再审决定，指定最高人民法院第二巡回法庭提审该案。第二巡回法庭依法组成合议庭，依照第二审程序对聂树斌案进行了书面审理。

最高人民法院第二巡回法庭经审理后认为，原审认定原审被告人聂树斌犯故意杀人罪、强奸妇女罪的主要依据是聂树斌的有罪供述，以及聂树斌的有罪供述与在案其他证据印证一致。但综观全案，该案缺乏能够锁定聂树斌作案的客观证据，聂树斌作案时间不能确认，作案工具花上衣的来源不能确认，被害人死亡时间和死亡原因不能确认；聂树斌被抓获之后前 5 天讯问笔录缺失，案发之后前50天内多名重要证人询问笔录缺失，重要原始书证考勤表缺失；聂树斌有罪供述的真实性、合法性存疑，有罪供述与在卷其他证据供证一致的真实性、可靠性存疑，本案是否另有他人作案存疑；原判据以定案的证据没有形成完整锁链，没有达到证据确实、充分的法定证明标准，也没有达到基本事实清楚、基本证据确凿的定罪要求。原审认定聂树斌犯故意杀人罪、强奸妇女罪的事实不清、证据不足。根据1979年《刑事诉讼法》的相关规定，不能认定聂树斌有罪。

据此，经过近6个月的审理，第二巡回法庭于2016年11月30日作出刑事判决，改判聂树斌无罪。

2016年12月14日聂树斌母亲张焕枝向河北省高级人民法院递交了聂树斌一案的刑事国家赔偿申请书，并于2017年3月30日收到了河北省高级人民法院寄送的国家赔偿决定书，各项赔偿共计268.13991万元。

【法理分析】

聂树斌故意杀人、强奸妇女再审案自被媒体报道以来便受到社会各界的广泛关注，被评选为“2016年十大影响性诉讼”、“2016年人民法院十大刑事案件”以及“2016年推动法治进程十大案件”。从1995年4月27日聂树斌被执行死刑，到2016年12月2日再审改判无罪，经过了21年有余的时间，聂树斌冤案才得以昭雪。申冤之路的艰难，其间的坎坷与辛酸恐怕只有聂树斌的家人才能够了解。鉴于案件的复杂与疑难程度，为了实现司法的公平正义，回应社会各界的广泛关注，最高人民法院决定直接提审，并且创设性地指令山东高院异地复查，以及依法采取多种措施保障审判的公平公正。再审法庭由最高人民法院第二巡回法庭的5位法官组成，巡回法庭庭长胡云腾大法官亲自担任审判长。经过近半年的审理，在严格遵守证据裁判原则与疑罪从无原则的基础上，最终改判聂树斌无罪。毫无疑问，聂树斌案在我国冤错案件纠正的历史上，具有里程碑的意义，借用我国刑事诉讼法学界泰斗陈光中先生的话，“聂树斌案应当载入史册”。

一、依据：新旧标准 殊途同归

我国刑事诉讼法典自1979年通过以来，经历了1996年与2012年两次重大的修改。当前的证明标准，与聂树斌案发生时（20世纪90年代）的证明标准相比有所差异。有学者正是基于此，对聂树斌案件的再审改判提出了质疑：用现在的标准去评判21余年前的聂树斌案似有不妥，按照当时的证明标准，聂树斌案的判决并无不当。诚然，我们不应当用现在标准去要求20年前的司法人员与执法人员。20年间，社会的进步与经济的发展有目共睹，而在日新月异的司法与执法环境下，刑事诉讼活动中的原则与标准也不会一成不变。因此，学者产生这样的疑问是可以理解的。但是，如果按照当时标准来看待聂树斌案件，难道真的就不具有改判的合理性吗？事实上，司法机关并非没有注意到这个问题。聂树斌案的再审判决书明确指出："原判据以定案的证据没有形成完整锁链，没有达到证据确实、充分的法定证明标准，也没有达到基本事实清楚、基本证据确凿的定罪要求。原审认定聂树斌犯故意杀人罪、强奸妇女罪的事实不清、证据不足。根据1979年《刑事诉讼法》的相关规定，不能认定聂树斌有罪。"可见，第二巡回法庭正是根据当时刑事诉讼法的规定，对聂树斌作出的无罪判决。而事实上，无论是按照现在的标准，还是按照之前的规定，均不能认定聂树斌构成犯罪。

（一）不符合"两个基本"的旧标准

"两个基本"是有关部门根据1981年彭真同志在五大城市治安座谈会上的讲话总结出来的，具体指"基本事实清楚，基本证据确实、充分"。"两个基本"的标准是针对司法实践中过于纠结案件中与定罪量刑无关的旁枝末节，进而影响惩治犯罪效果的现象而提出的。但是，这并不意味着不需要确实、充分的证据，即可对行为人定罪处罚。这一标准只是强调司法实务人员要把与定罪量刑毫无关系的事实与证据放在次要位置，而案件的最基本、最核心的事实和证据依然要达到"清楚"与"确实、充分"的程度。"两个基本"

的证明标准只是对证明范围的合理缩小，并不是对证明标准的降低。根据“两个基本”证明标准的要求，对于作案时间、作案地点、作案工具以及作案手段等案件的主要事实，均具有确实、充分的证据证明，才能够认定行为人构成犯罪。而对于聂树斌案而言，案件中的一些基本事实尚未达到确实、充分的程度，原审判决的认定结果值得商榷。一方面，聂树斌案的基本事实不清楚。聂树斌是否为强奸并杀害康菊花的凶手、原审认定的聂树斌作案时间、原审认定的作案工具以及康菊花的死亡时间与死亡原因等案件的主要事实都存在疑问，尚未被调查清楚。另一方面，聂树斌案的基本证据不确实、充分。聂树斌被抓获之后前 5 天内的讯问笔录、原审卷宗内案发之后前 50 天内证明康菊花遇害前后情况的证人证言、聂树斌所在车间案发当月的考勤表等案件的主要证据缺失，并且聂树斌有罪供述的真实性存在较大疑问，因此聂树斌案件的基本证据尚未达到确实、充分的程度。所以，按照当时的规定，聂树斌案件并没有达到“两个基本”的证明标准。

（二）不符合“排除合理怀疑”的新标准

根据《刑事诉讼法》第 195 条第 1 项的规定，当前我国的证明标准规范的表述为：“犯罪事实清楚，证据确实充分”。所谓案件事实清楚，是指认定事实的司法人员对定罪量刑有关的事实和情节已经查清楚或认识清楚，这是从主观状态上说的；所谓证据确实、充分，是对证据质和量的综合要求，是实现司法人员对案件事实认识清楚的客观根据。为了在司法实践中更准确地适用刑事证明标准，《刑事诉讼法》第 53 条第 2 款对“证据确实、充分”作出了具体解释，规定“证据确实、充分，应当符合以下条件：（一）定罪量刑的事实都有证据证明；（二）据以定案的证据均经法定程序查证属实；（三）综合全案证据，对所认定事实已排除合理怀疑。”对于聂树斌案件而言，虽然有一些关于定罪量刑的证据，但是这些证据是否经过了法定程序查证属实以及通过这些证据所认定的事实是否能够排除合理怀疑，是值得商榷的。根据聂树斌案的再审判决书，原办案程序存在明显缺陷，严重影响相关证据的证明力，表现为：对聂树斌监视居住违反规定、现场勘查无见证人违反规定以及辨认、指认不规范等。基于此，难以认定聂树斌案中的相关证据经过了法定程序查证属实。而聂树斌案更为突出的问题，是对原审所认定的事实无法排除合理怀疑。

我国《刑事诉讼法》中规定的“排除合理怀疑”，是指排除符合常理的、有根据的怀疑，不仅包括“最大程度的盖然性”，而且包括结论之“确定性”与“唯一性”。简单来说，“排除合理怀疑”要求对于通过案件证据所认定的事实，根据常理与常情来判断，不会出现其他的可能性，强调结论的唯一性。可以这样来理解：如果根据老百姓一般的常识与认知来判断是合情合理的，那么这部分事实就能够排除合理怀疑，达到法律规定的证明标准；否则，不能够排除合理怀疑，从而达不到证明标准。而在本案中，第二巡回法庭的再审法官，正是通过“常理”来认定该案尚未达到“排除合理怀疑”的标准。首先，对于聂树斌被抓获后5天的讯问笔录、对案发之后前50天内相关证人证言以及考勤表等重要证据的缺失，根据当时的法律与相关规定以及实际的办案情况，原办案人员的解释并不符合常理；其次，聂树斌对关键事实的供述前后矛盾、反复不定，其供证一致的真实性、可靠性存疑，且不能排除指供、诱供可能；最后，从聂树斌当时的经济情况、兴趣以及涉案上衣与其体型的匹配程度来看，聂树斌供述偷取一件破旧短小的女式花上衣自穿并不符合常理。因此，聂树斌案件尚未达到能够排除合理怀疑的程度。

值得强调的是，还有一件事实能够增加对聂树斌案件的质疑程度，即2005年王书金的出现。从王书金的供述来看，王书金对作案时间、作案地点以及作案过程的描述等与本案的情况相符，并且供述出了聂树斌没有供述出的一串钥匙。这一情况的出现使得认定聂树斌为本案凶手的合理性受到强烈的质疑。即使无法认定王书金是杀害康菊花的凶手，但是这足以证明本案的认定并不具有唯一性。因此，虽然最高人民法院没有将其作为审判依据，但是这一情况也应当是认定聂树斌案尚未达到能够“排除合理怀疑”标准的重要依据。

二、原则:证据裁判　疑罪从无

证据裁判原则与疑罪从无原则,是第二巡回法庭对聂树斌案再审改判所坚持的基本原则,值得深入研析。

(一) 证据裁判原则的坚持

证据裁判原则,也称证据裁判主义,是指对于案件争议事实的认定,应当依据证据。《刑事诉讼法》虽然没有明确规定这一原则,但有关条文包含了证据裁判原则的基本内容。如《刑事诉讼法》第 53 条规定:“对一切案件的判处都要重证据,重调查研究,不轻信口供。只有被告人供述,没有其他证据的,不能认定被告人有罪和处以刑罚;没有被告人供述,证据确实、充分的,可以认定被告人有罪和处以刑罚。”2010 年两院三部的《关于办理死刑案件审查判断证据若干问题的规定》第 2 条正式确立了证据裁判原则,即“认定案件事实,必须以证据为根据”。证据裁判原则包括 3 个方面的要求:首先,裁判所认定的案件事实必须以证据为依据;其次,裁判所依据的证据是具有证据能力的证据;最后,作为综合裁判所依据的证据,必须达到法律规定的证明标准。对于聂树斌案件而言,最高人民法院第二巡回法庭正是严格遵守了证据裁判规则,而发现原审判决中所出现的问题:(1) 对于原审裁判认定的一些主要案件事实,并没有以证据为依据。对于作案的主体、作案的方法以及作案的工具,并没有通过有效的证据进行认定。而对于关乎定罪量刑的一些主要证据,如聂树斌被抓获后 5 天内的讯问笔录等均处于缺失状态。因此,可以说,原审的证据是残缺的,原审认定的事实并没有以证据为依据。(2) 原审裁判所依据的某些主要证据的证明力是值得商榷的。例如,聂树斌有罪供述的真实性存疑,且不能排除指供与诱供可能;又如,原办案程序存在明显缺陷,严重影响了诸如辨认、指认笔录的证明力。可见,原审裁判据以认定案件的相关证据并不具有充分的证明力。(3) 如上所述,无论是按照当时“两个基本”的要求,还是根据现在“排除合理怀疑”

的规定,聂树斌案件的证据均未达到法律所规定的证明标准。因此,从这 3 个方面来看,第二巡回法庭对聂树斌案进行的改判严格遵守了证据裁判原则。

(二) 疑罪从无原则的体现

疑罪从无是指在刑事诉讼活动既不能证明行为人有罪也不能排除其无罪的情况下,从法律上推定其无罪。现行的《刑事诉讼法》第 195 条对疑罪从无原则作出了规定,即"证据不足,不能认定被告人有罪的,应当作出证据不足、指控的犯罪不能成立的无罪判决。"但是,基于打击犯罪优于保障人权的观念,在司法实践中存在一些疑罪从轻、疑罪从挂的现象。然而,聂树斌案件的再审改判并没有受到这种思维的影响,严格遵循了疑罪从无的原则,彰显了对人权保障的理念。从聂树斌再审的判决书可以看出,第二巡回法庭通过对案件事实和证据的研析,认为"不能认定聂树斌有罪",进而对其作出无罪的改判。事实上,这里面涉及两个层面的问题:一是根据原审的证据材料不能认定聂树斌有罪,这在上文已经进行了论述;二是在这种情况下能否对聂树斌案进行改判? 这就要谈到改判标准的问题。从我国迄今为止纠正的主要冤错案件来看,由之前的"真凶出现"形式逐渐向"合理怀疑"形式发生了转变。如果只有在具备确实、充分证据能够基本还原案件情况,进而证明并非行为人所为,才能够对其再审改判,那么聂树斌案尚未达到可以改判的程度。因为,事实上,并没有确实、充分的证据还原康菊花被害的过程,也不能够证明谁是真凶。虽然王书金自供为强奸并杀害康菊花的凶手,但实际上根据现有的证据材料,目前尚无法证明王书金即为真凶。可以说,从康菊花被杀害的角度来看,聂树斌案其实是一桩疑案。可见,最高人民法院之所以对聂树斌案件进行了再审改判,并非依照"真凶出现"的标准,而是严格遵守了疑罪从无的原则,否则聂树斌案是不可能经过再审而改判无罪的。

三、标杆:程序保障　司法公信

最高人民法院第二巡回法庭对聂树斌案的再审耗时近半年,在此期间,司法机关依法采取多种有效措施，从程序上保障了再审的顺利进行，彰显了司法机关敢于面对和纠正冤错案件的决心。从程序上来看，聂树斌案件的司法公信力主要表现在如下方面：

其一，最高人民法院第二巡回法庭提审。根据《刑事诉讼法》第 243 条第 2 款的规定，最高人民法院对各级人民法院已经发生法律效力的判决和裁定，上级人民法院对下级人民法院已经发生法律效力的判决和裁定，如果发现确有错误，有权提审或者指令下级人民法院再审。一般而言，对于那些原判认定事实正确，但在适用法律上有错误，或者属于案件疑难、复杂、重大的，或者有不宜由原审人民法院审理情形的，可以由最高人民法院或者上级人民法院依法提审。但是，在司法实践中，最高人民法院直接提审刑事案件的情况并不多见。而对于聂树斌案件而言，最高人民法院决定提审该案，这足以表明对聂树斌案件的重视程度，以及对该案的审慎态度，彰显司法的公信力。自 2005 年王书金自认本案真凶以后，最高人民法院就开始关注聂树斌案并且指派专人指导聂案的申诉复查工作。之后，最高人民法院对该案的合议庭由第二巡回法庭 5 人组成，最高人民法院审判委员会专职委员、第二巡回法庭庭长胡云腾大法官亲自担任审判长。不仅如此，合议庭的法官不仅在最高人民法院身处重要职位，而且均具有较高的法学学历和丰富的审判经验，可谓阵容豪华。这又进一步彰显了司法的公信力。

其二，山东省高级人民法院进行异地复查。复查工作是人民法院确定案件是否应当重新审判的必经程序，是审判监督程序的有机组成部分。聂树斌案的一审和二审均在河北省进行，为了保证复查工作的公正性，根据河北省高级人民法院的申请和有关法律规定的精神，最高人民法院决定将聂树斌案件指令给山东省高级人民法院进行异地复查。与指令河北省相关法院进行复查相比，异地复查更为有效地避免了自纠自错的弊端，体现出了司法的公正性。当然，与山东省高级人民法院相比，无论在对聂树斌案件的熟悉程度上，还是在调取与进一步核实证据的便利性上，河北省高级人民法院均有先天的优势。但是，最高人民法院更为看重的是司法的公正性，因此牺牲了一部分司法的效率，体现出司法的公信力。值得一提的是，聂树斌案件的这一举措开创了我国异地复查的先河，对我国冤错案件的纠正给出了新的启示。

其三，第二巡回法庭全面开展再审工作。再审过程中，第二巡回法庭依法采取了多种措施，对聂树斌案进行了全面的审查。首先，5 次会见聂树斌的母亲和律师，走访被害人的父亲和女儿，依法充分保障了其查阅案卷、调查取证等诉讼权利。合议庭对申诉人及其代理人提出的任何问题，都坚持了“最后一问”的司法理念，并且对申诉人提出的许多实质性问题和要求，都一一作出了回应，进一步维护和保障了申诉人的诉讼权利。其次，合议庭法官开展了积极的调查核实工作，主要包括：前往案发现场调查取证，调查走访证人和原办案人，并且调阅了石家庄同一时期的 16 份卷宗，查看当时法官办案的整体水平，看聂树斌案件是个别情况还是普遍存在的现象。再次，多次听取了最高人民检察院的相关意见。最后，就有关尸体照片及尸体检验报告等证据的审查判断咨询了刑侦技术专家，就有关程序问题征求了法学专家意见。总而言之，最高人民法院第二巡回法庭依法采取了多种有效措施，保障了再审工作的公正进行。

其四，原审法院和有关部门积极配合。再审工作的顺利进行，离不开相关部门的积极配合。在此期间，最高人民检察院指派 5 名检察人员全面审查了本案原始卷宗、复查材料等相关材料，并且还多次派员赴河北进行实地调查核实。在此基础上，最高人民检察院向最高人民法院提出了书面意见，为案件的公正审理提供了助力。当然，再审的顺利进行同样离不开山东省高级人民法院扎实的复查工作，2014 年 12 月 4 日，最高法指令山东高院复查本案，随后山东省高院依法组成合议庭对本案进行了全面审查。在复查期间，经最高法院同意，山东省高级人民法院将有关人员请到法院，举行了一个长达 11 个多小时的听证会，观众可以通过中央电视台的直播观看听证会情况及专家学者点评，进一步保证了复查工作的公正性，另外，河北省有关部门和原办案单位也给予了积极的配合与支持，对最高人民法院的再审决定和再审判决均表示坚决服从，并表示将全力做好国家赔偿、司法救助等相关后续工作。实际上，聂树斌案的赔偿工作已经顺利进行，聂树斌的母亲张焕枝已经收到了河北省高级人民法院的赔偿决定。

四、启示:冤错案件　防患未然

聂树斌案件的再审改判无疑彰显了我国司法机关自纠自错的决心与信心,不仅实现了个案的公平正义,而且对于冤错案件的纠正起到了示范作用。在聂树斌案再审的过程中,我国司法机关不仅在实体上作出了公正中立的判决,而且在程序上也全面采取了措施保障再审工作的顺利进行。在此过程中,我国司法机关积累了宝贵的冤错案件纠错经验。当然,对于冤错案件,建立起系统的、有效的纠正机制是必不可少的。从客观上来看,任何社会形态、任何时期都无法避免冤错案件的发生,因此有效的事后纠错机制是必不可少的。但是,“一次不公正的司法判决其恶果甚至于十次犯罪,因为犯罪只是弄脏了水流,而不公正的判决却是弄脏了水源。”因此,源头一旦被污染,那么即使能够使河水恢复清澈,能够还给受害者公平正义,也将付出巨大的代价,司法的公信力也将会受到严重影响。正如聂树斌案,虽然最终第二巡回法庭再审改判聂树斌无罪,但是申诉的道路是如何的崎岖坎坷,而这其中的辛酸与痛苦只有聂树斌家属自己心里才清楚。单从时间上来看,从 1995 年 4 月 27 日聂树斌被执行死刑,到 2016 年 11 月 30 日聂树斌最终被改判无罪,经历了 21 余年时间,聂树斌的冤情才得以被洗清。在此期间,若不是 2005 年自供为凶手的王书金出现,或许聂树斌案件可能至今也不会有定论。而即使王书金于 2005 年主动供述是其杀害的康菊花,使得聂树斌案的原审判决更加受到质疑,也没有并且也无法立即还给聂树斌清白。从王书金的出现算起至最终的改判,又经历了 10 余年的时间。再看看聂树斌案的再审过程,2014 年 12 月 4 日,最高人民法院指令山东省高级人民法院复查,经历了四次延期后,最高人民法院才启动再审程序,而经历了近半年的时间,第二巡回法庭才作出终审判决。据报道,庭审宣判时,聂树斌的母亲在法庭上当场大哭起来。可见,申诉之路何以艰辛,改判之路又是谈何容易。

当然，聂树斌不仅被洗清了冤屈，聂树斌的家属也最终得到补偿。判决生效后，聂树斌的母亲张焕枝向河北省高级人民法院递交了国家赔偿申请书，并于2017年3月30日收到了河北省高级人民法院寄送的国家赔偿决定书，各项赔偿共计268.13991万元。但是，无需多言，这些赔偿无法挽回聂树斌的生命，这起错案给聂树斌的母亲与家属带来的伤害，以及对国家司法公信造成的负面影响，是金钱无法弥补的。正如聂树斌案的主审法官、最高人民法院第二巡回法庭庭长胡云腾大法官所言："正义会迟到，可能也会缺席。因为人的司法能力确实有限，错案的发现存在偶然，不要寄希望于错案纠错机制的确立，最可靠的还是源头预防。而且冤假错案永远是被动的，因为我们没有精力去复查。"可见，聂树斌案件再次给我们敲响了警钟，提示我们要更加注重冤错案件的事前预防。对此，聂树斌案件中有许多问题值得我们进一步研究与探讨。例如，聂树斌案件原审的死刑判决是由河北省高级人民法院核准的，而如果当时由最高人民法院核准，是否能够至少挽留住聂树斌的性命呢？这又凸显出从程序上防范冤错案件的重要性。

聂树斌案件的再审改判固然带来了积极的影响，具有里程碑意义，但是我们更应当考虑的，是如何在源头上最大程度地避免冤错案件的发生，防患于未然。

令计划受贿、非法获取国家秘密、滥用职权案

【基本案情】

2014 年 12 月 22 日，中国人民政治协商会议第十二届全国委员会副主席、中共中央统战部部长令计划因涉嫌严重违纪，接受组织调查。2015 年 7 月 20 日，中共中央政治局会议审议并通过中共中央纪律检查委员会《关于令计划严重违纪案的审查报告》，决定给予令计划开除党籍、开除公职处分，对其涉嫌犯罪问题及线索移送司法机关依法处理。2016 年 5 月 13 日，令计划涉嫌受贿、非法获取国家秘密、滥用职权一案，由最高人民检察院侦查终结，经依法指定管辖，移送天津市人民检察院第一分院审查起诉。后天津市人民检察院第一分院依法向天津市第一中级人民法院提起公诉。

2016 年 7 月 4 日，天津市第一中级人民法院依法对令计划受贿、非法获取国家秘密、滥用职权案进行了一审宣判，经法院审理查明：令计划利用职务上的便利，承诺为楼忠福及其子谋取利益，单独或与谷丽萍共同索取、收受楼忠福给予的财物共计折合人民币 1465 万余元；为崔晓玉谋取利益，明知并认可谷丽萍收受崔晓玉给予的财物共计价值人民币 1438 万元；为潘逸阳谋取利益，单独收受、明知并认可谷丽萍收受潘逸阳给予的财物共计价值人民币 761 万余元；为魏新所在单位谋取利益，对其子令谷向魏新等人索取

财物事后知情未予退还，收受、索取魏新等人给予的财物共计价值人民币643万余元；为李春城谋取利益，明知并认可谷丽萍收受李春城给予的欧元折合人民币89万余元；为白恩培谋取利益，收受白恩培给予的财物价值人民币60万元；以及为霍克等人职务晋升等提供帮助，单独或与谷丽萍共同收受霍克等人给予的财物。以上受贿财物共计折合人民币7708.5383万元。

令计划在担任中央统战部部长、第十二届全国政协副主席期间，通过时任中央办公厅秘书局局长霍克等人，非法获取大量国家秘密材料，严重破坏了国家保密制度。同时，令计划滥用职权，为特定关系人陈某、张某某及其亲属在调动工作、购买房屋、晋升职务、迁移户口等事项上提供帮助，致使公共财产、国家和人民利益遭受重大损失，并造成特别恶劣的社会影响。

天津市第一中级人民法院依法对令计划受贿、非法获取国家秘密、滥用职权案进行了一审宣判，认定令计划犯受贿罪，判处无期徒刑，剥夺政治权利终身，并处没收个人全部财产；犯非法获取国家秘密罪，判处有期徒刑5年；犯滥用职权罪，判处有期徒刑4年，决定执行无期徒刑，剥夺政治权利终身，并处没收个人全部财产。令计划当庭表示服从判决，不上诉。①

【法理分析】

本案对正部级高官令计划的审判彰显了依法治国、依法治党的执政理念，高级别官员的落马则践行了法律面前人人平等的基本法治原则，体现了党和国家严肃反腐的态度和决心。将权力关在制度的笼子里，将反腐工作纳入法治化轨道，有助于维护党员干部的清廉、正直形象，更有利于促进公众对反腐工作的内心认同。本案中，为了维护司法公信、体现司法公正，对于正部级高官令计划的审判是在天津市进行审判的，这样就避开了令计划案发时的任职地北京以及其他曾任职地区，有助于彰显司法公平公正；同

① 此案的案情介绍参考“令计划一审被判处无期徒刑”，新华网 http://news.xinhuanet.com/legal/2016-07/04/c_1119160963.htm.

时，本案中，令计划之妻谷丽萍与其子令谷在令计划的腐败案件中扮演了"重要角色"，其单独收受或者索取他人巨额财物，令计划作为国家工作人员利用职务之便，对于谷丽萍和令谷收受财物的行为明知或者事后认可，并为他人谋取利益，因而如何认定令计划与其妻谷丽萍、其子令谷共同受贿故意成为司法实践中的难点。本文主要就以上两个重要问题展开论述。

一、高官腐败案件之异地审判问题

近年来，高官腐败案件异地审判成为我国司法审判中一道亮丽的风景线，一大批省部级高官都是在异地审判的模式下被绳之以法。高官腐败案件异地审判有助于排除地方干扰，促进司法公正，维护司法公信，因而在我国当下高官审判的司法实践中得到了广泛的适用。据了解，从辽宁"慕马案"开始，90%以上的高官腐败案件都实行了异地审判。最高人民法院、最高人民检察院也在实践中形成了一套异地审判的司法模式，并不断制度化和规范化。在本案中，为了彰显司法公平公正，遵循高官异地审判的先例，令计划的审判避开了其曾任职地北京、山西等地，而选择在天津市进行审判。

（一）高官腐败犯罪案件异地审判的时代价值

高官腐败案件是当下中国面临的较为严重的腐败问题，高官腐败的防治对于反腐败的全局具有重要的示范和典型意义。在当下司法改革的浪潮下，高官腐败案件异地审判对于排除地方干扰，促进司法公正，维护司法公信力具有重大意义。

1. 排除地方干扰，保障司法公正

公正是司法工作的灵魂和根基，没有司法公正，法律将无法正确实施，社会公正将失去希望和保障。[①] 司法在本质上要求司法本身具有公正性，

① 参见谭世贵：《论司法独立与媒体监督》，载《中国法学》1999 年第 4 期。

在现代社会，司法应代以公正为其价值取向，不与公正相联系的司法就丧失了现代司法的应有之义。[①] 司法公正是法律的灵魂和生命，而司法独立是司法公正的重要保障。在我国现有的政治、司法体制下，地方司法机关的人、财、物都受制于地方党政机关，在人、财、物难以独立的情况下，要求司法人员排除地方干扰，独立司法并公正司法，这具有一定的困难和阻碍。腐败犯罪官员尤其是腐败犯罪中的高官在一个地方经营多年，他们为了确保既得的权势和谋取更大的利益，必然要利用其职权，在重要部门包括公安司法机关安插亲信和培植势力，编织盘根错节的关系网，结成利益共同体，一荣俱荣、一损俱损，构筑一道牢固的保护层。一旦东窗事发，其庞大的关系网便可能发挥作用，使得司法机关查办案件时，时常会遇到意想不到的困难和阻碍。而对腐败犯罪案件实行异地审理，跳出了腐败犯罪官员的“势力范围”，能有效地防止地方保护和不当干预，较好地排除地缘人际关系网的束缚，为保证审判活动不受人情干扰奠定了基础，能够最大限度地确保司法公正，使腐败犯罪官员受到应有法律制裁，从而切实维护法律的权威。[②] 因而为了确保高官腐败犯罪案件审判的公正，需要实行异地审判。对高官实行异地审判，可以促使司法权摆脱地方干扰，保持其中立性，方能保证司法裁判公平公正。[③] 在本案中，正是基于此考虑，为了避免对其司法审判受到不当影响，保证裁判的公平公正，最高人民检察院将本案指定给天津市人民检察院第一分院进行审查起诉。

2. 消除社会担忧，维护司法公信

司法具有公信力是现代法治社会的重要特征，是一个国家法治化的重要标志。[④] 独立审判是司法公信力的重要基础。人民法院能否依法独立审判，主要体现在法院审判过程中。对于当事人和社会公众而言，他们不仅希

---

① 参见公丕祥、刘敏：《论司法公正的价值蕴含及制度保障》，载《法商研究》1999 年第 5 期。

② 参见李玉萍：《异地审判与我国刑事管辖制度的改革与完善》，载《中国刑事法杂志》2009 年第 2 期。

③ 参见杜峙峰：《试探建立与行政区划适当分离的司法管辖制度》，载《广西社会主义学院学报》2014 年第 2 期。

④ 参见徐建新、陈锋：《全面深化改革视野下的司法公信力建设》，载《法律适用》2014 年第 3 期。

望看见正义结果的实现，而且希望正义以看得见的方式实现。人们对于正义的渴求如果无法从司法机关的裁判中寻求，就不得不通过上访或者采取过激行为来表达自己的不满，司法权威将受到极大的损害。只有当审判程序公开、公正裁判结果符合事实、依法有据，当事人和社会公众才会信服司法、尊重裁判，司法才能有公信力，裁判结果才能得到切实、有效的执行。① "可以左右司法者会藐视司法，不能左右司法者也同样会轻视司法"。②

在高官腐败案件中，因为有些腐败犯罪官员可能曾经是当地司法机关的顶头上司，由被领导者处理领导者的案件，难免会让人对审判的公正性产生质疑。而实行腐败犯罪的异地审判，则可以有效消除公众对于审判可能不公正的担忧，获得其对司法的认同和信任，从而理性对待诉讼，合理看待审判结果，更好地实现法律效果与社会效果的高度统一。为了消除部分社会公众对于审判公正的担忧和误解，高官腐败犯罪案件的异地审判可以进一步增强司法公信力和权威性。

3. 契合社会发展，促进司法改革

习近平总书记在《中共中央关于全面深化改革若干重大问题的决定》说明中强调，这些年来群众对司法不公的意见比较集中，司法公信力不足很大程度上与司法体制和工作机制不合理有关。③《中共中央关于全面深化改革若干重大问题的决定》(2013 年 11 月 12 日中国共产党第十八届中央委员会第三次全体会议通过)在"推进法治中国建设"部分提到要"探索建立与行政区划适当分离的司法管辖制度"。这里的司法管辖显然包括司法机关的地域管辖和案件管辖，针对高官腐败案件进行异地审判，在一定意义上也是对探索与行政区划适当分离的司法管辖制度的积极尝试。探索针对高官腐败案件异地审判制度，对于去司法地方化、司法行政化，保证国家法律统一

① 参见戴长林：《人民法院独立审判原则及其制度保障——从提高司法公信力角度的分析》，载《中国党政干部论坛》2014 年第 3 期。

② 参见卓泽渊：《法政治学》，法律出版社 2005 年版，第 314 页。

③ 参见习近平：《关于〈中共中央关于全面深化改革若干重大问题的决定〉的说明》，载《人民日报》2013 年 11 月 16 日。

正确实施，促进司法公平公正具有重要意义。在我国现阶段提升司法公信力、树立司法权威有助于进一步深化司法体制改革，推进法治中国建设，也有助于促进全面深化改革推进国家治理体系和治理能力现代化。

（二）高官腐败犯罪异地审判进一步完善思考

近年来，我国对高官腐败犯罪案件实行异地审判，取得了较好的效果，有效地排除了案件查处中的各种干扰和阻力，也有效地消除了部分社会公众对审判工作的担忧和误解。虽然当前我国高官腐败犯罪案件实行异地审判尚没有法律或司法解释明文规定，但却已经形成了惯例，并正在朝制度化的方向发展。我们也看到，高官腐败犯罪异地审判已经成为我国高官犯罪审理的司法常态，但是异地审判在我国由于没有明确的法律依据，其运行并未形成一种制度，异地审判在我国需要进一步的规范化和制度化。

1. 明确异地审判的条件和标准

对于异地侦查管辖，只能在相关司法解释作了规定的情况下进行。《人民检察院刑事诉讼规则》第 15 条规定：国家工作人员职务犯罪案件，由犯罪嫌疑人工作单位所在地检察院管辖；如果由其他检察院管辖更为适宜的，可以由其他人民检察院管辖；第 18 条规定：上级检察院可以指定下级检察院立案侦查管辖不明或者需要改变管辖的案件。这些规定为腐败犯罪异地侦查管辖提供了依据。学者们一般认为，对于高官腐败进行异地审判管辖的法律依据是我国《刑事诉讼法》第 26 条规定的指定管辖制度。根据《刑事诉讼法》第 26 条的规定，上级人民法院既可以指定下级人民法院审判管辖不明的案件，也可以指定下级人民法院将案件移送其他人民法院审判。此外，最高人民法院《关于执行〈中华人民共和国刑事诉讼法〉若干问题的解释》第 18 条也为腐败犯罪异地审判管辖提供一定合法性基础，该条规定：上级人民法院在必要时，可以指定下级人民法院将其管辖的案件移送其他下级人民法院审判。但是我们需要注意的是，上述规定只是对于异地审判进行了一个笼统、概括的规定，但在司法实践中，对此并无统一的标准。除此之外，还有下列几个问题还需进一步明确。

第一，异地审判法院的规范化选择。依据我国现行的体制，对于落马的省部级高官，一般先由中央纪律检查委员会进行调查，涉嫌构成犯罪的，由中纪委移交相关的司法机关进行处理。对于其管辖，一般是由中纪委统一协调，由最高人民法院和最高人民检察院具体实施。首先最高人民法院和最高人民检察院协调确定管辖案件的检察机关和法院，然后最高人民法院向地方高级人民法院下达《关于某某涉嫌犯某罪一案指定管辖问题的函》，并附最高人民法院向最高人民检察院《关于某某涉嫌犯某罪一案指定管辖问题的复函》。地方高级人民法院收到上述材料后将最高人民法院要求转达被指定的下级法院。①

一般情况下，最高人民检察院将案件指定给下级省级人民检察院查办，一旦进入司法程序后，如果没有特殊情况，该案便由被指定的省级人民检察院或它的下级人民检察院立案侦查，再向同级法院提起诉讼。② 但是，对于最高人民法院和最高人民检察院协商管辖的法院和检察院，却没有明确的统一规定，而且是否可以再次指定也存在一定的争议。如，安徽省原副省长何闽旭在中纪委将案件移送给最高人民检察院后，案件被指定给山东省人民检察院具体查办。案件侦查终结移送起诉后，根据案件管辖规定，山东省高级人民法院将案件指定临沂市中级人民法院管辖。③ 客观地说，再次指定管辖在一定程度上损害了前次指定管辖的权威性，除非有妨碍司法公正等情形，指定管辖只能是上级人民法院、检察院指定下级人民法院、检察院管辖其不具有管辖权的案件，下级人民法院、检察院不能在接到指定审判管辖决定书后再向其下一级人民法院、检察院指定管辖。④

第二，“异地”认定的合理化。对于异地该如何理解？是包括案发前工作地还是包括曾任职地或者是出生地？这些均无明确的规范性文件进行规

---

① 参见龙宗智、白宗钊、谭勇：《刑事诉讼指定管辖若干问题研究》，载《法律适用》2013 年第 12 期。

② 参见宋伟：《惩处省部级官员腐败案件“中国模式”，已经形成》，载《民主与法制时报》2008 年 1 月 2 日。

③ 参见宋伟：《高官异地审判将成为一种趋势》，载《廉政瞭望》2007 年第 2 期。

④ 参见胡良智：《异地审判与管辖规定的冲突与完善》，载《学习月刊》2008 年第 6 期。

定。在省部级高官的贪腐案件中，绝大部分腐败高官均避免了在其工作地、出生地与籍贯地进行审判。显然，高官腐败案件进行异地审判就是为了排除对案件查办的干扰，确保案件追诉和审判的公正和公平，基于该制度设计的初衷考量，对于“异地”，我们应该作扩大解释，异地不仅仅包括案发时高官工作单位的所在地，还应包括腐败高官曾经工作地、出生地或者籍贯地。对于高官案发时工作所在地以及曾经工作地，由于高官在这些地方工作、经营多年，在当地重要机关部门包括公安司法机关具有盘根错节的关系，为了保证审判的公正和司法的公正性、权威性，应当避免在这两个地方进行审判。至于出生地和籍贯地，对于一般省部级高官而言，他们往往由于自己身居高位，加之与出生地或籍贯地的地缘关系或者是亲缘关系，一般与当地相关机关联系较多，如果由出生地或者籍贯地的司法机关对腐败高官进行审判，会引发民众对于审判公正性的质疑。从维护司法公信力的角度来看，也应当尽量避免在出生地或者籍贯地对高官进行审判。

第三，异地审判管辖异议的规范化。管辖地的选择影响案件的实体公正和程序公正。在指定管辖案件中，根据个案情况确定与案件并无关联性的司法机关管辖，如果当事人不能对管辖提出异议有悖于公民权利保护原则和司法救济原则。就近两年的指定管辖情况看，当事人异议均未获得支持。①

为了维护司法公正，完善辩方权益保障制度，我们应当赋予腐败高官及其辩护人的异地审判管辖中异议申请权，辩方认为当前选择的异地审判机关对于案件的审判存在足以影响公正审判的偏见或存在不利因素时，可以依法请求重新选择司法机关进行审判，决定机关依法时做出决定，并对不予改换异地审判法院的决定及时向申请人进行充分说理。有关机关基于效率和公正的考量，有必要选择若干可以进行异地审判的法院，确定一个主选审判法院，若干备选法院，当腐败高官以及其辩护人对于主选法院提出异议

① 参见龙宗智、白宗钊、谭勇：《刑事诉讼指定管辖若干问题研究》，载《法律适用》2013 年第 12 期。

时，经有关机关的审查决定，若异议理由成立，更换为备选法院。

2. 探索针对特定主体实行集中管辖

根据被追诉人的特殊身份而不是实施犯罪的地点或其居住地确定管辖法院的做法在国外有相关规定。例如，法国的法院系统在普通法院以外，还设有最高特别法庭和共和国特别法庭，这两类法庭的管辖权都是依据犯罪人的个人身份而确立的。[①] 针对特殊主体而实行集中管辖的审判模式，我国《刑事诉讼法》也是明确认可的。比如，基于现役军人的特殊身份，《刑事诉讼法》第27条以及最高人民法院《关于执行〈中华人民共和国刑事诉讼法〉若干问题的解释》第20、21条规定“现役军人（含军内在编职工）犯罪，应由军事法院管辖”，确立了针对军人的集中管辖制度。考虑到地方党政主要领导尤其是县处级[②]以上地方党政主要负责人位高权重，在其权力范围内影响力较大，因而建议对《刑事诉讼法》进行再修改时，进一步健全和完善我国的刑事审判管辖制度，增加对担任一定级别领导职务（具体应是担任地方党政县处级主要领导职务以上）的官员腐败犯罪案件实行集中管辖的相关内容。

有学者基于我国目前的司法体制和实际情况，提出为了便于对省部级官员（包括地方、中央部委、军队、国有企事业单位、人民团体中的省部级官员）腐败犯罪案件的集中审理，建议将全国划分为东北、西北、华北、华东、华南、中南、西南七大审区。每个大的审区选择一个省（市、自治区）省会所在地的中级人民法院作为一审管辖；对于党和国家领导人（包括已卸任的）腐败犯罪案件，考虑其社会影响由最高人民法院直接进行管辖，或者由最高人民法院根据案件及被告人情况指定某一高级人民法院（或解放军军事法院）作一审管辖。[③] 此建议具有一定的现实性和可操作性，但是在具体操作中，我们需注意，对于一审法院并不一定要选择省会所在地的中级人民法院，主

① 参见赵秉志、彭新林：《我国当前惩治高官腐败犯罪的法理思考》，载《东方法学》2012年第2期。

② 在司法实践中，地方党政县处级（含）以上主要干部腐败犯罪案件即为要案。

③ 参见赵秉志：《中国反腐败的重大现实问题》，载《法学评论》2014年第3期。

要还是看一审法院对于高官审判是否具有相关经验、司法人员的业务素质等条件，如可在一省之内选择几个法院作为高官腐败案件审判的备选法院较为妥当。

二、高官与特定关系人共同受贿的认定

在当下中国，国家工作人员与近亲属或情妇等特定关系人共同受贿在贿赂犯罪中占据重要比例。特别是在一些省部级高官腐败案件中，由于省部级高官身居高位，其亲属、情妇等特定关系人更容易利用高官的地位所形成的权力资源优势收受财物。据官方信息显示，十八大以来落马高官的案情通报中，明确提及其配偶、子女等亲属及特定关系人参与利益输送的比例超过40%，高官腐败日益呈现腐败家族化趋势。[①] 如重庆市原市委书记薄熙贪污、受贿、滥用职权罪案中，薄熙来利用职务便利为大连实德集团谋取利益，明知并认可薄谷开来、薄瓜瓜收受徐明财物折合人民币19337930.11元[②]；在国家发改委原副主任、国家能源局原局长刘铁男受贿案中，刘铁男利用其子刘德成收受他人贿赂，一审判决书显示刘铁男涉案的3558万余元财物中的3400余万元系通过刘德成收受[③]；再如在本案中，依据法院查明的事实，令计划的受贿数额中约2000余万元系与其配偶、子女共同收受，那么在司法实践中如何认定近亲属与腐败官员共同受贿呢？

(一) 共同受贿故意认定之规范思路

在共同受贿犯罪中，很多是属于国家工作人员利用职务之便，为他人谋取利益，亲属或者情人收受财物的情形，因而如何认定共同受贿故意成为司法实践中的难点。2007年7月8日，最高人民法院、最高人民检察院联合下发了《关于办理受贿刑事案件适用法律若干问题的意见》（以下简称《意

---

① 参见王丽娜：《十八大后38名高官被判刑尚无人被判死刑》，载《财经》2015年第8期。

② 参见山东省济南市中级人民法院(2013)济刑二初字第8号刑事判决书。

③ 参见河北省廊坊市中级人民法院(2014)廊刑初字第50号刑事判决书。

见》),该《意见》第7条对由特定关系人收受贿赂问题作出明确界定:国家工作人员利用职务上的便利为请托人谋取利益,授意请托人以本意见所列形式,将有关财物给予特定关系人的,以受贿论处。特定关系人与国家工作人员通谋,共同实施前款行为的,对特定关系人以受贿罪的共犯论处。特定关系人以外的其他人与国家工作人员通谋,由国家工作人员利用职务上的便利为请托人谋取利益,收受请托人财物后双方共同占有的,以受贿罪的共犯论处。可见,该《意见》认为对特定关系人以及其他人是否与国家工作人员构成受贿共犯,取决于双方有没有共同的受贿故意,并把共同故意限定为"通谋"。

但是一般来说,国家工作人员和其特定关系人关系较为密切,达成共同受贿犯罪故意比较容易。一个简单的手势、眼神或者生活习惯都可以达成合意,并且外界并无法知晓。国家工作人员与特定关系人之间的密切关系为共同犯意的形成提供了便利,他们之间的共同受贿较一般受贿而言,更具有隐蔽性,主观犯意更难认定,这给共同受贿故意的认定造成了很大困难。不少共同受贿案件发生后,国家工作人员以对贿赂事实不知情为借口进行开脱,这给腐败案件的查处带来了许多障碍。如薄熙来在其上诉中就提出薄谷开来关于曾向其告知接受徐明出资购买法国别墅、接受徐明为薄谷开来、薄瓜瓜支付相关费用不知情的辩护意见。① 因而基于腐败犯罪中腐败官员与特定关系人共同受贿的特点,科学合理认定共同受贿故意,关系到防治腐败犯罪的力度与效果,对于打击腐败犯罪,更加科学有效地推进腐败犯罪的治理将会产生积极的影响。

(二) 共同受贿故意认定:概括故意

对于共同受贿故意的认定,结合共同受贿的特点和反腐的现实需要以及我国的刑法理论,适用刑法理论中的概括故意有助于认定共同受贿故意。

---

① 参见山东省高级人民法院刑事裁定书(2013)鲁刑二终字第110号。

我国刑法学理论认为，根据行为人认识因素的不同，犯罪故意从学理上可以分为确定故意和不确定故意，概括故意是我国刑法理论中不确定故意之一种。所谓概括故意是指行为人对于认识的具体内容并不明确，但明知自己的行为会发生危害社会的结果，而希望或者放任结果发生的心理态度。概括故意之“概括”在于“认识因素”的不明确，而非“意志因素”的不明确。①概括故意主要体现为行为人对其行为的“认识内容”和“认识程度”的不明确。

我国刑法典第 14 条规定：“明知自己的行为会发生危害社会的结果，并且希望或者放任这种结果发生，因而构成犯罪的，是故意犯罪。”我国刑法典将犯罪故意区分为直接故意和间接故意两种，但并未在立法上中正式确立概括故意。但是理论和实践中对于概括故意也在逐步地接纳和适用，最典型的莫过于薄熙来受贿、贪污、滥用职权案。该案在受贿罪的认定中，一审判决书认为“根据在案证据，足以认定薄熙来对于徐明为薄谷开来、薄瓜瓜支付相关费用、给予财物等事实知情，至于其是否知道各种费用、财物的具体数额、支付方式等情况，不影响对相关事实的认定。”二审裁定书更是明确提出了“概括故意”相关的概念，裁定书中认定“经查，在案证据可以证实上诉人薄熙来对徐明在薄瓜瓜上学期间为薄谷开来母子支付相关费用一事概括知情，在此期间，徐明应薄谷开来、薄瓜瓜二人要求支付的相关费用，包括应二人要求为二人亲友支付的费用均应当认定为薄熙来明知并认可薄谷开来、薄瓜瓜收受徐明财物的数额。”可见，在司法实践中，对于概括故意的认定可以恰当地进行定罪量刑。

但是我们需要注意的是概括故意属于犯罪故意，应满足犯罪故意的一般要求，在认识因素上，行为人要认识到危害结果发生的必然性或者可能性；在意志因素上，行为人要希望或者放任危害结果的发生。行为人在认识因素方面必须具备“明知”要素，我国通行的刑法理论和司法实践认为，“明

① 参见张永红：《概括故意研究》，载《法律科学》2008 年第 1 期。

知”包含“知道”和“应当知道”两种情况[①]，也即行为人概括故意所知晓的受贿行为必须在其“明知”的范围内，行为人知道受贿行为的存在，但是不知道受贿的具体内容。在薄熙来案件中，薄熙来及其家庭与徐明之间长期存在着权钱交易关系，“在这种权钱交易的概括故意、长期故意的心态之下，被告人薄熙来对其妻、其子接受徐明财物不知具体细节当然不影响其主观之明知”。[②] 具体到特定关系人共同受贿来说，国家工作人员对特定关系人的收受行为只要概括知道即可，不一定需要知道每一个细节，尤其是因为特定关系人之间的特殊关系，他们之间的主观故意很难直接查明。国家工作人员只要认识到利用职务便利为他人谋取利益的事实，认识到其特定关系人收受财物的事实，不需要知道具体的收受数额就可以认定为明知。

---

① 还有学者认为，“明知”就是行为人明白知道，在法律含义上只表现为行为人的确定性认识，不确定的认识不能视为“明知”，也有学者坚持“明知”不要求确知，即不要求行为人确定地、确切地、确实地知道是犯罪行为，只要有这种认识的可能性就足以成立“明知”。参见张先科、应金鑫：《论刑法中的“明知”》，载《法律适用》2009 年第 6 期。

② 赵秉志：《试析薄熙来案的定罪量刑》，载《法制日报》2013 年 9 月 26 日。

终身监禁第一案：白恩培贪腐案

【基本案情】

2014年8月29日，据中央纪委监察部网站消息，十二届全国人大环境与资源保护委员会副主任委员白恩培涉嫌严重违纪违法，接受组织调查。2015年1月，中纪委对白恩培严重违纪问题进行了立案审查。经查，白恩培利用职务上的便利为他人谋取利益，收受巨额贿赂。决定给予白恩培开除党籍、开除公职处分；将其涉嫌犯罪问题及线索移送司法机关依法处理。2015年1月13日，最高人民检察院经审查决定，依法对全国人大环境与资源保护委员会原副主任委员、中共云南省委原书记白恩培以涉嫌受贿罪立案侦查并采取强制措施。2016年2月，白恩培一案，由最高人民检察院指定河南省人民检察院侦查终结后，移送河南省安阳市人民检察院审查起诉。随后，安阳市人民检察院向安阳市中级人民法院提起公诉。

2016年6月16日，河南省安阳市中级人民法院一审公开开庭审理白恩培受贿、巨额财产来源不明一案。2016年10月9日，河南省安阳市中级人民法院公开宣判，对被告人白恩培以受贿罪判处死刑，缓期二年执行，剥夺政治权利终身，并处没收个人全部财产，在其死刑缓期执行二年期满依法减为无期徒刑后，终身监禁，不得减刑、假释；以巨额财产来源不明罪判处有期徒刑10

年,决定执行死刑,缓期二年执行,剥夺政治权利终身,并处没收个人全部财产,在其死刑缓期执行二年期满依法减为无期徒刑后,终身监禁,不得减刑、假释。对白恩培受贿所得财物和来源不明财产予以追缴,上缴国库。

安阳市中级人民法院经审理查明:2000 年至 2013 年,被告人白恩培先后利用担任青海省委书记、云南省委书记、全国人大环境与资源保护委员会副主任委员等职务上的便利以及职权和地位形成的便利条件,为他人在房地产开发、获取矿权、职务晋升等事项上谋取利益,直接或者通过其妻非法收受他人财物,共计折合人民币 2.46764511 亿元。白恩培还有巨额财产明显超过合法收入,不能说明来源。

安阳市中级人民法院认为,被告人白恩培身为国家工作人员,利用职务上的便利,为他人谋取利益,利用职权和地位形成的便利条件,通过其他国家工作人员职务上的行为,为他人谋取不正当利益,非法收受他人财物,其行为构成受贿罪;白恩培的财产、支出明显超过合法收入,差额特别巨大,不能说明来源,构成巨额财产来源不明罪,应数罪并罚。

其中,白恩培受贿数额特别巨大,犯罪情节特别严重,社会影响特别恶劣,给国家和人民利益造成特别重大损失,论罪应当判处死刑。鉴于其到案后,如实供述自己罪行,主动交代办案机关尚未掌握的大部分受贿犯罪事实;认罪悔罪,赃款赃物已全部追缴,具有法定、酌定从轻处罚情节,对其判处死刑,可不立即执行。

同时,根据白恩培的犯罪事实和情节,依据刑法的有关规定,决定在其死刑缓期执行二年期满依法减为无期徒刑后,终身监禁,不得减刑、假释。①

【法理分析】

全国人大环境与资源保护委员会原副主任委员白恩培创下了十八大以来官方公布的省部级及以上官员受贿金额最高纪录(截止到 2016 年年 10

① 案情详见“全国人大环资委原副主任委员白恩培一审被判死缓”,载新华网 http://news.xinhuanet.com/legal/2016-10/09/c_1119679454.htm.

月)。河南省安阳市中级人民法院的官方微博显示,白恩培的受贿金额高达2.4676亿,另有家庭财产和支出明显超过合法收入,差额特别巨大,且不能说明来源。2016年10月9日,河南省安阳市中级人民法院公开宣判,白恩培被判处死刑缓期二年执行并决定终身监禁,因此,白恩培也成为《刑法修正案(九)》生效后适用终身监禁的第一位贪腐官员,本案也成为终身监禁适用第一案,其法治意义和法理问题值得我们进行思考。本案值得关注且具有法理研讨价值的,是其刑罚裁量问题,尤其是其中的终身监禁适用问题。这方面的主要问题有三个:一是终身监禁的法律性质和意义何在?二是终身监禁新规的溯及力问题,即其能否适用于白恩培案这类新规生效之前发生的案件?三是白恩培案是否符合终身监禁新规的适用条件?

一、关于终身监禁的性质和法律意义

《刑法修正案(九)》规定,犯贪污罪、受贿罪,犯罪数额特别巨大,并使国家和人民利益遭受特别重大损失的,处无期徒刑或者死刑,并处没收财产;符合上述规定情形被判处死刑缓期执行的,法院根据犯罪情节等情况可以同时决定在其死刑缓期执行二年期满依法减为无期徒刑后,终身监禁,不得减刑、假释。在我国刑法典中新增设的针对严重腐败犯罪适用的死缓犯终身监禁,因其规定于贪污受贿犯罪法条中而非刑法典总则的刑罚种类中,而且它又依附于死缓制度并与无期徒刑相关联,因而国家立法机关和最高司法机关以及刑法理论界普遍认为终身监禁不是一种独立的刑种,而是专门适用于严重贪污受贿犯罪之死缓犯的一种死缓执行方式。或者,也可以说它是一种特别的惩罚制度或措施。其严厉程度介于死刑立即执行与一般死缓之间。终身监禁制度被立法者赋予了替代死刑立即执行和严肃惩治严重腐败犯罪的双重法律意义。①

第一,死缓犯终身监禁制度有助于严肃惩治严重腐败犯罪。在我国,虽

① 参见赵秉志:《终身监禁第一案之观察》,载《人民法院报》2016年10月10日。

然贪污罪、受贿罪的死刑适用在较早时期相对较多,但考虑到贪污受贿犯罪毕竟属于非暴力性质的贪利性职务犯罪,与死刑所剥夺的生命权不具有对等性,近年来我国对贪污受贿犯罪分子已很少适用死刑立即执行,绝大多数达到死刑适用标准的严重腐败罪犯均被判处了死刑缓期执行。而对于死缓犯,依据我国刑法典的规定,死缓考验期满后,除非具有“故意犯罪,情节恶劣”的情形,一般均可减为无期徒刑,有重大立功的还可以减为有期徒刑。在无期徒刑或者有期徒刑执行过程中还可以予以减刑、假释,这导致判处死缓与判处死刑立即执行两者之间的刑罚严厉性实际差距很大,难免让民众产生对严重贪污受贿犯罪适用刑罚过宽而不公正的认识。《刑法修正案(九)》对严重贪污受贿犯罪确立的死缓犯终身监禁制度,赋予了对此类犯罪更为严厉的惩治措施,有助于贯彻罪责刑相适应原则,在一定程度上体现了司法的公平正义。

第二,死缓犯终身监禁制度有助于切实减少死刑的实际适用。关于特重大贪污受贿犯罪死缓犯终身监禁制度的适用对象,相关立法说明和司法解释明确将其限定为原本应判处死刑立即执行的此类严重犯罪的罪犯。全国人大法律委员会《关于〈中华人民共和国刑法修正案(九)(草案)〉审议结果的报告》中明确将贪污受贿犯罪的终身监禁视为这两种犯罪死刑立即执行的替代措施。这就为司法实践中切实减少死刑立即执行的数量创造了条件,据此对原来罪该判处死刑立即执行的特重大贪污受贿罪犯应适用死缓并最终转化成终身监禁。[①] 显然,这一举措有助于司法实践中切实减少死刑的实际适用。

二、关于本案终身监禁的溯及力问题

(一) 溯及力角度之分析:终身监禁新规能否适用于本案

对重特大贪污受贿犯罪增设终身监禁的《刑法修正案(九)》,是全国人大常委会于 2015 年 8 月 29 日通过并于 2015 年 11 月 1 日起施行的,而白恩

① 参见赵秉志、商浩文:《死刑改革视野下的终身监禁制度》,载《华东政法大学学报》2017 年第 1 期。

培案所认定的受贿犯罪行为发生在2000年至2013年间，白恩培案能否、应否适用其涉案行为之后颁行的终身监禁新规？关于新法的规定能否适用于新法施行前发生的行为，我国刑法为贯彻罪刑法定原则和保障人权的精神，在第12条规定了“从旧兼从轻”的刑法溯及力原则，即刑事案件原则上适用行为时的法律，但行为后的新法之定罪处刑更轻（对被告人有利）的则适用新法。可见，白恩培案件能否适用《刑法修正案（九）》增设的终身监禁新规，关键在于比较新旧相关法律规范规定的罪行轻重。这实际上也是终身监禁新规能否适用于其生效前发生的重特大贪污受贿案件的带有普遍意义的问题。

关于终身监禁新规的时间效力即其能否溯及既往的问题，在《刑法修正案（九）》颁行后的相关研讨中，大体上有三种主张：一是认为终身监禁新规不应具有溯及既往的效力，其主要理由是认为终身监禁的规定实质上提高了对贪污受贿犯罪刑罚处罚的严厉程度，即新法较重；[①]二是认为终身监禁新规应当具有溯及既往的效力，其主要理由是《刑法修正案（九）》提高了贪污受贿犯罪判处死刑的门槛，并将犯罪后被提起公诉前如实供述罪行，真诚认罪、悔罪，积极退赃以及避免、减少损害结果发生等原来的酌定从宽情节改定为法定从宽量刑情节，其有关贪污受贿犯罪量刑的规定（包括终身监禁新规）从总体上看更有利于被告人，即新法较轻；[②]三是主张区分情况分别对待，认为应当结合终身监禁新规慎用死刑立即执行的立法本意、贪污受贿定罪量刑标准的立法修改与司法规则调整、贪污受贿案件酌定从宽情节修改为法定从宽情节等方面，来综合衡量终身监禁新规与原有刑法规范规定的刑罚轻重，主张对依照修正前刑法应当判处死刑立即执行而依照修正后刑法可判死缓暨终身监禁的即适用新规（此时新法较轻），而对依照修正前刑法本就应当判处死缓的则不应适用终身监禁的新规（此时旧法较轻）。[③]

---

① 参见姚建龙、李乾：《贪污受贿犯罪终身监禁若干问题》，载《人民检察》2016年第2期。

② 参见黎宏：《终身监禁的法律性质及适用》，载《法商研究》2016年第3期。

③ 参见黄京平：《终身监禁的法律定位与司法适用》，载《北京联合大学学报（人文社会科学版）》2015年第4期。

笔者赞同上述第三种观点,下面结合相关立法及司法解释作进一步阐述。立法机关在《刑法修正案(九)(草案)》审议过程中曾对终身监禁的立法精神和立法本意予以阐明,即对贪污受贿数额特别巨大、情节特别严重的犯罪分子,特别是其中本应当判处死刑(立即执行)的,根据慎用死刑的刑事政策,结合案件的具体情况,对其判处死刑缓期二年执行依法减为无期徒刑后,采取终身监禁的措施,有利于体现罪刑相适应的刑法原则,维护司法公正,防止在司法实践中出现这类罪犯通过减刑等途径服刑过短的情形,符合宽严相济的刑事政策。据此,《刑法修正案(九)》规定了对特重大贪污受贿犯罪的死缓犯终身监禁的制度。

可见,从立法精神与立法本意上看,此项规定首先是旨在对属于非暴力犯罪的贪污受贿犯罪慎用死刑立即执行,对本应判处死刑立即执行的特重大贪污受贿犯罪分子,综合案件各种从宽情节(主要是法定、酌定从宽情节)判处其死缓;同时又综合案件各种从严情节(主要是法定、酌定从严情节)对其死缓二年期满减为无期徒刑后附加终身监禁(不得减刑、假释)的严惩措施,从而在慎用、少用死刑立即执行的基础上从严惩处重特大贪污受贿罪犯,力图贯彻宽严相济的刑事政策精神。最高人民法院、最高人民检察院2016年4月18日公布施行的《关于办理贪污贿赂刑事案件适用法律若干问题的解释》(以下简称"两高"《解释》)第4条,通过规定死刑的适用条件(第1款)、一般死缓(第2款)、附加终身监禁的死缓(第3款)之规定,进一步阐释和贯彻了《刑法修正案(九)》在刑法典第383条第4款新增设的终身监禁措施之立法原意及其与一般死缓的区别。而前述第三种观点之分两种情况解决终身监禁新规有无溯及力的主张,在笔者看来,实际上也正是最高人民法院2015年11月1日起施行的《关于时间效力问题的解释》(以下简称《时间效力解释》)的主张。根据《时间效力解释》第8条的规定:对于2015年10月31日以前实施贪污、受贿行为,罪行极其严重,根据修正前刑法判处死缓不能体现罪刑相适应原则(即原本应当判处死刑立即执行),而根据修正后刑法判处死缓同时附加终身监禁可以罚当其罪的,适用修正后刑法第383条第4款。此种情况下,《刑法修正案(九)》修正后的死缓犯终身监禁的新规较原刑法要判处死刑立即执行为轻,因而采“从轻”原则新规具有溯及既往的效力;若根据修正前刑法判处死缓即足以罚当其罪(即原本就应当判处死缓)的,则不适用修正后刑法第383条第4款死缓犯终身监禁的规定,即这种情况下若适用修正后刑法规定的附加终身监禁的死缓比根据原刑法判处的死缓要重,因而采“从旧”原则,新法无溯及既往的效力。

由上分析可见,《时间效力解释》以依照修订前刑法应当判处死刑立即执行还是应当判处死缓为界限,确定终身监禁新规是否具有溯及力,可以说,正确把握了我国刑法所确立的“从旧兼从轻”的溯及力原则。不仅如此,《时间效力解释》第8条的上述规定,还明确和强调了终身监禁新规仅适用于原本应当判处死刑立即执行而根据具体案情从宽适用死缓的情形,而不能适用于原本应当判处死缓的贪污受贿犯罪之立法本意。依此立法本意与司法解释之强调,对终身监禁新规必须严格掌握,慎重适用。

具体到白恩培案而言,根据一审法院审理查明的事实,其受贿数额特别巨大,犯罪情节特别严重,若依据《刑法修正案(九)》修订前的刑法典第383条之规定及当时的司法实务掌握,其受贿犯罪应当判处死刑立即执行;但由于其具有法定、酌定从宽处罚情节,判处其死缓附加终身监禁可以罚当其罪,所以法院本着“从轻”的溯及力原则选择适用了死缓附加终身监禁的新规,这一适用法律选择是完全正确的,兼顾了慎用死刑立即执行与严惩腐败犯罪的双重需要,应当予以充分肯定。

(二)罪责刑角度之分析:对白恩培适用终身监禁能否实现罪责刑相适应

在上述分析基础上,对本案还可进一步分析对白恩培受贿行为的刑罚裁量(其中主要是适用终身监禁)是否体现了罪责刑相适应。

依照经《刑法修正案(九)》修正后的刑法第383条和第386条的规定,犯贪污罪、受贿罪,犯罪数额特别巨大,并使国家和人民利益遭受特别重大损失的,处无期徒刑或者死刑,并处没收财产;符合上述规定情形被判处死刑缓期执行的,法院根据犯罪情节等情况可以同时决定在其死刑缓期执行二年期满依法减为无期徒刑后,终身监禁,不得减刑、假释。依照“两高”《解释》第4条的规定,贪污、受贿数额特别巨大,犯罪情节特别严重、社会影响特别恶劣、给国家和人民利益造成特别重大损失的,可以判处死刑;符合上述规定情形的,法院根据犯罪情节等情况可以判处死刑缓期二年执行,同时裁判决定在其死刑缓期执行二年期满依法减为无期徒刑后,终身监禁,不得减刑、假释。可见,刑法典规定的贪污罪、受贿罪的死刑适用条件有两项:一是犯罪数额特别巨大;二是使国家和人民利益遭受特别重大损失。而"两高"《解释》第4条对贪污罪、受贿罪规定的死刑适用条件为四项,即在刑法规定的上述两条之外,又增加了"犯罪情节特别严重"、"社会影响特别恶劣"两项。"两高"《解释》在刑法规定的两个条件的基础上又增加两项,这在法理上属于限缩性解释,其作用是进一步严格了死刑适用的标准,从实质上是符合罪刑法定原则之保障人权精神的,应当予以肯定。当然还要指出,上述贪污罪、受贿罪适用死刑的四个条件中,除数额标准"两高"《解释》已有规定外,其他三个条件(犯罪情节特别严重、社会影响特别恶劣、使国家和人民利益遭受特别重大损失)之含义、情形以及它们彼此之间的关系,都急需最高司法机关通过司法解释予以明确,以保证司法实务中正确而统一掌握和运用。

三、终身监禁的适用条件

2016年10月9日,河南省安阳市中级人民法院一审判决对原正部级高官白恩培受贿、巨额财产来源不明案适用死缓犯终身监禁,使得该案成为我国司法实践中适用终身监禁的第一案。终身监禁作为一项新的刑法规范,引发了社会的广泛关注和争议。鉴此,有必要对此项终身监禁制度的适用条件进行相关分析,以有助于正确认识和适用该制度。

依照经《刑法修正案(九)》修正后的刑法典第383条和第386条的规定,犯贪污罪、受贿罪,犯罪数额特别巨大,并使国家和人民利益遭受特别重大损失,依法被判处死刑缓期执行的,法院根据其犯罪情节等情况可以同时决定死缓期满被依法减为无期徒刑后,对其适用终身监禁,不得减刑、假释。

“两高”《解释》第4条第3款也规定，符合贪污、受贿数额特别巨大，犯罪情节特别严重、社会影响特别恶劣、给国家和人民利益造成特别重大损失之情形的，法院根据犯罪情节等情况可以判处死缓并同时决定死缓期满被依法减为无期徒刑后，予以终身监禁，不得减刑、假释。故而依据上述立法和司法解释的规定，针对贪污受贿犯罪的死缓犯适用终身监禁措施，需要同时满足以下两个条件：

其一，因严重贪污受贿犯罪被判处死刑缓期执行。从立法内容上，《刑法修正案（九）》对终身监禁制度的适用作了严格的限定，即只能适用于被判处死缓的贪污受贿犯罪分子。那么，贪污受贿犯罪分子的罪行也就必须符合死刑的适用标准。如上所述，立法的本意是将终身监禁作为死刑立即执行的替代措施，因而终身监禁的适用对象必须是针对本应判处死刑立即执行的贪污受贿罪犯，而基于慎用死刑的刑事政策，结合案件的具体情况，对其判处死缓。此种立法原意也体现在“两高”《解释》中，该解释第4条①第3款规定，死缓犯终身监禁的适用必须符合该条第1款规定死刑（立即执行）的情形，而非该条第2款关于一般死缓的适用条件之规定。依据该条第1款的规定，贪污、受贿判处死刑的适用条件是“数额特别巨大，犯罪情节特别严重、社会影响特别恶劣、给国家和人民利益造成特别重大损失”。上述贪污罪、受贿罪适用死刑的四个条件中，除数额标准在“两高”《解释》中已有概括规定外，其他三个条件都亟需最高司法机关进一步予以明确。

其二，法院根据“犯罪情节等情况”衡量应当适用终身监禁。根据《刑法修正案（九）》和“两高”《解释》的规定，人民法院决定对被判处死刑缓期执行的犯罪分子是否适用终身监禁的依据，是其“犯罪情节等情况”。然

① 2016“两高”《解释》第4条第1款，“贪污、受贿数额特别巨大，犯罪情节特别严重、社会影响特别恶劣、给国家和人民利益造成特别重大损失的，可以判处死刑。”第2款，“符合前款规定的情形，但具有自首，立功，如实供述自己罪行、真诚悔罪、积极退赃，或者避免、减少损害结果的发生等情节，不是必须立即执行的，可以判处死刑缓期二年执行。”第3款，“符合第一款规定情形的，根据犯罪情节等情况可以判处死刑缓期二年执行，同时裁判决定在其死刑缓期执行二年期满依法减为无期徒刑后，终身监禁，不得减刑、假释。”

而,上述立法和司法解释并未对此“情况”做出具体规定。一般而言,所谓犯罪情节,是指犯罪构成的基本事实以外的、与犯罪行为或犯罪人有关,能够影响犯罪人刑事责任(主要是量刑)的各种情况,包括犯罪手段、犯罪对象、犯罪的后果、犯罪的时间、地点等因素。值得注意的是,犯罪情节并非法院在决定是否适用死缓犯终身监禁制度时所要考虑的唯一因素,除此之外还有其他一些情况需要考虑,因而立法上使用了“等”这样的模糊用语。参酌与死缓犯终身监禁制度相类似的死缓限制减刑制度的相关司法解释,此处的犯罪情节等情况应当包括犯罪情节和人身危险性等情况。就贪污受贿犯罪而言,一般应考察贪污受贿的次数、持续的时间、贪污对象是否为特定款物、贪污受贿赃款的具体用途和去向、是否退赃及退赃比例等各种情形。在综合判断相关犯罪情况后,如果认为对严重贪污受贿罪犯判处一般死缓(即二年期满减为无期徒刑后可以减刑、假释)尚不能体现罪责刑相适应原则的,可以同时决定对其适用终身监禁。

具体联系本案,白恩培案是否符合上述死缓犯附加终身监禁的适用条件?白恩培作为国家工作人员,利用职务上的便利收受他人财物并为行贿者谋取利益,其权钱交易的涉案行为符合受贿罪终生监禁的规定:第一,白恩培的受贿行为符合受贿罪的死刑适用条件。先看其受贿数额问题。受贿数额特别巨大是刑法典第383条、386条规定的受贿罪适用死刑的首要条件;2016年“两高”《解释》第3条将受贿数额在300万元以上的规定为“数额特别巨大”,载明要依法判处十年以上有期徒刑、无期徒刑或者死刑;《刑法修正案(九)》颁布实施后,理论界倾向于掌握的可以判处死刑立即执行的受贿数额是1亿元以上(当然,此时还要求同时具备犯罪情节特别严重、社会影响特别恶劣、给国家和人民利益造成特别重大损失)。而白恩培受贿数额达2.4亿余元,数额特别巨大,为近年来此类案件所罕见,也许可以说是创下了我国当时查处的贪污、受贿犯罪的数额纪录,其完全具备了受贿罪适用死刑要求的数额特别巨大的条件;而且一审法院还认定其受贿犯罪行为之犯罪情节特别严重、社会影响特别恶劣、使国家和人民利益遭受了特别重大的损失。因此,其受贿犯罪行为依据修正后的刑法第383条、第386条和“两高”《解释》第4条第1款衡量，都完全符合判处死刑的标准和条件，若不考虑其案发后的从宽情节，基本上应当考虑判处其死刑立即执行。因此，一审法院依法认定白恩培犯受贿罪判处死刑。第二，关于死刑执行方式的选择。根据一审法院在查明案件事实基础上的认定，白恩培在到案后具有法定、酌定的从宽情节，其具备的法定从宽情节是坦白罪行，白恩培到案后如实供述了自己的罪行，尤其是主动交代了办案机关尚未掌握的大部分受贿犯罪事实。按照刑法第67条第3款关于坦白的规定，犯罪嫌疑人虽不具有法定的自首情节，但是如实供述自己罪行的，可以从轻处罚。白恩培如实供述自己罪行的行为构成坦白，而且因为其中大部分受贿犯罪事实为办案机关所未掌握，可以说这部分还在一定意义上具有同种罪行的自首性质而更具有应予从宽处罚的意义。白恩培具备的酌定从宽情节是认罪、悔罪，赃款赃物已全部追缴。这些犯罪后的法定、酌定从宽情节，说明行为人的人身危险性和改造困难程度相对减低，从预防犯罪的刑罚目的考虑，我国司法实务中一般都在量刑时适当从宽掌握。因此，在对白恩培根据其受贿犯罪的主客观事实依法对其判处死刑的基础上，综合考虑其一方面具有上述法定、酌定从宽情节，不必判处死刑立即执行而可以判处死刑缓期二年执行；另一方面又鉴于其毕竟具备犯罪数额特别巨大且犯罪情节特别严重、社会影响特别恶劣、给国家和人民利益造成特别重大损失的全案应予以从重处罚的犯罪情况，法院对其选择适用了死缓附加终身监禁的新规，即在判处其死刑缓期二年执行的同时，裁判决定在其死缓执行二年期满依法减为无期徒刑后，终身监禁，不得减刑、假释。

由上可见，对白恩培受贿犯罪行为判处死缓并终身监禁，是完全符合这一新的法律规范及相关司法解释所规定的适用条件的，其法律适用是正确而妥当的。同时还应当注意到，白恩培还因财产、支出明显超出合法收入且差额特别巨大又不能说明来源，而被认定构成巨额财产来源不明罪，并以该罪“数额特别巨大”的加重构成被顶格判处了10年有期徒刑。虽然按照我国刑法中数罪并罚的原则，其巨额财产来源不明罪所判处的10年有期徒刑被受贿罪所判处的死缓所吸收,决定仅执行死缓,但其巨额财产来源不明罪的严重犯罪情况严厉处刑情况,也是从其全案整体刑事责任上不能忽视的一个因素,因而也会对法院最终就其受贿罪选择适用死缓并终身监禁有一定的影响,这也是合乎情理的。

快播公司传播淫秽物品牟利案

【基本案情】

深圳市快播科技有限公司成立于2007年12月26日，持有网络文化经营许可证，但直至案发之日依然没有取得互联网视听节目服务许可。快播公司通过免费提供QSI软件（QVOD资源服务器程序）和QVODPlayer软件（快播播放器程序）的方式，为网络用户提供网络视频服务。任何人（被快播公司称为“站长”）均可通过QSI发布自己所拥有的视频资源。快播公司的中心调度服务器在站长与用户、用户与用户之间搭建了一个视频文件传输的平台。

而快播公司为了提高热点视频下载速度，搭建了以缓存调度服务器为核心的平台，通过自有或与运营商合作的方式，在全国各地不同运营商处设置缓存服务器1000余台。在视频文件点播次数达到一定标准后，缓存调度服务器即指令处于适当位置的缓存服务器抓取、存储该视频文件。当用户再次点播该视频时，若下载速度慢，缓存调度服务器就会提供最佳路径，供用户建立链接，向缓存服务器调取该视频，提高用户下载速度。而这种技术性的行为给广大网民谋求不少的福利。部分淫秽视频因用户的点播、下载次数较高而被缓存服务器自动存储，这也给不少网民提供了一个十分便捷的阅览途径，缓存服务器方便、加速了淫秽视频的下载、传播。

正因为其公司便捷的技术，很快便发展壮大起来，但树大招风，在2012年8月，深圳市公安局公安信息网络安全监察分局对快播公司给予行政警告处罚，并责令整改。而快播公司积极应对配合工作，成立了网络安全监控小组开展了不到一周的突击工作，于8月8日投入使用“110”不良信息管理平台，并且截至9月26日共报送“色情过滤”类别的不良信息15836个。但是快播公司“认认真真搞形式，扎扎实实走过场”，在深圳网监验收合格后，网络安全监控小组原有4名成员或离职或调到其他部门，“110”平台工作基本搁置，检查屏蔽工作未再有效进行。

过了大约半年的时间，快播公司又策划了一场迂回之术来应付执法机关的检查，在2013年上半年，北京网联光通技术有限公司与快播公司开展合作。光通公司提供四台服务器，快播公司提供内容数据源以及降低光通公司网络出口带宽，同时提升用户体验的数据传输技术解决方案，负责远程对软件系统及系统内容的维护。2013年8月份，光通公司提供四台服务器开始上线测试，快播公司为四台服务器安装了快播公司的缓存服务器系统软件，并通过帐号和密码远程登录进行维护。但纸包不住火，很快东窗事发，2013年8月5日，深圳市南山区广播电视局执法人员对快播公司开展调查，执法人员登录快播网站很快便找到了可播放的淫秽视频。但快播公司随后仅提交了一份整改报告，其“110”平台工作依然搁置，检查屏蔽工作依然没有有效落实，始终没有做出任何实质性的行动，浮于表面。并且在2013年底，为了规避版权和淫秽视频等法律风险，在王欣的授意下，快播公司也发挥其“聪明才智”，在张克东领导的技术部门开始对快播缓存服务器的存储方式进行调整，将原有的完整视频文件存储变为多台服务器的碎片化存储，将一部视频改由多台服务器共同下载，每台服务器保存的均是32M大小的视频文件片段，用户点播时需通过多台服务器调取链接，集合为可完整播放的视频节目。

无论快播公司如何钻法律的漏洞，如何讳莫如深，以“技术中立”为由，但是法网恢恢，疏而不漏，在2013年11月18日，北京市海淀区文化委员会在行政执法检查时，从光通公司查获此四台服务器。2014 年 4 月 11 日，北京市公安局海淀分局决定对王欣等人涉嫌传播淫秽物品牟利罪立案。公安机关从服务器里提取了 29841 个视频文件进行鉴定，认定其中属于淫秽视频的文件为 21251 个。被告人吴铭、张克东、牛文举于 2014 年 4 月 23 日在深圳被抓获，被告人王欣于 2014 年 8 月 8 日从韩国济州岛被押解回京。

2016 年 9 月 13 日，快播传播淫秽物品牟利案宣判，快播公司被罚一千万元，CEO 王欣被判刑 3 年 6 个月，罚款 100 万。法院认定快播公司负有网络视频信息服务提供者应当承担的网络安全管理义务，具备承担义务的现实可能但拒不履行。其及各被告人均明知快播网络系统内大量存在淫秽视频放任其传播，行为有非法牟利目的，构成传播淫秽物品牟利罪的单位犯罪。

【法理分析】

本案的一大亮点在于网络直播庭审。两天庭审中，北京市海淀区人民法院先后发布 27 条长微博对庭审全程进行播报，案件的话题页显示累计阅读次数达 3600 多万次。同时，点击微博，就能看到庭审的视频直播。两天总计 20 多个小时的庭审网络直播，直播期间累计有 100 多万人次观看视频，最多时有 4 万人同时在线。① 许多观看庭审直播的网民都发表了自己对快播案的看法，大部分网民都为快播公司喊冤叫屈，只有少数网民认为快播有罪，这其中有作为享受过快播带来的好处的用户的立场因素，也有被庭审中控辩双方表现差异影响的因素，更主要的还是因为网民自身对法律的理解，表现出一种“弱道德化”。庭审结束后，法律界的专家学者们也踊跃发表了各自的观点，支持有罪的和质疑的都有，也从侧面证明了快播案的争议性和疑难性。

---

①《媒体梳理快播案庭审记录：公诉方应对不足》，http://news.sohu.com/20160112/n434209744.shtml.

一、快播公司触犯传播淫秽物品牟利罪

随着互联网信息技术的快速发展，中国已经步入了网络化和信息化时代。互联网接入、云存储、广告推广、交易中介平台等信息技术的运用给人们提供了全新的社会空间和生活方式。但是，在享受互联网带来的生活便利的同时，利用网络技术侵犯知识产权、传播淫秽物品、组织诈骗活动、窃取公民信息等犯罪也日益增多，甚至互联网侵入也成为恐怖袭击的一种方式。同时，和传统的犯罪行为相比，网络技术犯罪在手段上通常不具有典型性，甚至其技术手段还具备合法性和创新性外观，因此在罪与非罪、此罪与彼罪的判断上，司法实践也极易产生争议。可以说，互联网技术的发展给刑事司法带来了全新的挑战。而“快播案”就是网络技术犯罪的典型，此案在庭审中，被告人及辩护人多次从技术本身的创新性和中立性出发，提出“技术中立”、“技术本身并不可耻”等观点，引起了人们的广泛争议。

（一）技术中立的内涵

根据案情的分析，快播公司的技术运用涉及传播淫秽物品。但是，在法庭中，被告人和辩护人多次提及“技术中立”，认为快播公司对 QVOD 软件的制作和运用仅仅是从技术创新的层面来进行的，即技术本身是一种客观存在，并不具备合法或违法的价值内容。毫无疑问，该辩护理由是以刑法中的“中立行为”理论作为法理支撑。而所谓“中立行为”，指的是无论交易对方是犯罪者还是其他任何行为主体，业务的实施者都会以本人独立的目的，按照典型的业务要求从事相关行为①，因此，中立行为又可被称作“中性业务行为”或者“职业相当行为”。

换言之，中立行为既没有创造法律所不容许的风险，也没有升高法律所不容许的风险，因此并不具备违法的客观基础。否则，刑事责任的设置将迫

① 刘宪权：《论信息网络技术滥用行为的刑事责任——〈刑法修正案（九）〉相关条款的理解和适用》，载《政法论坛》2015 年第 3 期。

使网络服务商在日常经营活动中增加一项检查是否存在违法犯罪信息的工作,这将给企业正常经营造成难以承受的影响①。既然技术行为的违法性被否认,那么无论技术开发者的主观方面为何,都不再受刑法的评价。

(二) 快播公司的互联网基因

在互联网技术不断发展的今天,技术更新迭代的速度加快。创业公司多以技术为突破口,以技术功能的实现为创业目标。快播公司的目的是改变原有视频播放器只能在下载完成之后才能播放的局限,为用户节约时间成本。P2P 技术让视频可以边播放边缓存,让用户可以不用下载完成就可进行播放。然而快播公司没有预见该技术实现之后带来的不良信息传播。"互联网的技术特性决定了,必须以价值理性修正工具理性,以法治之堤圈住奔腾四溢的技术之水。"②

但快播软件所体现的互联网基因是一种工程师思维,以技术的实现为最高目标,开发 P2P 技术,设计 QVOD 网络,建立数据服务器的行为,其仅仅发生在技术领域,并不涉及对社会伦理的影响,因此刑法无须评价。但是,当其将这些技术提供给用户,用于社会成员的信息传播和分享、交换时,其行为就具备了社会行为属性,将被纳入法律规制的范畴。根据《中国互联网管理条例》第 15 条的规定,互联网信息服务提供者不得发布或传播含有淫秽、色情、赌博、暴力、凶杀、恐怖或者教唆犯罪的信息。根据此项规定,技术开发者在将技术运用于社会生活中时,必须履行社会义务,遵循法律准则;否则,就将受到社会规则的否定。

因此,就"中立行为"而言,真正不可罚的应当是技术开发行为,而当技术被运用于社会生活中时,即具备了法律的评价空间。在"快播案"中,快播公司通过 P2P 技术,将淫秽物品储存于自己的服务器,并通过 QVOD 网络为用户提供检索和点播服务的行为,实际上是将自己建造为淫秽视频源,并

① 皮勇:《网络服务提供者的刑事责任问题》,http://www.gmw.cn/01gmrb/2005-06/28/content_258948.htm.

② 车浩:《谁应为互联网时代的中立行为买单?》,载《中国法律评论》2015 年 3 月。

提供淫秽物品的输出渠道，这无疑符合了《刑法》第 363 条规定的传播淫秽物品的客观特征。同时，快播公司通过收取会员费、广告费等方式，在视频输出中牟取金钱利益，这也符合牟利的客观特征。因此，就快播公司的技术运用而言，其完全符合了传播淫秽物品牟利罪的客观要件，应当定罪。

二、电子证据的鉴定问题

“快播案”庭审过程中，令人印象最为深刻的无疑是围绕涉案淫秽视频的鉴定展开的辩论。在这个过程中，被告人及其辩护人对公诉人及出庭作证的鉴定人的一轮又一轮质疑，被网民戏称为对控诉方的“技术拷问”、“花样吊打”。为什么这样一个严肃的庭审质证过程，会在网上引起围观和戏谑？其原因无非在于，通过庭审直播反映的情况来看，被告人及其辩护人通过精巧的设问，使得涉案视频鉴定过程中的瑕疵展现于众，而公诉人和鉴定人对这些瑕疵却缺乏具有说服力的回应，这种矛盾和落差使得公众对控诉的正当性产生了怀疑。

我们梳理全案证据，关键性的指控证据无疑是行政机关查获的四台服务器及从中检出的 21251 个淫秽视频。它们对于证明被告人涉嫌罪名的客观方面要件和间接认定被告人的主观方面要件，均至关重要。一审庭审过程中，双方围绕上述焦点证据发表了意见。为肯定或否认这些视频和服务器的证据价值，控辩双方还针对有关的证据调取清单、鉴定意见与情况说明等补强证据展开了交锋。

（一）关于四台服务器的争议

涉案的四台服务器是指控犯罪之证明体系的重中之重。最早，北京市海淀区文委是在北京文创动力信息技术有限公司（以下简称文创公司）的协助下，查扣了四台服务器，并对服务器的 IP 地址采取了登记保存的措施。2014 年 4 月 10 日，因案情升级为涉嫌刑事犯罪，公安机关前往北京市版权局调取四台服务器，并于同日将服务器存放至淫秽物品审验室。2014 年 4

月11日至2015年11月6日，公安机关对四台服务器先后进行了三次审验，出具了“鉴黄”报告。总的来看，这四台服务器的查扣、保管和移交程序牵涉到行政执法机关、侦查机关、社会公司和鉴定机构，跨时较长而手续不规范。这为后续的法律纷争埋下了伏笔。

辩方就这四台服务器的查扣、保管和移交程序提出的质疑。归结到一点，辩方核心的质疑是这四台服务器的来源不明——既不能确保来源于快播公司，也不能确保来源于案件现场。

对此，控方只作了概要的回应，称四台服务器的起获及移转过程合法。关于服务器的来源、查扣、保存、移转情况，控方出具了证人证言、书证、不同主体的说明、先行登记保存物品决定书、行政执法物品清单、检查记录、询问笔录、调取证据清单、接受证据材料清单等证据予以证实。

通过控辩双方的证据攻防，尤其是控方的质辩说明，本案关于服务器的争点已经相当聚焦。这说明，在第一次庭审后，法官确实已经对服务器的来源打了个大问号。这也从另外一个方面揭示电子证据取证与保管应该遵循严格的规范，否则其作为证据的能力是有可能受到质疑。

(二) 关于21251个淫秽视频的争议

服务器内视频的来源及其是否受到污染是本案证据的另一个焦点，因为淫秽品的数量关系到传播淫秽物品牟利罪成立与否。在第一次开庭时，控方提交了公安机关淫秽物品审查鉴定书，表明从服务器内提取审验视频29841个，其中21251个为淫秽视频。为证明淫秽视频“未受污染”，公安机关的审验员出庭作证，称服务器中存储的视频文件为QVOD格式，普通的视频软件无法读取，故委托文创公司提供技术支持，由该公司进行转码，之后再由公安机关审验员进行鉴定；文创公司的技术员也出庭作证，证明转换未对视频文件造成任何更改。

对此，辩方发表了“服务器内容存在被污染的可能性”等意见。这里的核心质疑所指向的也是视频文件的来源是否可靠。

对此，控方回应称，关于淫秽物品的第三份鉴定意见书具备客观真实性。控方提供了审验操作记录和关于服务器的鉴定意见书进行补强。审验记录表明,公安机关对转码及审验的过程作了详细记录,这一过程可以读取内在数据但无法写入外部数据。

那么,这一鉴定意见能够证明淫秽视频文件的来源吗？辩方认为,该意见不能确认检材的原始性,不能排除服务器中数据被污染的可能性,所做的鉴定意见没有价值。辩方还指出,该鉴定意见载明的送检服务器内置硬盘数量、容量与公安机关做淫秽物品鉴定时的记载相矛盾,佐证了检材存在被替换的可能。如果这些质疑成立,必将影响到视频文件的证据资格及证明力。

（三）争议的实质——电子数据的真实性审查问题

“快播案”庭审中,关于电子数据真实性问题无疑是质证最为激烈的问题。从庭审情况来看,对于被告人及其辩护人的上述质疑,公诉人似乎确实未能提供出有说服力的证据。这就使得我国当前电子数据运用中另一个难点——如何用证据来证明(审查)电子数据的真实性,显现在了公众面前。本案中,尽管控方出具了对于所收集的电子证据未受到污染,但是对辩方的唇枪舌剑的辩护显得底气不足,除却庭审表现因素之外,电子证据在庭审中证明力问题确实应该认真思索。当前,网络已经成为了普通民众必不可少的生活工具,需要电子证据证明的案件会越来越多,应该完善电子证据鉴定相应的法律规范以及收集电子证据的程序,促进电子证据在法庭上更加具有证明力。

三、网络技术滥用的法律应对思考

一个不容否认的事实是,很多网民使用互联网的目的之一是以低成本获取通过其他途径难以获取的信息产品,在这样的动机驱使下,情色文化和盗版文化成为被大多数网民认可的互联网主流文化。很多网民都在互联网的各种场合以明示或者暗示的方式表达自己对淫秽信息追求。快播公司深知网民的心理需求，在技术层面上满足网民的要求，以此达到互利互惠的局面。这种滥用互联网技术的典型案例，如果客观上促进了淫秽信息传播的网络服务提供者一律追究其刑事责任，难免会在一定程度上阻碍互联网产业的发展和技术进步。而如果完全放任网络服务提供者怠于对用户的监管，在无法一一追究互联网用户的情况下，势必会造成网上淫秽信息和其他非法信息的泛滥。那么如何在保障技术创新的同时，还能使技术在合法的轨道内运行，实现对社会秩序和技术发展的双向支持，是当前法律所面临的一大挑战。

2013 年 1 月 1 日起实施的修订后的《刑事诉讼法》将“电子数据”正式规定为我国刑事证据的一种，但从当前实践情况来看，电子数据的运用存在诸多难点，“快播案”就是典型一例。“快播案”暴露了当前司法实践中运用电子数据的难题，同时也显示了信息技术快速发展的今天，刑事司法实践中的一个突出问题——技术的发展远超制度的跟进。制度建设的滞后、规则的粗疏与阙如，使得当前在处理网络犯罪、电子数据等“高科技”问题时，司法实践部门难以从传统办案习惯、办案思维中顺畅切换，这就造成了案件处理中证据运用的乏力。随着网络犯罪案件的增多以及电子数据在司法实践中的大量运用，及时研究和跟进相关制度与规则的设置，迫在眉睫。

毋庸置疑，作为法律的最后一道防线，刑法在互联网犯罪风险防控中将发挥重要作用。但是，从更为理性的角度看，作为惩罚，刑法的启动具有事后性，只有前置法无法有效规制失范行为时，才能介入刑法的评价。根据当前的刑罚方式，无论是财产刑和自由刑，都将给涉案企业带来致命打击。

在互联网技术监管中，当务之急，是制定不同领域网络技术的操作规程，形成行政监管和刑法打击的有效衔接，消除技术运用中的灰色地带。在违法、犯罪风险的防控中，国家应当健全网络过滤和违法信息审查机制，同时落实用户举报制度，一旦出现违法信息，则立即查处，通过行政监管的方式对涉案企业先行规范，确保其技术运用在合法的范围内进行。只有对于违法程度严重，社会危害性较大的滥用行为，才给予刑法的打击。这样，网络服务商的经营行为可以得到充分的监督，在网络技术滥用发生时，可以按照先纠正,后处罚,且处罚方式由轻到重的方式,实现社会秩序维护和技术创新保护的双向目的。

可以预见,在未来,类似于“快播案”中的网络技术滥用行为还会发生,在法律应对上,除了刑法打击外,还应完善技术操作规程和相应的行政法规,确定不同性质的法律责任,从而及时遏制互联网违法行为,使法律在犯罪风险控制和互联网创新保护中取得平衡。

贾敬龙故意杀人案

【基本案情】

贾敬龙，男，汉族，1986 年 5 月 13 日出生，河北省石家庄市长安区北高营村村民，高中文化。

2009 年 11 月 28 日，村民代表大会对北高营村拆迁改造工作进行了讨论，并且表决通过。2010 年 6 月拆迁改造工作报经石家庄市人民政府批准后，由北高营村村委会统一规划并且按照统一标准实施。2010 年 11 月 10 日，南华路 6 号户主贾同庆（贾敬龙之父）与村委会签订了同意拆迁协议，搬离了旧房。但贾敬龙拒不听从其父母及女友等人的规劝，不同意从旧房搬迁。并且，贾敬龙执意要在旧房内办理婚事，一直与村委会“对着干”，因此，贾敬龙前女友（吕丹丹）的父母拒绝了这桩婚事。

2013 年 5 月 7 日，北高营村村委会按照统一拆迁规划以及事先与贾同庆签订的拆迁协议，对贾同庆家的旧房实施拆除，导致双方发生冲突。而最终，贾家的旧房还是被拆除了。贾敬龙遂对该村党支部书记兼村委会主任何建华产生怨恨，并预谋对何建华实施报复。

2014 年 10 月，贾敬龙购买了三把射钉枪、一把仿真手枪及射钉弹药等，并对射钉枪进行了改装、试验，使射钉枪可以直接发射，射钉可以穿透一公分厚的木板。

2015 年 2 月 19 日(农历羊年大年初一)凌晨 4 时许,贾敬龙驾车来到北高营新村准备举办春节团拜会的会场,将车停在会场附近后步行返回到租住处。当日上午 9 时许,贾敬龙从租住处携带三把射钉枪和一把经鉴定属枪支的仿真手枪,来到春节团拜会会场。何建华给群众拜年后从主席台上走到台下,此时贾敬龙持射钉枪当众朝何建华的后脑部射击,射钉贯穿何建华颅脑,致何建华颅脑损伤死亡。

事后,贾敬龙驾驶事先停放在会场附近的汽车逃离现场。村民张瑞国试图拦截,贾敬龙拒不停车并开车向张瑞国冲撞。村民金庆昆、何志辉、何志轩等人见状后驾车追赶,并将贾敬龙驾驶的汽车撞停。贾敬龙下车后高声拒捕,持射钉枪恐吓前来抓捕的村民,并朝村民开了一枪。后来,追赶的村民将贾敬龙制服,公安民警赶到并将贾敬龙抓获。作案之前,贾敬龙还编辑好了自首的群发短信,但是最终还是没有发送出去。

2015 年 11 月 24 日,河北省石家庄市中级人民法院以故意杀人罪,判处贾敬龙死刑,剥夺政治权利终身。贾敬龙及其家人、律师不服判决并提出上诉。

2016 年 5 月 17 日,河北省高级人民法院裁定驳回上诉,维持原判。

2016 年 8 月 31 日,最高人民法院作出核准死刑的裁定。

最高人民法院认为:被告人贾敬龙故意非法剥夺他人生命,其行为已构成故意杀人罪。贾敬龙因对 2013 年自家旧房被拆迁不满,即蓄意报复,购买射钉枪并进行改装、试验,时隔近二年,在 2015 年农历正月初一的村团拜会上将被害人何某甲用射钉枪杀害,犯罪手段极其残忍,社会影响极其恶劣,人身危险性极大,罪行极其严重,应依法惩处。第一审判决、第二审裁定认定的事实清楚,证据确实、充分,定罪准确,量刑适当。审判程序合法。

2016 年 10 月 18 日,最高人民法院的死刑复核裁定书送达至辩护人手中。

2016 年 11 月 5 日,贾敬龙被执行死刑。

【法理分析】

2016年,贾敬龙案件一经媒体报道,便引起了社会各界的广泛关注,引爆了舆论场。2016年10月,最高人民法院的核准裁定引发了轩然大波。在网络媒体上,对于是否应当对贾敬龙判处死刑立即执行,形成了两种截然相反的观点,并且双方展开了激烈的争论。某些学者甚至多次、反复地针对其他学者的观点进行了公开反驳乃至指责。而且,不仅仅是刑法学者,一些非刑法学专业的知名学者也参与到了这场争论当中。对此,最高人民法院公开释疑,定纷止争,解开了公众心中的疑惑。正是由于贾敬龙案件具有如此之强的影响力,其被评为2016年十大影响性诉讼。随着贾敬龙被执行死刑,贾敬龙案件最终尘埃落定,这场争论也渐渐淡出公众的视野。但是,贾敬龙案件中的一些法理问题仍然值得我们深思与回味。

在贾敬龙案件中,争论的症结在于贾敬龙是否应当被判处死刑立即执行,而贾敬龙是否成立自首或者坦白以及被害人何建华是否具有过错,则是争论中最为集中的问题,也是本案裁量的关键所在。

一、贾敬龙是否构成自首或者坦白?

自首是我国法定的从宽量刑情节,根据我国刑法典第67条的规定,对于自首的犯罪分子,可以从轻或者减轻处罚,犯罪较轻的,还可以免除处罚。因此,是否构成自首,对于贾敬龙的量刑影响重大。自首分为一般自首与特别自首:一般自首是指犯罪分子犯罪以后自动投案,如实供述自己罪行的行为;特别自首又被称作“准自首”或者“余罪自首”,是指被采取强制措施的犯罪嫌疑人、被告人和正在服刑的罪犯,如实供述司法机关还未掌握的本人其他罪行的行为。对于贾敬龙案件而言,贾敬龙在被采取强制措施后供述的并不是司法机关还未掌握的其他罪行,所以显然不构成特别自首。因此,只需讨论贾敬龙是否构成一般自首即可。一般自首的成立条件包括两个方面:一是自动投案,二是如实供述自己罪行。对于贾敬龙如实供述了自己罪行这方面,并不存在异议,而对于其是否属于自动投案,则存在较大争议。

自动投案,是指犯罪分子在犯罪之后,在未受到讯问、未被施以强制措施之前,出于本人的意志而向有关机关或个人承认自己实施了犯罪,并自愿置于有关机关或个人的控制之下,等待进一步交待犯罪事实的行为。从三级法院认定的情况来看,贾敬龙是在杀死何建华后驾车离开的过程中被抓获的。对于这种情况,能否认定行为人构成自首,1998 年 4 月 6 日最高人民法院《关于处理自首和立功具体应用法律若干问题的解释》规定:“经查实确已准备去投案,或者正在投案途中,被公安机关捕获的,应当视为自动投案。”据此,如果能够查明在被抓获时,贾敬龙确实准备投案或者正在投案的途中,那么就应当认定贾敬龙符合自动投案的条件,进而认定其成立自首。对此,贾敬龙的辩护律师给出了手机短信、行车路线等方面的理由。但是,现有的证据材料无法证明贾敬龙被抓获时正打算去投案自首,这些理由并不成立。

首先,虽然贾敬龙事先编辑好了自首的短信,但是最终并没有发送出去。贾敬龙在作案之前曾在手机中编辑了一条短信,即“我以颤抖激忿的心潮按下群发,以热泪感馈关心我之短信对方;狂野在报仇何建华的自首之路,心絮沸腾的坦然;在此紧仅的分秒钟,想对你的有且只能深鞠一个真挚的谢!斯是此生,愧报淡雅;蒙恩为酬,来事相馈。贾敬龙。”从这条短信的内容来看,贾敬龙在作案之前确实具有自首的打算,但是,这并不能说明贾敬龙在作案后依然想去投案自首。换言之,贾敬龙在作案之后是否依然具有投案自首的打算,仅通过这条短信是无法证明的。如果贾敬龙在作案之后确实将这条短信群发出去了,那么无疑会证明贾敬龙是在自首的途中。但事实上,贾敬龙最终并没有发送出去。或许,会有人质疑称贾敬龙想发送短信,但是由于被人追赶等客观原因无法发送。但实际上,贾敬龙是具备发送短信的可能性的。因为在逃跑的过程中,贾敬龙曾给其前女友打了电话,既然有时间打电话,那么就应当有时间按一下发送按钮。因此,事先编辑好但最终尚未发送出去的自首短信,无法证明贾敬龙正打算去派出所自首。

其次，虽然贾敬龙称其告知了前女友吕丹丹要去自首，但是吕丹丹却称其并没有听到。贾敬龙在供述中称其在车上给女朋友吕丹丹打了一个电话，在电话里他让吕丹丹告诉他爸妈说他把何建华打了，去派出所自首，讲完话他就把电话从车窗里扔了出去。但是，从吕丹丹的证言来看，吕丹丹只听到了贾敬龙让她告诉爸妈他把何建华杀了，说完电话就没有音了，并没有听到贾敬龙说要去自首。在这种情况下，对于贾敬龙是否告知吕丹丹要去自首这一事实，贾敬龙的供述与吕丹丹的证言是相反的。或许，吕丹丹听到贾敬龙说杀死何建华之后，由于慌张而没有听见贾敬龙说要自首。但是，这只是对这种情况作出的推测。然而，我们也可以作出更为合理的相反的解释。例如，作为与贾敬龙有多年感情并且将至结婚的前女友，吕丹丹至少不会想要置贾敬龙于死地，反而更有可能做出有利于贾敬龙的供述。但是，在这种情况下，吕丹丹依然明确指出没有听到过贾敬龙说要去自首，因此，吕丹丹的证言更为可信。由此可见，因为贾敬龙的供述与吕丹丹的证言之间存在矛盾，贾敬龙告诉过吕丹丹要去自首这一事实，并不能得到确证。

再次，虽然逃跑路线途径长丰派出所，但是并不能由此证明贾敬龙打算去派出所投案。对于自首，贾敬龙的律师给出了另外一个理由，即贾敬龙的逃跑路线指向长丰派出所。但是，这并不能说明贾敬龙想要到长丰派出所投案自首。虽然长丰派出所恰好在贾敬龙逃跑的方向上，但是在贾敬龙逃跑路线上，不仅仅有长丰派出所，还会有其他的场所与地点。因此，这一情况至多可以证明长丰派出所恰好在贾敬龙逃跑的路线上，而并不能确切地说明贾敬龙想要去长丰派出所投案。此外，有学者指出，贾敬龙之所以没有去更近一些的高营派出所，是因为高营派出所此前在处理拆迁问题时对何建华有所偏袒，贾敬龙不愿意去。但是，这恰恰提高了贾敬龙想要去投案自首的可疑程度。因为，如果贾敬龙认为高营派出所对何建华有所偏袒，那么他更应当认定为到高营派出所投案的成功率会更大一些，至少在投案自首这件事上不会有所排斥。可见，贾敬龙的行车路线虽然途径长丰派出所，但是并不能由此证明贾敬龙主观上具有投案的意向。

最后,贾敬龙在被群众驾车撞停后,曾向群众示威并且向群众开了一枪。从三级法院确认的贾敬龙的供述以及何志轩、何志辉等人的证言中可以看出,贾敬龙在逃跑的过程中曾向追捕的群众开了一枪,并且持射钉枪对着他们说出了“上来就打死你们”、“再过来就弄死你们”等威胁的话。从这些威胁的语言以及开枪的行为来看,贾敬龙并不想被群众抓住,其逃跑的意图较为明显。因此,无法认定贾敬龙有自首的想法。

可见,并没有确实充分的证据能够证明贾敬龙正准备自首或者正在自首的路上,因此贾敬龙并不构成自首。那么,贾敬龙是否成立坦白呢?实际上,从现有的证据材料来看,不能排除贾敬龙构成坦白的可能。根据刑法典第67条的规定,坦白一般是指犯罪分子被动归案之后,自己如实交代犯罪事实的行为。据此,贾敬龙的辩护律师以及部分学者曾指出,即使不能认定贾敬龙成立自首,那么至少也应当认定其成立坦白,进而对其从宽处理。从三级法院所确认的贾敬龙的供述中可以清晰地看到,贾敬龙归案后确实如实供述了自己的罪行。可见,贾敬龙符合坦白的成立条件。而有些学者指出,坦白作为从宽情节的一项重要原因是可以减少侦查机关破案的困难,有利于犯罪案件的及时处理,因此,如果行为人所供述的事实对于案件的侦破没有作用,有无行为人的供述对于案件的侦破没有影响,即使没有行为人的供述,侦查人员依然能够查明案件事实,并且消耗同样的人力、物力,那么就不能将行为人的供述认定成为刑法意义上的坦白。基于此,该学者认为贾敬龙并不成立坦白。但是,这种观点是值得商榷的。坦白的核心作用是体现出行为人人身危险性的降低,而坦白在客观上对于案件侦破的有利性也是为减轻其人身危险性服务的。因此,即使如实供述的行为在客观上没有对案件的侦破起到实质性作用,也不能否定行为人悔过自新的态度,更不能据此否定其成立坦白。可见,似乎不能够排除贾敬龙成立坦白的可能性。当然,即使贾敬龙成立坦白,也并不会对其死刑立即执行的判决产生实质性影响。坦白作为一种罪后情节,相对于犯罪手段、犯罪对象等罪中情节而言,对于死刑的裁量只具有辅助性的作用。因此,从案件整体来看,相对于犯罪的预谋性、影响的恶劣性等情况,坦白也不足以使得贾敬龙得以从宽处理。

二、被害人何建华是否具有过错?

虽然我国刑法典并没有将被害人过错作为法定量刑情节,但是在司法实践中通常将其作为酌定量刑情节予以考量。我国的司法解释曾对存在被害人过错的案件作出了从宽量刑的规定。根据2000年最高人民法院《关于审理交通肇事刑事案件具体应用法律若干问题的解释》,肇事人负事故的主要责任或者同等责任的才构成犯罪,因此,如果被害人负事故的主要责任,则肇事人的行为将不构成犯罪。可见,在交通肇事的案件中,被害人过错是可以作为对行为人从宽处罚的依据的。事实上,被害人过错作为酌定从宽的量刑情节具有深厚的刑法理论基础。从量刑的根据来看,被害人过错至少能够减轻行为人的主观恶性与人身危险性。主观恶性指的是行为人在主观上的道义谴责性,即从道德与道义上对行为人判处刑罚的必要性与应当性。而在被害人有过错的案件中,因为被害人的过错是造成行为人产生犯罪意图、实施犯罪行为的原因之一,所以从道义上看,行为人的可谴责性就会降低。人身危险性指的是行为人再犯的可能性,即再次实施相同性质犯罪的可能性。在这种案件中,由于被害人的过错是导致行为人实施犯罪行为的原因,所以在以后没有被害人过错的情况下,行为人再次实施犯罪的可能性显然会降低。由此可见,基于对主观恶性与人身危险的影响,被害人的过错应当作为对犯罪分子从宽处罚的根据。基于此,贾敬龙的辩护人极力主张被害人何建华具有过错,以期对贾敬龙从宽处理。但是,在贾敬龙案件中,对被害人何建华,不能认定其具有刑法意义上的过错。

刑法意义上的被害人过错不仅要求被害人的行为具有不正当性,而且要求被害人的行为与犯罪行为具有关联性。这意味着被害人的过错在促使行为人产生犯罪念头、实施犯罪行为方面,起到了决定性的作用。如果被害人的行为虽然具有不正当性,但是其过错并不是行为人产生犯罪念头并且实施犯罪行为的主要和决定性原因,也不能够将其认定为刑法意义上的被害人过错。因为在这种情况下,行为人犯罪的动机并不是主要由被害人所造成的，行为人在道义上的可谴责性并不会因为被害人的不适当行为而有所降低，因此其主观恶性也不会有所减轻。并且，即使行为人实施了犯罪行为，由于被害人并非行为人产生犯罪意图的主要原因，所以还可能会有其他的人或事儿促使其犯罪动机继续存在，因此行为人再犯可能性并没有降低，人身危险性依然存在。总而言之，如果被害人的行为与犯罪分子实施犯罪行为并没有决定性的、主要的关联，那么就不能够认定被害人存在刑法意义上的过错。对于贾敬龙案件而言，虽然被害人何建华对拆迁改造过程中的不适当行为负有一定责任，但在促使贾敬龙犯罪方面，并没有起到决定性的和主要的作用，因此，贾敬龙案件并不存在被害人过错。

首先不可否认的是，在与贾敬龙的父亲贾庆同签署拆迁协议以及村委会组织拆迁的过程中，作为村支书的何建华对拆迁改造过程中的不适当行为负有一定责任。根据贾庆同等人的证言，贾敬龙及其亲属确实遭受到了一些不适当的待遇，甚至可以说是违法、违规的待遇。例如，贾庆同签署协议是在受到胁迫的情况下完成的；在拆迁的过程中，贾敬龙等人遭受到了暴力伤害，如贾敬龙表哥王会勇被打伤并且手机也被砸坏；贾敬龙奶奶和母亲的养老金被扣后至审判时没有发放等等。作为村支书的何建华，与这些行为不可能丝毫没有关系，但是这些行为并非何建华个人独断所为，何建华在此过程中并没有起到决定性的和主要的作用。根据最高人民法院刑三庭负责人的解释，贾敬龙所在村实施的旧村改造方案是于2009年11月28日经村民自治组织、村民代表大会开会讨论后表决一致通过的，并且于2010年6月经石家庄市人民政府批准后统一规划、统一实施的。可见，拆迁行为并非由何建华个人所决定，而是经过合法的讨论与审批程序后，按照国家的建设需要统一进行的。因此，何建华只是具体的执行者，拆迁行为本身并不是由何建华个人所能够决定实施的。并且，拆迁行为并没有将贾敬龙一家人逼上绝路，案发之前贾敬龙的家人已经搬进了新房，贾敬龙家的旧房也已经于2010年4月经第三方机构进行了评估。此外，贾庆同搬进新房后，贾敬龙不听全家人的劝告，拒绝与家人一同搬迁，坚持要装修旧房，在旧房内办理婚礼。贾敬龙父母、女友以及女友的父母都劝说贾敬龙到新房结婚，但贾敬龙的想法仍然没有改变。也因此，贾敬龙前女友吴丹丹的父母拒绝了其女儿与贾敬龙的婚事。从这方面来看，无论拆迁过程中发生了怎样的矛盾及冲突，在这之后，贾敬龙的家人已经能够在一定程度上接受现实，因为毕竟拆迁工作具有合法依据并且补偿工作也正在进行。即使贾敬龙的家人没有接受这样的结果，但是从他们劝阻贾敬龙的行为来看，拆迁行为至少不会让他们产生杀人等报复的想法。因此，从贾敬龙家人的角度来看，拆迁中的不适当行为并不能激化出杀人的想法与意图。总而言之，在案件的整个过程中，被害人何建华虽然对于拆迁改造过程中的一些不适当的行为负有一定责任，但是对于贾敬龙产生杀人的意图并不具有决定性的影响，何建华并不是贾敬龙实施杀人行为的主要原因，因此被害人何建华并不存在刑法意义上的过错。

三、贾敬龙案是否符合死刑立即执行的标准?

我国刑法典第 48 条规定，“死刑只适用于罪行极其严重的犯罪分子。对于应当判处死刑的犯罪分子，如果不是必须立即执行的，可以判处死刑同时宣告缓期二年执行。”据此，我国死刑的适用标准可以概括为两个方面，一是犯罪分子的罪行极其严重，二是应当立即执行。所谓罪行极其严重，通常认为应当是指犯罪的性质极其严重、犯罪的情节极其严重、犯罪分子的主观恶性与人身危险性极其严重的统一。缺少其中任何一个条件，都不能够认定行为人“罪行极其严重”。对贾敬龙案，可以从以下两个方面分析其死刑适用：

一方面，对于贾敬龙案件而言，贾敬龙无疑符合罪行极其严重的条件：(1) 犯罪性质方面。贾敬龙实施的是杀人行为，成立故意杀人罪。故意杀人行为侵犯的是他人的生命权，可以说是最为典型的，也是刑法典中首要的侵犯公民人身权利的暴力犯罪。因此，从犯罪性质上来看，贾敬龙的犯罪性质无疑是极其严重的。(2) 犯罪情节方面。从作案的手段来看，贾敬龙使用的是改装后的射钉枪将何建华杀死。在此过程中，贾敬龙并没有反复、多次的射杀举动，也不存在其他残忍的手段，而是一枪毙命。因此，可以说，基本上没有超出一般的杀人手段的残忍程度。但是，从贾敬龙所选择的作案场所与作案时间来看，贾敬龙杀人行为的影响是极其恶劣的。贾敬龙有意选择农历大年初一，在全村老少欢聚一堂、互相团拜、自排节目演出的时候进行作案，当着全村近千名男女老少的面开枪杀人，引起了村民极大的恐慌和愤慨，造成的社会影响是极其恶劣的。可见，贾敬龙的犯罪情节也是极其严重的。(3) 主观恶性方面。贾敬龙为了杀死何建华，作了充分准备，并且通过反复试验以确保射钉枪的杀伤性。而且贾敬龙事先编辑好短信，表明自己杀人的决心。可以说，贾敬龙的主观方面不仅仅是杀人的故意，而是坚定的、执意的杀人故意。此外，从贾敬龙所选择的犯罪时间与犯罪场所来看，贾敬龙不仅要杀死何建华，而且还具有制造恶劣影响的想法。可见，贾敬龙的主观恶性也是极其严重的。(4) 人身危险性方面。由于不能认定贾敬龙具有自首情节，也不能够认定被害人何建华具有过错，所以，不能据此减轻贾敬龙的人身危险性。虽然贾敬龙可能构成坦白，但是与其他案件情节相比，坦白不足以减轻贾敬龙的人身危险性。纵观全案，从一些事实能够看出贾敬龙人身危险性的严重性。例如，如上所述，在逃跑的过程中，贾敬龙具有抗拒抓捕的行为，据此可以看出贾敬龙并没有认罪悔罪的态度，其人身危险性依然是严重的；再如，贾敬龙为了杀死何建华，作了充分的准备工作，属于蓄谋犯罪。2014 年 10 月，贾敬龙为了杀死何建华，买来三把射钉枪和一把仿真枪和射钉弹药。贾敬龙对射钉枪进行了改装并且经过了多次试验，以确保其射杀的威力。从贾敬龙为杀死何建华所作的准备工作来看，贾敬龙的人身危险性无疑是极其严重的。由此可见，贾敬龙的犯罪性质、犯罪情节、主观恶性及人身危险性均是极其严重的，因此贾敬龙符合罪行极其严重的死刑适用条件。

另一方面，何为“不必立即执行”，我国法律规范并没有作出具体规定，但是根据刑事审判经验，“不必立即执行”主要包括以下几种情况：犯罪后自首、立功或者有其他法定从轻情节的；在共同犯罪中罪行不是最严重的或者其他在同一或同类犯罪案件中罪行不是最严重的；被害人的过错导致犯罪人激情犯罪的；犯罪人有令人怜悯之情形等等。换言之，如果犯罪分子具有自首、立功、偶犯、初犯等酌定、法定量刑情节，那么就可以考虑对犯罪分子不必立即执行死刑。对于贾敬龙案件而言，除坦白之外，其并不存在自首等法定从宽量刑情节，也不存在被害人过错等酌定从宽量刑情节。而且，如上所述，坦白对贾敬龙的量刑中所起的作用是极其有限的。因此，贾敬龙并不符合不必立即执行的条件。

综上所述，贾敬龙的行为符合死刑立即执行的法定标准。可能会有人产生这样的疑问：对贾敬龙判处死刑立即执行符合当前我国“少杀、慎杀”的死刑政策吗？事实上，完全符合。当前我国的死刑政策规范的表述为“保留死刑，严格控制和慎重适用死刑”。在这一死刑政策的指导下，我国不仅要从立法上逐渐废除死刑，而且在司法上也要不断限制死刑的适用。但是，这并不意味着在司法实践中不能对罪行极其严重的犯罪分子判处死刑立即执行。在符合法定标准的条件下，依然要依法判处死刑立即执行。因为，在当前的社会条件下，基于传统、民意等多方面的原因，我国尚不存在瞬间在立法上全部废除死刑以及在司法中完全不适用死刑的条件。所以，对于符合法定条件的行为人，依然要判处死刑立即执行，这不但不与我国当前的死刑政策相矛盾，反而是当前我国死刑政策的应有之义。因此，对于贾敬龙判处死刑立即执行，不仅符合我国死刑立即执行的标准，更符合我国的死刑政策。

雷洋案涉案警务人员玩忽职守案

【基本案情】

2016 年 5 月 7 日晚，根据北京市公安局昌平分局专项行动部署，东小口派出所时任副所长邢永瑞带领民警孔某、辅警周某、保安员孙某某、张某某等人在昌平区龙锦三街涉黄足疗保健店附近执行便衣蹲守、打击任务。当晚 21 时许，雷洋在位于龙锦三街 23－13 号的足疗保健店接受有偿性服务离开时，被邢永瑞等人发现。因怀疑雷洋有嫖娼行为，邢永瑞等人立即追赶，示明警察身份后进行盘查。因雷洋试图逃跑，遂对其拦截并抱腰摔倒。在制服和控制雷洋过程中，邢永瑞等人对雷洋实施了用手臂围圈颈项部、膝盖压制颈面部、摁压四肢、掌掴面部等行为，后邢永瑞违规安排周某、孙某某、张某某独立驾车押送。在车辆行驶至龙锦苑东五区南门内丁字路口西侧转弯处时，雷洋试图跳车逃跑，并呼喊挣脱。邢永瑞等人再次对雷洋进行制服和控制，并使用手铐约束，再次向雷洋示明身份。其间，邢永瑞等人对雷洋实施了脚踩颈面部、强行拖拽上车等行为，致使雷洋体位多次出现变化。后雷洋出现身体瘫软和不再呼喊挣脱等状况，邢永瑞等人在发现雷洋身体出现异常后，未及时进行现场急救、紧急呼救和送医抢救。待后送到医院抢救时已无生命体征，于当晚 22 时 55 分被宣告死亡。经委托司法鉴定机构鉴定，雷洋符合生前胃内容物吸入呼吸道致窒息死亡；本例吸入性窒息的形成不排除与死者生前在饱食状态下，因执法过程中的外力作用和剧烈活动以及体位变化等因素有关。事发后，邢永瑞在接受媒体采访时做虚假陈述，引发公众质疑，并与其他四名涉案警务人员故意编造事实、隐瞒真相，妨碍侦查。

北京市丰台区人民检察院依法认定，邢永瑞等五人在执行公务活动过程中，不正确履行职责，存在不当执法行为，执法行为超出合理限度，致执法对象发生吸入性窒息；不履行职责，在发现雷洋身体出现异常后，未及时进行现场急救、紧急呼救和送医抢救，致执法对象未得到及时救治，以致发生死亡结果。且事后故意编造事实、隐瞒真相、妨碍侦查。该行为触犯了《中华人民共和国刑法》第三百九十七条第一款之规定，符合玩忽职守罪构成条件。鉴于邢永瑞等五人系根据上级统一部署开展执法活动，对雷洋执行公务具有事实依据与合法前提且雷洋有妨碍执法行为，犯罪情节轻微，能够认罪悔罪，综合全案事实和情节，根据《中华人民共和国刑法》第三十七条之规定，不需要判处刑罚，依据《中华人民共和国刑事诉讼法》第一百七十三条第二款之规定，决定对邢永瑞等五名涉案警务人员不起诉。同时，检察机关已向纪检机关通报有关涉案党员违纪情况，向公安机关发出检察意见书，并移送相关材料，建议纪检监察机关和公安机关对邢永瑞等五名涉案警务人员及相关责任人依纪依规严肃处理。

【法理分析】

2016 年 12 月 23 日，北京市丰台区人民检察院对邢永瑞等五名“雷洋事件”涉案警务人员依法作出不起诉决定，备受社会关注的“雷洋事件”帷幕垂落，但其引发的争议却值得我们深入省思。纵观整个事件过程，关于邢永瑞等涉案警务人员的行为是否构成犯罪、构成什么犯罪始终是各方争议的重要焦点，其次是对邢永瑞等人的不起诉处理是否适当。

一、关于邢永瑞等人行为的定罪问题

定罪问题既是一个事实问题,更是一个法律问题。本案中,被害方律师曾主张邢永瑞等人构成故意伤害、滥用职权等罪。但仅就检察机关公布的事实而言,将邢永瑞等人在本案中的行为定性为玩忽职守罪是合适的。这主要体现在:

(一) 邢永瑞等人的行为是渎职而非故意伤害

对于故意伤害罪与渎职罪,一般认为,两者区分的关键在于行为人是否存在伤害的行为和伤害的故意。如果行为人超出职权范围主动实施的行为具有伤害的性质和故意,则应成立故意伤害。不过,根据检察机关公布的事实,伤害的行为和意图在本案中均难以认定,邢永瑞等人的行为不属于故意伤害。这具体体现在以下两个方面:

第一,邢永瑞等人没有实施伤害行为。在刑法上,伤害行为成立必须具备两个条件:一是伤害性;二是非法性。前者表现为行为人所采取的行为在客观上具有导致他人身体损害的性质,且这种损害必须达到轻伤以上的程度;后者则要求伤害行为没有合法的根据。本案中,根据检察机关披露的案件事实,邢永瑞等人可能涉嫌伤害的行为是“在制服和控制雷洋过程中,邢永瑞等人对雷洋实施了用手臂围圈颈项部、膝盖压制颈面部、摁压四肢、掌掴面部等行为”。邢永瑞等人的这些行为是主动实施的,客观上也造成了雷洋身体的擦伤,但其行为的力度较轻,不具有伤害他人身体机能的性质,也没有对雷洋的身体器官及其机能造成损害。

第二,邢永瑞等人的伤害故意难以成立。本案中,关于邢永瑞等人对雷洋死亡结果的心态,各方意见比较一致,都认为其主观上不是出于故意(即无杀人的故意),即便是认为本案构成故意伤害(致人死亡)罪的观点亦承认这一点。分歧在于邢永瑞等人有无伤害雷洋的故意。对此,根据检察机关公布的事实,这一点似乎也难以成立:一方面,邢永瑞等人的行为都发生在制服和控制雷洋的过程之中，目的是为了制服和控制雷洋，这一目的具有明显的正当性并可在通常情况下排除非法伤害的故意。另一方面，本案关于邢永瑞等人行为的证据和损害结果的证据都无法证明邢永瑞等人在制服、控制目的之外有伤害雷洋的意图。

（二）邢永瑞等人的行为是玩忽职守而非滥用职权

我国刑法典根据行为的表现形式和主观心态的不同，将渎职犯罪分为滥用职权和玩忽职守两大类。本案中，根据检察机关公布的事实，邢永瑞等人存在不履行职责的行为，同时也存在不正确履行职责的行为以致"执法行为超出合理限度"。此事件过程中，网上曾有不少声音认为本案应定滥用职权罪。那么，本案中邢永瑞等人的行为到底是构成滥用职权罪还是玩忽职守罪呢？仅就检察机关公布的事实而言，综合全案情况，将邢永瑞等人的行为定性为玩忽职守罪更为合理。这是因为：

第一，本案证据不能确认邢永瑞等人的过度执法行为与雷洋死亡结果之间具有因果关系。根据检察机关公布的事实，司法鉴定机构对于雷洋死因的鉴定意见是"雷洋符合生前胃内容物吸入呼吸道致窒息死亡；本例吸入性窒息的形成不排除与死者生前在饱食状态下，因执法过程中的外力作用和剧烈活动以及体位变化等因素有关。"该鉴定意见虽然提到了"执法过程中的外力作用"但并没有确认其与雷洋死亡结果之间的因果关系，因为"不排除"只是意味着一种可能性，无法排除其他合理怀疑。在过度执法行为与雷洋死亡结果之间因果关系不能得到确认的情况下，本案认定邢永瑞等人的行为构成滥用职权罪的基础缺失，事实依据不足。

第二，邢永瑞等人未及时救助的不履职行为是雷洋死亡的原因。检察机关认定，邢永瑞等人在发现雷洋身体出现异常后，未及时进行现场急救、紧急呼救和送医抢救。而根据《人民警察法》等相关法律法规的规定，邢永瑞等人在发现雷洋身体出现异常后，有对雷洋进行救助的义务。邢永瑞等人在能履行对雷洋的救助义务而未履行，是一种不作为，并且这一不作为的行为未阻止雷洋死亡结果的发生，与雷洋的死亡结果之间具有因果关系。

邢永瑞等人实施了不履职的不作为行为，且客观上造成了雷洋因未得到及时救治而死亡的危害后果，具备玩忽职守罪的行为和结果要件。

(三) 邢永瑞等人事后妨害侦查行为的定性

检察机关认定，事发后，邢永瑞在接受媒体采访时做虚假陈述，引发公众质疑，并与其他四名涉案警务人员故意编造事实、隐瞒真相，妨碍侦查。这引发一个基本的刑法问题，即对邢永瑞等人事后实施的妨害侦查行为应否予以独立评价？对此的不同认识也会影响到对邢永瑞等人行为的定性。不过，对本案中邢永瑞等人事后妨害侦查的行为不能单独定罪。这是因为：

第一，邢永瑞等人事后妨害侦查行为的职务性质不明显。本案中，根据刑法的规定和相关法理，邢永瑞等人作为警察的主体身份无法否定。但在事发后，邢永瑞等人接受媒体采访、编造事实、隐瞒真相等行为不属于其作为警察的履职行为，而是其作为“雷洋事件”的当事方实施的行为。该行为与“雷洋事件”有关，却与警察职务行为的关联性不明显(特别是本案多个当事人本身没有警察身份)，从这个角度看，邢永瑞等人的事后妨害侦查行为不具有被纳入渎职犯罪内进行单独评价的基础和必要。

第二，邢永瑞等人事后妨害侦查行为客观上具有妨害司法的性质但不构成独立的妨害司法犯罪。我国刑法典基于维护司法秩序的目的规定了多种妨害司法的犯罪。其中，与本案邢永瑞等人事后妨害侦查行为相接近的罪名是刑法典第 307 条第 2 款规定的帮助毁灭、伪造证据罪，但该罪的客观行为是“帮助当事人毁灭、伪造证据，情节严重”，主体则必须是当事人以外的人。我国刑法立法之所以做这一限定，一般认为是有人性的考虑，即当事人犯罪之后实施的毁灭、伪造证据行为可视为正常情况下人的一种本能行为。本案中，邢永瑞等人是“雷洋事件”的当事人，虽然其行为具有妨害司法的性质，但其作为当事人的这一身份特性决定了其行为不能构成刑法典第 307 条第 2 款的帮助毁灭、伪造证据罪。

第三，前后行为的关联性决定对邢永瑞等人事后妨害侦查的行为不具有独立评价的必要。本案中，检察机关认定邢永瑞等人玩忽职守的行为构成玩忽职守罪,邢永瑞等人的妨害侦查行为发生在其玩忽职守犯罪之后,是对玩忽职守犯罪的掩饰。这两个行为之间具有密切的关联性:玩忽职守是前行为,是事后妨害侦查行为的必经阶段,事后妨害侦查行为是前行为的延伸;玩忽职守行为是主行为,而事后妨害侦查行为是从行为,对玩忽职守具有很强的依附性。因此,即便邢永瑞等人的事后妨害侦查行为构成犯罪,按照刑法的罪数理论,也应被玩忽职守行为所吸收,不具有单独定罪的价值。

综上,仅就检察机关公布的事实而言,邢永瑞等人未正确履行其职责,导致雷洋死亡结果的发生,其行为构成玩忽职守罪。

二、关于对邢永瑞等人的不起诉决定问题

本案中,检察机关对邢永瑞等人最终作出了不起诉的处理,其理由是鉴于邢永瑞等五人系根据上级统一部署开展执法活动,对雷洋执行公务具有事实依据与合法前提且雷洋有妨碍执法行为,犯罪情节轻微,能够认罪悔罪,综合全案事实和情节,根据《刑法》第三十七条之规定,不需要判处刑罚。该处理结论在公布后受到了众多的质疑。我国《刑事诉讼法》第 173 条第 2 款规定:“对于犯罪情节轻微,依照刑法规定不需要判处刑罚或者免除刑罚的,人民检察院可以作出不起诉决定。”据此,对邢永瑞等人的不起诉决定妥当与否,关键在于邢永瑞等人行为人是否符合“不需要判处刑罚”的情形。而综合本案的各种情节,检察机关对邢永瑞等所作的不起诉决定并无明显不妥。这主要体现在以下两个方面:

(一)邢永瑞等人的行为后果刚达到玩忽职守罪的入罪标准

本案中,检察机关认定邢永瑞等人的行为属于玩忽职守。在此基础上,对本案的处理还需要考察邢永瑞等人的行为后果,因为根据刑法典第 397 条的规定,玩忽职守的行为只有“致使公共财产、国家和人民利益遭受重大损失”,才构成犯罪。而根据我国最高司法机关的解释规定,本案中邢永瑞等人的行为后果刚达到玩忽职守罪的入罪标准。

最高人民法院、最高人民检察院2012年12月7日发布的《关于办理渎职刑事案件适用法律若干问题的解释(一)》第1条第1款规定:“国家机关工作人员滥用职权或者玩忽职守,具有下列情形之一的,应当认定为刑法第三百九十七条规定的‘致使公共财产、国家和人民利益遭受重大损失’:(一)造成死亡1人以上,或者重伤3人以上,或者轻伤9人以上,或者重伤2人、轻伤3人以上,或者重伤1人、轻伤6人以上的;(二)造成经济损失30万元以上的;(三)造成恶劣社会影响的;(四)其他致使公共财产、国家和人民利益遭受重大损失的情形。”根据该规定,本案中,邢永瑞等人的行为后果刚达到玩忽职守罪的入罪标准。这主要体现在两个方面:一是在人身伤害方面,邢永瑞等人的行为属于造成1人死亡。根据前述解释的规定,属于刚达到玩忽职守罪在人身伤害方面的入罪标准。二是在社会影响方面,本案虽然产生了恶劣的社会影响,但似不可归责于邢永瑞等人的玩忽职守行为。

如前所述,邢永瑞等人在本案中的行为有两个,即玩忽职守行为和事后妨害侦查行为。其中,邢永瑞等人的事后妨害侦查行为因在刑法上不具有独立评价意义而无法予以专门的法律评价。而就本案产生的恶劣社会影响而言,这种影响主要不是邢永瑞等人的玩忽职守行为造成,而是由邢永瑞等人事后的妨害侦查行为所引发。邢永瑞等人的事后妨害侦查行为客观上阻碍该案真实情况的调查,使得公众对警察执法的合法性产生了巨大怀疑。正如有观点认为,对于“雷洋案”,我们想要知道的东西实在是太多太多。比如他是真的去嫖娼了,还是“被嫖娼”;他从离开家到死亡这段时间内,到底经历了什么;警方是如何执法的,有没有违规;雷洋真正的致命伤是什么,是否与警方有关;雷洋死亡后警方有没有隐瞒什么,如果有,是谁授意这么做的;还有,警方的执法记录仪到底有没有损坏……面对这一连串的疑团,谁不期待真相,期待所有疑问都能有答案![①] 正是对案件事实的疑虑推动了舆论的发酵,进而导致了该事件成为社会热点事件。但客观地看,这种社会影响的产生主要不是邢永瑞等人的玩忽职守所造成的,而是邢永瑞等人事

① 参见 http://www.northnews.cn/2016/0603/2189929.shtml.

后的妨害侦查行为。据此,在对邢永瑞等人玩忽职守行为的法律评价上,不宜将本案的社会影响归责于邢永瑞等人的玩忽职守行为。

(二)邢永瑞等人犯罪的从宽情节多于从严情节

本案中,邢永瑞等人玩忽职守的犯罪情节涉及多个方面,既有罪中情节也有罪后情节,既有反映其主观方面的情节也有反映其客观方面的情节,既有从宽情节也有从严情节,既有法定情节也有酌定情节。其中,对邢永瑞等人处理具有决定性影响的是其中的从宽情节与从严情节。最高人民法院《关于常见犯罪的量刑指导意见》针对同时存在多个量刑情节的情况规定:"具有多个量刑情节的,一般根据各个量刑情节的调节比例,采用同向相加、逆向相减的方法调节基准刑;具有未成年人犯罪、老年人犯罪、限制行为能力的精神病人犯罪、又聋又哑的人或者盲人犯罪,防卫过当、避险过当、犯罪预备、犯罪未遂、犯罪中止,从犯、胁从犯和教唆犯等量刑情节的,先适用该量刑情节对基准刑进行调节,在此基础上,再适用其他量刑情节进行调节。"其总体上采取的是先法定情节后酌定情节,同向相加、逆向相减的方法确定。本案中,邢永瑞等人的行为没有法定情节,只有酌定情节。在酌定情节中,既有从宽情节也有从严情节。综合地看,邢永瑞等人犯罪的从宽情节要多于从严情节,对其的从宽幅度应大于从严幅度。这具体体现在:

第一,邢永瑞等人存在一个酌定从严情节,即事后妨害侦查。根据检察机关的认定,事发后,邢永瑞在接受媒体采访时做虚假陈述,引发公众质疑,并与其他四名涉案警务人员故意编造事实、隐瞒真相,妨碍侦查。这表明,邢永瑞等人在案发后初期,对自身的犯罪行为在主观上缺乏正确认识,不仅不认罪悔罪,而且还采取妨害侦查的行为意图逃避法律制裁,是一个酌定从严情节,依法应对邢永瑞等人从重处罚。

第二,邢永瑞等人存在多个酌定从宽情节。这主要包括:一是邢永瑞等五人系根据上级统一部署开展执法活动;二是邢永瑞等人对雷洋执行公务具有事实依据与合法前提;三是雷洋有妨碍执法行为;四是邢永瑞等人在检察机关对其行为立案侦查后能够认罪悔罪。其中,雷洋有妨碍执法的行为表明雷洋对本案的发生具有明显的过错，并且对雷洋自身的死亡负有法律上的因果关系；邢永瑞等人在检察机关对其行为立案侦查后能够认罪悔罪，可以在一定程度上抵销邢永瑞等人事后妨害侦查行为所反映出的人身危险性。

因此，综合地看，邢永瑞等人犯罪的从宽情节要多于从严情节，并且在宽严比较上，从宽的幅度应大于从严的幅度。从这个角度看，检察机关对邢永瑞等人的玩忽职守行为作无罪处理，并无明显不当。

刘志军受贿、滥用职权案

【基本案情】

刘志军,原铁道部部长,党组书记。因涉嫌犯受贿罪、滥用职权罪于2012年7月10日被羁押,同年7月24日被逮捕。2013年4月10日,北京市人民检察院第二分院以被告人刘志军犯受贿罪、滥用职权罪罪,向北京市第二中级人民法院提起公诉。2013年6月9日,北京市第二中级人民法院开庭公开审理了本案。

经庭审审理举证、质证和辩证,一审法院确认:(1)受贿犯罪事实:2004年至2011年期间,被告人刘志军利用其担任铁道部部长的职务便利,为博宥投资管理集团有限公司(以下简称博宥集团)法定代表人丁羽心及其与亲属实际控制的公司获得铁路货物运输计划、获取动车组轮对项目公司的股权、运作铁路建设工程项目中标、解决企业经营资金提供帮助。2007年12月,原铁道部政治处主任何洪达因涉嫌严重违纪被调查,刘志军担心自己收受何洪达贿赂的事情暴露,遂指使丁羽心疏通关系帮助何洪达逃避查处。为此,丁羽心先后给谎称有能力运作此事的刘琳等人共计人民币4400万元。2008年至2010年,刘志军为了给自己职务调整创造条件,指使丁羽心疏通关系,为此,丁羽心于2010年下半年给予谎称有能力运作此事的于振永人民币500万元。丁羽心将上述款项支付情况均告知了刘志军。(2)滥用职权罪犯罪事实:2006年间,被告人刘志军在铁道部开展动车组轮对国产化工作过程中,提议丁羽心联合其他企业共同承揽动车组轮对组装生产项目。为此,丁羽心与山煤集团约定,丁羽心负责运作使山煤集团获得该项目,山煤集团出资成立相关项目公司,丁羽心可不出资占有该公司的60%股权。后刘志军接受丁羽心的请托,徇私舞弊,违反《铁道部工作规则》等规定,在未经铁道部党组会或部长办公会集体研究的情况下,擅自决定由山煤集团获得动车组轮对组装生产项目。山煤集团为实施该项目成立智波公司,并按照与丁羽心的约定,为丁羽心出资人民币9000万元,使丁羽心控制的公司占有智波公司的60%股权。经鉴定,至2012年6月30日,智波公司的60%股权价值人民币2.1亿余元。此外,被告人刘志军还实施了另外10起受贿行为,共计受贿6460万余元;同时还实施了其他3起滥用职权行为。2013年7月,北京市第二中级人民法院一审宣判,刘志军被法院以受贿罪、滥用职权罪数罪并罚,决定执行死刑,缓期二年执行。① 一审判决后,刘志军未上诉。

【法理分析】

腐败犯罪是当代中国最为重大的现实问题之一,也是刑法理论界和实务界关注的热点问题之一。在铁道部原部长刘志军受贿、滥用职权案中,符合现阶段高官腐败犯罪现象和特点的因素在本案中有很典型的表现,为我们研究我国现阶段高官腐败犯罪的相关理论与实务研究提供了典型的案例。本案中,相关的疑难问题主要体现在:(1)关于性贿赂的刑法规制。本案中,据刘志军供述,在2003年至2009年间其先后在豪华酒店、高消费娱乐场所与丁羽心出资安排的多名女性嫖宿。② 此处的性贿赂再次成为社会讨论和关注的焦点,如何对性贿赂行为进行刑法规制,成为刑法理论和司法

① 案情详见《中华人民共和国最高人民检察院公报》2013年第6期。

② 参见张玉学:《丁书苗曾数次出资安排多名女性供刘志军嫖宿》,载《新京报》2013年9月8日。

实务中亟待解决的重大问题之一。(2) 关于“收受他人财物”新型行为方式的认定。本案中,控辩双方的争议点集中在收受财物行为的认定上。刘志军收取丁羽心贿赂的方式不同于传统意义上的受贿形式,其受贿形式主要体现为“花钱办事”的新型方式,其并不直接收受或者占有财物,如何认定并对此类新型受贿行为进行刑法规制,需要刑法理论和实务上予以明确。(3) 腐败犯罪死刑适用的裁量问题。近年来,民众对高官腐败犯罪案件的关注度普遍较高,其中最受关注的莫过于腐败犯罪的死刑适用问题。本案中,刘志军受贿数额高达 6460 万余元,却只被判处了死刑缓期执行,该判决结果也受到了公众的质疑。因此,在保留有腐败犯罪死刑的前提下,如何更好地把握腐败犯罪的死刑的裁量,对于限制死刑的适用具有重大的现实意义,值得我们深入讨论和研究。

一、性贿赂的刑法规制问题

随着我国经济的快速发展,人们的物质生活水平不断提高、思想观念不断解放,在实践中,传统的财物型或财产利益型贿赂已远不能满足受贿人多样化的需求。贿赂的手段和花样也在不断翻新,而性贿赂恰好满足了受贿人的精神需求和生理需求,性贿赂犯罪呈愈演愈烈之势,尤其是刘志军案、GSK 跨国行贿案等曝光于众后,性贿赂犯罪再次成为社会讨论和关注的焦点,如何对性贿赂行为进行刑法规制,成为刑法理论和司法实务中的重大问题之一。

(一) 性贿赂的基本界定

所谓性贿赂,顾名思义就是权色交易,主要是指利用女色贿赂男性国家工作人员,以使其利用职务之便,为自己或他人牟取不正当利益的行为。[①] 从性贿赂的现实情况来看,性贿赂与一般的贿赂行为具有不同的特征:

① 参见赵秉志:《中国反腐败刑事法治的重大现实问题》,载《法学评论》2014 年第 3 期。

(1) 非物质性。我国刑法典无论是行贿罪还是受贿罪在客观方面均表现为收受或给予财物的行为,即对象仅限于财物或者财产性利益。性是建立在自然属性之上包含情感的两情相悦,其满足的是受贿人的感官刺激及生理欲望,故其具有非物质性。(2) 交易性。性贿赂的主要目的是行为人希望国家工作人员利用职权为其谋取利益,而获得这种利益的途径是以性行为为交换基础的。如果两方仅仅是情人关系,那么因双方的性行为不存在交易性就不可能构成性贿赂。有时就只能是违反纪律或者是违反基本道德的行为。在实践中,性贿赂的形式是多种多样的,大致可以分为以下三种类型:第一种是直接性贿赂也即亲为式性贿赂,指行贿人直接向国家工作人员提供性服务从而为自己谋取不正当利益;第二种是间接性贿赂,指行贿人为谋取不正当利益与第三人共谋,并利用该第三人向公职人员提供性贿赂,然后通过国家工作人员的职务便利为其谋取不正当利益;第三种是付费式的间接性贿赂,该种情形是指行贿人为谋取不正当利益出资请第三人(一般是卖淫人员)向国家工作人员提供性服务。从司法实践中查处的大量贿赂案件看,行为人大多数情况下并非单纯地运用上述某一种性贿赂方式,而是同时与财物贿赂同时进行。由于我国刑法典并未明确对性贿赂如何进行规制,理论界和司法实践中存在许多不一致的观点和处理方法。但是依据我国相关的司法判决和学者观点,一般对于行贿赂行为以“受贿罪”、“相关犯罪的酌定量刑情节”、“渎职罪”等方式进行定罪量刑。

(二) 现行刑法框架规制性贿赂行为的法律困境

性贿赂具有非常严重的社会危害性,有时比一般的财物或者财产性利益的行为造成的危害更大,它不仅直接侵犯国家工作人员职务的廉洁性和纯洁性,还会导致公权力滥用,损害政府威信和公共利益、极大地败坏社会风气。而性贿赂往往相当隐蔽、难以查处,行贿与受贿双方都容易逃避罪责追究,其诱惑力和危害性有时超过一般的财物贿赂。近年来很多落马的男性腐败官员甚至女性官员,大都有搞权色交易的勾当,公众对此非常愤慨,要求予以严厉打击,但是现行刑法规范在惩治性贿赂时存在一定的不足,不能有效应对日益高发的性贿赂态势。

我国现行刑法中贿赂行为的定罪量刑模式很难涵括性贿赂行为。我国刑法典将贿赂的范围限于财物并规定了相应的数额标准,在现行刑法规制受贿的刑法框架内是无法涵括受贿行为的。虽然我国相关的司法解释中对受贿的对象"财物"作了扩大解释,即认为财物不仅限于财物,还包括财物以外的可以直接用货币计算的财产性利益。如 2007 年 7 月 8 日最高人民法院、最高人民检察院发布的《关于办理受贿刑事案件适用法律若干问题的意见》,针对关于以交易形式收受贿赂问题、关于收受干股问题等新型贿赂犯罪做了规定,这实质上将贿赂的范围扩大,不仅包括金钱和可以用金钱计算的物品,还包括其他财产性利益。2008 年 11 月 20 日最高人民法院、最高人民检察院发布的《关于办理商业贿赂刑事案件适用法律若干问题的意见》,同样将"贿赂"范围扩大,除了金钱与财物外,还包括一些可以用货币来衡量的财产性利益。2016 年 4 月,最高人民法院、最高人民检察院联合颁行的《关于办理贪污贿赂刑事案件适用法律若干问题的解释》(以下简称"两高"《贪贿司法解释》)第 12 条再次明确规定:"贿赂犯罪中的'财物',包括货币、物品和财产性利益。财产性利益包括可以折算为货币的物质利益如房屋装修、债务免除等,以及需要支付货币的其他利益如会员服务、旅游等。"

在司法实践中,如果相关性贿赂能够转化为金钱或者财物来衡量,那么一般可以是以贿赂罪进行定罪处罚。因为此种形式的性贿赂,与一般的财物或者金钱贿赂并无本质上的区别,且不存在法律适用或司法认定上的困难。如,行贿人通过支付或者许诺一定数额的金钱或者财物给特定女性或者男性,以此作为代价使其与国家公职人员进行性交易,那么,此种情况下进行的性贿赂就可以用转化为用财物来衡量的,应认定为贿赂的财物。国家工作人员接受这种性贿赂进而利用职权,为行贿人谋取利益的应以受贿罪论处。本案中,丁羽心出资对刘志军进行性贿赂,就是可以转化为用金钱来衡量的性贿赂,其出资额就可以考虑认定为贿赂的数额。在我国的司法审判中,也存在过这样的判例。如,浙江丽水判决的一起受贿案中,案犯温某并没有收受现金,在法院认定的受贿数额中,不仅包括其收受高档服装、皮鞋和手机的价值，还有 9500 元嫖资，这是行贿人丁某带着温某去杭州、厦门、温州和丽水等地嫖娼所花费用。起初的近 20 次嫖娼由丁某预先支付费用，从 2005 年下半年开始，丁某将钱直接放在温某所住宾馆房间的枕头下，由温某自行支付。温某以这种方式共收受丁某所送人民币共计 13 次，每次 500 元到 1500 元不等，共计 9500 元。最后法院的判决书虽然没有出现“性贿赂”的说法，但是仍然将行贿人代为支付的嫖娼费用计算在受贿的数额之内。①

我国刑法规定的贿赂罪的对象仅限于财产或财产性利益，其客观方面表现为财产或财产性利益的非法取得或让渡。但是对于无法用货币衡量的“性贿赂”这种非财产性利益是否纳入受贿的范围，争议颇大。在腐败犯罪的司法实践中，更多的性贿赂并非上述可以进行量化的付费式性贿赂，而是无法量化的亲为式性贿赂和间接性贿赂，此时将无法以贿赂犯罪对行为人进行刑事制裁。如果以相关犯罪的酌定量刑情节来处理，此时性贿赂没有独立性，只能附属于相关犯罪，此种处理方法不能将独立的性贿赂行为涵括在内；若以渎职罪进行定罪处罚，此时由于渎职罪的犯罪主体为国家机关工作人员，但是性贿赂的对象不仅仅是国家机关工作人员，更多的还是国家工作人员，此种处理模式会不当地缩小处罚范围，不利于惩治性贿赂行为。

（三）性贿赂刑法制裁的立法完善

上述刑法规制性贿赂行为存在一定不足，这些问题主要是由于我国贿赂犯罪定罪量刑模式所造成的。基于性贿赂犯罪的严重社会危害性，为了进一步促进贿赂犯罪刑事法治的完善，可以借鉴相关的立法经验，对我国贿赂犯罪的定罪量刑模式进行立法调整，以便更好地适应规制性贿赂犯罪的需要。

1. 适时扩大贿赂犯罪的行为对象

鉴于立法对贿赂犯罪对象规定的不足，我国相关司法文件中将贿赂

① 参见范跃红、郑俭轩：《浙江首例嫖娼费计入受贿额》，载《检察日报》2007 年 1 月 23 日。

犯罪的对象从"财物"扩大至财产性利益,但是即便如此,仍然难以应对社会生活中贿赂形式的多样化。争议较多的即是性贿赂。对于如何惩治"性贿赂"、能否对其以刑法加以规制,存在较大的争议。早在1997年刑法典研拟的过程中,就有人建议把"性贿赂"纳入贿赂犯罪的范围以刑罚加以制裁,但1997年刑法典以来的十次刑法修正案、一个单行刑法以及已经颁布的司法解释与司法意见中,一直都没有把"性贿赂"纳入贿赂犯罪规制的对象中。

当前,我国理论界和司法界否认将性贿赂入罪的观点中,一种代表性的观点认为,依据我国现行刑法典的规定,当前的刑事立法与刑事司法对于贿赂犯罪都按照贿赂的数额进行定罪量刑的,性贿赂等非财产性利益因不具备可量化性而不能纳入贿赂的对象范围中,这样在司法实践中,性贿赂的处理不具备司法可操作性,因而不宜规定为贿赂犯罪的对象。[①] 从贿赂犯罪的本质来看,贿赂犯罪侵害了国家工作人员职务行为的廉洁性。非财产性利益与财物、财产性利益一样,它们只是贿赂犯罪的载体和工具。这些非财产性利益与财物、财产性利益都能满足行为人需要,均对国家工作人员职务行为的廉洁性造成重大危害。基于严密我国刑事法网的以及应对司法实践发展需要,可以考虑在立法条件成熟时,在未来的刑事立法中将受贿犯罪和行贿犯罪的对象范围由"财物"扩大至"利益"或"好处"。[②] 而且《联合国反腐败公约》也将腐败犯罪的对象范围确定为"不正当好处"[③],我国是《联合国反腐败公约》的缔约国,基于条约履行的需要,也需要对贿赂犯罪的对象范围进行适当调整,以有助于打击腐败犯罪。同时,扩大贿赂犯罪的对象范围可以增强刑法的稳定性和确定性。因为随着社会的发展,在未来还有可能出现性贿赂等以外的其他新类型的贿赂,扩大贿赂犯罪的对象范围可以

---

① 参见高铭暄、张慧:《论贿赂犯罪的贿赂"范围"问题》,载《法学杂志》2013年第12期。

② 参见商浩文:《论我国贪污贿赂犯罪刑法治理的国际化—基于〈联合国反腐败公约〉与中国反腐败的现实考察》,载《河南警察学院学报》2014年第4期。

③《联合国反腐败公约》第15条规定,凡是直接或间接向公职人员不正当好处,以影响该公职人员作为或不作为的都规定为犯罪行为,而公职人员直接或间接索取或收受不正当好处的,以作为其执行或不执行公务的条件的,也被认为是犯罪。

避免刑法典的不确定性，契合司法实践发展的需要，以确保刑事法网的严密。

2. 进一步完善我国受贿罪的定罪量刑标准

《刑法修正案(九)》进一步调整了受贿罪的定罪量刑标准，将定罪量刑的具体数额调整为“概括数额＋情节”的定罪量刑模式。[①] 该种模式并没有将数额作为唯一的定罪量刑标准，提高了数额以外的量刑情节在定罪量刑中的作用，[②]规定了独立于数额的情节入罪标准。若《刑法修正案(九)》的此种定罪量刑标准得以确立，那么即使刑法典中的贿赂对象范围没有扩大，性贿赂也有可能将其纳入情节范畴，进行定罪量刑，这为性贿赂的刑法规制提供了可能的惩治思路。但是，2016 年“两高”《贪贿司法解释》在《刑法修正案(九)》相关规范的基础上，对于贪污受贿犯罪情节定罪量刑标准，一方面规定了独立的数额定罪量刑标准；另一方面却没有规定完全独立于数额的情节标准，而是明确列举了相关的定罪量刑情节，且将情节与相对较低的数额相结合而规定了“数额＋情节”模式的情节标准。就此而言，受贿犯罪的定罪量刑标准将依然会以数额标准为基础，在此情形之下，无法量化的性贿赂也无法纳入受贿罪的惩治范围。但是，由于情节内容较为繁杂，司法解释中上不可能完全列举，因而随着司法实践的发展，司法机关根据反腐的现实需要和经济社会的发展形势，将性贿赂纳入对受贿罪的定罪量刑的情节标准中进行综合考量，这样性贿赂方可具备以受贿罪进行刑法规制的可能性。当然，最为根本的还是需要进一步扩大贿赂犯罪的对象范围，完善受贿

① 《刑法修正案(九)》规定，将刑法第三百八十三条修改为：“对犯贪污罪的，根据情节轻重，分别依照下列规定处罚：(一)贪污数额较大或者有其他较重情节的，处三年以下有期徒刑或者拘役，并处罚金。尚不构成犯罪的，由其所在单位或者上级主管机关给予处分。(二)贪污数额巨大或者有其他严重情节的，处三年以上十年以下有期徒刑，并处罚金或者没收财产。(三)贪污数额特别巨大或者有其他特别严重情节的，处十年以上有期徒刑或者无期徒刑，并处罚金或者没收财产；数额特别巨大，并使国家和人民利益遭受特别重大损失的，处无期徒刑或者死刑，并处没收财产。”

② 依据“两高”《解释》的相关规定，犯罪情节入罪标准主要为：贪污受贿数额在 1 万元以上不满 10 万元，同时具有《解释》所列举的严重情节之一的，即认定为法条规定的“其他较重情节”，与“数额较大”(即单纯的数额在 3 万元以上不满 20 万元)一样适用第一档次的法定刑。

罪的定罪量刑标准。

二、关于“收受他人财物”的新型方式认定

本案中，控辩双方的一个争议点集中在收受财物行为的认定上。法院查明：刘志军指使丁羽心疏通关系帮助何洪达逃避查处。为此，丁羽心先后给谎称有能力运作此事的刘琳等人共计人民币 4400 万元；刘志军为了给自己职务调整创造条件，指使丁羽心疏通关系，为此，丁羽心于 2010 年下半年给予谎称有能力运作此事的于振永人民币 500 万元。可见，刘志军受贿的 6400 余万元中，有 4900 万元是丁羽心为刘志军办事所用，对此刘志军是否构成受贿罪，控辩双方存在较大争议。在认定刘志军收取丁羽心 4900 万元的上述贿赂，其收受方式不同于传统意义上的受贿者直接收受或者占有财物的受贿形式，其受贿形式主要体现为“花钱办事”的新型受贿方式，故刘志军的辩护人提出了刘志军的上述行为不构成受贿罪的辩护意见。那么此类受贿方式能否认定为受贿罪呢？答案是肯定的。

首先，刘志军虽未亲自接受财物，但是其“花钱办事”的行为性质与受贿的性质具有同质性。在本案中，在案证据证实，刘志军利用职务便利，为丁羽心及其亲属获取巨额经济利益提供了帮助；刘志军为防止有关部门正在办理的何洪达案牵连自己，以及为自己职务调整创造条件，授意丁羽心疏通关系。刘志军供认其事先明知丁羽心运作上述事项需花费巨资，且事后丁羽心亦将花费数千万元的情况告知了刘志军。刘志军虽未直接占有该款，但该款是丁羽心根据刘志军的授意、为刘志军的利益而花费，实际上就是对财物的接受，是收受行为的一种特殊表现形式。其实质是刘志军将自己应当支付的费用，利用权力让丁羽心代替自己去完成，事实上其也完成了对该钱款的处分行为，充分说明了刘志军对此笔受贿款具有事实上的支配能力。行为性质与其亲自收受贿赂后再拿出去办事具有同质性。丁羽心的证言亦证实，其花巨资为刘志军办事，是对刘志军帮助其获取巨额经济利益的回报。因而刘志军虽未直接占有上述钱款，但其行为本质上属于权钱交易性

质，法院据此认定刘志军的行为构成受贿罪。

其次，关于本案受贿数额的认定。本案中，辩护人提出刘志军对具体的花费数额并不明确知道。刘志军也存在这方面的辩解，表示其对巨额的花费数字是在中纪委的处分决定中明确知道的。[①] 在案证据证实，刘志军利用职务便利，为丁羽心及其亲属获取巨额经济利益提供了帮助。在此情形下，刘志军为了谋取职务提拔，授意丁羽心代为送出相关钱款，丁羽心也表示，其之所以为刘志军处理职务提拔事宜是出于对刘志军前期行为的回报。因而可以认定，丁羽心为了帮助刘志军达到职务调整的目的，在刘志军的授意下送出相关钱款，丁羽心送出的款项与刘志军利用职权为丁羽心谋取利益具有对价性。对此，刘志军主观上是明确知道的，只不过是对于具体的数额不清楚。事实上，刘志军滥用职权为丁羽心谋取铁路运力的利益高达4亿余元，4900万元的贿赂数额在刘志军和丁羽心接受的范围之内。丁羽心运作何洪达一事时，在实际支付4400万元后明确告知了刘志军，刘志军并没有提出任何异议；丁羽心在为刘志军的职务升迁花费500万元的问题上，更是在事先明确告知了刘志军，并得到了刘志军的默许。因而丁羽心代为刘志军办事所送出去的金钱数额在事后也告知刘志军并得到了其默认，并没有超出刘志军的主观故意。

三、关于本案的量刑：判处死刑缓期执行是否适当

本案中，刘志军受贿高达6460万余元，数额特别巨大，情节特别严重，按照1997年刑法典关于受贿罪的量刑规定，当时论罪应对其判处死刑，而最终却只被判处了死刑缓期执行。该判决结果也受到了公众的一定质疑。在一审宣判后审判长答记者问的发布会上，审判长详细解释了之所以对刘志军未判处死刑立即执行，而是判处死刑缓期二年执行，是基于刘志军具有相关的从轻处罚的量刑情节。

---

① 参见王新友：《刘志军为何被判死缓—刘志军受贿、滥用职权案一审宣判后审判长答记者问》，载《检察日报》2013年7月9日。

首先，刘志军具有坦白情节。我国2011年的《刑法修正案（八）》增加的刑法典第67条第3款规定："犯罪分了不具有自首情节，但是如实供述自己罪行的，可以从轻处罚。"司法实践当中，由于犯罪人归案之后到最终将犯罪人定罪处罚，往往还需要大量的调查取证工作。而罪犯是案件的最知情者，如果犯罪人积极配合交待犯罪事实，往往会为整个案件的顺利侦破提供关键的线索，从而大大省却司法机关为寻找相关线索的繁杂工作，减轻了国家的证明负担并保证了诉讼的效益和效率。对此，1998年最高人民法院《关于处理自首和立功具体应用法律若干问题的解释》第4条也曾规定，"被采取强制措施的犯罪嫌疑人、被告人和已经宣判的罪犯，如实供述司法机关尚未掌握的罪行，与司法机关已掌握的或者判决确定的罪行属同种罪行的，可以酌情从轻处罚。"只不过当时，坦白情节还只属于酌定量刑情节，在司法实践中适用较为随意。直到2011年的《刑法修正案（八）》首次将"坦白"规定为法定的量刑情节，提高了坦白在量刑中的作用，促进了量刑的公平公正。而在本案中，据法院查明，刘志军在有关部门调查期间能如实交代犯罪事实，且主动交代了办案机关尚未掌握的部分受贿事实，因而根据上述法律规定，刘志军所犯受贿罪具有法定从轻处罚情节，依法可对其从轻处罚。

其次，刘志军具有退赃情节。所谓退赃，是指犯罪嫌疑人或者被告人在犯罪后至终审判决前，主动或委托亲属代为向公安、司法机关或者是被害人交出赃款赃物的行为。由于退赃减轻了犯罪行为的社会危害程度，特别是在财产性犯罪中，同时也降低了司法成本，也有助于实现刑法惩治与教育的目的，因而将其作为从宽处罚的因素是具有法理基础的。我国刑法中对于退赃虽有所规范，但只是原则性地规定了国家对于退赃的态度。如在贿赂犯罪中，2009年最高人民法院、最高人民检察院颁布的《关于办理职务犯罪案件认定自首、立功等量刑情节若干问题的意见》规定，对于贪污、受贿案件中赃款赃物全部或者大部分追缴的，对于贪污罪一般应当考虑从轻处罚，对于受贿罪，则视具体情况可以酌定从轻处罚。"受贿案件中赃款赃物全部或者大部分追缴的，视具体情况可以酌定从轻处罚。犯罪分子及其亲友主动退赃或者在办案机关追缴赃款赃物过程中积极配合的，在量刑时应当与办案机关查办案件过程中依职权追缴赃款赃物的有所区别”。依据上述规定，刘志军及其家属在案发后配合办案机关追缴赃款，大部分受贿赃款已追缴，表明其具有积极的认罪态度和悔罪表现，依法可酌情从轻处罚。

再次，刘志军具有认罪悔罪表现。所谓认罪悔罪，通俗而言，就是承认并真诚追悔自己的罪行。一般而言，认罪是悔罪的前提，悔罪是认罪的结果，犯罪分子认罪并不一定是出于悔罪，也有可能是为了减轻处罚。真诚悔罪更能体现犯罪分子的人身危险性的降低，是否真诚悔罪就成为受贿量刑时的考量因素。因而贪污受贿案件中犯罪人的罪后态度能够影响到贪污受贿犯罪的量刑。最高人民法院 2010 年颁行的《关于贯彻宽严相济刑事政策的若干意见》第 8 条第 2 款也提到，对于职务犯罪和商业贿赂犯罪，如果行为人拒不认罪悔罪的，要坚决依法从严惩处。[①] 由于行为人认罪悔罪在判断上具有一定的模糊性，特别是悔罪，因而不应过分强调其在量刑中的从宽作用，而应当结合其他情节加以综合考虑。认罪悔罪均是综合性的量刑情节，坦白、自首等法定情节以及积极退赃等酌定情节也可以体现行为人是否真诚悔罪，故而其很难具有独立的量刑评价意义，只能依据全案进行综合认定。但是，如果行为人认罪悔罪态度不好，一般在量刑时也会加以体现。如安徽省原副省长王怀忠受贿、巨额财产来源不明案中，山东省济南市中级人民法院一审判决书和最高人民法院死刑复核裁定书中均认为，王怀忠犯罪情节特别严重，且在确凿的证据面前，拒不认罪，态度极为恶劣，应依法严惩。[②] 在本案中，依据法院查明的事实，刘志军在侦查、起诉、审判期间认罪态度好，有悔罪表现，因而可以酌定从宽处罚。

最后，关于刘志军对高铁做出的贡献是否属于不判处死刑立即执行的依据，刘志军的辩护律师钱列阳称，“刘志军在铁路尤其是高铁方面所做的

---

① 参见最高人民法院 2010 年颁行《关于贯彻宽严相济刑事政策的若干意见》第 8 条。

② 参见最高人民法院复核王怀忠案死刑裁定书(2004)刑复字第 15 号；“王怀忠受贿、巨额财产来源不明案”，载北大法宝 http://www.pkulaw.cn/case/pfnl_1970324837042275.html? keywords=王怀忠&match=Exact.

贡献”也是“对刘志军从轻处罚的理由”。[1] 那么，刘志军对高铁做出的贡献是否属于不判处死刑立即执行的依据呢？这涉及到贪污贿赂犯罪中，被告人对社会做出的贡献能否作为从轻量刑的依据。在司法实务中，贪污受贿犯罪的被告人及其辩护人也常常将被告人的社会贡献作为从轻辩护的理由。但是关于行为人犯罪前的社会贡献是否能够作为影响量刑的因素，这在我国的司法实践中存在一定的争论。如北京首都机场集团原总经理李培英贪污、受贿案中，被告人李培英及其辩护人辩称李培英为首都机场集团公司做出过巨大贡献，请求对其从轻处罚。山东省济南市中级人民法院一审认为，李培英是否曾在工作中做出突出贡献，不能影响其应当承担的刑事责任，二者不能相互折抵。故李培英及其辩护人以此为由请求从轻处罚，没有法律依据。[2] 但是，在云南省玉溪红塔烟草集团原董事长、总裁褚时健贪污、巨额财产来源不明案中，其辩护人就指出，量刑时应充分考虑被告人褚时健对社会做出的贡献，要求从宽处理。云南省高级人民法院在判决书中指出，不管行为人功劳有多大，都不能因此而享有法律特权。被告人的历史表现反映出其主观方面的情节，可在量刑时酌情考量。[3] 可见，上述两起案件中，相关司法机关对量刑能否考量社会贡献有不同的看法。但是贪污受贿案件中量刑时应当考量犯罪人对社会的贡献。法律适用人人平等，并不排斥在量刑时合理考量犯罪人的社会贡献等因素。行为人对社会做出重大贡献，并不意味就不追究其刑事责任，只不过是将犯罪人以前对社会做出的社会贡献，作为其人身危险性程度评价的一个重要因素。但是，考虑犯罪人的社会贡献并不意味就是相互折抵，也不意味着该情节就能够对量刑产生实质性的影响。司法人员在量刑过程中，不会将行为人对社会做出的贡献孤立地进行分析，而是需要结合全案情节进行综合判断。

---

① 《今判刘志军“高铁贡献”写进辩护理由》，载“中国共产党新闻网”2017 年 5 月 28 日。

② 参见山东省济南市中级人民法院〔2008〕济刑二初字第 49 号刑事判决书。

③ 参见国家法官学院、中国人民大学法学院编：《中国审判案例要览》（2000 年刑事审判案例卷），中国人民大学出版社 2002 年版，第 416—420 页。

常熟农民工自卫案

【基本案情】

2011年8月，一段长约8分钟的斗殴视频在网上热传，网友将其冠名为“菜刀队VS砍刀队”或“史上最窝囊的黑社会”。这一事件发生在江苏省常州市，因斗殴双方分别手持“菜刀”和“砍刀”，网友便戏称为“菜刀队”和“砍刀队”。“菜刀队”系以何强为首的常熟市忠发公司的6名公司员工，“砍刀队”系以曾勇为首的24名“讨债”人员。2011年4月2日，“砍刀队”队员在曾勇的带领下前往何强等人所在的常熟市忠发公司的二楼办公室暴力讨债，结果以“菜刀队”勇力制胜，“砍刀队”落荒而逃。由于该次斗殴事件的双方人数、工具强弱悬殊，许多网友对这一结果表示十分惊讶。

事件发生后，“菜刀队”何强等六人被刑事拘留。2011年8月9日，江苏省常熟市人民法院作出一审判决，以聚众斗殴罪分别判处何强、张胜、陈强、张人礼、龙云中有期徒刑3年，其中李毅夫因未成年另案处理。当时，“砍刀队”曾勇等24人却无一人归案。一审宣判后，何强等人提起上诉。何强的亲属因不服判决，在投诉无果后，便将斗殴视频发布到了网上。一时间，网上几乎形成一边倒的声势，一面对“砍刀队”上门闹事义愤填膺，一面为“菜刀队”击退人数众多的“砍刀队”大声叫好。2011年10月底，来自北京、上海、江苏、湖南等地10多名律师组成的“公益律师团”抵达常熟，免费为何强等人作无罪辩护。随后，律师团成员屡屡在网络和媒体上发声，一面质疑公安机关办案和法院判决，一面发表“菜刀队”属于正当防卫的意见，继续营造声势。由此，一起普通的刑事案件升级发酵为一起网络热门事件，并在网上受到持续关注。由于新闻报道的声音几乎都来自何强一方，致使网友对何强一方曾隐瞒“砍刀队”人员的身份耽误常熟警方抓捕，以及常熟警方后来成功抓捕到“砍刀队”人员等情节未得到充分关注，这无形中拉大了双方的处境，使得网友更加同情“菜刀队”的境况，甚至出现意见认为“菜刀队”属于正当防卫，而不应当是聚众斗殴。

正当网络和社会关注持续升温之时，2011年11月23日，苏州市中级人民法院以“事实不清，证据不足”为由，将本案发回常熟市人民法院重审。对此，“菜刀队”一方和许多网友大多认为，“这是一次围观的胜利”。至此，常熟聚众斗殴案的审判似乎又回到了原点。

在重审中，此案分作三案并审。常熟市人民法院决定，对“砍刀队”案于2012年3月19日开庭审理，“菜刀队”案于同年3月21日开庭审理，未成年人李毅夫案于同年3月22日开庭审理。

经审理查明，2010年11、12月期间，常熟市忠发投资咨询有限公司（以下简称忠发公司）法定代表人徐建忠经他人介绍多次至澳门赌博，欠下曾勇（另案处理）等人为其提供的巨额赌资。后曾勇亲自或指使杨佳、龚军、朱刚（均另案处理）等人多次向徐建忠讨要该笔赌债。2011年4月2日上午，被告人何强受徐建忠指派，与张胜、陈强等人至常熟市枫林路来雅咖啡店与杨佳等人就如何归还该笔赌债谈判未果。期间李毅夫（另案处理）携带菜刀与他人在该咖啡店外等候，在杨佳等人离开咖啡店时进行跟踪。其后何强等人返回公司，何强向徐建忠报告相关情况后，其他人返回暂住地。当日中午，被告人何强与杨佳手机通话过程中，双方言语不和，发生冲突，后被告人何强主动打电话给之前从未联系过的曾勇，双方恶语相向，互有挑衅。被告人何强随即三次打电话给被告人张胜，要求被告人张胜带人至忠发公司。被告人张胜随即纠集了被告人陈强、张人礼、龙云中及李毅夫至忠发公司，并在该公司内准备菜刀等工具。待人员就位、工具准备完毕后，被告人何强再次主动拨打曾勇电话，通话中言语刺激、相互挑衅，致矛盾升级激化。曾勇便纠集杨佳、龚军、胡炜（均另案处理）等人，持砍刀赶至常熟市甬江路八号忠发公司。当何强等人通过公司监控看到有多人下车持砍刀上楼时，何强等人在徐建忠办公室持菜刀以待。当曾勇等人进入徐建忠办公室后，被告人何强、张胜、陈强、张人礼及李毅夫与曾勇等人相互持械斗殴，龙云中持电脑键盘等物品参与斗殴，造成被告人何强及龚军、胡炜受伤，忠发公司内部分物品毁损。经法医学鉴定，被告人何强及龚军、胡炜之损伤均已构成人体轻微伤。2011 年 4 月 8 日下午，被告人何强至公安机关投案。同日晚，公安机关在常熟市虞山镇季家山路 97 号将被告人张胜、陈强、张人礼、龙云中抓获。另查明，被告人何强曾因犯非法拘禁罪，于 2007 年 12 月 20 日被湖南省新化县人民法院判处管制 1 年。

2012 年 4 月 12 日，江苏省常熟市人民法院作出一审判决：对于“菜刀队”案，以聚众斗殴罪，分别判处被告人何强有期徒刑 1 年 6 个月；判处被告人张胜有期徒刑 1 年 6 个月，缓刑 2 年；判处被告人陈强有期徒刑 1 年 2 个月，缓刑 1 年 6 个月；判处被告人张人礼有期徒刑 1 年 2 个月，缓刑 1 年 6 个月；判处被告人龙云中，免予刑事处罚。对于“砍刀队”案，以聚众斗殴罪，分别判处被告人曾勇有期徒刑 3 年 6 个月；判处被告人杨佳有期徒刑 3 年 3 个月；判处被告人龚军、胡炜有期徒刑 3 年；判处被告人符永生、朱刚有期徒刑 2 年；判处邓威峰有期徒刑 1 年，缓刑 1 年 6 个月；判处胡石洋、翟真真有期徒刑 1 年。对于未成年人李毅夫，犯聚众斗殴罪，免于刑事处罚。

一审宣判后，被告人何强等五人提起上诉。2012 年 6 月 8 日，江苏省苏州市中级人民法院裁定驳回上诉，维持原判。

【法理分析】

本案由一起普通的刑事案件演化为网络热门事件，究其原因，一方面是因为本案的自身特点与当下社会公众关注的焦点之间存在契合之处，如农民工、黑社会、赌债追逃、借贷纠纷、正当防卫以及司法不公等；另一方面，极具个性的“公益律师团”频繁发声、营造声势，新闻媒体报道的信息不透明、不及时，以及倾向性意见在网络中的迅速传播，都使得这一事件被发酵放大为网络热门事件，并受到网友的持续关注。从刑事法理的角度看，在长达十多天的庭审过程中，公诉机关与“公益律师团”之间就“何强一方的行为究竟属于正当防卫还是聚众斗殴”这一焦点问题，展开了激烈的辩论，最终本案以认定何强一方构成聚众斗殴罪而落幕。在我国司法实践中，正当防卫的定性争议大多与互殴有关，如何区分正当防卫与聚众斗殴的界限始终是困扰司法机关的难题之一。因此，本案的裁判要旨对于解决这一难题具有十分重要的参考意义。

一、争议焦点：何强一方的行为是否属于正当防卫？

根据案情，何强的老板徐建忠欠曾勇等人巨额赌债，徐建忠指派何强等人就归还赌债事宜与曾勇交涉，这为双方发生斗殴埋下了伏笔。在为了讨要赌债谈判未果的情况下，曾勇与何强之间产生了冲突，主要表现在何强与曾勇在电话中两人恶语相向，互有挑衅，导致矛盾激化。在上述冲突的基础上，何强预料曾勇会到公司闹事，亦不甘示弱，电话召集多人在办公室里等候，并准备了菜刀等工具。当曾勇纠集二十多人持砍刀赶到忠发公司的办公室时，双方发生了持械斗殴。对此，在庭审过程中，公诉机关与辩护律师各执一词。那么，何强一方的行为是否属于正当防卫？法院作出的判决是否合理呢？

根据我国刑法第 20 条的规定，为了使国家、公共利益、本人或者他人的人身、财产和其他权利免受正在进行的不法侵害，而采取的制止不法侵害的行为，对不法侵害人造成损害的，属于正当防卫，不负刑事责任。正当防卫是法律赋予公民的一项权利，任何公民在面对正在进行的不法侵害时，有权对不法侵害人采取必要的措施。正如德国法谚有云“正义者毋庸向非正义者低头”，正当防卫是“正义压倒邪恶”的权利行使，是让“英雄不流泪”的制度。为了防止正当防卫的权利被滥用，我国刑法对正当防卫的成立设置了五个必要条件：一是起因条件，即存在现实的不法侵害；二是时间条件，即不法侵害必须具有紧迫性；三是主观条件，即防卫人是出于保护国家、公共利益、本人或者他人的人身、财产和其他利益免受不法侵害的目的；四是对象条件，即必须针对不法侵害人本人进行防卫；五是限度条件，即防卫不能明显超过必要的限度，造成不应有的损害。结合案情，具体分析如下：

首先，就起因条件而言，本案不具有正当防卫的合法性基础。正当防卫是同违法犯罪行为作斗争的合法行为，体现着"法没有必要向不法让步"的价值精髓，是"正"对抗"不正"的关系。在本案中，何强的老板徐建忠欠曾勇等人巨额赌债，徐建忠指派何强等人就归还赌债事宜与曾勇进行交涉，双方在谈判未果时发生冲突，进而引发斗殴。因此，双方的斗殴源于法律禁止的赌博活动以及由此产生的不受法律保护的赌债，属于非法利益之争。根据最高人民法院《关于人民法院审理借贷案件的若干意见》第 11 条规定，"出借人明知借款人是为了进行非法活动而借款的，其借贷关系不予保护"。因此，曾勇一方的目的是追讨赌债，而何强一方的目的是免除赌债，双方均为不法，是"不正"对"不正"的关系。那么，从一开始，何强等人的行为就已经丧失正当防卫的合法性基础。

其次，就时间条件而言，本案中的不法侵害不具有紧迫性。所谓紧迫性，是指不法侵害正在进行，不法侵害的现实威胁已经十分明显、紧迫。在本案中，何强一方看似被动，但是在双方就归还赌债问题谈判未果的情况下，何强多次在通话中言语挑衅、刺激对方，企图通过逞强来压制对方接受自己的还款数额和还款时间，这实际上是向对方传达一种通过威胁、暴力解决问题的信号，这在本质上属于一种"约架行为"。因此，何强一方所遭受的危险是特意招致而来的，对于即将到来的危险，何强一方是有所预料的。更重要的是，在斗殴发生前，何强一方完全可以在避免双方冲突的情况下解决问题，而且在曾勇一方到来之前，何强一方仍然具有通过报警或者其他合法方式化解危险的时间条件。因此，何强一方所遭受的不法侵害不具有紧迫性，不符合成立正当防卫所要求的时间条件。

再次，就主观条件而言，本案不具有防卫意图。正当防卫的实施，必须是出于保护国家、公共利益、本人或者他人的人身、财产和其他利益免受不法侵害的目的。在本案中，何强与曾勇在相互挑衅后，便立即联系张胜，要求张胜纠集多人，并积极地准备打斗使用的菜刀等工具。待准备工作完毕后，何强又再次打电话向曾勇挑衅、刺激，从而导致双方矛盾升级。不久后，曾勇带人持砍刀来到忠发公司，早已做好准备的何强等人随即与之发生了激烈的械斗。从整个案件的发展脉络来看，何强一方故意挑起曾勇一方对己方发起进攻，并以对方人数、工具占据绝对优势为由，借正当防卫之明，行不法侵害之时，属于典型的防卫挑拨，而非正当防卫。从双方的行为方式可以看出，何强和曾勇在主观上均具有相互斗殴的故意。否则，任何打架加以分解都会变成互相的正当防卫，这显然是不能成立的。

最后，根据刑法理论，相互斗殴是指双方以侵害对方身体的意图相互进行攻击的行为，可以推定双方相互同意对方的殴打，因而相互斗殴的双方都不是正当防卫。但是在司法实践中，相互斗殴的一方的确存在成立正当防卫的可能。例如，在相互斗殴中，一方明显且实际停止斗殴甚至于求饶或者逃跑，另一方继续实行侵害的，这时“斗殴”事实上已经结束，从“互殴”已经转化为单方不法侵害。因此，受到生命健康威胁的一方可以进行正当防卫。又如，在一般性的轻微斗殴中，如果一方突然适用杀伤力很强的武器，如双方最初是使用木棍进行斗殴，但其中一方突然拿出砍刀时，另一方的生命健康受到严重威胁时，可以进行正当防卫。而根据本案案情，何强一方显然不属于上述任何一种情况。从一开始双方均系持械斗殴，曾勇带人持械打上门来，何强一方是早有预料，并事先准备了菜刀。虽然曾勇一方纠集二十余人，但受限于打斗场所环境狭小，曾勇一方实际打斗的也只有五六人。因此，双方在所持的工具、打斗的人数、殴斗的强度、结束时间等方面均基本相当。因此，何强一方虽然看似被动，但在相互斗殴故意支配下，也不能认定为正当防卫。

二、细节争议：案发地点是否影响聚众斗殴罪的成立？

在庭审过程中，公诉机关与辩护律师就案发地点这一细节问题展开了辩论。辩护律师提出，本案的事发地位于忠发公司的办公室内，并非公共场所，不符合聚众斗殴罪所要求的场所特征，当然不构成聚众斗殴罪；与此同时，斗殴也未造成轻伤以上的严重后果，没有达到故意伤害罪的入罪标准。因此，何强一方的行为不构成犯罪。公诉机关提出，公共秩序的破坏并非因为在哪一方控制的区域内发生而改变性质和后果，否则所有人都会把场所约在自己的地域，最终导致罪名不成立。虽然何强一方在己方办公室与对方打斗，也没有造成对方轻伤以上，仍然构成聚众斗殴罪。那么，案发地点是否会影响对何强一方行为的定罪？聚众斗殴罪的成立需要哪些条件？

根据我国刑法典第 292 条的规定，聚众斗殴罪是指聚集多人攻击对方身体或者相互攻击对方身体的行为。该罪规定于刑法典分则部分的“妨害社会管理秩序罪”这一章中，可见，该罪侵犯的客体是社会管理秩序。所谓社会管理秩序，是指国家对社会生活进行管理所形成的有序状态，不能机械地理解为公共场所秩序。就法律规定而言，聚众斗殴罪的成立对斗殴的场所并没有特别的限制，无论是否发生在公共场所，都不影响聚众斗殴罪的成立。虽然聚众斗殴通常发生在公共场所，但在司法实践中，发生在一方的居所或者工作场所的斗殴并不鲜见。在本案中，何强与曾勇各自纠集人员、准备工具、招摇过市的行为，本身就是对社会公德和法纪的公然藐视，双方的斗殴更是对社会公共秩序的严重破坏。因此，斗殴的地点对行为的定性不具有决定性。

在客观方面，只要行为人实施了聚众斗殴的行为，不论该行为是否造成财产损失或者人身伤害等严重后果，首要分子和其他积极参加者即可构成聚众斗殴罪。因此，本罪的成立不以财产损失或者人身伤害为构成要件。在本案中，即使双方未造成轻伤以上严重后果，仍然不影响聚众斗殴罪的成立。

在主观方面，聚众斗殴罪不可能由过失构成，也不要求斗殴双方均具有斗殴的故意，只要一方具有斗殴的故意时，对有斗殴故意的一方就可以聚众斗殴罪论处。通常而言，行为人是出于报私仇、泄宿怨或者其他不正当的目的进行斗殴，但该罪的成立并不要求上述目的。在本案中，从双方的行为方式来看,可以认定双方主观上均具有斗殴的故意。结合本案,双方围绕赌债,相互言语挑衅之后,曾勇纠集了二十多人持砍刀赶往忠发公司,希望通过打斗加速非法债权的实现;何强一方则预料到对方会上门打斗,非但没有采取报警或者其他合法方式避免冲突的发生,反而积极召集人员、准备打斗用的菜刀,敞开大门静候对方到来,显然是希望通过积极殴斗,以实现非法债务的减免。因此,从双方的行为方式来看,可以认定双方出于争霸、泄愤或者满足其他非法欲求的动机,主观上具有斗殴的故意,符合聚众斗殴罪的构成要件。

需要指出的是,聚众斗殴案是社会上频繁发生的一类案件。由于法律规定较为抽象,各地对该类案件的处罚程度各有差异。从贯彻宽严相济的刑事政策角度来看,对聚众斗殴案件的处理,不能就事论事地机械决断,而应当根据不同案件的具体情况区别对待,作出相应的判决。在本案中,考虑到斗殴双方均构成聚众斗殴罪,但聚众斗殴的最终实施毕竟取决于曾勇等人的到来,而且曾勇一方人多势众,又先动手,对社会秩序的破坏程度也更大。因此,何强一方的刑罚处罚明显轻于曾勇一方。与此同时,在共同犯罪中,按照何强等人各自在聚众斗殴中所处的地位以及所起的作用,法院对其刑事责任进行了区分,分别决定其应当受到的刑罚。在本案中,对聚众斗殴罪的首要分子何强,处以 1 年 6 个月有期徒刑,而对与其他参与人员则认定为从犯,处以缓刑甚至免予刑事处罚。这种做法,不仅符合罪责刑相适应原则的要求,而且充分体现了宽严相济的刑事政策,最终也取得了良好的社会效果。

李启铭交通肇事案

【基本案情】

2010年10月16日晚，约21时40分，李启铭驾驶一辆黑色迈腾轿车自河北大学工商学院南门驶入，准备前往馨雅楼送其女友。据目击者称，轿车进校门时车速并不快，但行驶了一百米后突然加速，经过坤舆湖边易百超市门口时，将一名正在练习轮滑的女生(陈晓凤)以及一名陪同她的朋友(张晶晶)撞飞。其后，肇事者李启铭并未停车检查与抢救伤者，而是继续驾车向馨雅楼行驶。数分钟后，李启铭驾驶肇事车辆原路返回并准备驶出校门，但被学校保安与数名学生拦截并报警。警方赶到后对肇事者李启铭进行了血液酒精浓度鉴定，数据显示其血液中的酒精含量高达每百毫升151毫克，远超过法律规定的每百毫升80毫克的醉酒界限，属于严重醉酒驾驶。

撞人后，虽然肇事者李启铭扬长而去，但是目击案件的同学及时拨打了急救电话。救护车及时赶到并对两名受伤同学作了紧急处理随后送往医院，张晶晶受伤较轻无生命危险，而陈晓凤因伤势过重，于翌日宣布抢救无效死亡。

2011年1月30日，河北保定市望都县人民法院对李启铭交通肇事案作出一审判决。法院认定被告人李启铭违反交通运输管理法规，从而引发重大交通事故，致一死一伤，负事故全部责任。经鉴定，李启铭当时车速达45—59公里每小时，远超校园内每小时限速5公里的规定，血液中酒精含量每百毫升达151毫克，系醉酒驾驶，并且肇事后逃逸。法院认为，李启铭犯罪情节恶劣，后果严重，但鉴于案发后，被告方积极赔偿死者家属，取得了被害方谅解，并且李启铭当庭表示认罪，悔罪态度较好，因此法院酌情采纳了辩护人对李启铭从轻处罚的意见，以交通肇事罪判处被告人李启铭有期徒刑6年。李启铭当庭认罪并表示不上诉。

【法理分析】

李启铭交通肇事案件当时闹得沸沸扬扬，真相与谣言难以分清，各种媒体爆料、小道消息变成了聚焦的热点，一句“我爸是李刚”更是成为年度十大流行网络用语。但实际上，对于这样一起轰动的案件，我们不应当仅作为旁观者看个热闹，而更应当关心的是本案所涉及的法理问题。具体而言，受到社会各界尤其是法学界、法律界关注的本案法理争议问题，主要是本案的定罪问题和其他相关的定性问题，即：(1) 被告人构成的是故意杀人罪、以危险方法危害公共安全罪、交通肇事罪还是过失致人死亡罪？(2) 被告人李启铭是否存在逃逸行为？是否构成“逃逸致人死亡”？

一、关于本案的定罪问题

被告人的定罪问题是本案争议的第一焦点，司法工作人员、学者专家、新闻媒体及社会公众对此提出了诸多不同的观点。总结起来，这些观点涉及的罪名主要是以危险方法危害公共安全罪、交通肇事罪和过失致人死亡罪三种。此外，也有人提出被告人构成的是故意杀人罪；还有观点指出，以现在的立法状况来看当时的案件，李启铭应当构成危险驾驶罪，或应当以危险驾驶罪与交通肇事罪数罪并罚。

根据我国刑法的规定以及本案的案情来衡量，人民法院判决中所认定的交通肇事罪的罪名是准确和妥当的，而若以其他罪名来规制被告人的犯罪行为则或多或少都存在问题。下面分别予以说明：

（一）本案认定为以危险方法危害公共安全罪不妥当

的确，本案发生后引起了极大轰动，行为人的罪行令人发指，其案发后的嚣张态度也遭到了媒体与公众的口诛笔伐。因此，当公安机关以涉嫌交通肇事罪逮捕李启铭时，遭到了公众的质疑；而以法定刑相对更重的以危险方法危害公共安全罪予以定罪则受到了很多律师、学者及民众的支持。

交通肇事罪与以危险方法危害公共安全罪确实存在着诸多相似之处，李启铭案也并非第一起在上述两个罪名的选择适用上存在分歧的案件，我们还是应当从两罪法理的异同上加以比较。两罪的相同点很多：两罪的犯罪主体都是一般主体；两罪的犯罪客观方面都可能有驾车行为，从而发生了严重的交通事故，造成他人的伤亡；两罪同属于危害公共安全罪章节中的罪名，故两罪的犯罪客体都是公共安全。两罪的不同之处在于：交通肇事罪的主体一般是驾驶人员，而以危险方法危害公共安全罪则不限于此；前罪的主观方面只能是过失，而后罪则只能是故意；前罪在客观上表现为违反交通规则，从而引发了严重的交通事故，造成了重大生命、财产损失，而后罪则是行为人实施了以放火、决水、爆炸以及投放危险物质以外的并与之相当的其他危险方法，足以危害公共安全的行为；前罪的客体限定在公共安全中的道路交通安全，而后罪则没有这个限定。

具体到本案而言，是应当成立以危险方法危害公共安全罪，还是应当成立交通肇事罪，其关键争议主要有两点：其一，行为人对被害人的伤亡持怎样的主观心理态度，是间接故意还是过失？其二，案发地点是否属于公共道路，即是否属于公共交通管理的范围？

针对第一个问题，有学者主张被告人行为时持间接故意的主观心态，其理由是：案发时正处全国严查酒驾期间，行为人漠视法律规定；事故发生时，行为人已将被害人撞飞，应当知道可能会造成重伤甚至死亡的结果，但他却不管不顾；案发后，行为人再次经过案发现场，仍然扬长而去，甚至被人阻拦下来还态度嚣张；种种迹象均说明行为人漠视他人生命，明知其醉驾行为可能导致被害人伤亡，却听之任之，放任这一结果的发生。[①] 也有学者以此案和之前在广东佛山发生的黎景全案[②]（被定为以危险方法危害公共安全罪）作对比，认为黎景全醉酒程度远高于李启铭（黎景全案发时血液酒精含量369.91mg/100ml），再从其行为来看，属于完全无意识的行为，不应仅因李启铭案造成的是一死一伤，而黎景全案造成的两死一伤，就将前者定为交通肇事罪，后者定为以危险方法危害公共安全罪。[③]

笔者认为以上观点值得商榷，主要理由如下：第一，交通肇事罪虽然是过失犯罪，但构成此罪的行为人对于违反交通规则的行为也可以是故意，换言之，交通肇事罪中的违规可以是故意，但是对于引发的后果一定是过失。因此，不能仅因行为人漠视法律就判断他对危害结果也持故意的心理态度。其二，是争议的焦点，即行为人两次经过案发地点，却均未下车查看或采取任何措施以救助伤者，是否可以据此认为行为人对被害人的死伤持间接故意的心理态度？我们认为，如果因此认定行为人的心态为间接故意，则有悖立法者的原意。我国刑法典第133条交通肇事罪特别规定了“交通肇事后逃逸”和因“逃逸而致人死亡”的两种加重构成，其目的就是为了规制交通肇事后，不履行义务反而逃逸，甚至造成被害人得不到及时救治而死亡的情况。若依照上面的理论，是否所有肇事后，肇事司机逃逸的案件都可以认定为间接故意，从而构成以危险方法危害公共安全罪？如此一来，刑法典规定

① 参见孟庆华：《李启铭醉驾案的交通肇事罪定性质疑》，载《山东警察学院学报》2011年第7期。

② 2006年9月16日傍晚，黎景全醉酒驾车将骑自行车的被害人李洁霞母子撞倒，又撞坏路边的治安亭，车轮被卡在路边花地上。其好友梁锡全及其他村民上前救助伤者并劝阻黎景全，黎景全加大油门冲撞人群，碾过伤者李洁霞后，又撞倒并辗轧梁锡全，直到冲进路边的鱼塘才被迫停车。警方赶到后，鉴定出肇事司机黎景全血液酒精含量为369.91mg/100 ml。2007年2月7日，佛山市中级人民法院作出一审判决，被告人黎景全构成以危险方法危害公共安全罪，判处死刑，剥夺政治权利终身。被告人不服，提出上诉。2008年9月17日，广东省高级人民法院作为二审法院，裁定驳回上诉，维持原判，并依法报请最高人民法院核准对被告人黎景全执行死刑。2009年7月27日，最高法院对二审法院的裁定不予核准并撤销，裁定发回高院重审。2009年8月26日，广东省高级人民法院重审认为被告人黎景全构成以危险方法危害公共安全罪，判处无期徒刑，剥夺政治权利终身。

③ 参见宋东，邓云成：《偏颇的正义——对“李启铭案”的另一种解读》，载《重庆理工大学学报(社会科学版)》2012年第3期。

交通肇事罪的加重构成还有何意义？还是说假如交通肇事后，行为人下车查看了则应认定为过失犯罪，没查看就是故意犯罪？还是说即使查看了也仍然构成故意犯罪，必须对被害人实施了救治，甚至拨打急救电话后再逃逸的，才是过失犯罪？诚然，交通事故发生后行为人的客观表现与态度固然可以在一定程度上反映出其发生交通事故时的主观心态，但我们主要还是应以交通事故即将发生时和发生时行为人的表现来判断其主观心态。本案中，行为人当时的车速为 45 到 59 公里/小时，虽然远超过 5 公里/小时的校园限速，但是仍在一般城市道路的限速之内；反观 2008 年 12 月发生的孙伟铭案[①]（被定为以危险方法危害公共安全罪），其当时不但同样是醉驾，而且在城市一般道路上车速高达 134 至 138 公里/小时，甚至超过了高速公路的限制时速。再者，李启铭案中发生的是一次碰撞，就当时的情况而言，并没有任何直接证据认定他对被害人的伤亡持希望或者放任的心理态度。反观黎景全案，有学者称两案的唯一区别就是后者发生了“二次碰撞”，但实际上也正是这“二次碰撞”让两案有了本质的区别。[②] 黎景全案中，行为人在已经发生交通事故致人重伤的情况下，强行调头，大力轰踩油门，再次碾压被害人，并冲向人群，撞倒并辗轧上前阻止的好友。如果说在该案中，第一次碰撞还很难区分黎景全对他人的伤亡持间接故意还是过失的心理态度，那么之后他再次碾压被害人冲向人群的行为，就足以说明他主观上在明知会造成不特定多数人死伤的情况下，仍然放任这种结果发生。从这一点上来说，两案存在本质区别。这一观点也与最高人民法院于 2009 年 9 月 11 日印发的《关于醉酒驾车犯罪法律适用问题的意见》相一致，该意见第 1 条指出：“……行为人明知酒后驾车违法、醉酒驾车会危害公共安全，却无视法律

---

① 2008 年 12 月 14 日 17 时许，孙伟铭醉酒驾车在成都市成龙路追尾一辆比亚迪轿车后继续高速行驶。行至卓锦城路段，肇事车辆越过道双实线，猛烈冲撞对面正常行驶的一辆长安奔奔轿车，接着又先后撞上三辆轿车，最终造成四人死亡，一人重伤。2009 年 7 月 22 日，四川省成都市中级人民法院作出一审判决，认定被告人孙伟铭构成以危险方法危害公共安全罪，判处死刑，剥夺政治权利终身。被告人当庭表示上诉。2009 年 9 月 8 日，四川省高级人民法院作出二审判决，维持一审罪名不变，刑罚改判为无期徒刑。

② 参见宋东，邓云成：《偏颇的正义——对“李启铭案”的另一种解读》，载《重庆理工大学学报（社会科学版）》2012 年第 3 期。

醉酒驾车，特别是在肇事后继续驾车冲撞，造成重大伤亡，说明行为人主观上对持续发生的危害结果持放任态度，具有危害公共安全的故意。对此类醉酒驾车造成重大伤亡的，应依法以以危险方法危害公共安全罪定罪。”① 第三，血液中酒精浓度的多少并不能决定行为人案发时的主观心态。根据国家质量监督检验检疫局2004年发布的《车辆驾驶人员血液、呼气酒精含量阈值与检验》标准，血液酒精含量达到每百毫升80毫克即为醉酒驾驶，这也就意味着法律认为达到这一标准的一般成年人对自己行为的辨认能力与控制能力普遍开始下降。这一数据是由大量统计所得出的平均数值，以此作为划分涉及醉酒驾驶的犯罪之罪与非罪的界限。然而，在考虑个案实际情况的时候则不能机械地认为血液酒精浓度高的人控制和辨认能力就低，从而得出达严重醉酒程度者一般都是过失犯罪的结论。实际上，每个人对酒精的承受能力不同，有些人可能刚过醉酒标准，就已经基本丧失正常驾驶的能力了；而有的人可能在超过标准一倍甚至两倍的情况下，仍然可以几乎正常地驾驶车辆。就以上所提及的案件而言，酒精的影响都或多或少地减弱了行为人案发时的辨认与控制行为的能力，但依据他们当时的表现来看，他们都没有完全丧失辨认与控制行为的能力。此外，依据我国刑法典第18条第4款的规定以及相关刑法理论，醉酒者实施危害行为属于原因自由行为，即醉酒者自己选择令自己陷入这种辨认与控制能力减弱或丧失的状态，因此他们仍需对自己醉酒状态下的危害行为承担刑事责任。以上案件中，所有的行为人都属于自愿性的生理醉酒，而非病理醉酒，因此不能降低他们的刑事责任，也不应因此认定他们主观上是故意或过失。否则，就会导致喝酒多的人犯罪认定上倾向于过失，喝酒少的人犯罪认定上则更倾向于故意，这样的结论显然是违背罪刑法定原则以及刑法基本法理的。第四，不能依照行为人事后的态度来判定行为时的主观心态。诚然，李启铭案中，行为人事后漠视生命、嚣张跋扈的态度着实令人气愤，但我们不能以此为主要理由

① 参见最高人民法院《关于醉酒驾车犯罪法律适用问题的意见》，2009年9月11日印发，法发〔2009〕47号。

来认为其对于之前事故中被害人的伤亡持放任的心理态度。根据我国刑法以及刑事诉讼法的相关规定，行为人的事后态度可能对其量刑产生影响，因为这反映了行为人的人身危险性与再犯可能性，但不应该影响到定罪问题。定罪的依据应该是行为人案发时的主观心理与客观行为。

第二个问题，本案发生的地点是否属于实行公共交通管理的范围？这同样是争议的焦点。如果属于公共交通管理的范围，则符合交通肇事罪的客体——公共道路的交通运输安全；反之，则不能适用交通肇事罪加以规制，但符合以危险方法危害公共安全罪的要求。

判断该案发生的地点是否属于实行公共交通管理的范围，关键在于对两条规范理解，即我国《道路交通安全法》(2003 年 10 月 28 日通过，2007 年与 2011 年两次修订)第 119 条以及 2000 年 11 月 10 日通过的最高人民法院《关于审理交通肇事刑事案件具体应用法律若干问题的解释》(以下简称《交通肇事解释》)第 8 条。我国《道路交通安全法》第 119 条的规定："道路"，是指公路、城市道路和虽在单位管辖范围但允许社会机动车通行的地方，包括广场、公共停车场等用于公众通行的场所。《交通肇事解释》第 8 条则规定：在实行公共交通管理的范围内发生重大交通事故的，依照交通肇事罪办理。在公共交通管理的范围外，驾驶机动车辆或者使用其他交通工具致人伤亡或者致使公共财产或者他人财产遭受重大损失，构成犯罪的，分别依照重大责任事故罪、重大劳动安全事故罪、过失致人重伤罪、过失致人死亡罪定罪处罚。

有学者主张，厂区院内、小区院内等因权属不归交通部门管辖，同不适用交通法规。李启铭案发生地点属于校园内的生活区，不属于《交通肇事解释》中的"公共交通管理的范围"，不应以交通肇事罪定罪处罚。[①] 笔者认为这一观点有待商榷。《道路交通安全法》第 119 条已经明确规定，道路分为两种：一种是指公路、城市道路，这些是显而易见的公共道路；另一种是"虽在单位管辖范围但允许社会机动车通行的地方"，一些允许外部车辆免费或

① 吴晓杰：《"我爸是李刚"拷问校园的道路安全》，载《检察日报》2010 年 10 月 23 日第 4 版。

收费进入的社区、开放式校园的学校都属于这一类场所，其内部的道路也同样应该适用《道路交通安全法》，因而违反相关规定，可以构成交通肇事罪。这样的认定与《交通肇事解释》第 8 条并不冲突，允许外部车辆进入的这些社区、校园，既然属于《道路交通安全法》所管辖的"道路"，也就自然属于在实行公共交通管理的范围内。至于有学者提出的《道路交通安全法》只将"校内道路"归为"道路"，而"校内道路"发生的交通事故是否能定为交通肇事罪，则应由《交通肇事解释》来规定①，是值得推敲的。《道路交通安全法》之所以界定"道路"，显然是为了说明本法所适用的范围，而并非单独解释一个无用的概念。《交通肇事解释》也是进一步明确我国刑法典第 133 条以及《道路交通安全法》适用中所产生的问题，并不存在上述学者所认为的两者适用于案件不同阶段的情况。当然，有学者指出的本案发生在校园的生活区，不具有公共性，不属于公共区域，确有一些道理。但值得注意的是，这所谓的生活区也可以通行社会车辆，并没有对这一区域单独设置保安或岗哨，没有将这一区域单独区分，故将所谓的生活区与校园其他区域划分开来是存在问题的。

因此，无论是从行为人的主观心态还是从案发地点的属性分析，本案定为以危险方法危害公共安全罪都是缺乏说服力的。

（二）本案若定为过失致人死亡罪也并不准确

过失致人死亡罪与交通肇事罪都是过失犯罪，两罪属于法条竞合的关系，即交通肇事罪属于特别法，而过失致人死亡罪则属于一般法。如果一个犯罪行为同时触犯这两罪的法条，依照法条竞合的定罪原则，这种情况只能定为交通肇事罪。具体而言，两罪的争议焦点就是上面所讨论的"校园道路是否在公共交通管理的范围内"？过失致人死亡罪的赞成者与以危险方法危害公共安全罪的支持者最大的区别在于：前者认为行为人主观心态是过失；而后者则认为行为人主观上持间接故意的心理态度。由于"校园道路是

① 参见孟庆华：《李启铭醉驾案的交通肇事罪定性质疑》，载《山东警察学院学报》2011 年第 7 期。

否在公共交通管理的范围内"这一问题在上面已经讨论,在这里就不再赘述。

(三) 将本案定性为故意杀人罪也不能成立

故意杀人罪与交通肇事罪都可能造成他人的死亡,从而侵害他人的生命权。两罪的区别主要在两个方面:其一,故意杀人罪的主观方面表现为故意,而交通肇事罪的主观方面要件只能是过失;其二,故意杀人罪侵害的客体是他人的生命权,而交通肇事罪的客体是交通运输安全。本案中,行为人与被害人无冤无仇,根据案发的情况也不能证明行为人追求特定被害人的死亡。而至于行为人是否放任了被害人的伤亡结果,如上所述,应更多地分析事故发生时行为人的表现,而不是案发后的情况,笔者同样认为不能得出这样的结论。因此,依照有利于被告人的推定,不能认定其行为时具有追求或者放任被害人死亡的心理态度,故不能成立故意杀人罪。至于被告人是否因醉酒驾驶的行为先成立交通肇事罪,随后不顾伤者逃逸的行为再构成故意杀人罪的问题,笔者会在探讨"逃逸"的部分再详细论证。

(四) 若以危险驾驶罪定罪也明显不适当

危险驾驶罪是 2011 年《刑法修正案(八)》新增的罪名,并经 2015 年《刑法修正案(九)》修改完善。一些民众看到这个罪名后觉得非常符合本案的情况,就产生了如果李启铭案发生在《刑法修正案(八)》之后应该定为此罪的误解。

一方面,从法律的溯及力而言,该案不能适用这一新罪。关于新法的溯及力,我国采取的是从旧兼从轻原则,即原则上适用行为时的旧法,但是如果审判时的新法对于被告人处罚更轻的,则适用新法。不过需要注意的是,新法生效后,并不能改变已发生效力的判决。《刑法修正案(八)》于 2011 年 2 月 25 日通过,并于同年 5 月 1 日施行,而 2011 年 1 月 30 日河北保定市望都县人民法院就已经对李启铭案作出生效判决,因此本案当然不能适用《刑法修正案(八)》新增的罪名。

另一方面，就危险驾驶罪本身的规定而言，本案即使发生在《刑法修正案（八）》和《刑法修正案（九）》之后，也不应适用这一罪名。根据经《刑法修正案（八）》和《刑法修正案（九）》补充与修正的我国刑法典第133条之一的规定，危险驾驶罪实际上是几种特殊情况下，交通肇事罪或以危险方法危害公共安全罪的前置罪名。这几种情况包括：(1) 追逐竞驶，情节恶劣的；(2) 醉酒驾驶机动车的；(3) 从事校车业务或者旅客运输，严重超过额定乘员载客，或者严重超过规定时速行驶的；(4) 违反危险化学品安全管理规定运输危险化学品，危及公共安全的。同时，本条第3款规定：有前两款行为（追逐竞驶、醉驾），同时构成其他犯罪的，依照处罚较重的规定定罪处罚。这就意味着，危险驾驶罪虽然是故意犯罪，但仅包括因为故意实施上述四种严重违反道路安全交通法规的行为，而给公共交通安全造成严重威胁的情况，并不能包含由于追逐竞驶或醉驾造成重大交通事故的情况。若因为危险驾驶行为造成他人伤亡或重大财产损失，行为人负主要或全部责任的，应当根据行为人对交通事故的主观心理态度来确定罪名，若行为人对危害后果出于故意则可能转化为以危险方法危害公共安全罪，而行为人对危害后果出于过失则可能转化为交通肇事罪。这一点也可以从危险驾驶罪的刑罚设置上得到印证，根据刑法典第133条之一的规定，犯本罪的，"处拘役，并处罚金"，而根据刑法典第42条的规定，单处拘役（最高刑期为6个月）。由此可见，本罪的处罚相对较轻，无法规制因故意违反交通规则，而造成严重交通事故的情况，否则即会违背罪责刑相适应的刑法基本原则。李启铭案中，行为人醉酒驾驶，造成一死一伤的严重后果，并对事故负全部责任，这显然已经超出了危险驾驶罪所涵盖的危害范围，故不应以危险驾驶罪论处。

（五）本案应认定为交通肇事罪

综上所述，依据现行法律规定，人民法院对于本案定为交通肇事罪的判决是正确的。这一结论并非单纯依据排除法，排除了其他可能的罪名得出的，而是依据本案案情，行为人的犯罪行为被定为交通肇事罪，是符合法理的。如上所述，尽管李启铭违反交通规则，醉酒驾驶是故意的，但就事故发生前以及发生时的情况来看，难以认定行为人对被害人的伤亡具有追求或放任的心理态度，我们不能因为行为人事后对于被害人的漠视以及嚣张的言语就推定改变其行为时的主观心理。此外，案发的校园道路也不同于一般的封闭社区或者禁止车辆通行的步行街、公园等，它是一个公共的、开放式的空间，同时允许社会车辆进入，故因属于公共道路交通的范围。因此，本案中被告人李启铭应构成交通肇事罪。

二、关于本案中的“逃逸”问题

“逃逸”是交通肇事罪法定的加重情节，交通肇事后“逃逸”的会加重一个量刑单位，若因“逃逸而致人死亡”则会再加重一个量刑单位。因此，“逃逸”问题对交通肇事案件包括本案的量刑有着重大的意义。具体而言，本案中的“逃逸”问题实际上涉及两个层次：其一，行为人在本案中是否构成“逃逸”？其二，针对本案中被害人死亡的情况，行为人是否属于“因逃逸而致人死亡”？

（一）关于本案是否存在“逃逸”

首先，需要探讨的是本案是否存在“逃逸”的问题，这一问题的结论是下一个问题讨论的基础，若不存在“逃逸”，则不可能成立“因逃逸而致人死亡”。关于交通肇事罪的法律规定及司法解释中，涉及逃逸的总共有两处：第一处是上文所提及的，刑法典第 133 条交通肇事罪的加重情节，“交通运输肇事后逃逸或者有其他特别恶劣情节的，处三年以上七年以下有期徒刑”；第二处是上文所提及的，2000 年《交通肇事解释》中第 2 条第 2 款第 6 项所规定的定罪情节，“为逃避法律追究逃离事故现场的”，具备这一情节，构成交通肇事罪的危害结果要求会降低。两者的区别在于，作为定罪情节，这里的“逃逸”既要求行为人的逃逸原因——“为逃避法律制裁”，也要求行为人的逃逸地点——“逃离事故现场”，两者缺一即不构成这里的“逃逸”；而作为加重情节的“逃逸”则没有这个要求。因为本案所涉及的问题是加重情节中的“逃逸”，故在这里不对定罪情节中的“逃逸”展开讨论。

但加重情节中的“逃逸”也并非没有限制，假如行为人迫不得已必须离开现场，或者行为人尚未完全逃离现场，又主动返回抢救伤者，伤者并未因此耽误抢救与治疗时机的，都不宜认定为逃逸。对于第一种情况，实践中出现过类似案件：行为人在山间道路上发生交通肇事，附近村民们使用农具意图伤害肇事者而为被害人报仇，肇事者迫不得已开车逃离。这种情况下，一般不宜认定肇事者构成“逃逸”。即便肇事者有错在先，造成了被害人重伤濒死的情况，我们也不能对肇事者苛以过高的要求，让他在生命受到严重威胁的情况下，还要先报案并设法救治被害人。当然，也有可能肇事者本就想逃避法律的制裁，借村民们暴力威胁之际，趁机逃跑。因此，此种情况下行为人最终是否构成逃逸，还应考察肇事者摆脱危险后，在有条件的情况下，有没有试图报案及呼叫救护车等。本案中，尽管学生们都对李启铭的行为十分气愤，并有人上前阻拦和指责，但这些行为是发生在肇事者试图逃逸被阻拦之后，并非事故刚发生之后，这些阻拦行为也没有威胁到李启铭的生命安全。

对于第二种情况，实践中存在肇事逃逸者，在还未跑远的情况下，又心生后悔，返回报警并抢救伤者的案例。这种情况下，只要肇事者尚未完全离开现场，伤者也未错过治疗与抢救时机，都不宜认定为“逃逸”。这是根据案件的实际危害来认定的，符合罪责刑相适应的基本刑法原则。本案中，尽管行为人李启铭最后未离开校园，但距案发现场已有相当距离，并且行为人曾驱车再次路过案发地点，但仍未下车检查与施救，更何况最终行为人是被他人拦截才被迫停车，并非主动返回。

基于以上两点原因，本案肇事者李启铭构成交通肇事罪并成立“逃逸”的加重情节。

（二）本案是否属于“因逃逸而致人死亡”

此问题即李启铭是否构成“因逃逸而致人死亡”的结果加重犯？本案中，肇事者李启铭确实具有逃逸的行为，而被害者之一的陈晓凤确实也因抢救无效而死亡了,是否依此可以判断本案成立“因逃逸而致人死亡”呢?对此,我们需要探求设置这一结果加重犯的立法初衷。立法者之所以在交通肇事罪中特别设立“因逃逸而致人死亡”的情况,并规定了7年以上有期徒刑的加重处罚,一方面是敦促肇事者积极救助伤者,从而在最大程度上挽救被害人的生命;另一方面也是为了严厉惩罚那些极端自私自利、漠视他人生命的肇事后逃逸者。这一点在《交通肇事解释》中也得到了印证,该解释第5条第1款规定:“‘因逃逸致人死亡’,是指行为人在交通肇事后为逃避法律追究而逃跑,致使被害人因得不到救助而死亡的情形。”该条第2款还规定:“交通肇事后,单位主管人员、机动车辆所有人、承包人或者乘车人指使肇事人逃逸,致使被害人因得不到救助而死亡的,以交通肇事罪的共犯论处。”明确了以上两点立法精神。因此,若成立交通肇事后“因逃逸而致人死亡”,则要求肇事者的逃逸行为与被害人的死亡存在着刑法上的因果联系。本案中,尽管肇事者的主观恶性较大、行径卑劣,但是由于在场同学们的及时报警和呼叫救护车,两名伤者还是在第一时间得到了及时的救助。被害人陈晓凤之所以不治身亡,是由于案发时其伤情过重,虽然抢救及时,仍无力回天。因而被害人陈晓凤的死亡与肇事者李启铭的醉驾肇事有着直接的因果联系,与肇事者的逃逸行为则不存在刑法上的因果联系,故“因逃逸而致人死亡”不成立。同理,由于并非行为人逃逸的行为造成被害人得不到救治而死亡的,也就不能如上述部分学者所主张的本案先成立交通肇事罪,随后肇事者没有救治被害人的行为成立故意杀人罪(间接故意)。

综上所述,人民法院判决李启铭构成交通肇事罪并具有“肇事后逃逸”的情节是准确的,判处其6年有期徒刑也是符合法律规定的,并且也是符合罪责刑相适应原则的,让社会大众感受到了法治的严肃与公正合理。

李怀亮死刑“保证书”案

【基本案情】

2012年2月21日凌晨，网友“新闻805”在微博上发布了一份“死刑保证书”，矛头直指河南省平顶山市中级人民法院。正是这份“死刑保证书”牵出了十多年前的一起命案。在这份保证书里，被害者家属要求平顶山中院提审此案，并向平顶山中院保证，只要判凶手无期，最好判死刑，就不再上访。因此这起命案又被称为“死刑保证书案”。更令人惊诧的是，这起十多年前的故意杀人案件，被告人李怀亮被超期羁押近12年，历经八审四判，案情扑朔迷离，至今仍无定论。为此，中央电视台12频道《今日说法》节目于2013年4月27、28连续两日播出《蝉鸣沙河十二年》上下两集对该案进行了报道。节目播出以后，在社会各界引起强烈反响，全国甚至全部华人媒体认为李怀亮是无辜的，媒体和舆论出现了一边倒的情况，更多的人认为李怀亮无辜卷入郭某某被奸杀一案，超期羁押近12年，是司法的倒退。

这起案件要追溯到16年前，案发地是河南省叶县邓李乡湾里村的沙河堤。2001年8月2日晚，13岁的郭某跟随母亲杜玉花去沙河堤捉蝉蛹，后来两人慢慢分开，郭某去了西边。当天晚上，郭某没有回家，家人就分头去找，并报了警。4日下午，在沙河下游的庄头村发现了郭某的尸体。接到报案后，叶县警方很快赶到了现场，并确认了作案的中心现场。尸体被发现时，下身赤裸，警方认定其为遭他人杀害并抛尸下河。8 月 10 日的尸检报告显示，郭某之死，符合死后入水，被扼压颈部窒息死亡。案发当晚，叶县警方占用了湾里村的小学办公室对当晚同样去河堤上捉蝉蛹的人进行了排查。最终确定李怀亮有重大作案嫌疑。同年 8 月 7 日，李怀亮因涉嫌故意杀人被刑事拘留，9 月 3 日被执行逮捕。

2001 年 10 月 12 日，叶县公安局就李怀亮涉嫌故意杀害郭某一案向检察机关移送审查起诉，平顶山市检察院于同年 11 月 30 日、2002 年 9 月 5 日两次退回补充侦查。而平顶山市检察院向平顶山中院提起公诉后，后者于 2002 年 7 月 31 日、2003 年 1 月 15 日两次以“部分事实不清，没有新的事实、证据”为由，决定不予受理。2003 年 1 月 16 日，平顶山市检察院再次将案件退回公安机关补充侦查。

经平顶山市有关部门协调，决定将李怀亮涉嫌故意杀人一案“降格”处理，由叶县检察院提起公诉，叶县法院审判。

2003 年 8 月，叶县人民法院公开开庭审理此案，在这次庭审中，李怀亮称：“案发当晚到河堤上摸‘爬叉’了，见过郭某，但我没有杀人。”2003 年 9 月 19 日叶县人民法院一审判决“李怀亮犯故意杀人罪，判处有期徒刑 15 年，赔偿丧葬费 3000 元”。

一审宣判后，被害人家属、被告人均不服。被害人的父母郭松章、杜玉花以“原判量刑轻、民事赔偿少”为由，李怀亮以“原判证据不足，应该判无罪”为由向平顶山市中级人民法院提起上诉。

2003 年 12 月 2 日，平顶山中级人民法院对此案作出了刑事附带民事裁定书，认为“原审判决认定事实不清、证据不足”，撤销了叶县人民法院作出的一审判决，并将此案发回叶县人民法院重审。

2004 年 2 月 13 日，叶县法院对该案进行了重新审理，这次审理未作出判决。此后，此案提高审级，由平顶山市检察院提起公诉。

2004 年 8 月，平顶山中级人民法院不公开开庭审理了此案。在这次庭审中李怀亮当庭否认自己杀害了郭某，并称自己曾作的有罪供述是因公安机关刑讯逼供作出的。

平顶山市中院未采纳李怀亮的辩护意见。2004 年 8 月 31 日,平顶山市中院对此案作出刑事附带民事判决书,判决李怀亮犯故意杀人罪判处死刑,且赔偿丧葬费 3000 元。

此次宣判后,被告人李怀亮及被害人父母郭松章、杜玉花均不服,分别以"没有实施故意杀人行为"和"赔偿少"等为由提出上诉。

2005 年 1 月 22 日,河南省高院以"事实不清、证据不足"为由裁定"撤销平顶山市中级人民法院的刑事附带民事判决,发回平顶山市中级人民法院重新审理"。

2005 年 8 月 25 日,平顶山市中级人民法院再次不公开对此案进行了审理。2006 年 4 月 11 日,对此案再次出具刑事附带民事判决书,判决被告人李怀亮犯故意杀人罪,判处死刑、缓期两年执行。被告人李怀亮赔偿原告丧葬费 6057 元、死亡赔偿金 51070 元。

此次判决后,被害人父母郭松章、杜玉花不服,以"民事部分赔偿数额少,对被告人李怀亮量刑不当,应判死刑,立即执行"为由再次提起上诉。

2006 年 9 月 27 日,河南省高级人民法院再次裁定,以"事实不清、证据不足"为由,"撤销平顶山中级人民法院(2005)平刑初字第 77 号刑事附带民事判决,发回重审"。

2007 年 5 月 17 日,河南省高院同平顶山市政法委、市中级法院、市检察院、市公安局相关部门及负责人召开了李怀亮案件处理协调会。会议研究意见为:李怀亮案件经市检察院就省高级法院提出的三条意见交由公安机关补充侦查,查清后,法院接受案件并进行审理,然在此之后,案件再未启动审判程序。

此后,平顶山市中院也未对此案进行重审,李怀亮一直以犯罪嫌疑人的身份被关押在看守所。

2013 年 2 月 4 日,平顶山市检察院将该案补充起诉至平顶山市中院。平顶山市中院审查后,决定恢复此案的审理。

2013 年 4 月 25 日,平顶山市中级人民法院重审此案,使得这起尘封 12

年的案件重新启动一审审判程序，案件庭审激烈地进行了 7 个小时，一审公开宣判，认定检察机关指控李怀亮杀人的证据不足、事实不清，指控的犯罪不能成立，李怀亮无罪，不承担民事赔偿责任，当庭释放。

李怀亮也因此被称为“国内疑罪从无当庭无罪释放第一人”。

【法理分析】

李怀亮案与佘祥林案、赵作海案有本质的不同，并不是彻头彻尾的冤案、错案。李怀亮涉嫌强奸杀人案件，确实有言辞证据能够证明其到过案发现场，确有作案时间，并且在公安机关侦查阶段李曾作过 8 次有罪供述。但证明其犯罪事实的客观证据严重缺失，物证提取程序严重违法，言辞证据间相互矛盾与客观事实严重不符，经多次补充侦查和重审也没有新的发现。并且李曾作的有罪供述还有被侦查人员刑讯逼供的嫌疑。那么，到底是什么原因使被害人家属十多年来坚信李怀亮就是凶手？被告人李怀亮超期羁押近 12 年，历经八审四判，背后的推手是谁？死刑保证书的出现反映了什么现象？如何避免这类问题的再次出现呢？

一、疑罪案件并非冤案、错案——正视实践中的疑案

何为疑罪？疑罪并非法学术语，而是司法实践中，查不清案件事实，又无法排除犯罪嫌疑人有罪嫌疑或者罪行轻重难以确证的一种情况，是司法实践中难以避免的现象。本案涉及的是第一种疑罪情形，是否有罪的疑罪。这一对疑罪的理解，显然受中国传统法律文化的影响，中国古代律典《唐律》最后一条专门作了规定：“诸疑罪，各依所犯以赎论”。疑罪即“事有疑似，处断难明”，其小注对“疑”的解释是“疑，谓虚实之证等，是非之理均，或事涉疑似，傍无证见；或傍有闻证，事非疑似之类。”[①]这指出，疑罪就是有罪证据、无罪证据相当，无法判断案情或者案件事实存疑，又无见证人，或者只有传

---

① 钱大群：《唐律疏议新注》，南京大学出版社 2007 年 3 月版，第 1011 页。

闻证人的情形。本案即属于这一情况，之所以采用“疑罪从无”原则，是因为根据现有证据，既不能证明被告人有罪，又不能排除被告人犯罪的嫌疑，从而推定被告人无罪。

本案证明李怀亮有罪的证据是，包括被害人母亲杜玉花在内的5名村民的证词，证明8月2日晚，看到被害人郭某往西边事发地去，然后李怀亮也向西去。杜玉花等人在寻找过程中，曾听到西电灌站方向有人喊“老二”。李怀亮在警方讯问中，承认自己喊了“老二”。在公安机关和检察机关对李怀亮作的12次讯问中，李怀亮作有罪供述9次，其中第3次到第9次，连续作7次有罪供述，并且有罪供述与现场勘验检查、尸体检验报告结论等情况部分能相互印证。

所以，有确切的证据能够证明李怀亮在案发当晚到过犯罪现场，且有作案时间。并且李怀亮对于案情有多次撒谎的问题。

一是案发当晚是否到过案发地的问题上，李怀亮撒了谎。案发后，警方曾对2001年8月2日晚摸过蝉蛹的30几名村民进行逐个询问，问的内容大致相同，“你晚上在哪摸爬杈（蝉蛹），几点开始，几点回家，路上都看见了谁。”比对笔录，只有李怀亮的有问题，其口供显示他当晚没去过西边事发地，但其余5名村民的口供显示看见郭某往西边走，然后他也往西边走了。

二是2003年8月叶县法院公开开庭审理该案时，李怀亮当庭承认，“案发当晚见过郭某，但没有杀人”。并且警方的询问笔录中有5个村民见到郭某往西去，李怀亮也往西去。但在李怀亮向警方所作的口供中，却称当晚郭某“下身穿的是裤子，上身穿的是短袖”，而实际上郭某那晚穿的是“裙子”。如果当晚李怀亮真的没有见过郭某，那么不排除警方刑讯逼供的可能。但本案，既有李怀亮自己的承认，也有村民作见证人，李怀亮当晚的确见过郭某，那么上述口供中的问题是怎么回事呢？要么李怀亮记性太差，要么他撒谎了。

三是在是否受刑讯逼供上，李怀亮也有撒谎的问题。对于李怀亮作的有罪供述，其中第3次到第9次连续作7次有罪供述。根据2013年庭审中，辩护人的辩护意见指出，李怀亮在被拘留后，最初的8月5日和6日白天所做的供述都是无罪供述，但 6 日晚上突然变成有罪供述，毫无过渡，不符合逻辑，而且对于作案动机也没有明确供述，不能形成合理解释。那么可以确定这个第 3 次口供是在 8 月 6 日晚上所作。而根据公安机关的办案记录，命案发生的 8 月 4 日当晚到 8 月 7 日晚，公安机关占用了湾李村小学的办公室对犯罪嫌疑人进行排查。所以，李怀亮作的第 3 次口供地点是在湾李村小学办公室，并且作的是有罪供述。但李怀亮在后来两次提到刑讯逼供的地点，一次是 2004 年平顶山中院庭审，李怀亮辩称在平顶山警犬基地被刑讯，后来在亲属探望时提到在看守所被刑讯，但唯独没有提到湾李村小学办公室这个地点。2001 年 8 月 4 日至 7 日警方进行排查工作时，时任湾李村民调主任孙国民负责替破案的人送茶水，据孙回忆，8 月 7 日那天，孙去拎茶时看到李怀亮坐在那个屋里，警察正在办公室里研究案情，当时屋里很多人，他对李怀亮说，“你在这儿干嘛?”李怀亮回答说，警察告诉他一会再走。当晚李怀亮被警方带走了。所以，在这期间是否受到警方刑讯，孙国民可以作证。

从警方在案发后的 4 日晚至 7 日的排查工作来看，警方并没有预先确定嫌疑人，而是对 2 日晚去河堤上摸蝉蛹的 30 几个村民逐一进行询问。所以，4 日晚至 6 日晚李怀亮第一次作有罪供述时，警方是在对 30 几个村民进行逐一询问，而非针对李怀亮一人进行讯问。正是在询问完 30 几个村民，比对询问笔录发现问题后，才留下李怀亮一人单独讯问。所以，李怀亮辩护人所说的，8 月 5 日和 6 日白天所做供述都是无罪供述，6 日晚上突然变成有罪供述，也并非“毫无过渡，不符合逻辑”。

另外一个不得不思考的疑点是，警方案发后 8 月 4 日晚到 8 月 7 日晚短短 3 天半不到的时间，即确认嫌疑人，而李怀亮第一次有罪供述时间是 8 月 6 日晚。供述内容是，“卡住脖子将她掐死，奸尸后抛入河中。”李怀亮因涉嫌故意杀人被刑事拘留的时间是 8 月 7 号，被害人郭某尸检报告出来的时间是 8 月 10 号。在尸检报告还没出来的时候，公安机关就那么自信地将嫌疑人供述的作案过程列为有罪证据，以涉嫌故意杀人将李怀亮刑事拘留?而李怀亮对作案过程的供述与后来的尸检报告情况符合。被害人的母亲杜玉花也反复陈述过这一问题"尸检报告没出来,他就知道我女儿是被掐死投入河中的。"

但问题是上述只是推论和言辞证据,并且最主要的定罪证据只有李怀亮的有罪供述,达不到刑事诉讼要求的"证据确实、充分"的标准。根据刑诉法的规定,仅有口供没有其他证据的,不能定罪量刑。2010 年,最高人民法院、最高人民检察院、公安部、国家安全部、司法部联合制定的《关于办理死刑案件审查判断证据若干问题的规定》第 5 条对办理死刑案件"证据确实、充分"的含义进行了解释,即办理死刑案件,对被告人犯罪事实的认定,必须达到证据确实、充分。证据确实、充分是指:(1) 定罪量刑的事实都有证据证明;(2) 每一个定案的证据均已经法定程序查证属实;(3) 证据与证据之间、证据与案件事实之间不存在矛盾或者矛盾得以合理排除;(4) 共同犯罪案件中,被告人的地位、作用均已查清;(5) 根据证据认定案件事实的过程符合逻辑和经验规则,由证据得出的结论为唯一结论。本案既存在实物证据与口供不相符合的地方,也存在物证与物证不相符合的地方,如前述李怀亮口供供述被害人所穿衣服与实际尸体上衣服不一致,案发现场血迹与李怀亮血型不符合,案发现场发现的脚印与李怀亮的不符。

面对媒体和舆论对李怀亮案的大肆渲染,本文之所以强调此案是疑案,而非冤案、错案,也是为澄清一个问题:公安机关对有重大犯罪嫌疑的人有拘留、逮捕的权力,如果法院以证据不足认定无罪,公安机关应按照程序释放被告人。但这并不表明公安机关之前的拘留、逮捕是错误的,更不表明公安机关办了冤案、错案。媒体和舆论将李怀亮案归于冤错案件,隐含着这样一种思维:公安机关抓了谁,谁就是犯罪的人,如果最终法院判决其无罪,那么就是公安机关办错了案,抓错了人。这实际上是有罪推定、"命案必破"思想的另外一种表现形式。

二、疑案的正确处理——及时释放被告人、犯罪嫌疑人

2012 年《刑事诉讼法》第 195 条第 3 项规定,证据不足,不能认定被告人

有罪的，应当作出证据不足，指控罪名不能成立的无罪判决。这就是我国刑诉法上的“疑罪从无”原则，是无罪推定原则的具体内容之一，是现代刑法“有利被告”思想的体现。“有利被告”，是指证据存疑时，应作有利于被告的解释；如果现有证据既不能证明被告人的犯罪行为，也不能完全排除被告人实施了犯罪行为的嫌疑，应该作出有利于被告人的决定，从程序上和法律上推定被追诉的被告人无罪。疑罪从无原则是为解决司法实践中的刑事疑难案件而产生的技术性手段和原则，是对刑法保护社会和保障公民人权两种法律价值之间的协调和平衡。

这样的疑罪从无，是“准无罪”，是因为证据不足而宣判无罪。如果后来取得了确实、充分的证据证实被告人有罪，那么被告人仍然要受刑法的处罚。这样的疑罪从无具有相对性。这体现在：

首先，检察机关对疑罪案件所作的不起诉决定不具有终局性的性质。一是根据 2012 年《刑事诉讼法》第 176 条规定，被害人如果不服不起诉决定的，可以向上一级检察机关申诉，请求提起公诉，上一级检察机关认为应当提起公诉的，检察机关应当起诉；上一级检察机关维持不起诉决定的，被害人可以向法院起诉。被害人也可以不经申诉，直接向法院起诉。法院受理后，不起诉决定自然失效。二是如果检察机关作出不起诉决定后，发现了新的事实和证据，可以重新提起公诉。

其次，2012 年最高人民法院《关于适用〈中华人民共和国刑事诉讼法〉的解释》第 181 条第 4 项规定，依照 2012 年《刑事诉讼法》第 195 条第 3 项规定宣告被告人无罪后，人民检察院根据新的事实、证据重新起诉的，应当依法受理。所以，审判机关终审作出的疑罪案件无罪判决也是非终局的。

虽然李怀亮案最终适用疑罪从无原则，但在适用的法律程序上严重违法。2012 年《刑事诉讼法》第 96、97 条规定，犯罪嫌疑人、被告人被羁押的案件，不能在规定的侦查羁押、审查起诉、一审、二审期限内办结的，应当予以释放；需要继续查证、审理的，对犯罪嫌疑人、被告人可以取保候审或监视居住。对于被采取强制措施法定期限届满的，应当予以释放、解除取保候审、监视居住或依法变成强制措施。犯罪嫌疑人、被告人及其法定代理人、近亲属或者辩护人也有权要求解除强制措施。而本案中,李怀亮被超期羁押近12年。2012年《刑事诉讼法》171条规定,补充侦查以2次为限,对于2次补充侦查仍然认为证据不足,不符合起诉条件的,检察机关应当作出不起诉决定,而本案中出现了反复的退回补充侦查和先后3次裁定发回重审的问题,其实,每次的退回补充侦查、每次的判决、每次的发回重审,法官、检察官都看到了案件中存在的事实不清、证据不足问题,但检察机关没有胆量作不起诉决定、法院没有勇气作无罪宣判,公检法三家相互推诿,致使案件审理期限一拖再拖,被告人被无限期羁押。

三、狱贵初情——案发时证据的收集、固定才是破案的重心

李怀亮案的疑点不仅在于存在数个证证不符,还在于这些证据在存在时间上的差异。这主要体现在:一是关于血型鉴定的疑点,根据中山大学法医鉴定中心司法鉴定检验报告书对死者郭某头发的检验结果是:检材(头发)的ABO血型为A型。而这一血型鉴定的时间是2003年12月,距离案发已经过去2年多。除此之外,再无关于被害人的血型、DNA等的鉴定。2001年案发时叶县公安局的"法医物证检验报告"检验的现场地面的血迹为O型人血,李怀亮的血型为AB型。两组证据时间跨度竟然有2年多,不符合证据的同时空性?

二是在杀人现场排查到的第三人鞋号是38码,而李怀亮的鞋号是44码,这一证据有赵木申在叶县法院亲自出庭作证,把脚模搬叶县公安局,现在该脚模却下落不明。而赵木申在叶县法院出庭作证的时间竟是2004年2月13日叶县法院重审那次,距离案发时间已快3年,而这次叶县法院重审未做判决,后来案件直接由平顶山中院提审。为什么不是2003年8月叶县法院初审时出庭作证,脚印模子到底何时丢失的?并且在2013年4月平顶山中院重新开庭审理此案时,赵木申未到庭作证,并且对外宣称:当年确实搬过脚印模子上车,但现在已经记不清那个模子是多大型号了。既然连证人自己都认为自己未记清鞋子的码数,那么这项言辞证据的效力又有多

大呢？

律师还指出，检察机关将此案定为杀人后奸尸，但是公安机关提供的“法医物证检验报告”检验结果显示精斑预试验阴性，尸体内没有找到任何精液。而且李怀亮对自己是否射精这个关键问题，几次的口供都不相同。

对于上述疑问，在2013年4月的庭审中，检方辩论称，当初对郭某的血型进行鉴定时，使用的是郭某的毛发，但根据公安部物证鉴定中心专家的说法，用毛发做血型的准确率只有15%，因此郭某被鉴定出的A型血很可能是错误的，地面上的O型血迹很可能就是属于郭某的。但问题是，即使血迹是郭某的，也与李怀亮是否是犯罪人无关。对于当初的鞋印，检察机关表示，当初警方立案时曾提取了多个鞋印，但是由于鞋印底部纹路比较模糊，达不到鉴定标准，因此没有将这份证据纳入侦查。至于精液是否存在的问题，检察机关表示当时因为尸体入水，无法鉴定。检察机关并没有在案件主要证据上提出有力的论据。对于血型不符问题，只是解释了物证可能存在的错误。对于鞋印问题的解释明显有推脱责任掩盖失误的嫌疑，虽然鞋印底部纹路比较模糊，可能达不到鉴定标准，但并不妨碍认定鞋码大小，实际这份证据可能被侦查、公诉机关弄丢了。对于精液是否存在的问题，检察机关提出的理由也是合情合理，尸体在水里浸泡两天，实际也无法对此鉴定，公安机关案发后曾提取被害人的子宫送到外地检测，但这份证据也从来没有在历次审理中出现过。

从检察机关的关于上述几项关键证据的意见中，可以得出两种推测，侦查、公诉机关要么经检验发现证据与嫌疑人李怀亮完全不符，故意未在法庭上出示；要么将上述几项关键证据丢失。从关于血型的检测可以看出，案发后公安机关未能及时保存被害人的DNA，侦查机关、被害人亲属均未申请冷冻尸体，案件尚未结案，被害人就被草草下葬。而公安机关提取被害人子宫送到外地检测，也证明基层公安机关在证据固定、检测方面不具备条件。这些问题都指向一个关键问题，即命案发生后，公安机关在证据固定上有欠缺。

这起案件中，公安机关仍然犯了以口供为中心的错误，只是核心不在以刑讯逼取口供，而是盲目相信口供，轻视了对其他实物证据的收集、固定。这一方面暴露了基层公安机关仍然固守重破案、轻证据的落后执法观念，认为侦破案件便万事大吉，没有树立合法收集证据、固定证据的意识；另一方面也凸显了基层公安机关侦办力量薄弱，在收集证据时，有的侦查人员收集证据的意识不强，缺乏对证据的敏感性，不懂得收集证据时效的重要性，不熟悉甚至不掌握收集证据的工作方法；有的侦查人员对物证与案件的关联性缺乏认识，不注意对物证证明力的收集和固定，不知道如何收集与案件有关联性物证的各种信息；有的侦查人员收集言词证据时，缺乏对证据与案件事实所形成的关联性的认识，对证人证言和审讯工作往往抓不住关键要点。

随着 2012 年《刑事诉讼法》的出台，对公安机关办案提出了更高的要求，公安机关必须改变传统的“从供到证”，重视对犯罪嫌疑人的讯问，依赖口供获得相关的书证、物证这种传统侦查模式。另一方面基层公安机关的侦查取证机制亟待健全，有公安干警建议，对于命案，在不改变现有刑事管辖体制的情况下，建立市级以上公安机关及时介入侦查取证的机制，以避免错过时机，对证据搜集不利，还可能造成证据灭失。

四、摆脱“访治”——寻找被害人救济的途径

本案从一开始审理就受到了诸多法外因素的影响：一是公检法三家之间的意见不一，需要有关部门协调。2001 年 10 月叶县公安局将此案移送平顶山市检察院审查起诉，平顶山市检察院分两次以“事实不清”、“证据不足”为由退回补充侦查，平顶山中院两次以“部分事实不清，没有新的事实、证据”为由不予受理。2003 年 1 月平顶山市检察院再次将案件退回补充侦查。后经平顶山市有关部门协调，将该案“降格”处理，由叶县司法机关起诉和审理，于是就产生了 2003 年 9 月叶县法院以故意杀人罪判处李怀亮 15 年有期徒刑的判决。之所以“降格”处理，是公检法之间妥协的结果，也是公检法三家相互配合的潜规则的必然结果。在司法实践中，公检法之间存在着类似于“兄弟”关系的“信任”，刑事案件中存在着“侦查机关‘做饭’、公诉

机关'端饭'、审判机关'吃饭'"习惯做法,如果公安机关抓了人,检察机关又认可了,如果证据有欠缺,到法院审判环节,迫于被害人的压力、公安机关的压力、社会安全的考虑,往往"不敢不判",很难做出无罪判决,只好采取"留有余地"的潜规则,作"疑罪从轻"、"疑罪从缓"、"疑罪从挂"处理。本案初审交由叶县法院审理也是这一潜规则运作的结果,公诉机关曾两次退回补充侦查,起诉至法院后也曾两次不予受理,说明案件存在证据不足的问题,公检法三家观点不一,公安机关认定李怀亮是凶手,但检察机关、法院认为证据上有欠缺。最终经平顶山市有关部门协调,将一起故意杀人案件交由基层法院审理。

二是被害人亲属频频上访,需要有关部门协调。2003 年 9 月叶县法院宣判后,李怀亮和被害人家属均不服提出上诉。该判决被平顶山中院撤销发回重审,2004 年 2 月叶县法院对此案重新审理期间,被害人郭某的父母郭松章和杜玉花多次上访,强烈要求平顶山中院审理此案,其间被害人父母还写下媒体上所说的死刑"保证书",时间是 2004 年 5 月 17 日,"保证书"用的是平顶山中院的办公用纸,内容是被害人父母请求平顶山中院提审此案,请求中院"从重判处被告人刑罚,最好判死刑",并保证最终无论省高院是否维持判决都不再上访。后经平顶山市有关部门协调,决定对此案提高审级,由平顶山市中院审理。2004 年 8 月 31 日平顶山中院作出死刑判决。所以,这份保证书又被视作出卖司法公正、息访维稳的例证。但这一纸判决没能挡住被害人父母的上访之路。很快这一死刑判决被省高院以"事实不清、证据不足"撤销,被害人父母仍然继续上访,要求判李怀亮死刑,被害人母亲杜玉花多次以死相威胁,给当地各级政府造成极大压力。2001 年至 2013 年 12 年间,杜玉花坚持上访,并且常选择北京有外事活动或国家大型会议这样的节点,使得平顶山市、叶县和邓李乡三级有关部门把主要的人力和财力都用在了前往郑州、北京接访上,而非案件调查上。

无论是公检法三家意见不一,有关部门参与的协调,还是被害人父母频频上访乞求法外施刑,有关部门参与的协调,都反映出案件最终结果的决定权不在法院,而在有关部门的协调。这一现象的存在,不仅深受传统法律文化土壤的熏陶，还有国家规则设置上的问题，比如国家信访制度，比如公检法相互配合的惯例。无论是陈规陋习的剔除，还是国家规则设置的变革，都有一定困难，需要长时期的努力。但是还有一个不能忽视的重要问题，就是在中国现有法律框架内，对于故意杀人罪等有被害人的刑事案件，在被告人因证据问题宣判无罪后，被害人就没有救济渠道了。这也是为什么法院难以作出疑罪从无判决的重要原因。其实，我国在借鉴西方刑诉法的疑罪从无原则与排除合理怀疑的证据标准时，忽视了对相应配套制度的借鉴。根据西方法学理论，侵权与犯罪是对同一个行为的两种不同性质的处罚，对某一行为进行犯罪追诉与惩罚，并不妨碍对该行为侵权的追诉与民事赔偿。[①] 所以，对于某一行为，虽然依照刑诉法追诉并不能确切证明其为犯罪行为，但是依照民事侵权行为追诉却能够证明其为侵权行为，从而可以根据民事侵权获得赔偿。美国著名的辛普森杀妻案就是一个典型的例子，虽然在证明辛普森杀人这一犯罪事实上，证据有瑕疵不能排除合理怀疑；但是在对辛普森进行的侵权民事诉讼中，却充分证明了辛普森对妻子的侵权行为，被害人家属由此获得了巨额赔偿。因为侵权与犯罪追诉的目的不同、适用的证据标准不同，追诉犯罪的控诉人是国家，控辩双方不对等，所以要求排除合理怀疑这样严格的证据标准；但追诉侵权的控诉人是受害人及其代理人，控辩双方是对等的，所以应用的证据标准是优势证据标准，看双方谁有充足的证据证明事实和谁主张谁举证原则，在刑事诉讼中排除的证据在民事诉讼中仍然可以使用。

---

① [英]巴里·尼古拉斯：《罗马法概论》，黄风译，法律出版社 2010 年 4 月版，第 193 页。